sapientia
サピエンティア46

共生への道と核心現場

공생의 길과 핵심현장：실천과제로서의 동아시아

実践課題としての東アジア

白永瑞〔著〕
趙慶喜〔監訳〕
中島隆博〔解説〕

法政大学出版局

序

これから日本の書店でも拙著を見かけると思うと心がおどる。日本との縁はずいぶん前からであるが、日本語圏の読者に向けて著書を出すのは初めてのことである。

私が日本語を学び始めたのは大学一年の時であった。ソウル大学東洋史学科で専攻科目を履修するためには、英語と中国語以外に日本語で書かれた文章の読解能力が必須であった。ところが当時の大学には日本語科目が開設されてなかったため、語学学校の日本語初級コースに登録したのである。朝鮮戦争が終わったばかりの一九五三年夏に生まれた私は日本の植民地支配を直接経験していないが、それでも日本語は単なる外国語というわけではなかった。それは韓国人の植民地経験から思い出される象徴であった。語学学校の韓国人講師が日本の植民地支配を美化するエピソードを述べたので受講を辞めてしまったのも、そうしたことを物語っている。その後、大学の先輩から急いで文法を学び、漢字を韓国語読みで読解するやり方で日本語の論文と書籍をなんとか消化した。それは当時の韓国の若い世代が日本語を学ぶ一般的な方法であった。いずれにせよ日本語の文献から多くのものを学んだ。

本を通して理解してきた日本を初めて直接訪れたのは、一九九八年にとある学術会議に参加した時であった。その後名古屋大学の訪問研究員として半年（二〇〇一年一〇月—二〇〇二年三月）、九州大学の訪問研究員として三ヶ月（二〇〇九年一二月―二〇一〇年二月）滞在し、それ以外でも学術会議や講演のために短期訪問する機会が増えた。初めて出席した学術会議で「日本はアジアに入るのか？」と問うた日本の研究者の発言を衝撃的に受け止めた私は、日本の深層を理解する必要を切実に感じた。そうして東アジアの文脈で日本をより深く理解しようと努めた。日本語を学び始めて四〇年、訪問して一八年が経った今、こうして初の日本語単行本を通じて自らのメッセージを発信することに頗る緊張する思いである。

本書に載った文章は、主に韓国で刊行された二冊の拙著、『核心現場から東アジアを問い直す――共生社会のための実践課題』（핵심현장에서 동아시아를 다시 묻다：공생사회를 위한 실천과제、창비、二〇一三）と『社会人文学の道――制度としての学問、運動としての学問』（사회인문학의 길：제도로서의 학문、운동으로서의 학문、창비、二〇一四）から選び、日本語圏の読者に向けて一部修正したものである。部分的には中国語圏読者に向けて刊行した『思想東亞：韓半島視覺的歷史與實踐』（臺北：台灣社會研究雜誌社、二〇〇九）、『思想東亞：朝鮮半島視角的歷史與實踐』（北京：三聯書店、二〇一一）、『橫觀東亞：從核心現場重思東亞歷史』（臺北：聯經出版公司、二〇一六）とも重なっている。すべての文章は、東アジアに関するさまざまな会議で発表したり、雑誌の依頼に応じて書かれたものである。つまり、歴史研究者である著者が韓国内外の社会的要求に応じて執筆したものである。会議を主催した機関や雑誌の編集人は、その時ごとに現実を反映したテーマを掲げてそれに関する考えを求め、私はそのテーマと対話する気持ちで文章を準備した。自分なりにはこうした対話を通じて、東アジアの多様な生［삶］の現場と密接な関わりを持ちながら新たな視座を共有しようと試みた。

このような現場性を重視した書き方が、歴史学者にふさわしくないと考える人もいるかもしれない。しかし私は、歴史が過去と現在の対話であるだけでなく、過去と未来の対話でもあると考える。そして現実から触発された問題意識を何よりも重視する。だからといって単純な情勢分析や時評にとどまるのではなく、その中から歴史的・思想的課題を読み取ろうと努めた。いいかえれば、短期的課題を中・長期的課題と結びつけて統合し、それを一貫して実践することに重きを置いてきた。

こうした問題意識は、研究者・教育者だけでなく編集者としての役割も担ってきた自らのアイデンティティとも深く関わるものである。私が東アジア言説に関心を持つようになった個人的経緯については、本書所収の中島隆博教授との対話のなかで明らかにしているので、そちらを参照していただきたい。ここでは、私の東アジア論が単純にアカデミックなサークル内部の成果物ではなく、大学内外を行き来しながら活動してきた経験が溶け合ったものであることを強調しておきたい。いうなれば本書は、社会的テーマを学術的テーマに転換して研究をすすめるという実践的な営みから生み出されたものである。そうした努力の痕跡を本書の隅々に感じ取ってもらえれば幸いである。

周囲を見渡すと、いま東アジアでは経済領域の相互依存がすすむのに対し、政治と安保の領域ではナショナリズムが威勢を張っている。経済的には交流が、政治外交的には葛藤が増加するという不一致、いわゆる「アジア・パラドクス」である。同時にアイデンティティの領域では、集合的な歴史的記憶の遺産が重層的に作用し、大きな混乱を惹き起こしている。さらにそうした混乱は域外のアメリカが均衡をとることで維持されている。そのために東アジア各国は、こうした地域構造の現状が各自の利益に役立つと考え、それらをあえて打破しようとはしないようである。こうした状況のなか、とりわけ歴史と領土をめぐる紛争とそれによる相互不信は日々強まっている。

まさにこのような不安定な東アジアの現実を突破する力を、果たして東アジア論は持っているのだろうか。一九九〇年代初頭から国民国家を単位とした思考の枠組みを超えた東アジア的視座の必要性を唱えてきた私が、これまでの東アジア言説と連帯運動をふりかえり、代案的な学術理念と制度を模索し、「核心現場」から東アジア共生社会の道を見出そうとした理由は、まさにその答えを見つけるためであった。本書のタイトル「共生への道と核心現場——実践課題としての東アジア」は、こうした私自身の問題意識を圧縮的にあらわしている。

もちろん、新冷戦秩序が到来するかもしれないというニヒリズムから脱し、共生社会を追求する私たちの努力が、常に満足のいく成功をもたらすわけではない。むしろ結果を謙虚に受けとめ、胸に刻み、再びやり直すしかない失敗の痕跡を残すだけであるのもよく分かっている。しかしその痕跡を通じてのみ時代の転換が可能であるというメッセージを、日本の読者に伝えたい。危機的現実はむしろ変革の動力を生み出す。変化は危機意識や危機感のないところでは生じないものである。本書には、こうした気づきについての証言と希望が込められている。これこそが、中国大陸と日本本土から香港・台湾・沖縄などへと関心を広げ、直接現地を訪ねて人々と対話するなかで得られた収穫であるというほかない。

本書に収録された文章を書いて発表する時、私は常に韓国語・日本語・中国語を話す読者を同時に意識していた。それは異なる言語圏の聴衆や読者が置かれた文脈を考慮しつつ、韓国語を母語とする自らの思考を相対化し、自己転換を体験するような貴重な機会であった。その過程で多くの人々の助けをもらったのだが、ここでは特に日本語翻訳の仕事を手伝ってくれた一人一人を思い浮かべて感謝の気持ちを伝えたい。李ハンギョルさん、李正連《イ・ジョンヨン》さん、文景楠《ムン・キョンナム》さん、そして雑誌社や会議主催機関が依頼した匿名の方々が、翻訳草稿をつくるだけでなく筆者がそれを読んで議論し修正を加えるという退屈な作業に付き合ってくれた。特に趙慶喜《チョウ・キョンヒ》さんは文章の翻訳だけでなく、全体の翻訳文を韓国語版の最終修正文に基づいて修正するという骨の折れる作業を引き受けてくれた。彼女は朝鮮半島と日本にまたがる越境的な学術活動のモデルを見せてくれている。翻訳過程に参与してくれたすべての方々に心から感謝を申し上げたい。

本書の日本での刊行を提案してくれた中島隆博さんの厚意については、特筆して感謝を述べるほかない。彼は、私とのインタビューと解説の執筆に真摯に取り組んでくれただけでなく、翻訳原稿についても細心の注意を払ってくれた。長いあいだ東京大学と延世大学間の学術交流事業をともに行うなかで、彼とは国境を超えた友誼を深めることができた。その過程で橋渡し役を引き受けてくれた金杭《キム・ハン》さんについても感謝を申し上げたい。そして本書の出版を引き受けてくださった法政大学出版局のみなさんへの感謝も忘れることができない。特に前田晃一さんはソウルと東京を行き来しながら、企画と編集に精を出してくれた。本書は私個人の著書として刊行されるが、実は以上の人々との、そして名を挙げることができなかった東アジアの多くの研究者や活動家たちとの連帯の産物というべきである。

二〇一六年の今年は、私が三〇年以上にわたって関わり続けてきた季刊『創作と批評』創刊五〇周年となる年である。それを目前に本書を刊行できたことを嬉しく思う。私の文章には、白楽晴《ペク・ナクチョン》と崔元植《チェ・ウォンシク》をはじめとする『創作と批評』同人の思索が溶け込んでいる。彼らとともに過ごしてきた歳月に密かな自負を覚えている。

執筆の過程で注がれた私の努力が、境界を超えて同じ道を行く人々の労苦を少しでも労うことができることを期待しつつ本書を著したい。

二〇一六年三月一五日　ソウル　汝矣島にて

白永瑞

共生への道と核心現場——実践課題としての東アジア　目次

序……iii

プロローグ
核心現場から問い直す「新しい普遍」——東アジア分断構造克服への道……1

1　なぜ「新しい普遍」を語るのか——「共有する普遍」と「コミュニケーション的普遍」
2　「新天下主義」の内部秩序と「複合国家論」
3　「新天下主義」の外部秩序と東アジア分断体制論
4　おわりに——核心現場から新しい普遍を

第一部　東アジア論

第一章
核心現場に見いだす東アジア共生への道……25

1　「沖縄帰属論争」再燃の意味
2　核心現場とは

3　核心現場と主権の再構成
4　核心現場における自治権の拡大
5　東アジアの共生の条件

第二章
連動する東アジア、問題として朝鮮半島——言説と連帯運動の二〇年……40
1　なぜ今も東アジアなのか
2　東アジア論の知的系譜と新しい状況
3　東アジアの範囲と東アジア共同体という問題
4　東アジア論と分断体制が出会う三つの層位
5　複合国家という媒介項と現場のネットワーク

第三章
東アジア論と近代適応・近代克服の二重課題……66
1　韓国発東アジア論を振り返る
2　竹内好の「近代の超克」論からすくいだせるもの
3　東アジア共同体——中短期的効果と長期的展望
4　分断された朝鮮半島における複合国家論

第四章
平和に対する想像力の条件と限界——東アジア共同体論の省察……89

1 東アジア的文脈における平和とは
2 中国の和平屈起と東アジア共同体
3 「普通の国」日本と東アジア共同体論
4 「東北アジア時代」韓国の平和への道
5 戦略的知性の結集と「実感としての東アジア」

第二部　中国―韓国―台湾

第五章　中華帝国論の東アジアにおける意味——批判的中国研究の模索……111

1 なぜ「帝国としての中国」か？
2 帝国言説の批判的検討（一）——朝貢体制再考
3 帝国言説の批判的検討（二）——文明国家論と天下観の現在的機能
4 周辺から模索される主権の再構成と帝国言説
5 「帝国」論と「複合国家」論の（非対称的）対話

第六章　変わるものと変わらないもの——韓中関係の過去、現在、未来……146

1 中国は私たちの運命なのか？
2 韓中関係を規定する歴史的条件

3 朝貢秩序は復活するのか
4 文化大国論と新天下主義
5 周辺の視座、互いを映す鏡

第七章
私たちにとって台湾とは何か――韓国 - 台湾関係を問い直す……169
1 私が「発見」した台湾
2 韓国人の歴史経験のなかの台湾――媒介された出会いと直接向き合うこと
3 台湾人のアイデンティティを理解するうえで必要な問い
4 韓国 - 台湾関係の未来を描く
5 戦略的知性の結集と「実感としての東アジア」

第三部 社会人文学と批判的学問

第八章
社会人文学の地平を開く――その出発点としての「公共性の歴史学」……199
1 問題提起――なぜ社会人文学なのか
2 「危機の人文学」の代案
3 人文精神と社会人文学の構想
4 社会人文学と「公共性の歴史学」

第九章
共感と批評の歴史学――東アジアの歴史和解のための提言……222
1 「良い歴史学」と公共性の歴史学
2 共感を通じた歴史和解
3 共感の歴史の事例を検討する――加藤陽子の著書を中心に
4 「批評としての歴史学」の諸特徴

第十章
地球地域学としての韓国学の（不）可能性――東アジアの歴史和解のための提言……240
1 はじめに
2 内外から見た韓国学のアイデンティティ
3 地球地域学としての韓国学
4 地球地域学の兆候――地球的思考と地域的実践の事例
5 結び

第十一章
「東洋史学」の誕生と衰退――東アジアにおける学術制度の伝播と変形……260
序
2 日本帝国大学で創設された「東洋史学」と民間史学
3 植民地朝鮮の東洋史学と朝鮮学運動
4 中国の新史学の科学化・制度化

結論——東洋史学を越えて
補論

第十二章
韓国における中国学の軌跡と批判的中国研究……291
1 問題の所在
2 北学、支那学、そして漢学
3 解放以後の中国学の軌跡と主な特徴——人文学分野
4 結び——批判的中国研究の課題

解説と対話
白永瑞——同時代の証言者 ◉中島隆博……339
1 経歴
2 主要業績
3 本書の問題意識と概要
4 同時代の証言者との対話

監訳者あとがき……407
初出一覧……411
人名索引……(1)

プロローグ
核心現場から問い直す「新しい普遍」——東アジア分断構造克服への道

1　なぜ「新しい普遍」を語るのか——「共有する普遍」と「コミュニケーション的普遍」

この場で私は「新しい普遍」というテーマについて話したいと思う。一九九〇年代初頭から徐々に拡散・分化して今日に至る（韓国発）東アジア論[1]が、批判的地域主義として、少なくとも東アジア的次元における思想的・実践的資源としての役割を果たすためには、不断の理論的更新を引き受けねばならない。当初から東アジア言説を唱えてきた私としては、その課題を遂行するなかで、国内外の知識人との討論を通して「新しい普遍」と向き合う必要を痛切に感じている。私たちが直面している現実は、私たちに「新しい普遍」を構想するよう促している。現実からの要求は次の二つの流れにまとめられるだろう。

まず取り上げたいのは、西洋近代が体現してきた普遍主義の克服という、（すでに繰り返し論じられてきたが、いまだまともに解決されていない）古い課題を新たに遂行しようとする中国での意欲的な試みについてである。最近の中国の論壇は、欧米中心の普遍主義に対する代案として、もう一つの普遍を模索することに躍起になっている。それが「北京コンセンサス」を超えた中国モデルを構築しようとする議論であるが、その目標がまさに普遍的価値なのである。この中国発の普遍に対して、中国の外にいる人々がどのような立場をとるべきかは、近隣の東アジア知識人の課題であるだけでなく、世界的規模の課題でもある。

また同時に、最近の東アジア諸国のあいだで生じている相互嫌悪感情の沸騰と、それに連動して各国内部で深まりつつある対立もまた、「新しい普遍」への探究を求めている。交流と協力の積み重ねによる相互理解の増進だけでは解決は難しい。より根本的な構造の変化とそれを説明しうる認識の枠組みが必要とされているのだ。

このように国境の内部において、またそれを横断して発生する分裂を克服するような普遍的な倫理(と政治的知恵)が欠かせない状況だとしたら、私たちはその糸口をどこに見出すことができるだろうか。

幸いにも私たちが「新しい普遍」に向かう道程では、参考にできる手がかりがいくつかある。イマニュエル・ウォーラーステイン(Immanuel Wallerstein)は「ヨーロッパ的普遍主義」を克服するための新たな代案として、「普遍的普遍主義」を提示している。その根拠は「いくつもの普遍的普遍主義のネットワークのようなもの」の存在である。彼は「普遍的普遍主義」を、「もはや、与える者が西欧であり、受け取る者がその他ではないような世界」に到達すること、すなわち「与えることと受け取ることが一致する場」であると主張した。[2]

この点は、私が以前提起したことのある「コミュニケーション的普遍性」(「疎通的普遍性」)と一脈相通ずる。[3] 普遍性が(真理とは違う形で)広く認められ、かつ合意されたものであるとすれば、合意を得る

ために多数の承認が必須であり、認識主体のあいだのコミュニケーションはその前提となるはずである。(4)
しかしながら現実においてよく遭遇するのは、コミュニケーション的ではなく、抑圧的かつ覇権的な普遍性、もしくはコミュニケーションの可能性はあるが、個々に散らばっているコミュニケーション的個別性（communicative individuality）に該当する事例である。これらをどのように克服すれば、コミュニケーション的普遍性（communicative universality）に到達できるのだろうか。

私はコミュニケーションを可能にする普遍的要素が個体の中にあり、それゆえ個体間のコミュニケーション過程で生じる共感と想像力を通じて普遍性を確保しうるという点を強調したい。また、このような発想が東アジアの知識人社会でも一定の共鳴を引き起こしていることを発見できてうれしく思う。東アジアが西洋に代わる別の普遍を打ち立てようとするのではなく、東アジア固有の問題意識からローカ

（1）韓国における東アジア言説の歴史的軌跡についての深層分析は、尹汝一「東アジア言説の形成と理解——学術誌を中心に（동아시아담론의 형성과 이해：학술지를 중심으로）」、『亜細亜研究（아시아연구）』五七 - 四（二〇一四年）を参照のこと。この論文は、同じ著者の博士論文「脱冷戦期における東アジア言説の形成と理解に関する知識社会学的研究（탈냉전기 동아시아담론의 형성과 이해에 관한 지식사회학적 연구）」（ソウル大学大学院 社会学科、二〇一五年）の一部である。

（2）Immanuel Wallerstein, *European Universalism: The Rhetoric of Power* (New York: The New Press, 2006), 80-84. 日本語では、山下範久訳『ヨーロッパ的普遍主義——近代世界システムにおける構造的暴力と権力の修辞学』（明石書店、二〇〇八年）、一五四—一六三頁。

（3）拙著『思想東亞：韓半島視覺的歷史與實踐』（臺北：台灣社會研究雜誌社、二〇〇九年）、二八七—二八八頁と拙著『思想東亞：朝鮮半島視角的歷史與實踐』（北京：三聯書店、二〇一一年）、三四五—三四六頁。

（4）姜正仁（カン・ジョンイン）は、「普遍性」を、時空間を超越して有効な真理・価値・文化というよりは、「広く通用される、または、適用可能な」真理・価値・文化であると理解している。その意味で、彼が言う「普遍性（wide applicability）」はグラムシ（Gramci）が言うヘゲモニーにも通じる。つまり、理性的討論に劣らず物理的な力とヘゲモニーの役割が重視されるのだ。姜正仁「論評——私たちの内なる普遍性（논평：우리 안의 보편성）」、『経済と社会（경제와 사회）』、二〇〇六年冬号を参照。

ルな物語を書くと同時に、そこから広範囲な課題に到達しようとする作業、つまり近代のあり方を問い返して近代批判につながる論理を抽出しようとする努力が少しずつ反響を呼んでいる。[5]これよりも直接的な仕方で、多様な角度から代案的な普遍性あるいは普遍主義を探求する議論も東アジアにおいて活気を帯びている。[6]このように、新しい普遍に向けたコミュニケーションのプロセスは少しずつ進んでいる。

こうした動きに刺激を受けつつ、本章では中国発の普遍である「新天下主義」の骨子を、主権の再構成という観点から検討する。何よりも、もう一つの普遍を論じる議論は、時に過度に抽象化する危険に陥る可能性があるため、それを避けるためにも議論を特定の時空間の中に位置づけて論じていきたい。特に東アジア秩序の歴史的な矛盾、すなわち帝国と植民地と冷戦が絡み合う影響の下で、空間的に大きく分裂して葛藤が凝縮された場所、すなわち「核心現場」[7]という観点から検討していきたい。「核心現場」については後に論じるが、本章では、朝鮮半島における主権の再構成を論じた「複合国家論」および東アジアの「(大)分断構造論」、そして中国発の「新天下主義」とを相互に対照する作業が行われる。核心現場という個体の中には、コミュニケーションを可能にする普遍的要素が含まれていると期待できるからである。

2　「新天下主義」の内部秩序と「複合国家論」

「新天下主義」は、中国で自由主義派の知識人または「公共知識人」と呼ばれる許紀霖が近年力説している言説である。私はすでに別の機会に彼について紹介と批評をしたことがある。[8]許紀霖は最近、私の批評に対する応答も含めた新たな文章を準備中であるが、その草稿では新天下主義を「共有する普遍

（共享的普遍）」と命名している。[9] このような彼の新たな問題提起を、主権の再構成という観点から検討したい。こうした作業こそが、（ウォーラーステインが述べた）お互いがやり取りする「出会いの場所」に近づく努力であるはずである。

許紀霖は、今日東アジアで生じている領土紛争や歴史の葛藤、そして中国内部の少数民族によるテロ

（5）丸川哲史、鈴木將久「対談――東アジアの思想的連帯を求めて」、『週刊読書人』、二〇一四年二月七日号。この二人の日本人研究者は、台湾の鄭鴻生の日本語訳著書である『台湾六八世代、戒厳令下の青春――釣魚台運動から学園闘争、台湾民主化の原点へ』（丸川哲史訳、作品社、二〇一四年）に含まれている台湾大学内部のローカルな物語、そして中国の賀照田の日本語訳評論集『中国が世界に深く入りはじめたとき――思想からみた現代中国』（鈴木將久編訳、青土社、二〇一四年）にあらわれた一見微細に見えるローカルな現象から普遍的意味を読みとっている。

（6）筆者が直接確認した限りでは、中国の陳嘉映『普遍性種種』（修訂版、華夏出版社、二〇一三年）がある。彼は普遍性に関する議論が多分に上昇という高度の抽象作用を重視する傾向があるとして、抽象的次元に不断に上昇して到達してゆく普遍性が現実問題を隠蔽し、むしろ問題を妨害することもあると批判する。彼は上昇ではなく水平を通して問題に到達する普遍性（平移到普遍性）、「一種の通の活動」によって得られる普遍性について述べている（特に、一六二頁）。また、CPAG（科研費基盤研究（A）「グローバル化時代における現代思想――概念マップの再構築」）ラップアップ・シンポジウム「「新しい普遍性」をめぐる東アジア三方対話」（東京：二〇一四年一一月一四日）において、日本側参加者たちは、中国の普遍主義議論が多少抽象的であると批判しつつ、地上の人間の苦痛を重視する議論になるべきであると強調した。そのなかで「下降する普遍性」「近づく普遍性」「過程としての普遍性」「地上的普遍性」などが提起されもした。

（7）「核心現場」については、本書第一章を参照。

（8）拙稿「中華帝國論在東亞的意義：探索批判性的中國研究」、『開放時代』、二〇一四年一期。

（9）許紀霖「新天下主義與中國的内外秩序」、許紀霖、劉擎主編『新天下主義在當代世界』（上海人民出版社、二〇一五年）。本章の原題は「共享的普遍性：新天下主義論綱」であり、ここでは「共享的普遍性」が非常に強調された。この原稿をあらかじめ読ませてくださり、討論の機会を提供してくれた許紀霖教授に感謝を表したい。

のような国内問題を懸念し、中国の現実を強く批判する。中国の辺境地域の少数民族に対する中国政府の政策に、大漢族主義の傾向が濃く立ち込めており、現指導部が主唱するスローガンである「中国夢」は「単に中華民族の偉大な復興を追求するだけ」であると指摘する。また、今日の世界において中国を敵対視する風潮が広まっているとも指摘する。そのような危機を作り出した根本原因は、官方〔政府〕から民間までの思考を規制する中国の民族国家至上主義であり、自らが提唱する新天下主義こそ、それらの問題を解消できる解決策であると述べる。

　私たちに馴染みのある天下主義は、彼だけでなく、多くの中国の知識人が注目する流行りのテーマである。しかし、許紀霖の議論の独自さは「天下主義の二・〇バージョン（二・〇新版）」にある。彼は、伝統時代の天下主義が「普遍的かつ人類主義的」な性格を持ちながらも、その中に「ヒエラルキー構造」を抱えているとし、それをそのまま今日に蘇らせようとするのは歴史の反動であると言い切る。天下は「華夏」〔訳注：漢の時代以前に中原の黄河流域に暮らす部族で、漢民族を構成する主体〕を中心とした三つの同心円世界――皇帝が直接郡県制に基づいて支配する内圏、冊封や羈縻および土司制度に基づいて間接統制する辺境の中圏、そして朝貢制度とつながっている国際等級秩序――で構成されたものだが、それを「脱中心と脱ヒエラルキー化」するとともに、新しい普遍性」を創造することではじめて天下主義は新たに生まれかわるだろう、と言うのである。

　その新天下主義が今日の中国内外の状況に適用されると、次のような五つの圏域において重層的に現れることとなる。第一に、中国大陸の核心区域では「一つの制度、互いに異なるモデル」を施行し、第二に、辺境区域では「一つの国家、互いに異なる文化」を実現し、第三に、香港・アモイ・台湾地域では「一つの文明、互いに異なる制度」を実験し、第四に、東アジアにおいては「一つの地域、互いに異なる利益」を認め、第五に、国際社会では「一つの世界、互いに異なる文明」を適用する。一言でいうと、複合型ネットワーク、すなわち民族国家の同一性の原理に中華帝国（特に清帝国）の弾力性と多様性を尊重する多重体制の経験を補完した秩序である。この秩序は国際社会において「共有する普遍性」を具現したものである。彼はそれが「各種の文明や文化に対する重なり合うコンセンサス（重疊共識）」という特性を持つと説明する。韓国と日本で用いられる言葉に置き換えるならば「多文化共生」に該当するだろう。

新天下主義を通して具現化される「共有する普遍性」は非常に抽象レベルの高い言説であり、私たちが批評するのは簡単ではないが、それを筆者の言う「コミュニケーション的普遍性」と対照してみるのも一つの方法であろう。より具体的には、彼の構想を歴史の中に位置づけ、主権の再構成の視点から評価してみたい。その際に筆者の目に留まるのは、一国二制度である。

よく知られているように、一国二制度は、北京政府が返還された香港に適用した制度で、香港に高度の自治権——行政管理権、立法権、独立的司法権や対外業務処理権など——を付与し、資本主義制度と社会主義制度の共存を認めるものである。彼はこの制度を、過去の帝国の伝統である「多元治理の知恵」が継承されたものと把握しつつ、中華という「一つの文明」の中で「互いに異なる制度」を実験する例証として提示する。さらに香港・マカオ・台湾に適用されるだけでなく、辺境自治区にまで拡大適用されうるものとしても期待する。これがまさに新天下主義の内部秩序である（それと対になる外部秩序については後述する）。

しかし、このように一国二制度を拡大するとすれば、主権の問題はいかに処理されるのだろうか。はたして主権の柔軟性は担保されるのか。彼はこの問題を正面から取り扱ってはいない。ここで読み取ることができるのは、彼が「一体であり多元である国族の建設」を追求していること、そして「「文明国家のふりをした民族国家」[10]、すなわち民族国家の統治方式をもって膨大な帝国を治めている」今日の中国への批判を通じて、原則的に主権の柔軟性を念頭に置いているということだけである。

私は香港・マカオ基本法によって明らかになった国家の形態が、単一型国家であると同時に複合型国家、特に連邦制の特徴を色濃く持っているという研究に注目している[11]。ところが、中国の論壇では、単一制という国家の形態を一国二制度の前提とするだけで、その構造から脱却するための理論化を試みていないようである。本来、一国二制度における二つの制度とは資本主義制度と社会主義制度を指しているが、その外延を連邦制を含んだ複合国家モデルにまで拡大することもできる[12]。このような観点を中国分離策と見なして警戒するだけでは、新天下主義の内部原理を具体化させることはできない。一国二制度にある複合国家的要素は、中国統合の障害というよりも、むしろ中国統合への道を拡大するものと見ることもできる。そうすることで、台湾海峡の一方である台湾住民の意思とも疎通する一層柔軟な枠組みを作り出すことができるだろう。これは、中国に連邦制を施行せよという要求というよりは、単一型国家を前提せずに主権の再構成について積極的な関心を持とうという意味である。

その作業に有用な示唆を与えるのが、中島隆博が提起した主権の再構成についての議論である。彼はジャック・デリダの「主権の partage」（分割／分有）に基づき、主権の至高性ないし分割不可能性に挑戦しつつ、同一領域において複数の主権が重なり合う体制を「来るべき民主主義」の可能性として展望する[13]。そのために彼は国家主権や国民主権ではなく、人民主権の概念を導入する[14]。政治的に完全に平等な人民が、自ら主権者として統治主体となる人民主権に基づくかぎり、統治主体は複数になりうる。そこでは州と連邦（聯邦）のように国家主権を分割することも、さらに規模の小さい地域主権を構想することもでき、国家を越えた連帯も可能となる。また、東アジアでは民族自決権として訳される「人民の自己決定権」（the right of people to self-determination）について、近年ゆるやかに解釈する傾向があるが、こうした傾向も主権に対する新しい議論を促進する。集団での人民の権利を保障する方法についても、分離独立か弾圧と内戦かという単純な二分法を越えて、新しい形態の自決権をめぐる様々なアイディアが生まれ、実験の過程にある。(15)

このような主権に関する新しい議論が積極的に受け入れられてはじめて、一国二制度が単純な自治の高度化を実験するのにとどまらず、新天下主義の内部秩序の中にある三つ（上述の一、二、三）の圏域を円滑に連動させる原動力になりうる。言い換えれば、中央ではなく周辺の視座から問い直すことにより、

（10） 彼のこの主張は、たとえば甘陽のように今日の中国の課題を「文明国家」を建設するものとして提示する立場とは一線を画している。文明国家論については、拙著『核心現場から東アジアを問い直す（핵심현장에서 동아시아를 다시 묻다）』（創批、二〇一三年）、二九五—二九九頁を参照のこと。

（11） 香港・マカオ基本法は、第一に、憲法ではないがその構造は憲法の一般的特徴を備えており、第二に、特別行政区と中央権力の関係が連邦権力と構成国家の権力との関係に類似するように規定されている。金永完『中国における「一国二制度」とその法的展開——香港・マカオ・台湾問題と中国の統合』（国際書院、二〇一一年）を参照のこと。

（12） 同書、三一三、三二九頁では一国両体制を一種の連邦制と見ている。

（13） 中島隆博「主権のパルタージュ（分割にして分有）——原子力と主権」、延世大学国学研究院／東京大学国際哲学研究センター（UTCP）共同主催国際学術会議「共生と公共性——現場からの問い」（ソウル：二〇一三年六月一三—一四日）。

（14） 人民主権は、国家主権と異なるのはもちろん国民主権とも若干異なる。国民主権は人々を「国民」として編成した状態で、その主権者である国民が自らの代表者を選出し、その代表者による統治を受け入れるのが基本である。人民主権とは、政治的に完全に平等な人民が主権者として自らを統治することである。したがって、代表制をとる場合にも選出された代表は有権者の意向どおり行動しなければならず、それを守らない場合には解任される。中島隆博、同前。

（15） 趙孝済「民族自決権を再考する（민족자결권을 다시 생각한다）」、『ハンギョレ新聞（한겨레신문）』、二〇一四年四月三〇日。

香港、マカオ、台湾そして辺境の少数民族地区という、それぞれ異なる個体の中にコミュニケーションを可能とする普遍的要素があることを見出すことができる。さもなければ、天下主義を更新し、民族国家の同一性の原理と中華帝国（特に清帝国）の特有の寛容（弾力性と多様性の尊重）を結合させることで近代的主権国家と区別しようとする許紀霖の努力は、虚しく聞こえることになるだろう。「共有する普遍性」は他ならぬ（新天下主義の三つの圏域、いや外部秩序まで含んだ五つの圏域という）具体的な現場でのコミュニケーションを通してはじめて説得力を持つのである。それは伝統的天下主義から新天下主義へ、彼が比喩したとおり「二・〇バージョン（二・〇新版）」にバージョン・アップするためには必ず通らなければならない段階である（ウェブ二・〇とはまさに参加と協力に満ちた世界、つまり互いに連動する構成要素が強調された、新しくも魅力的なウェブ環境への進化を指す用語ではなかったか）。

以上のような新天下主義を、分断された朝鮮半島という核心現場において、国民国家の単一性を問う複合国家論と対比させることは、意味のある示唆を与えるだろう。それは、「一つの民族、互いに異なる体制」を統合していく過程のなかで提起された、主権に対する創造的な実験を指す。より具体的に言えば、朝鮮半島の統一へと進む中間段階としての「南北連合」（南北朝鮮の国家連合、confederation）を含めた平和的・漸進的・段階的な過程全体を複合国家論は包括する。まさにそのような過程の特徴を有するために、市民参加の空間も開かれる。朝鮮半島全体の体制を変革しながら、その一部として南側の社会も総体的に改革する市民たちが、（政府とともに）この過程に参加することになるのである。別の論文で詳論したため[16]委細を述べる必要はないが、複合国家はあらゆる種類の国家形態を包容する、いわば傘のような包括的構想である。さらにいえば、国家間の結合様式であると同時に、国民国家の自己転換様式を兼ねた、新たな国家機構を創設する作業を指す。具体的には南北朝鮮が平和的合意によって創意的な統一国家形態を具現する過程で提起された方案であり、その過程は東アジアで起きている様々な自治権運動を促進できると思われる。

朝鮮半島の統一に対する実質的なビジョンやその過程のロードマップが含まれている複合国家論と、中国が発信する新天下主義による主権の再構成論は、異なる歴史的文脈に基づいて構想されたものではあるが互いに参照する価値があるのではないだろうか。(17)

(16) 前掲の拙稿（「中華帝國論在東亞的意義」）において、複合国家についてのより詳しい議論を展開した。複合国家論の一部の要素である南北連合が統一の最終目標であるかどうかについては、進歩陣営のなかでも若干の見解の相違がある。たとえば、李承煥（イ・スンファン）は、南北連合を「南と北、市民社会が多層的に結合する複合的な統一共同体であり、またそれ自体ですでに「最終的な統一国家」の一形式」であると見なしている（『ハンギョレ新聞』、二〇一四年二月二四日）。これに対して、これまで統一の一段階としての南北連合の意味を特に重視してきた白楽晴（ペク・ナクチョン）は、それが統一に向かうひとつの中間段階にすぎず「統一の完成や最終形態」ではないと断言する。インタビュー「統一は段階的に、その過程での市民参与が最も重要（통일은 단계적으로 그 과정서 시민참여가 가장 중요）」、『ハンギョレ新聞』、二〇一四年三月一一日。筆者は、中間段階としての南北連合をその一部に含んだ、平和的・漸進的・段階的過程を全体の複合国家の内容であると見て、統一の最終形態はその過程で選択される開かれたものであると考えている。

(17) これに関する詳しい議論は、前掲「中華帝國論在東亞的意義」を参照のこと。ここで特に強調すべきは、主権の再構成を通じて、共有された普遍性を実現するのに適した国家体制を樹立するために、各国内部の改革作業が同時に進むべきだという前提である。この点からすると、許紀霖が注9の論文で拙稿（白永瑞「東亞地域秩序：超越帝國、走向東亞共同體」、『思想』（臺北）第三期、二〇〇六年）を直接引用しつつ、中国脅威論を払拭するのに必要な民主的な社会発展モデル建設のための内部改革を西洋式民主主義の縮小として認識したこと、さらに「たとえ中国が非民主的な秩序ある国家であるとしても、内部的に法治秩序を守り外部的には国際法則一般を遵守するならば」東アジア共同体建設に参与できると考えたのは議論の余地があるだろう。

3 「新天下主義」の外部秩序と東アジア分断体制論

「共有する普遍性」を具現する新天下主義の内部秩序と対になるのは、民族国家の主権概念を超越した外部秩序である。[18] 許紀霖によると、今日の中国の現実は「文明国家を偽装した民族国家」の統治方式をもって広大な帝国を治めている。そして、民族国家を至上としてみなす思考によって国際問題も処理するため、中国を敵対視する風潮が世界に蔓延すると彼は批判する。この憂慮すべき現実に対する解決策として、天下主義の伝統の中に見出した核心的な資源が、国家間の互恵互利の関係である朝貢体制である。それを蘇らせることで、東アジアにおいては「一つの地域、互いに異なる利益」を認め、国際社会においては「一つの世界、互いに異なる文明」を適用できると期待するのである。許紀霖もまた、汪暉と同様に、中華帝国の原理から二一世紀アジアという地域空間を新たに想像しうる糸口を求めているのである。[19]

私は天下主義の外部秩序についても、コミュニケーション的普遍性という基準から検討してみようと思う。中国大陸の隣人のなかにコミュニケーションを可能にする普遍的要素があることを見出し、そこから積極的に対話しようとする姿勢が、はたして新天下主義論に十分にあるといえるだろうか。許紀霖は、私が以前発表した論文[20]を引用しつつ、なぜ中国は「平和的台頭（和平崛起）〔訳注：国際社会における中国の役割と姿勢を提示した胡錦涛政権の政治構想〕」を訴えるにもかかわらず隣国からの信頼を得られないのかと問う。そしてその理由として、中国が備えている「帝国という身体」と「民族国家至上主義」を挙げている。その診断自体は問題ではない。しかし、その解決策を朝貢体制の遺産から見いだす作業——たとえば海洋を共有した天下主義の知恵を強調すること——だけでは、彼が期待するようなかたちで周りの懸念を払拭することは容易ではないだろう。

中国と隣接するアジアの社会と国家に対する関心よりも、現代中国の国家アイデンティティにより密着しているため、彼はさらなる一歩を踏み出すことができないのではないだろうか。それゆえ、新天下主義が（彼の憂慮する）東アジアにおける葛藤の現実を解消しうる突破力を持つことは難しい。彼は、東アジアが「互いに異なる利益」を追求しつつも「一つの地域」でありうる根拠を、より深く模索しなければならない。なぜなら新天下主義の外部秩序が担わなくてはならない現実の東アジアは、分裂・対立しているからである。

私たちが肌で感じるように、現在、歴史問題と領土紛争によって東アジア国家間の相互の嫌悪感情は悪循環をきたしている。その原因についてはすでに少なからぬ分析がなされてきた。インターネットの発達によって各国内部の社会的矛盾と不安が「ネット民族主義」を助長し、他国を「仮想敵」とすることで国内の葛藤を転嫁するという解釈が比較的説得力をもって流通しているようである。[21] そのなかで、

(18) 天下という概念自体は原理的には内外区分のない大一統の秩序であるため、許紀霖が新天下主義の外部秩序と内部秩序を区分する中国知識人の議論には問題があると指摘するのも理解できる。しかし、理念的領域の中国と現実的支配領域の中国の境界は流動的であると見る筆者としては、その議論に深く入るよりは、許紀霖の論旨に沿って両者を交互に検討することにしたい。

(19) 汪暉は朝貢・冊封秩序という中華帝国の原理から二一世紀アジアという地域空間を新たに想像できる糸口を探るが、彼の主張はアジア自体に対する関心というより、現代中国における国家アイデンティティや利害関係により密着している。白池雲（ペク・チウン）は、「辺境問題と少数民族、そして社会主義体制など、西欧近代の民族国家の枠組みでは十分説明できない中国の国家体制を正当化しようとする努力が彼のアジア論に投影されている」と明快に批判している。白池雲「近代中国におけるアジア認識の問題性（근대 중국 아시아 인식의 문제성）」、『中國現代文學』六三（二〇一二年）：一九頁を見よ。

(20) 前掲、拙稿「中華帝國論在東亞的意義」を参照。

(21) 日本については、李源京「日本のインターネット民族主義の展開と韓国に対する含意」（일본 인터넷 민족주의의 전개와 한국에 대한 함의）、『東亜研究』第三二巻第二号（二〇一三年）を見よ。日中韓の事情については、高原基彰『不安型ナショナリズ

日本のいわゆる「ネット右翼」の登場と成長に対して、新たな解釈を提示した議論が注目を引く。[22]嫌韓論を広めているネット右翼は、二〇〇二年日韓ワールドカップを機に登場したが、その原因を一国的な観点から探すのではなく、冷戦の解体による地球的パラダイムの変化という観点から見なければならないというのである。嫌韓の風潮は、脱冷戦期の国際情勢の変化にともなう韓国という国家の変質に対する敏感な反応であるという。すなわち、冷戦崩壊後、韓国は北朝鮮を同じ民族（同胞）として捉える一方、同じ反共国家として手をつないできた台湾と断交し、反日というカードを掲げる変化を見せたにもかかわらず、（冷戦期の慣行に慣れていた）日本の伝統的な保守右翼は、韓国に対して口をつぐんでいた。これに反発してネット右翼が出現し、彼らの嫌韓論が次第に勢いを増してきたというのである。この解釈が日本の現実をいかに正確に診断しているかを点検する能力は私にはない。[23]ただここでは、この解釈で重視された脱冷戦という歴史的文脈と嫌悪感情の台頭の関連性が、本書の問題意識ともつながっているという点を指摘しておきたい。日本で嫌中論が台頭し始めたのが脱冷戦直後の一九九五年であったこともまた、私のこのような問題意識を裏付けている。[24]

実際に一九九〇年代以後、世界史的な脱冷戦期に入ったにもかかわらず、東アジアでは転換期の新しい地域秩序を安定させることができないまま、冷戦状況がいまだ厳然として存在する不安定な局面が続いている。この特徴を最近韓国の一部の研究者たちは「東アジアの大分断体制」という新たな概念で説明している。[25]世界体制と国民国家の媒介項として、東アジアという地域的視座を強調することで、国民国家と民族主義を相対化すると同時に、朝鮮半島の分断体制と東アジア的な視点を結合させようと努力してきた私としては、これを積極的に活用しない手はない。

ここで東アジア分断体制論を本格的に議論する余裕はないために、簡単に紹介しておく。東アジア分断体制とは、世界史的な脱冷戦の状況にもかかわらず、東アジアにおいて依然として存在する大分断体制、すなわち中国と日米同盟のあいだの分断と、そうした地域レベルの大分断体制と緊密につながりつつもそれ自体独自性を持った小分断体制（朝鮮半島の分断、中国の両岸関係など）で構成された重層的構造を、巨視的観点から説明する概念である。この体制が一九四九年の中華人民共和国の成立とともに形成

ムの時代――日韓中のネット世代が憎みあう本当の理由』（洋泉社、二〇〇六年）を見よ。

(22) 古谷経衡「嫌韓とネット右翼はいかに結びついたのか」、安田浩一、岩田温、古谷経衡、森鷹久『ヘイトスピーチとネット右翼――先鋭化する在特会』（オークラ出版、二〇一三年）、六六―六七頁。

(23) 日本で活動する黄盛彬（ファン・ソンビン）は、ネット右翼が特定の主義や主張を持った可視的な政治勢力ではなく感情的共感に基づいた流動的集団であり、保守とリベラルを問わず、既存メディアが彼らの出現と排外主義的ナショナリズムの拡散に無関心であったことが、むしろ彼らの承認欲求を促したと解釈する。そして今後、既存メディアの世論空間で社会的討論の対象になるにつれ、その立場が畏縮する可能性が高いと見ている。黄盛彬「ネット右翼と反韓流、排外主義の世論（넷우익과 반한류, 배외주의의 여론）」、『日本批評』第一〇号（二〇一四年）：一六二頁。ただし、この主張はここでの私の見解とは多少距離がある。

(24) 日本の日刊紙で「嫌中」という表現が入った記事は、一九九五年に初めて登場し、その頻度は二〇〇〇年代以降急速に増え次第に広まっていったという。藤野彰『「嫌中」時代の中国論――異質な隣人といかに向きあうか』（柏艪舎、二〇一三年）、一〇頁を参照のこと。

(25) 東アジア分断体制に関する議論は韓国でも始まったばかりである。代表的な研究成果としては、李三星「東アジア国際秩序の性格に関する一考――「大分断体制」を通してみた東アジア（동아시아 국제질서의 성격에 관한 일고：「대분단체제」로 본 동아시아）」、『韓国と国際政治』第二二集第四号（二〇〇六年）、鄭焌璶「東アジア分断体制と安保分業構造の形成――戦後東アジア国家形成研究のためのアプローチ（동아시아분단체제와 안보분업구조의 형성：동아시아 전후 국가형성 연구를 위한 하나의 접근）」、『社会と歴史』第九四号（二〇一二年）：一三頁、鄭根埴「東アジア冷戦・分断体制の形成と解体――グローバル冷戦下の東アジアを新たに想像する（동아시아 냉전·분단체제의 형성과 해체：지구적 냉전하의 동아시아를 새롭게 상상하기）」、林榮澤編『韓国学の学術誌的展望』第二巻（ソミョン、二〇一四年）などがある。

され、朝鮮戦争で固着化されて以来今日まで続いているという主唱者たちの説明からもわかるように、この議論においては中国の役割が非常に重視されている。アメリカとソ連という二つの超強大国が主導した世界的冷戦と異なり、冷戦期から中国が米ソ間対立のなかで一定の自律性を持ち、その独自性を次第に強化してきたというわけである。

この概念が、冷戦と脱冷戦という一般的枠組みでは説明できない東アジア地域秩序の特徴を、その歴史的連続性にもとづいて説明するのに有効であることは明らかである。しかし、私は東アジア分断体制論の問題意識にかなり共感しつつも、今のところこれを全面的に受け入れるのを留保している。その理由は、まず東アジア大分断体制という概念を用いるほど、体制としての緊密な統合や再生産メカニズムまでが備わっていないと判断されるからである。もう一つの理由は、東アジア大分断体制が、小分断体制（たとえば朝鮮半島分断体制）に対して、過度な強制力を持つものと見なされる恐れがあるからである。こうした理由から筆者は東アジア近現代史を構造的にアプローチする一つの分析道具として「東アジア分断構造」という発想をより好む。

これまで東アジア分断体制を作動させてきた要素は、地政学的緊張、政治社会体制の異質性、そして歴史心理的間隙であると説明されてきた。[26] ここでは、そのうち歴史心理的間隙を中心に、東アジア分断構造を概念化しようと思う。いうなれば過去一〇〇年の間に形成されてきた「中国とその他」そして「日本とその他」のあいだに存在する歴史感覚と認識論的次元の分断線を重視するのである。[27] 日清戦争以来続いてきた戦争と冷戦期を経て、中国と日本のあいだに歴史心理的分断が凝結し、拡大再生産され今日まで影響を及ぼすことを「分断構造」と呼ぶ。[28] これによって緊密な統合性と再生産メカニズムを究明する負担を少なくして、地球的（global）－地域的（regional）－一国的（national）という三次元の矛盾が凝縮され、重層的に分断された地域秩序をよりよく説明できるものと期待する。特に東アジア分断体制論が説明できない、重層的分断構造を解体させる原動力がどのように形成されるのか、そしてそこに市民社会がどのように介入できるのかという点が効果的にあらわれると思われる。

本書のテーマに絞ってみると、東アジア分断構造が、帝国と植民、冷戦の重なり合いのなかで続いてきた現実を最もよくあらわしているのは、大分断構造のなかで占める中国の位置と役割である。中華帝国の伝統から始まった中国とその隣国のあいだの歴史的な非対称の関係は、中国がいつでも帝国になる潜在的な属性を持っていると周囲に認識させやすい。また、西欧近代に追いつくことに成功した日本帝

(26) 李三星「分断体制概念、東アジアに適用するには「大分断体制」が適切（분단체제 개념, 동아시아에 적용하려면「대분단체제」가 적절)」、『ハンギョレ新聞』、二〇一三年三月二〇日。

(27) 李三星が述べた東アジア分断体制を作動させる三つの要因は、時期によって相互に結びつく程度が異なる。私が見るところでは、もっともうまく結びついた時期は冷戦期である。脱冷戦期には相互交流と相互依存が深まることによって、地政学的緊張と政治社会体制の異質性が大幅に緩和され、その結合は緩慢となった。にもかかわらず、歴史心理的間隙は日清戦争以来の植民と冷戦の経験が重なり合うなかで絶えず維持された。つまり、地政学的緊張や政治社会体制の異質性の結合様式は、各時期ごとにリズミカルな変奏を見せてきたが、長いスパンでこれらの三要因の凝結をもっともよくあらわしているのが歴史感覚と認識論的分断であると考え、それを中心に分断構造を把握しようと思う。東アジアの長い歴史のなかで形成された「大分断（macro-divisions）」を、「日本とその他」そして「中国とその他」のあいだに形成された認識論的断絶として説明する、白樂晴の見解もある。Paik, Nak-chung, "Barriers to reconciliation in East Asia: the case of two Koreas and its regional implications," *Inter-Asia Cultural Studies* 11, no.4 (2010): 503-504.

(28) 私は東アジア分断構造の展開過程を前期と後期に区分する。前期は、日清戦争・日露戦争を経て、韓国併合によって中華圏と日本帝国圏の分断線の輪郭があらわれた時期から、日本帝国が崩壊した一九四五年までを指し、後期は、これに続いて冷戦の到来によって自由陣営と共産陣営により分断が固着化され、次第に解体過程を経ている今日までの時期を指している。二つの時期は累積的に連続しているが、前期が比較的流動的な分断であるのに対し、後期はより硬直した分断であるという違いがある。

国の先進性に対する後進の抵抗でもあった中国革命による東アジア歴史観やイデオロギーの深刻な不一致も、この地域の心理的葛藤と情緒的分断を持続させている。[29] こうした事情は、大分断の両側それぞれにわたる朝鮮半島南北の分断体制にもよくあらわれている。中国との非対称的関係は南北どちらとの関係にも適用されるが、それが実際にあらわれる様相は政治社会体制の異質性をいかに認識するかによってそれぞれ違ってくる。また朝鮮半島南北の政治社会体制の違いは、東アジア地域次元の歴史観とイデオロギー分断にそのまま対応している。

このような東アジア分断構造に照らしてみると、現在東アジアで高まっている相互嫌悪感情の悪循環は、単なる相互交流と協力の増加だけでは解消されにくい構造的な矛盾の所産であることがすぐにわかる。したがって、葛藤の解消のためには分断構造の解体が要求される。しかし、これは「天下主義二・〇版」で提示された朝貢体制という遺産だけでは可能ではなさそうである。分断された東アジアの大和解のためには、その先の「三・〇版」が必要ではないだろうか。

ここで私たちは分断構造解体の原動力がどのように形成されるのかを問わざるを得ない。それは、東アジア分断線のあちこちを行き来する地域レベルの大和解とともに、小分断（体制）内部の交流と協力、そして民主化の拡大を通じて行われるものだろう。[30]

巨視的視座から東アジア分断構造の歴史を振り返ってみると、解体の過程もまた、わずかではあるが進行中である。その第一段階である動揺期は、中米国交正常化が行われた一九七〇年代初め、第二段階の亀裂期は、韓ロ国交正常化と韓中国交正常化が行われた一九九〇年代の始めである。しかし、第三段階といえる東アジア平和体制への移行期はいまだ遠い。これと関連して私は、分断構造解体の原動力として、この地域の矛盾を集中的に経験している核心現場での小分断の克服によって確保されるべき躍動性とその波及効果に注目したい。それには、小分断内部の交流と協力、民主化の拡大が重要になる。両岸関係における台湾、そして日本本土にもたらす沖縄の役割もより深く議論するべきであるが[31]、ここでは特に米朝和平協定、日朝国交正常化、そして南北の国家連合を経た朝鮮半島統一の過程が重要な契機だと考えている。朝鮮半島は、歴史のなかで戦略的要衝として機能してきただけでなく、東アジアの分断線の境界という微妙な位置に置かれているためである。

もちろん東アジア分断構造解体の原動力は、小分断の変革からだけで来るのではない。地域レベルの分断構造の重要な当事者である中国の試みと相互に作用してはじめて、その分解過程は促進される。新天下主義の「共有する普遍」がその役割を果たせるかどうかに注目したのは、そのような理由からである。「平和的台頭（和平崛起）」を掲げているにもかかわらず、その善意による意図的行為が近隣国に反応と信頼を呼び起こさないのであれば、挫折を感じた中国は世界に対する警戒心を強化し危機感を覚えやすくなるだろう。しかし近隣国との非対称的な関係を持っている中国が真に普遍を語ろうとするならば、自らの「大きさ」を直視することが非常に重要である。それは中国が持つ媒介作用の広さと、それ

(29) 張志強「「巨大分断」の克服と理想的な東アジアの可能性――「韓中人文結束の強化」が地域の未来に与える意味（「거대분단」의 극복과 이상적 동아시아의 가능성 :「한중인문유대 강화」가 지역의 미래에 주는 의미）」、『統一と平和（통일과 평화）』第五集二号（二〇一三年）: 五九―六〇頁。彼は注27の白楽晴の論文を用いて、自分の論旨を展開している。

(30) 鄭根埴、前掲論文、七〇―七三頁から示唆を受けた。

(31) 両岸関係は、朝鮮半島の分断に比べて、中国大陸と台湾の非対称性が顕著であるが、台湾で進行中の中国を新しく見ようとする試みの多様性もまた注目に値するものである。また、日本の国民国家の特性を批判的に見る、沖縄人の理論的・実践的作業はすでに韓国内外で注目されている。

に伴う責任の重大さを自覚するという意味である。[32] その自覚とは、外部の他者はもちろんその内部の他者に対しても、相手の歴史的文脈にそって考え、理解する能力を育てるものとしてあらわれるはずである。そうした能力は、硬直したかにみえる敵意を今すぐに解消はできなくても、少なくともそれを弱めて和解の道へ導くことはできる。[33]

とはいえ、私たちの現実を制約する東アジア分断構造の弊害の責任を、中国にのみ問おうというわけではもちろんない。この構造のどこにあろうとも、各々の主体が分断克服のためにそれぞれの現場で努力することはどれもすべて大切である。その作業から短期的な成果が生みだされ、手応えを感じるならば、「新しい普遍」へと向かう歩みはより軽やかになるだろう。

4　おわりに——核心現場から新しい普遍を

これまでの議論のなかで正面から言及されていない重要な問題がひとつ残っている。私が検討したコミュニケーション的な普遍性を追求する東アジアの人々の試みは、はたして欧米中心の普遍主義の克服という古い課題を引き受けることができるのだろうか。ウォーラーステインが言う「いくつもの普遍的普遍主義のネットワークのようなもの」の存在、言い換えれば、それらの間にお互いを映す「出会いの場所」をここで確認した意味はあると思われる。

しかし、周辺に対する中心の支配が、物理的権力と言説的権力の両面で行われるとすれば、欧米中心の普遍主義の克服という対抗的言説は、物理的権力の次元での権力関係の変化が伴わない限り空虚なものとなるほかない。まさにこの点で、東アジア分断構造の解体が重大な意味を持つようになる。その解体の過程が分断構造の作動に深く作用し、アメリカが主導する世界秩序の権力関係（およびその基盤である資本主義世界体制）の再編を自然に引き起こすと考えられるからである。そしてこのような物理的権力関係の変化が、欧米中心の普遍主義という言説の解体と「新しい普遍」の拡散を促進することは明らかである。

本章で私は、小分断構造である朝鮮半島という場を核心現場と見なし、その中にコミュニケーションを可能にする普遍的要素があることを強調した。しかし考えてみると、私たちが住んでいる生活の現場はどこでも核心現場になりうる。ただし「随処作主」という禅家の教えのように、[34]誰もが自分が住んでいる場所において、主人としての生き方を実践してこそ、そこが核心現場となる。さらに言えば、時空間の矛盾と葛藤が凝縮された事実をきちんと認識し、その克服の実践に向けた姿勢を堅持する時にはじめて、核心現場は発見されるのである。この過程で互いの苦悩と苦痛を分かち合うことで、日常生活のなかで共有できる新しい普遍性が姿をあらわすはずである。

私が東アジア認識の具体性と実践性を確保するために、[35]これまで特に注目してきた核心現場は、朝鮮

（32）　もちろん、中国の隣人である小さな国も、非対称的関係によって形成された違いを直視しなければならない。そうした違いの直視は、両者に適用される「倫理的要求であり、政治的知恵」である。これに対する発想は張志強、前掲論文、六九頁から示唆を受けた。

（33）　賀照田／鈴木將久編訳、前掲書、一一四―一一五頁。徐進鈺「海峽兩岸的自我他者化：兩岸的糾結」、『東亞危機下的國家感覺與國際感覺』会議（金沢：二〇一四年七月六―七日）報告文。

（34）　第五回東アジア批判雑誌会議「連動する東アジア――真の地域平和に向けて」（那覇、二〇一三年六月二八―三〇日）に参加した白楽晴教授の論評から示唆を受けた。

半島、台湾そして沖縄という小分断に該当する場所である。しかしそれらと連動しながらも、また別の様相を見せる中国や日本本土内部にも、帝国と植民地そして冷戦が重なり合う影響のなかで空間的に大きく分断され、東アジアの葛藤が凝縮された場所があるはずである。そこを核心現場として発見する作業もこれから本格的になされなければならない。[36]

付記

本章の基本骨子は、東京大学「共生のための国際哲学研究センター」（UTCP）主催の国際会議「東アジアから問う「新しい普遍」」（東京：二〇一四年四月一九日）にて日本語で、また遼寧大學／韓國高等教育財團主催の二〇一四年東北亞論壇「東北亞的歷史與未來：交流、信任與繁榮」（瀋陽：二〇一四年九月二六—二七日）において中国語で行った口頭報告をもとにしている。初出の韓国語原文を本書の趣旨に合わせて大幅に修正した。

（35）　柳俊弼（リュウ・ジュンピル）は、私が「「核心現場」をキーワードとして東アジア認識の具体性と実践性を浮彫りにしている」と適切に指摘する。彼はさらに「朝鮮半島の複合国家構想を東アジア的視点から再認識」する実験を通じて、「韓国の東アジア論が東アジアが共有する思想的・実践的資源となる方向」を計ることができるはずだと展望する。

（36）　拙著『核心現場から問い直す東アジア』の書評論文において、李政勲（イ・ジョンフン）は、私に既存の東アジア論のアップグレードを遂行するための核心現場としての中国を新たに認識する必要性を喚起してくれた。李政勲「東アジア言説、来た道と行く道（동아시아 담론, 온 길과 갈 길）」、『創作と批評（창작과 비평）』、二〇一四年春号、四〇六頁。私も中国が今後「世界史の運命の決定的な結び目の一粒」であることを自覚しており、それについての分析を本格化させようとしているところである。中国で進行する普遍についての議論に刺激を受けて書かれた本章は、それに向けた一つの試みである。

第一部　東アジア論

第一章

核心現場に見いだす東アジア共生への道

1 「沖縄帰属論争」再燃の意味

沖縄は中国の領土なのか？　中国の日刊紙『人民日報』（二〇一三年五月八日付）に沖縄帰属問題を取り上げた論文[1]（の要約）が載ったのをきっかけに、沖縄の歴史的位置が中国と日本であらためて論争の的となっている。

中国近代史専門家として社会科学院近代史研究所所長をつとめた張海鵬と、辺境問題（特に南洋問題）の専門家である李国強が共同執筆したこの論文は、釣魚島（尖閣諸島）が中国領土に属するという主張の歴史的根拠を探すことに重点が置かれている。ところが、その論文の末尾にある「歴史上未解決であった沖縄問題を再び議論する時がきた」という一節が論争を引き起した。台湾と釣魚島（尖閣諸島）を含む付属諸島および沖縄はもともと朝貢秩序に属する中国の版図であったが、日清戦争で中国が敗れて日本が掌握したのち、第二次大戦終結後に中国に帰属しなかっただけだというのである。張海鵬は日本のメディアとのインタビューで、沖縄の主権が中国に属すると主張するのがこの論文の目的ではないとの釈明をおこなった。沖縄の帰属が未確定であると問題提起したのは、日本政府が尖閣諸島を沖縄県の管轄に置いているからであるという。そしてこの事実は、この島の領有権が日本にはないという中国側の主張を有利にするための傍証にすぎないと主張した。そうした自分の学術的見解が、あたかも沖縄は中国領であるという主張のように見なされることに対しては当惑を覚えると打ち明けた。[2] しかし、学界の重鎮である彼の位置や、掲載誌が中国共産党機関紙であるという特性からしても、こうした動きが中国政府の影響下にあると映るのは避けられない。中国の外からは、これらが釣魚島／尖閣諸島紛争を有利に導く心理戦であり、一種の交渉戦術であるという分析もなされている。[3] 日本政府が抗議、反論するのもまったく理解できないわけではない。

東アジアの領土紛争と歴史の葛藤が深刻化しつつあるなかで発生した沖縄問題は、現在の島々をめぐる葛藤が単なる領土問題ではなく、各々の歴史問題が凝結したものであることをもう一度確認させてくれる。特に沖縄では近代史の構造的矛盾が東アジアの次元で生々しく可視化されている。それは取りも直さず、沖縄が「核心現場（のうちの一つ）」であるために、より一層浮き彫りになるのである。

2　核心現場とは

私はかつて、東アジアの歴史と現実を分析するために「二重の周辺の視座」を提起したことがある。[4] その要旨をもう一度紹介するならば、それは西欧中心の世界史が展開する過程で、非主体化の道を強要された東アジアという周辺への眼と、東アジア内部の位階秩序において抑圧された周辺への眼が同時に必要だという問題意識である。私が述べる中央と周辺の関係とは、単純に地理的位置を指しているのではなく、無限の連鎖関係あるいは無限の「抑圧移譲」の関係を指している。「二重の周辺の視座」はその関係に対する認識であり、克服のための実践を意味する。この視座を提案することで、中心と周辺の関係を歴史的文脈、とりわけ世界体制の位階秩序の中で具体的に分析しなければならないと強調した。ところで、東アジアは平面的で均質的な国家の組み合わせというよりは、重層的な中心と周辺で構成された立体的で不均質な地域である。したがって「二重の周辺の視座」をよりきちんと理解するためには、複合的で重層的な時空間に対する認識がともなわなければならない。グローバルな次元での長期にわたる議論と、中小規模の地域、中短期の課題を同時に思考しつつ、一貫した実践に結びつけなくてはならないのである。(5)

核心現場はまさにこの複合的で重層的な時空間に対する認識が求められる場であり、そうした認識が

(1) 張海鵬、李國强「論『馬關條約』與釣魚島問題」、『人民日報』、二〇一三年五月一〇日。
(2) 「人民日報論文「琉球問題、再議論を」執筆者　沖縄奪還論に当惑」、『毎日新聞』、二〇一三年五月二三日。
(3) 「沖縄領有権は中国に」、『京郷新聞』(경향신문)、二〇一三年五月二三日。
(4) 拙稿「周辺から東アジアを眺めるということ(주변에서 동아시아를 본다는 것)」、鄭文吉、崔元植、白永瑞、全炯俊共編『周辺から見た東アジア(주변에서 본 동아시아)』(文学と知性社、二〇〇四年)、一六頁、三六頁。拙著『思想東亞：朝鮮半島視角的歷史與實踐』(臺北：台灣社會研究雜誌社、二〇〇九年)、ⅴ頁、ⅵ頁、拙著『思想東亞：朝鮮半島視角的歷史與實踐』(北京：三聯書店、二〇一一年)、六―七頁。
(5) これについてのより詳しい議論は、本書第一部第三章を参照。

もっとも的確に適用されるべき対象である。これは孫歌が述べた歴史の「関節点」とも通じる。[6]時空間の矛盾が凝縮された場所、それが核心現場である。沖縄以外にも、分断体制下の朝鮮半島、台湾などが（近年私が注目する）核心現場に属する。それは、中華帝国－日本帝国－米帝国へとつながる中心軸の移動によって位階づけられた東アジア秩序の歴史的矛盾が凝縮され、植民地と冷戦が重なり合う影響のもとで、空間的に大きく分裂し葛藤が凝縮された場所である。このように時空間の矛盾と葛藤が互いに連動し悪循環を起こしているため、それを解決していくことができればそれだけ東アジアの平和のための良循環の触媒としての波及力は大きくなる。ガヴァン・マコーマックが適切に表現したように、核心現場は「日本の帝国主義とアメリカの冷戦へゲモニー時代の克服を試すリトマス試験紙のようである」[7]。もっとも、核心現場は特定地域だけを特権化するのではない。私たちの生活現場のいかなる場所も核心現場となりうる。ただ、その場が時空間の矛盾と葛藤が凝縮された場所であるということをきちんと認識し、私たちがその克服の実践姿勢を堅持する主体となる時にはじめて、核心現場は発見される。絡まり合った矛盾と葛藤による日常生活の苦痛が大きければ大きいほど、その解決過程で得た智恵によって、私たち各自の生き方や態度もまた変わることは明らかである。その波及効果が期待できる空間がまさに核心現場である。

3　核心現場と主権の再構成

東アジア近代史の矛盾と葛藤が凝縮した核心現場の特徴は、主権の重層性に主としてあらわれる。冒頭の沖縄問題に再び戻ろう。

先の『人民日報』に載った論文に対する沖縄世論の反応は、「複雑」であり「中国批判一辺倒」ではなかった。なぜそうなのか。ひとつは、沖縄県民の大多数が現在の中国には批判的であるが、過去の中国には歴史的親近感を持っているからである。もう一つは、日本が沖縄を暴力的に編入し、今も民主主義の枠外に置いているからである。だからといって、中国と儀礼的朝貢関係を結んだという歴史的事実に基づいて、琉球を属国として見なし、沖縄が中国に属するというニュアンスを匂わせるこの論文に同調するのでもない。それよりは、中国の報道が「琉球問題を国際的視点から把握した点で意義がある」と評価している。(8)

この反応を見るだけでも、沖縄の主権の帰属問題はそれほど簡単ではないことがわかる。主権に対するより深い思考が求められている。彼らの複雑な反応には歴史的淵源があるのだ。

よく知られているように、一五世紀から一九世紀末にいたるまで、中国の明清王朝と琉球王国は朝貢関係を維持してきた。そして一六〇九年、日本の薩摩藩が琉球王国を侵攻し、幕藩体制の管掌下に置いて以後、琉球は日本幕府の治下に隷属すると同時に、中国に朝貢を捧げる二重支配構造（一支両属）を維持した。琉球の立場からすれば、この関係は王朝を守るために積極的に自発的隷属を選択した弾力的

（6）　孫歌、白永瑞「非対称的韓中関係と東アジア連帯（비대칭적 한중관계와 동아시아 연대）」、『創作と批評（창작과 비평）』、二〇一三年夏号、一九八頁。

（7）　ガヴァン・マコーマック「작은 섬, 큰 문제：센까꾸／오위의 역사와 지리」、『創作と批評』二〇一一年春号、五八頁。日本語要約「小さい島の大きな問題――尖閣・釣魚諸島の歴史と地理の重み」、季刊『創作と批評』日本語版、通巻一五一号、二〇一一年春号、http://jp.changbi.com/?p=197.

（8）　以上の論点は「人民日報「琉球」論文　県内複雑」、『沖縄タイムス』、二〇一三年五月一〇日。

外交政策の所産であり、中国の立場からすれば、交易ネットワークの拠点確保や防御戦略を顧慮した実用性と、政権の正当性確保という大義名分に基づいた選択であった[9]。すなわち、非対称的な関係にある両当事者が相互戦略的考慮からこのような関係を維持したわけであって、中国による一方的な強制の結果でもなければ、(近代的国境と領土のように)その帰属関係が明確であったとも言いがたい。

また琉球処分によって琉球が沖縄県に改編され(一八七九年)、日本帝国の領土の一部となった後も、主権の観点から見ると沖縄の位置は単純ではない。日本帝国の国民国家としての凝集と植民地拡大の動きが交差する場、すなわち内国植民地(internal colony)であったわけである。このような主権の複雑さは、戦後米軍占領下の沖縄の位置を説明する用語である「潜在主権」に、より如実にあらわれる。米軍占領状態の沖縄の地位に対し、日米両国の妥協を指す用語が「潜在主権」(residual sovereignty)である。統治は施政権(administrative rights)を得たアメリカがおこなうが、主権は潜在的には日本にあるというのである[10]。

このような国家主権帰属の複雑性は、一九七二年に沖縄が日本に復帰した後でも解消されたわけではなかった。復帰の際に日本がナショナリズムに強く傾いたことに反発して、「沖縄とは何か」を模索するいくつかの動きが噴出した[11]。日本の国家・国民から疎外された現実のなかで、それぞれの「あるべき沖縄像」によって強調点の違い——日本を問い直すこと、反復帰の思想、ルーツとしての沖縄の意識化など——が見られたが、これらはすべて沖縄人のアイデンティティを強く反映したものであった。ところが、日本本土に属した後も、彼らの主権意志が実現されるという期待は実現不可能な現実にぶつかった。現存する日米安保体制下の日本ではなく、平和憲法が描いた戦後日本に復帰するという沖縄人の意志は挫折するほかなかった。なぜなら人口一%に過ぎない一つの県の住民が、日本全国で選ばれた代表で構成された代議制民主主義の議決を左右する可能性はないからである。依然として、いや、より拡大した形で存在する米軍基地は、「構造的沖縄差別」[12]の根源として、日本本土復帰の意味、いいかえれば沖縄人に主権とは何かを絶えず問いつづけさせている。

このことをより注意深く考えてみると、沖縄が経験している主権の重層性という問題が、沖縄以外の他の核心現場とも連動するということがわかってくる。その点を台湾の事例から確認してみよう。

先の『人民日報』の記事は、台湾でも小さな波紋を引き起こした。台湾独立（と民進党）を支持する論調を繰り広げる『自由時報』は、記事について「意地を張った中国の覇権意識の表れ」だとはっきり主張した。[13] 他方で『中國時報』や『聯合報』は立場を明確に示していない。領土の歴史的根拠は現実の国家間の力の結果に左右される問題であるため、結局は中国、日本、アメリカの力の変化がこの問題の方向性を決定するという『中國時報』の記事が目につくくらいである。[14] 中国側の立場を支持すれば、台湾が結局中国の一部分だということを認めるかたちになり、日本の立場を支持すれば台湾独立の主張を認めるかたちになりかねないので困っているようである。だが、これを契機に台湾で台湾地位未定論が

（9） 両者の関係の歴史的実装についての説明は、車惠媛「明朝と琉球間の冊封朝貢外交の実体（명조와 류큐 간 책봉조공 외교의 실체）」、『中国史研究』第五四集、二〇〇八年、渡邊美季「琉球から見た清朝——明朝交替、三藩の乱、そして太平天国の乱」、『清朝とは何か』（別冊『環』一六）、藤原書店、二〇〇九年を参照。

（10） 任城模「潜在主権の「在日」のディレンマ——占領初期沖縄の地位とアイデンティティ（잠재주권과 「재일」 의 딜레마：점령 초기 오키나와의 지위와 정체성）」、『韓日民族問題研究』一〇（二〇〇六年）。

（11） 鹿野政直『沖縄の戰後思想を考える』（岩波書店、二〇一一年）、七六—八九頁。

（12） この表現は、新崎盛暉／白永瑞、李ハンギョル訳『오끼나와、구조적 차별과 저항의 현장』（創批、二〇一三年、日本語原本は『新崎盛暉が説く構造的沖縄差別』高文研、二〇一二年）から借用した。

（13） 「東京觀察：地位未定論凸顯中國霸權」、『自由時報』、二〇一三年五月二〇日。

（14） 「琉球地位未定論」、『中國時報』、二〇一三年五月九日。

再び争点化する可能性はある。[15] 実際、沖縄でさえ地位未定であるとすれば、台湾もまた当然地位が確定されていないことになりかねない。台湾でも主権の複雑性は歴史的かつ現実的な問題である。

中国のもう一つの朝貢国であった韓国でも『人民日報』の記事をめぐる争点が紹介されたが、議論の経過が報道されただけで、それに対するいかなる立場も表明されることはなかった。だが、東アジアの領土と歴史問題は互いに連動したものであるため、沖縄主権の帰属論争が情勢の変化によって韓国においても活用される可能性はある。

もっとも、韓国でも主権は常に問題であった。一九世紀後半、朝鮮は清国の朝貢体制に縛られた一方で、他の国々とは近代的条約関係を結ぶ二重国際秩序（兩截體制）のもとにあり、主権の複雑性を早くから経験した。また、植民地期には主権の喪失を経験しながらその回復の重要性を悟った。冷戦期には朝鮮半島が分断体制に置かれることになったため、大韓民国はアメリカ中心の非公式的帝国のなかで「穴の空いた主権」（perforated sovereignty）を経験することとなった。韓国と北朝鮮が相互交流と協力を強化する過程では、朝鮮半島の統一に対するより創意的な思考と実践が求められる。この間に提起された「複合国家論」——朝鮮半島の住民が双方の国家主権を認めながらも漸進的かつ段階的に再統合を果たし、単一型ではない新たな国家を建設しようという言説[16]——は主権に対する柔軟な思考の一例だといえよう。

もちろん、このように東アジアの核心現場で主権の複雑性を直に感じてはいても、東アジア全体の局面では領土と歴史をめぐる葛藤が深まり、主権の正当性の主張が大衆的情緒を刺激しているのも厳然たる現実である。紛争問題の解決のために固有領土論や主権（の至高性）を単に否定することは非現実的である。こう考えると、固有領土論の例外的領域を設定し、固有領土論を弱める漸進的修正の道が、領土紛争の短期的で実質的な解決方案だという主張は非常に説得力に富んでいる。[17] さらにいえば、主権をめぐって引き起こされる亀裂を、主権の再構成という中・長期的な課題へとしっかり結びつけることが重要である。ここで主権の分割／分有（partage）についての議論が有用な示唆点を与えてくれることと思われる。

4 核心現場における自治権の拡大

三・一一震災以後、原子力と主権との関係に深く切り込んだ哲学者・中島隆博は、ジャック・デリダの「主権の partage」（分割／分有：この二つをあわせた意味の韓国語は「ナヌム」（나눔）である）にならって主権の至高性、あるいは分割不可能性に挑戦しながら、同一領域で複数の主権が重なる体制を「来たるべき民主主義」の可能性として展望する。[18] この展望を具体化するために、彼は国家主権や国民主権ではない

（15） 台湾にある中華民国の国際的地位は論争の的である。ただ、一九五二年中華民国と日本のあいだで結ばれた「中日和約」が効力を発揮して以後、中華民国の地位は国際法上確定されたと見る主張もある。林滿紅『獵巫、叫魂與認同危機：臺灣定位新論』（臺北：黎明文化出版公司、二〇〇八年）を参照のこと。

（16） 複合国家論に対するより詳しい議論は、本書第一部第三章を参照。

（17） 「尖閣融和への提言　東アジアの思想家に聞く二――白楽晴インタビュー」、『沖縄タイムス』、二〇一二年十月二四日。そして陳光興は紛争地域を「境界交流圏」や「近隣住民生活圏」「非武装エリア」と代えることを提案している。「尖閣融和への提言　東アジアの思想家に聞く四――陳光興インタビュー」、『沖縄タイムス』、二〇一二年一〇月二六日。

（18） 中島隆博「主権のパルタージュ（分割にして分有）――原子力と主権」、延世大学校国学研究院／東京大学国際哲学研究センター（UTCP）共同主催国際学術会議「共生と公共性――現場からの問い」（ソウル：二〇一三年六月一三―一四日）の発表文。

人民主権概念[19]を導入する。政治的に完全に平等な人民が自ら主権者として統治主体となる人民主権に基づく限り、統治主体は多数となりうるため、州と連邦のように国家主権を分割することも、より小さい規模の地域主権を構想することもでき、国家を超えた連帯までも可能となる。

災害を経験した後の思想的模索の末に彼が提起した主権の再構成論を読みながら、私は沖縄で提起された「生活圏」概念を思い浮かべた。両者の問題意識には通じ合うところがある。

かつて朝鮮史研究者の梶村秀樹は、「定住外国人としての在日朝鮮人」の生活世界を、「国境をまたぐ生活圏」という概念で説明したことがある。彼らが故国と結ぶ紐帯は、観念や意識の存在様式以前の、生活の実体であり歴史のなかで形成されたものなので、そういう彼らに帰国なのか帰化なのかの二者択一を強いることは暴力の行使にほかならない。彼らにとって故国とは、分断されたある一方の国家ではなく、「あるべき統一民族国家」として民衆の英知によって主体的に創造・変革していくべき苦難に満ちた課題である[20]。

沖縄の知識人たちは梶村のこの生活圏概念を、国境と領土概念を越えるために創意的に応用している[21]。彼らは抽象的・観念的な固有領土論と引き換えに、尖閣諸島のような紛争地域に生活の根を下ろした住民（漁業者）たちの「生活圏」——歴史的、文化的、経済的交流と協力の圏域——概念を提唱する。生活のなかの実益を保障する生活圏に基づく際、同じ圏域で生きていく台湾の漁業者を排除しないで共生できることと展望する[22]。この構想は、ウェストファリア体制以来の固有領土論や主権概念を越える可能性があるという点で「主権の分割／分有」という発想と重なるといえる。

ところが、こうした創意的作業が、日本の政治的地政学では「中国の沖縄属国プロジェクト」に与するものとして非難されたりもする[23]。沖縄が日本のなかで中国に最も友好的な地域であるという歴史的・

文化的特性が、「冷静な日中友好の先導役」[24]として期待されるどころか、かえって攻撃の引き金となっているのが実情である。中国による沖縄帰属未定という問題提起は、このような「右翼的」立場が噴出するための、格好の口実を提供したわけである。中国の「失策」によって日本の「愚策」が生まれたとでもいえようか。ともかく、国家主権の至高性に閉じ込められた右翼の想像力が、生活圏構想の実現を妨げる形勢に、沖縄民衆が賢く対処する道はどのようなものであるのか。

それは一次的には沖縄人が担うべきものであるが、連帯の意味を込めて、連動する核心現場の視座から個人的意見を付け加えてみよう。日本の右翼の非難に直面した際、中華帝国の遺産を受け継いだ中国の存在感（または存在様式）に対する説明責任の負担を避けるのではなく[25]、復帰運動の時から守ってきた

（19）人民主権は国家主権と異なるのはもちろんのこと、国民主権とも少し違う。国民主権は人々を「国民」として編成した状態で、その主権者である国民が自らの代表者を選出し、その代表者による統治を受け入れるのが基本である。人民主権は、人民は政治的に完全に平等であり、人民自らが主権者として統治するというものである。従って、代表制を取る場合でも、選出された代表は選挙権者の意向通りに行動すべきであり、それを破った場合は解任される。中島隆博、前掲発表文。

（20）梶村秀樹「定住外国人としての在日朝鮮人」（一九八五年）、『梶村秀樹全集』六巻（明石書店、一九九三年）、二〇頁、二五頁。

（21）この繋がりについては若林千代が紹介してくれた。若林千代「再び、〈場所〉を想像する」、『現代思想』、二〇一二年一二月号、一二頁、八六頁にもそれについての言及がある。

（22）新崎盛暉、前掲書、一二三―一二四頁、一三四頁（日本語版では、八九―九三頁、一〇一頁）。

（23）『週刊新潮』、二〇一三年五月三〇日号、三〇―三三頁。

（24）「人民日報「琉球」論文　県内複雑」、『沖縄タイムス』、前掲記事。

（25）沖縄の平和運動家が中国や北朝鮮と「内通して」日本の安全保障を脅かすと扇動する悪意の満ちた非難も右翼から出ている。韓国でも保守的政府を批判する人々に対して「反米‐親中‐従北（北朝鮮を追従するという意味の造語）」と非難する声もある。これに巻き込まれて対応する必要はないが、これとは別に、帝国建設と国民国家建設が重なり合っていると指摘される中国の位置と役割については、東アジアの批判的知識人が取り組むべき新たな仕事である。

自治・反戦・人権の思想をより一層強く主張することがその道ではないだろうか。特に人民主権の概念をもって、生活のなかの実感に基づいた自治権をより拡大していくことである。沖縄の民衆は長い闘争を繰り広げる過程で、鋭い国際政治の感覚を鍛えてきたため、たとえ沖縄独立という願望を持っていたとしても、下手に全社会的規模でそれを要求したりはしない。新崎盛暉がそうであるように、沖縄の自治権強化を通じて日本国家の改造を促し、さらに進んでその背後にある日米同盟にも影響を及ぼすものと期待する立場は注目に値する。(26)

沖縄知識人たちのこのような立場は、もう一つの核心現場である韓国で提起された「市民参与統一」が追い求めるものと通ずる。(27) 二〇〇〇年六・一五南北共同宣言において、武力による統一や、平和統一であっても一方による吸収統一を排除し、合意統一の方向を提示された。その後、こうした段階的で漸進的な朝鮮半島式統一過程に、韓国の市民が参与する機会は格段に増えた。白楽晴《ペク・ナクチョン》は、このような市民役割の重要性を、(韓国と北朝鮮の当局に対する)第三者(でありながら六者会談の六者以外のもう一つの当事者である第七者)の役割として浮き彫りしている。朝鮮半島の分断体制が、現存する世界体制の維持およびアメリカの強硬勢力や軍産複合体の自己再生産に決定的な役割をした核心現場であるだけに、市民参与統一はアメリカの覇権主義に亀裂をきたし、世界体制を長期的に変革し、新たなかたちのグローバルな共同体形成の機会を増大させるものと思われる。(28)

このように沖縄と朝鮮半島など——もちろん台湾などその他の事例も取り上げられる——核心現場で繰り広げられる市民の積極的な参与は、まさに「二重の周辺」として経験してきた抑圧を克服する集団的実践だといえる。これは、脱冷戦以後の新たな地球秩序を樹立するための努力を重ねてきた、各地の多様な主体による自治権強化の趨勢とも符合する。

5　東アジアの共生の条件

ところで、東アジアで自治権を拡大する主体は「共生の感覚」を身につけた人であるべきである。ここで言う共生の感覚とは、人と人、人と自然との有機的一体性に対する感覚であるが、良しにつけ悪しきにつけ、近代の文明化作用に曝された私たちはこの感覚をすり減らしている。私たちはそれを回復させるべきである。

そうするためには、生活圏の具体的な場で共生を実現するための多様な生き方の経験を歴史と現実から見出し、それを精練させる作業が必要である。核心現場における経験は優先的に探求されるべき資源とならざるを得ない。それは反差別の倫理など生活世界の多様な側面にわたってあらわれるが、そのすべてを一つにまとめて「共生哲学」と呼べるのではなかろうか。

共生は自分の属した共同体の存続のみを目標として閉鎖的同質性を追い求める共同性の原理と異なり、また孤独な個々人の実存へと戻ることとも区別される。共生は他者との差異を認めながらも、その差異の連結を模索する試みである。共同性の中にありながらも、共同性を越える共生的な生き方を追い求め

(26)　新崎盛暉、前掲書、二五六頁（日本語版は、新崎盛暉編著『沖縄を越える――民衆連帯と平和創造の核心現場から』（凱風社、二〇一四年）、第八章の白永瑞との対話、一五七―一五八頁）。
(27)　第五回「東アジア批判的雑誌会議」（二〇一三年六月二九―三〇日）第二セッション発表者である鄭鉉坤（チョン・ヒョンゴン）の「二〇一三年の朝鮮半島と市民参与統一過程の模索」を参照。
(28)　Nak-chung Paik, “Toward Overcoming Korea’s Division System through Civic Participation,” *Critical Asian Studies* 45, no.2 (2013) を参照。

ようとする。つまり、共同性の矛盾を簡単に否定しないで、それを意識しながら生きていく態度である。まさにこうした特性のため、共生（つまり、共に生きる生）は共苦（つまり、苦痛を共に分け合うこと）を担わなくては実現され得ない。[29] 差異を排除／同化させる閉じられた共同体が目標なのではなく、排除された者に対して責任を持って生きていきながら、結社と紐帯の原理を多層的・横断的に実現する道を重んじることである。

最近、東アジアの社会各地で「共生」というキャッチフレーズが広まっている。たとえば、自然との共生、多文化共生、アジアとの共生という用語が広く拡散している。これに共生が抱きしめるべき共苦の側面、現実のなかの矛盾との現場における格闘の側面、さらに進んで思想的苦悩の側面が含まれているかどうかは、各自が問うべきである。この問いこそが共生に求められる条件なのである。

私たちが共生に求められる条件を満たしているかを測る尺度の一つは、核心現場の住民たちの苦痛を含めた総体的な生（삶）に対する共感能力をどれほど持っているかという点ではなかろうか。このことに関連して、沖縄で起こった事例を一つ挙げたい。普天間米軍基地に隣接した佐喜眞美術館に常設展示されている丸木位里・丸木俊の大型絵「沖縄戦の図」を構成する多数の犠牲者のなかに朝鮮人もいる。日本人女性と結婚して久米島に住んでいた朝鮮人男性とその家族が、敗戦直後の一九四五年八月二〇日に虐殺された、いわゆる「朝鮮人一家虐殺事件」が絵の素材だという。[30] 私たちの磨耗した感覚を呼び覚ますこの絵を初めて見る人も、あらためて見る人も、そこから聞こえてくる声に耳を傾けること。[31] これこそが、ばらばらの私たちを共生へと導く力となるだろう。それは倫理的かつ政治的な実践の原動力として作動する。[32] 各自の苦痛に対面して、生の様式を変えていくなかで培われるその力は、（中華帝国－日本帝国－アメリカ帝国に続いた中心軸の移動によって位階づけられた）東アジア秩序の矛盾と葛藤が凝縮した日

常生活の苦痛とともに触発されたものだからである。

私たちは核心現場に立って「共生の地平」を開いていこうとする。天と地を分ける仮の線である地平線に近づこうとすればするほど到達できないように、「共生」もまたいまだかつて到達できない新たな経験世界である。しかし、その地平は今私が見ることができる世界、私が生きていく空間であるため、そのなかで私の転換の可能性を受け入れるのと同時に、それを通じて人を変化させること、つまり開かれた主体が開かれた紐帯に基づいて私的な生を共生的生へと変化させることが日々成し遂げられると信じる。

(29) 花崎皐平『共生への触発——脱植民地・多文化・倫理をめぐって』(みすず書房、二〇〇二年)、一三二頁。

(30) いわゆる「久米島守備隊住民虐殺事件」の一部であるが、戦後、韓国に帰る日を待っていた韓国人男性(日本名は谷川昇)の家族が「スパイ行為」という嫌疑によって追い立てられ、日本軍によって処刑されたことである。この事件は一九六六年韓国でも知られるところとなって、慰霊碑も建てられた。出典:http://ja.wikipedia.org(二〇一三年六月一一日検索)および「帰国の日を待つ遺骨」、『沖縄タイムス』、一九六九年六月二二日。

(31) このことに対する発想は、上記の絵を巡った「芸術的知性」の集団作業の成果である李静和編『残傷の音——「アジア・政治・アート」の未来へ』(岩波書店、二〇〇九年)から得た。

(32) この力は慈悲、あるいは社会的霊性と言いかえることもできるだろう。前者は第五回東アジア批判的雑誌会議の第一セッション発表者であった新城郁夫の発表から示唆を受けた。彼が発掘して紹介した「共和社会」(川満信一「琉球共和社会憲法C私(試)案」、『新沖縄文学』第四八号、一九八一年)は、沖縄の独立を模索しながらも、もう一つの国民国家に帰結するのを防ぐために非国家的で脱領土的な新たな社会の姿を提示する。領土や法律、構成員に対する規定を避けて流動化させつつも、構成員たちに求めるのは「慈悲の原理」のみである(第一章第一条)。この慈悲の原理に接して、私は平素から関心を持っていた社会的霊性を思い浮かべてみた。しかし本章では、この宗教的次元について深く言及することはできなかった。

第二章

連動する東アジア、問題として朝鮮半島——言説と連帯運動の二〇一〇年

1　なぜ今も東アジアなのか

朝鮮戦争勃発六〇周年、韓国併合一〇〇周年をむかえた二〇一〇年、東アジア市民社会は和解と平和にむけて様々な連帯運動を展開した。しかし二〇一〇年は、それに逆行する事件が相次いで起こった年でもあった。同年三月、朝鮮半島の西海で発生した哨戒艇沈没事件（天安艦事件）や一一月の延坪島砲撃事件および尖閣諸島（釣魚島）周辺での日中衝突事件の余波で、東アジア国家間の葛藤は、一気に高まりを見せた。そうした緊張感は二〇一一年初頭まで東アジアにただよっていた。ただ、幸いにも一月一九日（現地時間）にワシントンで開かれた米中首脳会談において朝鮮半島問題に対する折衷的合意がなされ、それによって南北会談が再開されるような兆しが見えた。しかし、韓・日・米では北朝鮮・中国脅威論が厳存しており、中国では大陸がアメリカに包囲されたという危機感が日米同盟脅威論を煽る

雰囲気も少なくない。

このような東アジアの情勢のなかで「新冷戦論」が勢いを見せる反面、「共同体論」は力を失っているようにみえる。この地域を主導していたアメリカの覇権が衰退すると同時に、中国が浮上するという勢力の転移によって地域秩序が不安定になり、葛藤が生じている。この構造的現象は、朝鮮半島の緊張が韓日米同盟を強化すると同時に、中朝関係を緊密にさせることによって、一層激化する。こうした状況のなか、国家間の緊張を理念と価値観の対立、すなわち「新冷戦」に持っていこうとする社会勢力の動きも無視できない。しかし、すでにアメリカはもちろん韓国や日本も（少なくとも経済面において）中国と相互依存を深めている構造的条件の下で、以前のような陣営間対立状態に戻ることは難しく、「新冷戦」が到来する可能性は弱い。のみならず、東アジア圏内で多様なレベルでの相互依存・協力が深く広く進められていることも容易に確認できる。その一例として、日本の東アジア共同体評議会は二〇一〇年に刊行された白書の中で、二〇〇五年から二〇一〇年まで東アジアにおいて地域統合が着実に進展したと結論付けている。たとえ政治的構造すなわち制度化の進展度という基準においては不十分ではあるにしても、貿易・投資・金融・政治・安全保障・文化交流等の機能分野別および理念・価値観統合の進展度を基準にしてみると、注目できる結果を生み出したというのである。[1]

筆者が国内外で直接経験したことに限ってみても、東アジアの言説と連帯運動において著しい進展があった。[2] いまや東アジアは緊密に連動する最中にある。問題は「連動する東アジア」[3]を私たちがどのような方向へ導いていくかを決めることである。新冷戦なのか、共同体なのか？

まさにこの連動する東アジアを深く探りながら、人間解放の道を見つけ出そうとするのが、一九九〇年代初頭から筆者と「創作と批評」グループ（以下「創批」）が主唱してきた東アジア論である。まさに今日の局面においてこそ、このような言説がより必要ではないだろうか。

振り返ってみれば、韓国では東アジア論があらわれた一九九〇年代初めから約二〇年近くが経とうとしている[4]。東アジア論については、「過去二〇年間、政治・経済・文化領域の最も現実的な争点と結びつきながら波及力を発揮して」きたため「豊年のように見えるが、実はバブルかもしれない」という診断もある[5]。その診断が果たして妥当なものであるかは別途検討してみるべきであるが、韓国の東アジア論を「主導してきたといっても過言ではない」と評価される[6]「創批」グループの一員である筆者としては、自負よりも責任感を感じる。私たちの成果が、多様な言説――その中にはある程度「バブル」もある――のなかで[7]、どのような違いや意義があるのか、また今後の課題は何かについて明確にする必要性があるだろう。

筆者の東アジア論は、情勢論と文明論（または思想課題）とを合わせようとするものである。それは、この地域の時代状況に密着し、日々の現実に忠実に向き合うと同時に、長期的な視野も堅持しようと努力してきた「創批」の立場でもある。そしてその議論は、既存の東アジア論が、人文学と社会科学という二つの学問分野によって深刻に分化された限界を乗り越え、そのような脱分科学問的研究と執筆を、現場の実践経験と結合させようとした努力の所産である。その試みを最近「社会人文学」の道として構想し実践している最中である[8]。

このような姿勢は、私たちが直面している問題を解決しようとする際、長期課題と中短期課題とを同時に考えながら、それを一貫した実践に結びつける作業につながっている。ここでは、それが韓国における東アジア論の知的系譜に根ざしたものであることに注意を喚起したい。

(1) 東アジア共同体評議会編『東アジア共同体白書二〇一〇』(たちばな出版、二〇一〇年)、一六一―一六三頁。

(2) 言説については、以下で言及される「去る二〇年の豊年」という観察と、東アジア認識が希薄だった中国においてさえも二〇〇〇年代以後それが拡散していること、また連帯運動については『二〇〇六東アジア連帯運動団体白書(2006 동아시아 연대운동단체 백서)』(瑞南フォーラム編、アルケ、二〇〇六年)などがその根拠といえる。

(3) 筆者が言う「連動」は、山室信一が述べた「連鎖」とひとまず区別するために選んだ言葉である。趙景達(チョ・キョンダル)の批判によれば、アジアで思想の「連鎖」は「日本が主体であり、アジアは客体」である。久留島浩・趙景達編『アジアの国民国家構想』、青木書店、二〇〇八年、二一―三頁を見よ。これとは異なり、「連動」は相互に深く関連している東アジアが多方向に相互作用する空間をあらわすと同時に主体的な連帯活動を指す用語である。

(4) 韓国の東アジア言説の系譜を論じる大半の研究者は、『創作と批評(창작과 비평)』一九九三年春号の特集「世界の中の東アジア、新しい連帯の模索(세계 속의 동아시아, 새로운 연대의 모색)」をその起点としている。筆者は編集者としてこの特集企画に参加し、同じ年に「韓国における中国現代史研究の意味――東アジア的視角の模索に向けた省察(한국에서의 중국현대사 연구의 의미: 동아시아적 시각의 모색을 위한 성찰)」と題して論文を発表した。同論文は、白永瑞『東アジアの帰還(동아시아의 귀환)』(創作と批評社、二〇〇〇年)に収められている。

(5) 尹汝一「東アジアという問い」、『黄海文化』、二〇一〇年冬号、三〇六頁。

(6) 柳浚弼「分断体制論と東アジア論」、『亜細亜研究(아시아연구)』第五二巻第四号(二〇〇九年):四〇頁。

(7) 韓国の論壇では多様な分類が試みられている。たとえば、任佑卿(イム・ウギョン)は、儒教資本主義論、政治経済的地域統合論、脱近代的文明論、批判的地域主義論などに分類しながら、創批グループの「創批言説」を批判的地域主義として規定した。(任佑卿「批判的地域主義としての韓国における東アジア論の展開」、『中国現代文学』四〇号、二〇〇七年)また、朴承佑(パク・スンウ)は、経済共同体論、地域覇権主義論、東アジアアイデンティティ論、代案体制論などに分類して、「創批言説」を代案体制論として規定した。(朴承佑「東アジアにおける地域主義の言説とオリエンタリズム」、『東亜研究』五四号、二〇〇八年)。

(8) 社会人文学については、本書第八章を参照。

2　東アジア論の知的系譜と新しい状況

一九九〇年代初め、知識人社会において東アジアが「発見」され、東アジア言説が台頭したが、その重要な背景は、よく指摘されるように当時の社会主義圏の没落と冷戦の終焉である。とくに、冷戦期に断たれていた中国との接触は、韓国の知識人が東アジアを想像できるようになった核心的な動因であった。冷戦期分断体制の下で朝鮮半島の南部に限られた「半国家的」な地理的想像力が、一九九二年の中国との国交樹立と前後して、東アジアへと拡大していった。そして韓国の経済発展と一九八七年以降の民主化の進展に支えられ、従来の民族民主運動を振り返るようになったこともまた、東アジアに開かれた想像力を促進した内在的要因であった。

筆者はこれに加え、韓国思想史の系譜における内在的連続性を重視する。とはいえ、韓国人の東アジア認識の体系的な系譜学をつくることが本章の目標ではないので、ここでは筆者たちの東アジア論に直接つながる二つの萌芽のみを強調したい。

まず取り上げたいのは、一九世紀末から二〇世紀初めの朝鮮知識人たちが西欧列強の侵略に立ち向かい、「東洋三国の連帯」を追求し、朝鮮を含む東アジアを一つの単位として思考した動きである。彼らは中華秩序の枠が解体された日清戦争以後、国家と民族の存亡を左右する新しい地域秩序を積極的に模索しなければならなかった。衰退一路にあった天下の中心・中国を、東アジアという地域を構成する一つの国家として相対化しながら、新たに浮上した日本との関係を重視する東アジア連帯論が台頭したのである。

これに対してはすでに拙稿で詳しく書いているため(9)、ここでは新たに当時の東アジア論に情勢論と文明論（または思想課題）とを合わせた特徴があったことを強調したい。当時の東アジア言説は、東洋（地域）の平和と朝鮮（国家）の独立は相互連動していると認識し、その正当性を文明――普遍文明へ引き上げられた儒教であれ、西洋文明であれ――に求めた。[10] たとえば安重根《アン・ジュングン》は、日露戦争直後に朝鮮が日本の保護国に転落した国際政治の現実を分析した上で、具体的な代案を模索する現実感覚を持って勢力均衡論を構想し、儒教の信義に基づいて「東洋平和論」を体系化した。また中国に亡命した申采浩《シン・チェホ》は、大陸勢力の中国と海洋勢力の日本の対外進出が交差する中間地点の朝鮮半島において両者を防ぐことが「有史以来朝鮮人の天職」であることに注目し、三・一運動の直後にあって、「朝鮮の独立」を手助けすることが「東洋平和の要義」であると力説した。[11] このように先人の認識構造は、短期的情勢分析と中長期的言説を結合した点で、東アジアを思惟した一九九〇年代以来の筆者らの東アジア論と同じ文脈にあったとみられる。[12]

---

(9) 前掲、拙著『東アジアの帰還』、一四六―一九八頁。

(10) アンドレ・シュミット／鄭ヨウル訳『제국 그 사이의 한국 1895–1919』（ヒューマニスト、二〇〇七年）、二三四―二三五頁。日本語では、『帝国のはざまで――朝鮮近代とナショナリズム』糟谷憲一、並木真人、月脚達彦、林雄介訳、（名古屋大学出版会、二〇〇七年）、二二八頁。

(11) 崔元植、白永瑞編『東アジア人の「東洋」認識（동아시아인의「동양」인식）』（創批、二〇一〇年）、一九六―二一四頁。

(12) 東アジア論の韓国思想史の系譜における内在的連続性を強調する姜東局（カン・トングッ）の研究が、筆者の論旨をうまく補完してくれる。特に安重根の東洋平和論の基本枠組みとしての帝国主義に反対する地域主義と民族主義の結合を重視し、それを今日の東アジア論に継承するべき思想的資源として明確に意識しなくてはならないと主張した点は注目される。ただし、彼が日本発アジア主義の影響を過度に強調しているのではないかという憂慮はある。姜東局「韓国アジア主義における断絶と連続」、松浦正孝編著『アジア主義は何を語るのか――記憶・権力・価値』（ミネルヴァ書房、二〇一三年）を参照。

その次に、一九七〇年代末から八〇年代前半に活発だった第三世界論もはずすことはできない。第三世界論の内容を満たす過程で東アジア論が台頭したとも言えるからである。私たちが当時主唱した民衆的民族主義は、西欧中心主義を反省し、民族と民衆の生活に基づいた抵抗論理と新しい世界観を模索する理念であり、第三世界に対する関心と連帯意識を内包したものであった。それゆえ、一九九〇年代の変化した状況の中で民族民主運動を省察したときに、民族主義（の閉鎖性）を克服する一方で、私たちに近い地域と文明において第三世界的問題意識を貫徹するために、東アジアを重視したことは自然な帰結だったといえる。[13] 崔元植《チェ・ウォンシク》は、一九八〇年代末、それを「第三世界論の東アジア的様式の創出」と表現したことがある。ここからもわかるように、一九七〇年代以来の民族文学論が第三世界論と結びつき、さらに東アジア論を芽生えさせることになった契機は民族主義に対する省察である。いうなれば第三世界論は「民族文学論に内蔵された民族主義という引火物質を適切に制御する一種の梃子」として作用した。[14] 同時期、金鍾哲《キム・ジョンチョル》も第三世界論が「民族主義の志向、歴史的意義と限界を同時に意識する」観点になると期待した。[15] 民族主義ないし国民国家の制御という観点は、依然として東アジア言説を構成する核心である。

ところが、当時の第三世界論が東アジア論に発展する過程には（私たちが十分考慮していない）もう一つの契機があった。それは一九七〇年代後半から一九八〇年代初めにかけて提起されたもので、第三世界論は地域概念というより民衆の立場から地球的現実をみる観点であるという白楽晴《ペク・ナクチョン》の問題意識である。「民衆の立場からみる時――たとえば、韓国民衆の立場からみる時――自らが第三世界の一員であるということは、何よりも彼らの当面した問題が全世界、全人類の問題であるという意味としてその重要性をもつ。すなわち、世界を三つに分けてしまうというより、むしろ一つにまとめてみるところにその真意がある」というのである。(16) この視点はまさに、私たちの東アジア言説を、閉鎖的な地域主義ではなく、批判的地域主義として世界史の変革を志向するようにした酵母であった。今後さらに熟成させるべき課題と言わざるを得ない。

このように、韓国の思想的系譜(17)を引く私たちの東アジア論が、韓国内外の情勢を背景に一九九〇年代に台頭してから二〇年が経とうとしている今、周囲を見てみるとその時に比べて多少の情勢変化が感じられる。まず目に入ってくるのは、「G2」や「チャイメリカ（Chimerica）」と呼ばれる中国の「大国崛起」〔訳注：中国のドキュメンタリー番組名〕である。これは、韓国の思想界が二〇年前に中国と接続しながら東アジアを「発見」した時と比較すれば、非常に大きな変化であり、今日の東アジア論が真正面から担わなければならない課題と言わざるを得ない。百年前は中国の没落によって東アジアの秩序が不安定になったが、今回は中

---

(13) 崔元植「民族文学論の反省と展望（민족문학론의 반성과 전망）」、『民族文学の論理（민족문학의 논리）』（創作と批評社、一九八八年）、三六八頁。

(14) 崔元植「天下三分の計としての東アジア論（천하삼분지계로서의 동아시아론）」、『帝国以後の東アジア（제국 이후의 동아시아）』（創批、二〇一〇年）、六四頁。

(15) 金鍾哲「第三世界の文学とリアリズム（제3세계의 문학과 리얼리즘）」、『詩的人間と生態的人間（시적 인간과 생태적 인간）』（サミン、一九九九年）、三〇九頁。

(16) 白楽晴「第三世界と民衆文学（제3세계와 민중문학）」、『民族文学と世界文学――人間解放の論理を求めて（민족문학과 세계문학：인간해방의 논리를 찾아서）』（創作と批評社、一九七九年）、五八〇頁。

(17) 本章で多くは言及できなかったが、もう一つの芽として、分断克服意識が東アジア論を呼び起こしたという事実にも注目しなければならない。林熒澤（イム・ヨンテク）は、崔元植とともに『転換期の東アジア文学』（創作と批評社、一九八五年）を書き、東アジア的観点を提起した当時、「問題意識の源泉」が分断問題認識または「統一の意志」であったと回顧している（「韓国学の歴程と東アジア文明論」、『創作と批評（창작과 비평）』、二〇〇九年冬号、三三九―三四〇頁）。同書のはしがきには、分断を解決するために「根本的に東アジア世界に対する主体的認識と有機的理解」が切実に要望されると述べられている。

国の超強大国化が構造的不安定性を増幅させている。とはいえ、中国を牽制するためにアメリカに依存しようとするのは短見であり、東アジアの協力の枠内で対応しなければならない。東アジア論をより洗練させる必要が切迫しているのである。

これが当為論に止まらないためには、朝鮮半島なりに果たす役割が重要である。南北が自らの問題を能動的に解決していく能力を備え、中国やアメリカいずれにも偏らず、両者を適切に活用する空間を確保しなければならない。二〇〇〇年六・一五宣言に合意した朝鮮半島南北首脳会談以来、「揺れる分断体制」が「解体期」に入り[18]、私たちはその可能性を確認した。もちろん今では朝鮮半島の緊張がかなり高まった状況であるものの、そのような状況の中でもこれまでの南北和解の成果は日常生活の中で実感しうるほど歴然としている。この不可逆的な変化も東アジア論が考慮すべき重要なことがらである。

その他に、これまで韓国内外で行われた東アジア連帯運動の発展および言説の拡散と深化も注目されるべき変化である。それは今後東アジア論の進展において、貴重な滋養分であると同時に刺激剤になる。

3　東アジアの範囲と東アジア共同体という問題

ここからは、私自身の東アジア論を構成する核心論点を点検することで、省察の機会としたい。それは、東アジアについて論じるたびに突き当たる（時には批判形式の）問いでもある。

第一は、東アジアという地域の名称とその範囲の問題である。アジア、亜太（Asia-Pacific）、東洋、東方等の関連のある地名の歴史的変遷を検討してみれば明らかなように、東アジアは地理的に固定された境界や構造を持つ実体ではなく、この地域を構成する主体の行為によって流動する歴史的構成物である。

言い換えれば、地域を呼びかける主体が遂行する課題によって異なり得る、「実践課題（またはプロジェクト）としての東アジア」なのである。[19] この点を前提とすることで、東アジア概念の曖昧さが回避されると同時に、言説が先鋭化し連帯運動の対象が鮮明になる。

筆者は「東アジア」という概念を、何よりも東北アジアと東南アジアとを包括する意味で使っている。また、それが流動的なものであるため、早くから「知的実験としての東アジア」という用語をキーワードにしてきた。東アジアを東北アジアと東南アジアを包括した広い意味で使う場合、儒教文化圏ないし漢字文化圏という同質性への注目は多少弱まるかもしれないが、経済的・文化的相互依存性が増大するこの地域の現実と歴史——中華秩序、大東亜共栄圏等の東アジア秩序の歴史——が交差する実状は充分に盛り込むことができるという利点がある。さらに、東南アジアを含めることによって、「東北アジア中心主義」という疑いから逃れることに役立つだけではなく、「ASEAN方式」を通してASEAN＋3の中枢的役割を果たす東南アジアと韓国の戦略的連帯が可能になるとも期待される。[20]

（18） 一九九八年に「揺れる分断体制」という用語をつくった白楽晴によれば、分断体制は一九八七年六月抗争を起点にして動揺段階に入り、二〇〇〇年六月南北首脳会談の成果として「分断体制自体の終息」につながる解体期に入ったと時期を区分している。白楽晴『朝鮮半島式統一、現在進行形（한반도식 통일, 현재 진행형）』（創批、二〇〇六年）、四五—四八頁を見よ。

（19） ＡＳＥＡＮ＋3（韓中日）はさらにインド・オーストラリア・ニュージランドまでを含む「東アジア共同体」にも拡大されている。さらには南アジアと太平洋圏までを含む「東アジア」という用例があるほど、地域の名称は構成的である。同じく朝鮮半島の軍事安保という課題については、六者会談で明らかになったように、アメリカ・ロシアまでを含む東北アジア、都市交流圏としては「黄海連合」、「黄海都市共同体」（キム・ソクチョル）等、国境を横断する地域が多様に設定することができる。

（20） 黄寅遠「拡大志向の東アジアにおける地域主義とアセアンの認識と対応（확대지향의 동아시아 지역주의와 아세안의 인식과 대응）」、『東亜研究』五四号（二〇〇八年）：五九頁。ＡＳＥＡＮ方式という多数決でない会員国全員合意制による意思決定過程

まさにこの点は、筆者の「二重の周辺の視座」とつながる。それは、西欧中心の世界史の展開において非主体化の道を強要された東アジアという周辺の眼と、東アジア内部の位階秩序において抑圧された周辺の眼が同時に必要だという問題意識である。[21] 脱植民・脱冷戦・脱覇権[22]の三位一体の課題を理論的・実践的に乗り越える自主的空間確保のために提起したこの視点を通して、アメリカ（とその下位パートナーである日本）の覇権と、（伝統の時代においてもそうであったように）二一世紀に予想される東アジアにおける中国の覇権を、同時に批判する土台を確保することができる。また、ここで言う「周辺」的存在とは、単に周辺的国家だけを指すのではなく、「国民国家の形成過程において周辺的存在として無視されてきた国家の隙間に位置している無数の「国家の形態を持たない」社会、そして国境を越境するディアスポラ的存在[23]」を包括しているため、国家単位の発想から自由な思考の弾力を得ることができる。

第二は、東アジア共同体という問題である。筆者は「東アジア共同体」という国単位の発想を越えて、連動する東アジアを一つの思惟の単位とする「東アジア的視点」を強調し続けてきた。ところが、東アジア的視点を強調する目的が、和解と平和の東アジアの未来を先取りする実践にあったため、たびたび「東アジア共同体論者」として取り上げられた。とはいえ、もし誰かが筆者に対して「東アジア共同体を追求するのか」と訊くならば、その答えは「はい」、「いいえ」のどちらでもある。社会科学者は狭義の、または政策レベルの東アジア共同体に注目する。彼らは国家や資本が主導し、政治・経済・文化領域で日々緊密に相互依存性を高めていく地域的現実（すなわち地域化）と、それに基づく地域協力体の制度化（すなわち地域主義）に主に関心を注いでいる。これに対して、人文学者は個人の自発的結合体の共同体または非制度的ネットワークの構築をより重視する。先ほど「社会人文学」的態度を強調した際に明らかにしたように、筆者はこのような社会科学と人文学の分岐現象を止揚した統合的視点を堅持しようと努力している。[24]そうすることによって、地域化の具体的現実と地域主義構想に批判的に介入しながら、それが人間らしさをより充分に具現する地域的共生社会、つまり真の東アジア共同体へ向かっているかどうか（制度と価値を統合した視点から）を鋭く点検することもできるからである。国家と資本が主導する制度的な東アジア共同体より、真の共同体へ近づいていく過程としての東アジア共同体を追求すること。「はい」と「いいえ」両方だと答える理由がここにある。

もちろん現実においては、地域化や地域主義の間に不一致が存在する。ところが、この不一致＝間隙にこそ市民社会が東アジア共同体の形成に介入する余地が含まれている。事実上の地域統合が進んでいるにもかかわらず、制度化を伴う公式的な統合（community）、さらに連合（union）が東アジアにおいて簡単に期待されないのには、国家間利益の衝突のような一般的な理由の外にも、この地域の特殊な事情、

を主にいう。それゆえ、合意が難しい場合が生じるが、その場合「会員国の多様な政治的・政略的利害関係を考慮した非公式的・私的紐帯を通した問題解決方式」も活用される（七四頁）。

(21)　「二重の周辺の視座」については、拙稿「周辺から東アジアを眺めるということ（주변에서 동아시아를 본다는 것）」、鄭文吉、崔元植、白永瑞、全炯俊共編『周辺から見た東アジア（주변에서 본 동아시아）』（文学と知性社）、二〇〇四年を参照のこと。筆者が東北アジア（すなわち、狭義の東アジア）から東南アジアを含む方向へ関心を拡大したのは「二重の周辺の視座」を提起してからである。この点については、朴承佑、前掲論文、一一頁。

(22)　この表現は、陳光興が述べた「脱植民・脱冷戦・脱帝国の三位一体」を多少変形したものである。脱帝国の代わりに脱覇権を入れることで、中国の覇権主義をも対象に入れようとする意図からである。

(23)　鄭文吉ほか編、前掲書、三六頁。

(24)　類似した発想は日本の中国専門家の天児慧にもみられる。彼は「「アジア地域統合」自体も「方法としてのアジア」というフィルターを通して理解し、実践することが必要である」と強調する。天児慧『アジア連合への道』（筑摩書房、二〇一〇年）、二七頁。

すなわち中国が相対的に大きすぎるという理由が働いているからである。ところが、興味深いのは、そうであるがゆえに、国家間協力よりも民衆・市民中心の協力がより重要になる。つまり、市民参加型共同体の可能性が、他のどの地域よりも、東アジアにおいては浮き彫りになるのである。

とはいえ、市民参加型であれ、国家主導型であれ、東アジア共同体への道は、東アジアを構成する国家が国境を横断する地域統合過程と、個別国家内で構成員個々人の参加を極大化させる方向で内部改革過程が双方向的に進められなければならない[25]。そうすることで、人々の日常生活で実感される東アジア共同体、つまり真の共同体が日々形成されていることを期待とともに肌で感じることができるだろう。

4　東アジア論と分断体制が出会う三つの層位

ここでは、この双方向性が朝鮮半島の現実において順調に行われているかどうかを検討したい。朝鮮半島を重視する理由は、単に私たちの生活舞台であるからというより、分断された朝鮮半島が世界レベルの覇権的支配体制の重要な拠点であるからである。そのためここでの変革は、世界的レベルの抑圧体制に対する攻撃になると同時に、資本主義世界体制の変革の触媒になると展望することができる。このことを以前明らかにしたことがあるが、この程度の説明では不十分だったせいか、たびたび「韓国/朝鮮半島中心主義」の疑いをかけられた[26]。これについては後述するが、ここではまず朝鮮半島という場所性、つまり「現場」の意味について言及しておきたい。現場とは、若林千代が言うように、「それぞれ個別でありながら深く結びついて流動する社会や歴史の中で、一人ひとりがどのようにして身近な社会にある手がかりを通して、世界意識を求め、それをともに分かち合い、変容させることができるか」を考えさせられる場所である。[27] 問題は、朝鮮半島という現場——『創作と批評』二〇一一年春号特集に載った筆者の主張に対する孫歌の表現にならえば「核心現場」[28]——に具体的に基づきながら、はたしてそこから思想的課題を引き出すことができるかどうかにかかっている。

この問いを「創批」でよく使う表現に言い換えれば、「地球的規模の長期的な時間帯にわたる議論と中小規模の地域、中・短期の課題を同時に思考しながら、一貫した実践につなげる作業」をきちんと行ってきたかどうかであるだろう。[29] さらに、その作業を本章のテーマに合うように焦点化すれば、東アジア論と分断体制論の相互作用に対する究明になると思われる。しかし両者は果たして、柳浚弼《リュウ・ジュンピル》が批判したように、「創批」の東アジア論内部で「外面的関係」を結んでいるにすぎないのだろうか。[30] これまでの筆者の立場が不十分なためそうした指摘が出てきたのであろう。ただ、東アジア論が分断体制論と結びつき実践現場に根ざすと同時に、(世界を一つとして把握する)第三世界的視座を酵母として、グローバルな代案を熟成させることにある程度寄与すると考えてきたことは、ここで明確にせねばならない。

それでは、複合的で重層的な時空間において、東アジア論と分断体制論がどのように相互作用するのかを、短期・中期・長期の三つの層位を通して点検してみたい。

---

(25) 本書第四章を参照。
(26) 本書第三章を参照。
(27) 若林千代「關於現代沖繩的「現場」和「現場性」」、『台灣社会研究季刊』第七七期(二〇一〇年三月)。
(28) 孫歌「民衆視角と民衆連帯」、『創作と批評』、二〇一一年春号、九三頁。
(29) 本書第三章、七〇頁参照。
(30) 柳浚弼の中心論点は、両者の「内在的関連性」をしっかり解明することを求める点にあるようである。柳浚弼「分断体制と東アジア論(분단체제와 동아시아론)」、『アジア研究』一三八号(二〇〇九年)。

まず、具体的な情勢分析に基づいて、韓国の短期的改革課題を遂行する実践が東アジアとどのように関連しているのか。その関連を痛感した個人的な体験談を一つ紹介したい。二〇一〇年五月二八日、筆者は、日米両政府が沖縄の普天間米軍基地を沖縄県内へ移転すると共同発表したことに抗議する沖縄住民四千人余りの集会と街頭デモの現場にいた。その際、鳩山由紀夫総理（当時）が県外移転という従来の公約を覆して掲げた大義名分は、米軍基地が「抑止力」維持に必要であるということであった。その抑止力の対象は北朝鮮であり、中国である。哨戒艇沈没事件が発生すると、普天間基地問題で困窮に陥っていた彼は、直ちに北朝鮮脅威論を取り上げて、基地を沖縄県内へ移転せざるを得ないという言い訳に利用した。筆者はその場で、私たち韓国人が二〇〇〇年に南北首脳間で合意された六・一五宣言の基調に基づいて南北和解を深化させていたのなら、今の沖縄人の苦痛の解決に少しでも寄与できたのではないかと苦い思いで振り返らざるを得なかった。そのような筆者の心境を彼らに伝えると、それはすぐ「沈痛な」共感を呼び起こした[31]。そして、それから半年後の二〇一〇年一一月末、延坪島砲撃によって緊張が高まっていた頃、台湾の金門島で開かれた第三回東アジア批判的雑誌会議[32]の場で、沖縄の『けーし風』編集長の岡本由希子は、朝鮮半島の緊張解消のために沖縄人が何をすべきかと訊いてきた。これは、東アジアが互いに連動していることを生々しく見せてくれる証拠ではないだろうか。

それゆえ、私たちは平和な東アジアのためにも、韓国・北朝鮮民衆の生活上の要求に応える和解協力と再統合の過程を続けながら、その危険要因を管理する最小限の装置を整えるよう、より一層努めなければならない。それには、南北が統一へ向かう「中間段階」であると同時に、この過渡期を安定的に管理する装置としての国家連合または低い段階の連邦——これは二〇〇〇年に南北首脳が合意した六・一五宣言第二項に提示されている——を速やかに実現することである。その枠内に北朝鮮を呼び込み、体制安全を保障しながら、「南北の漸進的統合過程と連携された総体的改革」に北側を参加させ、変革を導き出す。これだけが朝鮮半島の危機状況を解消できる最も現実的で、合理的な方案であるといわざるを得ない。

この方案はまさに中期課題である複合国家論(33)とつながっている。国家間の結合体である複合国家自体は、歴史上すでに何度か連邦制や国家連合等の形態で登場したことがあり、珍しいものではない。しかし、朝鮮半島で実験中の複合国家は、国家間の結合であると同時に国民国家の自己転換という独特の様相を兼ねている。これこそ、六・一五宣言以後の新しい時代的状況に支えられ可視化されたものである。その目標は、南北いずれかによる吸収統一ではなく、分断体制の矛盾に抵抗する実用的で創意力のある実践を通して実現されるものであり、人間の尊厳が保障される政治共同体である。それは「崩壊の危機」に置かれた北朝鮮を「吸収する」ことで統一を実現しようとする保守勢力の見解とはもちろん違う。また統一が韓国資本のヘゲモニー構築と全世界的な資本主義の包摂過程の一環ではないかと警戒する一部の左派や、

(31) 胡冬竹「保釣と反復帰」、『琉球新報』、二〇一〇年九月二七日。
(32) 第一回目の会議については、裵永大「進歩の危機と批判的知識人の進路(진보의 위기와 비판적 지식인의 진로)」、『創作と批評』、二〇〇六年夏号。第二回会議については、白永瑞「韓・中・日・台湾「批判的雑誌会議」の現場にて(한・중・일・대만「비판적 잡지 회의」의 현장에서)」、『ハンギョレ新聞(한겨레신문)』、二〇〇八年五月三一日を参照のこと。
(33) この用語は、かつて千寛宇(チョン・グァヌ)によって提起され(「民族統一のための筆者の提言(민족통일을 위한 나의 제언)」、『創造』一九七二年九月)、白楽晴によって分断体制克服のための具体的課題としてまとめられた。白楽晴『揺れる分断体制(흔들리는 분단체제)』(創作と批評社、一九九八年)、一九三―一九四頁、二〇四頁。筆者は一九九九年に「中国に〈アジア〉はあるのか――韓国人の視角(중국에「아시아」가 있는가:한국인의 시각)」を発表し、東アジアへの拡大適用を試みた。白永瑞『東アジアの帰還(동아시아의 귀환)』(創作と批評社、二〇〇〇年)に再録。日本語訳は、孫歌、白永瑞、陳光興共編『ポスト〈東アジア〉』(作品社、二〇〇六年)に収録されている。

民族同質性という当為を前提にした統一が、個人の多様性や多重的アイデンティティを抑圧する可能性があると憂慮する脱民族主義者の立場とも距離がある。静態的な南北平和共存を追求するあまり、朝鮮半島の厳しい危機に対して現実的な答えを出すことができないでいるいずれの立場とも区別される。[34] いかなる国家形態を採択するのかは、あらかじめ設定されない。私たちの目標は一回的な事件で成し遂げられる分断克服ではなく、私たちの生活世界に根ざした分断体制の克服、つまりその積弊を除去する様々な改革作業を通して朝鮮半島で人間らしい社会を建設する「過程としての統一」だからである。

その建設過程において構想され実践される複合国家を、東アジア的視点から再検討する際、多元社会である台湾の寗應斌が「複合国家」概念を応用して打ち出した「複合社会」についても熟考する価値がある。社会における各種の分断の現実を克服することを意味する複合社会は、同時に国家横断的（trans-national）でもあるが、これを通して複合国家を再構成することが彼の論旨である。特に、周辺的少数者たち――彼は同性愛者の事例を挙げる――を通した国民国家の解体を追求する傾向が強い。国家単位の解決を信じない彼の主張は、実は（上述した）「二重の周辺の視座」と関連している。[35] これに関して、徐京植《ソ・キョンシク》の主張――「半難民」である在日朝鮮人の権利を半難民状態そのままで保障することによって、彼らが「東アジアにおいて超領域的な政治主体として自らを形成する端緒」を手にできるようにすべきだとの主張――は注目すべきものである。[36] 単一の統一的国民国家ではなく複合国家であれば、アイデンティティの多数性や柔軟性を包摂する志向を持つのが自然である。在日朝鮮人をはじめ、移住労働者・脱北者等の国家横断的経験のある主体と重層的に連帯し、「既存国家の解体戦略であると同時に、一層開放的で、住民親和的な国家機構の創設作業を含む分断体制の克服過程[37]」に参加することが即ち複合国家建設への道だからである。

このような立場が、一方では国民国家に「包摂」されるかもしれないという憂慮を生み、[38] 他方では依然としてこの地域で重要な「国民国家の存在を看過している」として批判される。[39] しかし、筆者の言う複合国家は、国民国家への適応と克服の二重課題を同時に遂行することを意味するものである。脱国家化ではなく「国家主義を克服する国家改革」[40] という短期的作業を通して、複合国家に到達することを目的とするものであるだけに実現可能な方策だといえる。

朝鮮半島では、分断体制の克服運動を通して南北が再統合する過程で、国家連合形態の複合国家になるだろうが、東アジアの他の地域では国民国家の形成経路に応じた「二重課題」を遂行する過程で、そ

（34） これに対する批判は、柳在建「統一時代の改革と進歩（통일시대의 개력과 진보）」、『創作と批評』、二〇〇二年春号を参照。

（35） 寗應斌「複合社会」、『台灣社會研究季刊』第七一期（二〇〇八年九月）：二七六—二七九頁。彼は「二重の周辺の視座」に対応して、「二重周辺の視角」すなわち「人民内部の周辺」、たとえば男性に対する周辺人の女性を強調した。

（36） 徐京植『반난민』의 위치에서 보이는 것들」、『난민과 국민 사이』（トルベゲ、二〇〇六年）、二三五頁。日本語原文は、徐京植「「半難民」から見えてくるもの」、『現代思想』二〇〇二年一一月号、七九頁。

（37） 白楽晴「近代韓国の二重課題と緑の言説（근대 한국의 이중과제와 녹색담론）」、李南周編『二重課題論』（創批、二〇〇九年）、一九〇頁。

（38） 鄭善太「東アジア言説、背反と傷の記憶を乗り越えて（동아시아 담론、배반과 상처의 기억을 넘어서）」、『文学トンネ』、二〇〇四年夏号、四一五頁。

（39） 張寅成「韓国の東アジア論と東アジアのアイデンティティ（한국의 동아시아론과 동아시아 정체성）」、『世界政治』二六集第二号（二〇〇五年）：一七頁。そして、崔章集（チェ・ジャンジプ）も国民国家の役割が依然として重要な現実を過小評価した脱民族主義であると批判する。崔章集「東アジア共同体の理念的基礎（동아시아공동체의 이념적 기초）」、『亜細亜研究（아시아연구）』一一八号（二〇〇四年）：一〇六—一〇七頁。

（40） これに対するより詳細な議論は、白楽晴「国家主義の克服と朝鮮半島における国家改造作業（국가주의 극복과 한반도에서의 국가개조 작업）」、『創作と批評』、二〇一一年春号を参照のこと。

れぞれの複合国家の姿があらわれるであろう。それゆえ、複合国家論（と結合した東アジア論）を「韓国・朝鮮半島中心主義」と批判するのは誤解といわざるを得ない。[41]

その誤解は、韓国から発信した分断体制論と東アジア言説の結合がすでに東アジアにおいて一つの参照体系となっているという事実からだけでも、ある程度払拭することができよう。[42] 台湾の陳光興は、朝鮮半島の南北が対称関係であるのとは異なり、中国と台湾は非対称的分断状況であるという条件の差を敏感に認識しながらも、両岸問題をあらためて見直す思考の枠として分断体制論を積極的に活用している。彼は、分断体制の克服が単純な統一ではない、新しいビジョンを持つものだと的確に指摘している。すなわち「分断体制を克服するということは、必然的に既存の自由・民主・市場・社会主義等の想像を越え、分断社会間の違いが絶えず相互作用する中で、新しい形式と論理を作り出すことを意味する」と理解するのである。[43]

また、朝鮮半島で形成される国家連合は東アジア共同体に必須的であるが、それは「東アジア固有の地域連帯の形成のための一つの必要条件を提供」するにすぎないということを、あらためて強調した白楽晴の発言も、韓国中心主義という批判に対する反論として注目される。複合国家が東アジアの平和に好循環的波及をもたらすことを簡明に指摘した彼の文章を引用してみたい。

> 南北が緩やかで開放的な複合国家の形態を選択する場合、それがすぐに「東アジア連合」へと繋がっていくとか、中国または日本の連邦国家化を誘導する公算は小さいだろう。それでも、たとえばチベットや新疆、または沖縄がはるかに充実した自治権を持つ地域に発展する事態を触発しうるし、中国本土と台湾が名目上は香港式の「一国二制度」を採択しながらも、内容上は国家連合に近

接するという妥結へと踏み出す一助となるかもしれない。(44)

実際これに呼応して、坂本義和のように、北朝鮮を除いて東アジア共同体を論ずることは非現実的であると断固として主張し、南北連合が東アジア共同体のための「パラダイム転換の中核の一つ」であると、意味を付与するケースもある。(45)にもかかわらず、朝鮮半島国家連合の東アジア的、さらに進んで世界史的意味が、まだこの地域の知識人社会では十分認識されてないことも事実である。(46)その点で二〇一〇年の哨戒艇沈没事件から延坪島砲撃事件へと続く朝鮮半島発の緊張は、むしろ多くの人々に「連動する東アジア」を痛感させる契機となった。そのため、この意味を一層積極的に究明する責務を感じざるを得ない。これを究明する一つの方法は、分断体制論と東アジア論との出会いが長期的に全地

(41) 韓国内の批判論者には、本章で取り上げた柳浚弼、鄭善太（チョン・ソンテ）などがおり、その他の批判には、孫雪岩「試析韓國學者白永瑞的『東亞論述』」、『山東師範大学学報（人文社会科学版）』第五四巻第二期（二〇〇九年）などがある。

(42) その現象に対する集中報道は、「台湾において注目される白楽晴の分断体制論（대만에서 주목받는 백낙청의 분단체제론）」、『ハンギョレ新聞』、二〇一一年一月二七日を見よ。

(43) 陳光興「白楽晴的『超克「分斷體制」』論」、『台灣社會研究季刊』第七四期（二〇〇九年六月）：三〇頁。

(44) 白楽晴「『동아시아공동체』구상과 한반도」、『歴史批評（역사비평）』、二〇一〇年秋号、二四二頁。日本語版は、白楽晴「「東アジア共同体」と朝鮮半島、そして日韓連帯」、『世界』、二〇一〇年五月号、六〇頁。

(45) 坂本義和「二一世紀に「東アジア共同体」が持つ意味（21세기에「동아시아공동체」가 갖는 의미）」、『創作と批評』、二〇〇九年冬号、三九九頁。その他に、木宮正史は分断体制が「朝鮮半島に限定されるものではなく、日本までを含む、少なくとも東アジアという地域で成立したもの」としてとらえることができるという。木宮正史「分断体制論と韓日市民社会（분단체제론과 한일 시민사회）」、『創作と批評』、二〇〇九年冬号、四一四頁。

(46) たとえば、筆者と寺島実郎との対談「世界を知る力、東アジア共同体の道（세계를 아는 힘、동아시아공동체의 길）」、『創作と批評』、二〇一〇年夏号を見よ（同号の日本語版に渡辺直紀訳で掲載）。

球的代案を模索するという課題にどのように寄与するかを検討してみることである。

二〇一〇年は朝鮮戦争開始六〇周年であった。アメリカ主導の世界体制が今のような形に固まるのに朝鮮戦争がいかに決定的に寄与したか、またその後南北の分断体制が世界体制の維持およびアメリカの強硬勢力や軍産複合体の自己再生産にどれくらい重要な役割を果たしてきたかを考えれば、問題としての朝鮮半島の世界史的位置は一目瞭然であると思われる。このように朝鮮半島が世界レベルの覇権的支配体制における「核心現場」であるだけに、分断体制を克服する過程でアメリカの覇権主義に亀裂をきたし、アメリカ的標準を乗り越える空間を確保することができれば、(それ自体で資本主義世界体制から離脱することはできないが)世界体制を長期的に変革する触媒となることは明らかである。

もしそうならば、朝鮮半島の複合国家建設という「一つの必要条件」を充足して形成される「東アジア固有の地域連帯」は、地球的規模の長期的な時間の現段階である新自由主義時代にどのような影響を及ぼすのかがまず検討されるべきである。この問いに関して筆者は、柳在建《リュウ・ジェゴン》の観点を援用して次のように述べたことがある。アメリカ・ヨーロッパ・東アジアという独自的な動力を持った三つの地政学的分裂を通して統合的に作動している世界において、東アジアはいまだに流動的な状態であるが、「ある種のオルタナティブな共同体をうまく形成できるなら、それが世界システムを変化させる潜在力は想像以上に大きい」[47]。この点に関してはもう少し論究されるべきであるが、ここで一つだけ付け加えるならば、東アジアが浮上し「ダイナミックな地域主義が芽生え、全地球的な権力の再構造化」という前例のない歴史段階の真っ只中にいま私たちが立っているという時代認識を持たなければならないのである[48]。

それだけではなく、私たちの日常生活に奥深く浸透している新自由主義を克服するための長期的展望が説得力を持つためには、文明論的レベルのビジョンを持たなければならず、それを具体化する過程において東アジアの文明的資産は当然活用されなければならない。ところが、これまで発掘されたのは「小国主義」程度ではないかと思われる。

筆者は、複合国家論が「小国主義と親和的な」ものであることを指摘し、小国主義の遺産が韓国はもちろん日本と中国であらわれ、その後その後屈折するにいたった歴史的経過を分析したことがある。(49) 崔元植《チェ・ウォンシク》は、この構想を「小国主義の芯〔核心――訳者〕を中型国家論に接続する作業」につなげながら、小国主義を通して「私たちの中の大国主義を冷徹に意識しながら、それを制御する実践的思惟の枠を点検」することを提案した。(50) それは、白楽晴が述べた「生命持続的発展 (life-sustaining development)」、すなわち「どこまでも生命を維持し、励ますことを基本とし、ここに適当な発展の可能性を求めよう」(51) とする代案的文明観に、言い換えれば、より抽象度の高い「近代適応と近代克服の二重課題」(double project of adapting to and overcoming modernity) につながっている。この新たな文明観は、今後より精巧に整え、豊かに

---

(47) 本書第三章を参照。より詳細な議論は柳在建「歴史的実験としての六・一五時代 (역사적 실험으로서의 6.15 시대)」、『創作と批評』、二〇〇六年春号を参照。

(48) マーク・セルダン (Mark Selden)「東アジアにおける地域主義の三段階 (동아시아 지역주의의 세 단계)」、『創作と批評』、二〇〇九年夏号。彼は、第一に中国中心の秩序であるパクス・シニカ (Pax Sinica) の時期 (一六―一九世紀)、第二に分断と葛藤の時期 (一八四〇―一九七〇年)、すなわち中国の解体そして日本に続き、アメリカが優位を占めた植民地主義と戦争そして革命を主な特徴とする時期、第三に一九七〇年代以来アジアが浮上し、動的な地域主義が芽生える時期を三つの歴史的モデルとして提示している。

(49) 前掲、拙著『東アジアの帰還』、二四―三一頁。

(50) 崔元植「大国と小国の相互進化 (대국과 소국의 상호진화)」、前掲『帝国以後の東アジア』、二九頁。

(51) 白楽晴「二一世紀韓国と朝鮮半島の発展戦略のために (21세기 한국과 한반도의 발전전략을 위해)」、白楽晴ほか『二一世紀の朝鮮半島構想 (21세기의 한반도 구상)』(創批、二〇〇四年)、二二頁。

育てていかなければならないが、その際、東アジアの文明的遺産のみならず、現実の経験の中でも資源をより果敢に創造的に探し求め、その出所に関係なく、共同の資産として活用することが重要であることはいうまでもない。

　このような関心から周囲を見渡すと、日本と中国でも長期課題に対する議論が活発であることが注目される。日本の大戦略を討論する場において、姜尚中は、日米同盟に依存しながら中国を牽制し、日米中三極構造の位置、つまり大国的地位を占めようとするのか、それとも、「大国意識」を捨てて「非覇権的中位国家」として隣国と多極的分散型安全保障体制と繁栄のネットワークを作ることにおいて先導的な役割を果たすのか、そしてそれらと連動してどのような国内秩序を組み立てるのかを問うている(52)。また中国では、アメリカ主導の世界秩序を再編するのに必要な思想的基礎とするため、中国特有の社会主義の経験を普遍的価値に引き上げようとするいわゆる「北京コンセンサス」といわれる中国モデル(53)を探索中である。それは、儒家や道家等の伝統思想に土台を置き、西欧の近代文明に対して挑戦すると同時に、代案模索の意味も含んでいる(54)。ところが、日本の場合、二〇一一年の時点で菅直人内閣は政権交代初期に強調した東アジアから旋回し、(姜尚中が批判的に言及した)大国の道を採択しているようである。中国の場合、中国モデルがまだ国家主導の改革から推進力を得ている状況であり、論争の渦中にある。それが果たして代案モデルとして東アジアの共同資産になりうるかは東アジア的文脈で「実事求是」〔訳注：事実に基づき真実を求めること〕的に探求してみるべきである。

　本章でそれについてさらに深く議論する余裕はないが、鍵となるのは、このような長期目標を現実の中で追求するための、中・短期戦略を立てることにある。とくに、長期と短期課題をつなげる複合国家という媒介項を外した時、不可避に抽象化し、観念化する誤謬に陥りがちであることを看過してはならない。

5　複合国家という媒介項と現場のネットワーク

朝鮮半島において分断体制の克服運動を通した南北の国家連合としてあらわれる複合国家は、東アジアの他の地域においては「既存国家の解体戦略であると同時に、一層開放的で、住民親和的な国家機構の創設作業」を通して、それぞれ異なる形態として実現されるであろう。東アジアの人々は、各々の国民国家形成の特性に応じた国家主義克服にむけて、国家改革作業の短期課題を遂行し、その現場から中期課題を遂行する動力を得る。

ここで二つの現場を紹介したい。いずれも国境という「線」を巡る対立を「面」の共同利用を通して解決しようとするものであり、国境と領土問題の発想の転換が胎動するところである。

一つは、朝鮮半島西海の平和協力特別地帯である。周知のように、懸案の北方限界線（NLL）は、一九五三年八月三〇日、国連が海軍力の優勢な韓国の北進を防ぐために設定したものである。北朝鮮は一九七〇年代に入ってからも認めなかったが、韓国が実効支配を根拠に事実上の境界を作ることによって、海上に国境線ではない国境線として引かれたものである。ところが、二〇〇七年一〇月四日、第二

(52)　姜尚中「アジアの日本への道」武者小路公秀外編『新しい「日本のかたち」――外交・内政・文明戦略』（藤原書店、二〇〇二年）、一六三頁。

(53)　中国モデルが経済決定論的事由から生まれたものであり、「開明した独裁」と挙国体制に理論的根拠を与えるという批判は、銭理群「中国国内問題の冷戦時代的背景（중국 국내문제의 냉전시대적 배경）」、『創作と批評』、二〇一一年春号を参照のこと。

(54)　新しい国家アイデンティティを模索する過程で提起されたいくつかの文化言説については、本書第五章、第六章を参照。

次南北首脳会談で西海平和協力特別地帯構想が発表された。南北共同で進める西海協力事業を通して北方限界線を無意味にする創意的な試みである。しかし不幸にも現在（二〇一一年春）、李明博政権の対北強硬政策によってそれ以上は実現できていない。

もう一つは、沖縄と台湾の一部の都市が合意した観光経済圏である。二〇〇九年四月一五日、台湾東部の三都市（花蓮・宜蘭・台東）と、沖縄周辺の島（八重山諸島の石垣市・竹富町・与那国町）の行政責任者らが「観光経済圏国境交流推進共同宣言」に署名した。まだ、出入国管理問題のために実施はできていないが、それさえ緩くなれば非国家都市共同体が形成されるはずである。

これら二つの事例はそのまま国家改革作業に繋がる。西海平和協力特別地帯の実現のために、分断体制克服運動が要求されるということは長い説明を要しない。そして、台湾・金門会議において沖縄の重鎮である新崎盛暉が展望したように、「観光経済圏」という具体的な課題の円滑な遂行は、「核心現場」である沖縄の自治権強化を通して、日本国家の改造に繋がらざるを得ないだけでなく、さらに進んでその背後にある日米同盟にも影響を及ぼす可能性が大きい[55]。

上記の二つの地域事例に限られない。南北の高まった緊張のなかでも操業中の開城工業団地、東北アジア諸国が参加するようになる長・吉・土（長春・吉林・土門）開発をはじめとする豆満江流域開発プロジェクト、両岸交流の拠点である金門の「小三通（通信・通商・通航）」等の事例も追加されなければならない。これらの層位はそれぞれに異なっているが、このような作業が多かれ少なかれ、東アジアにおいて同時多発的に拡散しながら国境横断的に繋がれば、新しい地域共同体の基盤は堅固となる。

もちろんそれぞれの国民国家形成の経路が異なるため、東アジア言説であれ連帯運動であれ、それが均一に進むことはないであろう。それゆえ、私たちはそれぞれの現場で苦闘する主体が経験する「困惑」や「自己との戦い」[56]または「被害者」であると同時に「加害者」であるという自覚[57]をも共感し、自己を省察してはじめて真の連帯に至ることができる。それが真の東アジア共同体の基礎である。

(55) ここに挙げた二つの事例は、二〇一六年現在、保守化した韓国政府と北朝鮮政府の間の葛藤、そして自民党政権の保守化の影響によって「崩壊状態」にいたっている。しかし、これらの構想が短期的な国家改造作業に直結しないとしても、その出現自体が、国家主義に対し中長期的に重要な影響を及ぼすことは明らかである。

(56) この表現は、銭理群、前掲論文から引用した。彼と同様に、賀照田も「アジア地域の内部的次元の困惑と苦悩に対する理解と共有」を未来のための主体的基盤として重視する。賀照田「中国革命と東アジア言説（중국혁명과 동아시아 담론）」、『亜細亜研究』一三五号（二〇〇九年）。両者とも強大国化する中国における「独立的批判知識人」の位置を反映している。

(57) 沖縄人は「被害者」でありながらも、米軍基地反対運動において「加害者にならない」という自覚を通して闘争の動力を得ていた。これについては、孫歌、前掲論文を参照のこと。

第三章　東アジア論と近代適応・近代克服の二重課題

1　韓国発東アジア論を振り返る

韓国と日本はもちろん、東アジア的な視座が欠けていると批判されてきた中国大陸においてさえも、このところ東アジア言説が活気を帯びてきている。孫歌の言葉を借りるなら「今までに見られなかったようなアジア論の豊作時代[1]」を生きているわけである。特に韓国では今「東アジア言説」が盛んになって、「韓国社会の主流言説である民族言説と統一言説に並ぶ、新しい知的公論として言説権力を得ている」と評価されるほどである[2]。

一九九〇年代の初めから東アジア的視座の重要性を唱えてきた筆者は、東アジア言説拡散の一翼を担ってきたが、その理論的・実践的作業は、韓国だけでなく東アジアの知識人社会でも一定の注目を浴びた[3]。これまでの作業については「マルクス主義と民族主義に対する反省」から出た「変革理論としての東アジア」とか、「民族主義と民族言説、統一運動の後続物として出現した省察的東アジア論」、「実践課題としての東アジア」、「批判的地域主義」、または「穏健な色の東アジア」というふうに評価されたりもした。[4]

ところで孫歌は、流行りの風潮に巻き込まれて常套化しやすい観念的東アジア論を内在的に「否定」しようとする意図から、「ポスト東アジア」という用語を提起し「歴史の流動性において生きている東アジアの輪郭」を把握することを提案したことがある。[5] 彼女の問題提起、そして筆者の作業に対する

---

(1) 孫歌「なぜ「ポスト」東アジアなのか」、孫歌、白永瑞、陳光興編『ポスト〈東アジア〉』(作品社、二〇〇六年)、一一九―一二〇頁。韓国語訳は、孫歌「ポスト東アジア叙述の可能性」、翰林大アジア文化研究所編『東アジア経済文化ネットワーク』(太學社、二〇〇七年)、七一頁。

(2) 張寅性「韓国の東アジア論と東アジアのアイデンティティ(한국의 동아시아론과 동아시아 정체성)」、『世界政治』第二六輯、二号(二〇〇五年):四頁。

(3) 筆者の東アジア論は、個人の作業であると同時に、(季刊『創作と批評』の言説の一つとして見なされるように)集団作業の所産でもある。これについて詳しい分析をした最近の研究としては、朴明圭「韓国における東アジア言説の知識社会学的理解(한국에서 동아시아담론의 지식사회학적 이해)」、金時業ほか編『東アジア学の模索と志向(동아시아학의 모색과 지향)』(成均館大学校出版部、二〇〇五年)、張寅性、前掲論文、高成彬「韓国と中国の「東アジア言説」――相互連関性と争点の比較および評価(한국과 중국의 동아시아 담론：상호관련성과 쟁점의 비교 및 평가)」、『国際地域研究』第一六巻第三号(二〇〇七年)、任佑卿「批判的地域主義としての、韓国の東アジア論の展開(비판적 지역주의로서의 한국 동아시아론의 전개)」、『中国現代文学』第四〇号(二〇〇七年)などがある。

(4) 引用の順番に沿って、河世鳳『東アジア歴史学の生産と流通(동아시아 역사학의 생산과 유통)』(亜細亜文化社、二〇〇一年)、一八頁、張寅性、前掲論文、九頁、馬場公彦「ポスト冷戦期「東アジア」論の地平」、『アソシエ』一一号(二〇〇三年):五一―五二頁、任佑卿、前掲論文、朴露子『私たちが知らなかった東アジア(우리가 몰랐던 동아시아)』(ハンギョレ出版、二〇〇七年)、一三頁。

(5) 孫歌、前掲論文、一二三頁。また、米谷匡史は、東アジアの連帯と解放という名のもと行われた暴力に対する徹底した自己

様々な論評に含まれている批判を読みながら、これまでの東アジア論を顧みる必要性を感じていたところである。そこで本章を通じて、東アジア言説の主な争点を中心に筆者の問題意識を整理してみたいと思う。

まず強調したいことは、人文学と社会科学を統合した接近方式についてである。一九九〇年代初頭を振り返ってみると、韓国で最初に東アジア的視座を重んじた人々は、主に人文学者であった。彼らは一九八九年以後変化した国内外の状況、つまり国内の民主化進展と世界的な脱冷戦の状況に合わせて新しい理念を模索する過程で、「東アジア」を発見し、そこから新しい理念と文明としての可能性を見出そうとした。同じ頃、一部の社会科学者たちが東アジアの新興発展国家（ＮＩＣｓ）を説明するために「発展国家」（developmental state）論を援用し、儒教資本主義論を持ち込んで、東アジア言説の一つの流れを形成した。その後、アジアが経済危機を経て一九九七年「ＡＳＥＡＮ＋３」体制が出現すると、より多くの社会科学研究者たちがこのテーマに飛びつき、政治・経済領域で国家間協力体を構築することに関心を持ち始め、東アジア言説はより一層具体化し豊かになった。[6]

ところが、両者の議論は、大抵平行線を走りながらたまに交差するだけであった。人文学者たちは主に文化や価値領域に関心を注ぎ、東アジア共同体について語るとしても、それを東アジア市民が自ら推し進める人格的紐帯・結合のユートピアとして想像した上で、その実践の道を模索する傾向があった。人格的な個々人の自発的結合体である共同体（community）は前近代の時期に小規模の形で存在したが、それが解体された近代社会においても、共同体的人間関係の再構築を追い求める動きのなかでしばしば再解釈されてきた。国家を超えた地域レベルで共同体の理念を具現しようとするのが、広い意味での、また人文学的意味での東アジア共同体といえよう。これに対して、社会科学者たちは、狭い意味での、または政策学的な意味での東アジア共同体に注目する。彼らは国家や資本が主導し政治・経済領域で日増しに緊密に相互依存する地域的現実（つまり地域化）と、それに基づいた地域協力体制の制度化（地域主義）を分析することに偏る傾向がある。したがって、これからの東アジア言説はこのような分岐現象を止揚した、統合的な視座を持つべきであろう。そうしてこそ、地域化と地域主義の具体的現実に効果的に介入しながら、それが人間らしさをより忠実に具現する地域的共生社会、すなわち真の意味での東アジア共同体の可能性を批判的に点検することができると思われる。(7)

これとともに、本章を貫くもうひとつの問題意識は「近代適応と近代克服の二重課題論」（以下、二重課題論）と東アジア論を繋げることである。九〇年代初頭、崔元植《チェ・ウォンシク》が(8)、「盲目的近代追求と浪漫的近代否定」を共に乗り越えるために、東アジア的視座を提起したように、近代に対する抜本的な問題提起は最

省察なしに国家と資本によって試みられる東アジア地域秩序の統合を批判しながら、新しい連帯の関係性を開くために「ポスト東アジア」を掲げている。米谷匡史「ポスト東アジア――新たな連帯の条件」、『現代思想』、二〇〇六年八月号。

（6）　社会科学者たちがこの課題に参与するようになったのは、ASEAN＋3体制に積極的に参与した金大中政権と、「東北アジア時代」を政策課題として推進した盧武鉉政権のイニシアティブが大きく影響を及ぼしたためである。

（7）　このような筆者の立場は、人文学者と社会科学者との、相反する批判に対する対応である。中文学者の李政勳（イ・ジョンフン）は、筆者の東アジア論が「八〇年代風の批判言説に対する自己批判」から始まったが、今は中心が移って「現実に深く介入しようとする実践的努力とナショナリズムおよび国家への「帰還」あるいは「傾倒」の間の微妙な岐路に立ってい」ると評価する。李政勳「批判的知識言説の自己批判と東アジア論（비판적 지식담론의 자기비판과 동아시아론）」、『中国現代文学』、第四一号（二〇〇七年）：九頁。一方、政治学者の高成彬（コ・ソンビン）は「単に知的な想像での規範的で思弁的な研究を超えて、現存する具体的な政治経済、社会的問題と関わり合う」方向へと進むべきだと注文する。高成彬、前掲論文、六二頁。筆者は人文学的接近と社会科学的接近が、相互対照と相互浸透を経て、統合の方向へ進むべきだと思う（筆者はこの統合の方向を「社会人文学」としてとらえ、それを実践するために大学内外で努力している。これについては、本書第三部第一章を参照）。

（8）　崔元植「脱冷戦時代と東アジア的視角の模索（탈냉전시대와 동아시아적 시각의 모색）」、『創作と批評』、一九九三年春号。

初から東アジア論の核心をなしていた。それは七、八〇年代の民族民衆文化論が自己反省と新しい模索を図る最中に、民衆の立場で当面した課題がとりもなおさず全世界の課題であるという第三世界的視座[9]とともに生まれたものである。

今日、二重課題論は韓国の論壇で少しずつ共感を呼び起こしつつある。[10]近代適応と近代克服が二つの性格を持った単一の課題であることを明確にした二重課題論[11]は、近代と脱近代の単なる二分法を超えて、両者を同時的な課題にしようとする問題意識に留まるだけでなく、世界史的近代に対する冷静な認識と分断体制の克服という実践的志向を結び付けた複合的な思考だといえる。

ここでは、二重課題論が抱えているように見える二律背反性や抽象性の問題を乗り越えていくために、時空間に対する多層的な認識が求められることを強調しておきたい。つまり、地球的規模の長期にわたる議論と、中・小規模の地域、中・短期の課題を同時に思考しながら、一貫した実践に結び付ける作業がそれである。東アジア論と二重課題論が出会うことによって、地域主義的でありながらも世界史的な次元の普遍的志向を堅持することができるのである。

2　竹内好の「近代の超克」論からすくいだせるもの

二重課題を究める際にまず参照できそうな東アジアの思想的資源の目録の中に、日本の「近代の超克」論がある。九〇年代初頭、崔元植は、東アジア的視座を提起しながら近代の超克論に注目し、戦争イデオロギーに転落した面と同時に「西欧的近代を越える新しい世界形成の原理を模索しようとした問題意識」の両面性を読み取ろうとした。[12]竹内好（一九一〇―一九七七）は、近代の超克論には「解ったような解らぬような曖昧なところがある」と述べていた。彼の言う「その曖昧さの発揮する魔術的効力」(13)から、はたして私たちは今日何を得ることができるだろうか。

「近代の超克」はもともと一九四二年、雑誌『文學界』の九―一〇月号に載せられたシンポジウムの問題意識を指すものであるが、広い意味では同じ時期、いわゆる京都学派によって『中央公論』において繰り広げられた三回の座談（一九四一―一九四二年）「世界史の哲学」までをも含めるものだ。それは、

（9）　白楽晴の第三世界的意識の核心は、白楽晴「第三世界と民衆文学（제 3세계와 민중문학）」、『創作と批評』、一九七九年秋号、五〇頁によくあらわれている。似たような問題意識は、崔元植「民族文学論の反省と展望」、『民族文学の論理』（創作と批評社、一九八八年）からも見てとれる。ここで崔元植は、「第三世界論の東アジア的様式を創造する時こそ、私たちの民族文学論も豊かな現実性と真の先進性が獲得できるはず」であると力説している（三六八頁）。

（10）　『文化科学』二〇〇〇年夏号の特集は「近代・脱近代の争点」で飾られていた。また、金聖甫（キム・ソンボ）は近代の「適応と克服」と区別し、「拡張と止揚」という表現を使っている。金聖甫「脱中心の世界史認識と韓国の近現代史省察（탈중심의 세계사 인식과 한국 근현대사 성찰）」、『歴史批評（역사비평）』、二〇〇七年秋号、二四五頁。

（11）　二重課題論の進化過程は、白楽晴「朝鮮半島における植民性の問題と近代韓国の二重課題（한반도에서의 식민성 문제와 근대 한국의 이중과제）」、『創作と批評』、一九九九年秋号、「二一世紀韓国と朝鮮半島の発展戦略のために（21세기 한국과 한반도의 발전전략을 위해）」、『朝鮮半島風の統一、現在進行形（한반도식 통일, 현재진행형）』（創批、二〇〇六年）を参照のこと。二重課題論が台頭した意義について、宋承哲（ソン・ソンチョル）は、「学界の見解が近代論と脱近代論に硬直して二分され、民主化達成過程で重視された経験と価値が急に古いものと見なされる状況下で、脱近代的な新しさは新しさで認めながらも、民主化のために闘った時代の価値をグローバル化のなかで発展させようとした点」にあると指摘する。宋承哲「市民文学論から近代克服論まで（시민문학론에서 근대극복론까지）」、薛俊圭、金明煥編『グローバル化時代の英文学（지구화시대의 영문학）』（創批、二〇〇四年）、二四八頁。

（12）　崔元植、前掲「脱冷戦時代と東アジア的視角の模索」、四一四―四一五頁。

（13）　竹内好／徐光德、白池雲共訳『일본과 아시아』（ソミョン出版、二〇〇四年）、八七頁。竹内好『日本とアジア』（筑摩書房、二〇〇七年）、一八〇―一八一頁。

具体的な思想としての体系を備えられなかったまま、大きな問題意識を示したところで留まった抽象的な言説であったが、あえて要約すると、日本がすでに近代化を成し遂げたと前提し、そのモデルである西欧的近代とその変種であるソ連共産主義をすべて超える、新しい世界史の原理を探す理論的・実践的作業であった。参加者たちは議論の過程で東洋的なもの、特に日本的なるものの中から理想型を見出し、日本的なるものを単に理想的な過去ではなく、現実の天皇制国体と同一視した。[14] 太平洋戦争の初期に収めた勝利に酔いつつ、その後の世界経営を考えていた知識層にとって、近代の超克は「世界制覇といった議論の次元よりもはるかに〝高尚〟なイデーに関わるもの」として、思想内容以上に「志向性のシンボル」として共感を呼び起こしたという。[15] それは、知識人はもとより大衆を思想的に魅了した。

敗戦直後、この議論は、日本帝国主義の戦争イデオロギーとして忌避の対象であった。その遺産を復権しようとした人が、竹内好である。彼は近代性をめぐる論争として「近代の超克」論を、「日本近代のアポリア」が太平洋戦争で一挙に問題として爆発したものだと見なした。すなわち、明治維新以来の復古と維新、尊王と攘夷、鎖国と開国、国体保存と文明開化など、解決を要する数多くの二項対立の「凝結」が、アジアに対する植民地侵略戦争であり、欧米に対立する帝国主義間の戦争という二重性を持つ、アメリカとの戦争を通じてあらわれたのである。したがって、シンポジウムでの問題提起はその時期としては正当であったし、だからこそ知識人たちの関心を引き付けることもできたのだが、アポリアそのものを正面から議論することに失敗したことによって、アポリアはあたかも「雲散霧消して」、近代の超克論は戦争イデオロギーへと転落したと診断した。[16] 彼が試みたのは、そのシンポジウムが結果的に作り出したイデオロギーから、思想を抽出する作業であった。戦争で汚染され、イデオロギーとして見なされた論争から、日本の近代性に対する批判的言説を分離しようとすることは、戦後の思想界の潮流に照らしてみる際、実に「火中の栗を拾う」危うい行為であるほかなかった。

彼がこのような思想史の書き直し作業を敢行した理由は、朝鮮戦争が示しているように、戦争の危険が常に存在している一九五〇年代と六〇年代初めの冷戦秩序のなかで、アメリカの影響下で近代化を加速的に推し進めていた戦後日本を批判するためであった。特に一九六〇年の日米安保協定締結に反対する闘争に参加しながら、戦争に対する不感症と戦争責任に無関心となっていく当時の日本を追い詰めるために、根本的な問いを投げかける必要性を感じたのである。では、近代の超克論を批判的に検討するために、そのアポリアを核心的な課題として受け止めた彼が、その解決策として見出した道は何だったのであろうか。その道は近代日本でアジア的な原理を志向する「伝統」（つまりアジア主義）を新たに構成することであった。原理や伝統が実体として現存するものではなかったため、「方法としてのアジア」という発想があらわれる。アジアを実体化しなかったからこそ、この言葉は幅広く共感を得ることができた。(17) これについてのくだりは次の通りである。

(14) シンポジウムの参加者である鈴木成高の次のような発言は、近代の超克の内容を簡潔にまとめている。近代の超克とは、「政治においてはデモクラシーの超克であり、経済においては資本主義の超克であり、思想においては自由主義の超克を意味する」、「日本の場合においては、近代の超克といふ課題は同時に欧州の世界支配の超克といふ特殊の課題と重複することによつて問題は一段と複雑性の度を加へる」。廣松渉／金杭訳『근대초극론』（民音社、二〇〇三年）、一六頁。日本語原本は、廣松渉『〈近代の超克〉論——昭和思想史への一断想』（朝日出版社、一九八〇年）、一八頁。

(15) 廣松、前掲書（日本語原本）、二三〇頁。

(16) 竹内、前掲『日本とアジア』、一三六頁。

(17) 似たような発想として、筆者の「知的実験としての東アジア」の他に、陳光興の「アジアを方法とする」、孫歌の「機能としての東アジア」、子安宣邦の「方法としての東アジア」などがある。

西欧的な優れた文化価値を、より大規模に実現するために、西洋をもう一度東洋によって包み直す、逆に西洋自身をこちらから変革する、この文化的な巻返し、あるいは価値の上の巻返しによって普遍性をつくり出す。東洋の力が西洋の生み出した普遍的な価値をより高めるために西洋を変革する。これが東対西の今の問題点になっている。……その巻き返す時に、自分の中に独自なものがなければならない。それは何かというと、おそらくそういうものが実体としてあるとは思わない。しかし方法としては、つまり主体形成の過程としては、ありうるのではないかと思ったので、「方法としてのアジア」という題をつけたわけですが、それを明確に規定することは私にもできないのです。(18)

彼にとって近代克服の道である「方法としてのアジア」とは、日本が近代化する間に抑圧された民衆の実践と思想を再統合する道、つまり抵抗する主体の形成である。このモデルはすでに中国革命において実例としてあらわれた。これに比べて西欧ブルジョア社会が作り出した文化規範を無批判に受け入れた日本の近代は、「奴隷の進歩」でしかなく、これがヨーロッパとともに日本を植民地主義と侵略戦争へと駆り立てたにもかかわらず、戦後も続けて圧倒的な支配力を持ち得たのである。このようにして彼は、近代の「進歩」が抱えている支配性と暴力性は避けがたいものであることを明確に見抜き、だからこそ「道のない道を行く」覚悟が必要となる近代に対する抵抗だけが、日本が加害責任を受け入れる道であると認識した。

ある意味で、彼の作業は「消え去りつつあった日本革命を起こすための行動」であったかもしれない。しかし、その試みは、一九四〇年代のシンポジウムの近代の超克ビジョンが戦争で頓挫したように、一九六〇年代以後日本の高度成長によって敗れてしまった。(19) ところがこの頃、全世界的に竹内好に対する積極的な評価が静かに広まっている。彼が提起した近代主義批判が、近代日本の存在様式に対して根本的な問いを投げかける一つの姿勢として、日本国内で注目されるに留まらず、中国をはじめとする東アジア、そして欧米でも一元的な進歩主義の近代観から切り抜けられる思想的資源として検討され始めたのである。(20)

韓国の論壇では主に人文学者たちが彼に注目している。特に竹内を再解釈した孫歌の視座を通じて、彼の思想に接近する傾向がうかがわれる。李政勳《イ・ジョンフン》が批判的知識言説を再構成するために、知識人の「自己批判」または「主体の内在的自己否定という原理」を竹内から救い出そうとしたのがその一つの例である。(21) このような孫歌の竹内の読み直しに対して、白池雲《ペク・チウン》は、竹内が主体形成のため日本ナショナリズ

(18) 竹内、前掲『日本とアジア』、四六九―四七〇頁、強調は引用者。

(19) H・D・ハルトゥーニアン「보이는 담론／보이지 않는 이데올로기」、H・D・ハルトゥーニアン、マサオ・ミヨシほか編／郭東勳ほか訳『ポストモダニズムと日本（포스트모더니즘과 일본）』（視覚と言語（시각과 언어）、一九九六年）、一〇六頁、一一五頁。日本語は「見える言説／見えないイデオロギー」、ハリー・ハルトゥーニアン、カツヒコ・マリアノ・エンドウ編・監訳『歴史と記憶の抗争――「戦後日本」の現在』（みすず書房、二〇一〇年）。

(20) 鶴見俊輔、加々美光行編『無根のナショナリズムを超えて――竹内好を再考する』（日本評論社、二〇〇七年）。二〇〇四年にドイツで竹内に関する国際シンポジウムが開かれ、竹内選集のドイツ語翻訳版も出された（一三八頁）。中国での受容状況については、八五頁を参照。

その他に、リチャード・F・カリチマン（Richard F. Calichman）が編訳した英訳本 *What is Modernity?: Writings of Takeuchi Yoshimi* (New York: Columbia University Press, 2005) も刊行された。台湾では『臺灣社會研究』六六期（二〇〇七年六月）に、小特集が組まれている。

(21) 李政勳、前掲論文。

ムとアジアの間でギリギリの曲芸をしたのに対し、孫歌は竹内の作業にあらわれたこの危うさの契機を飛び越したのではないかと問う。孫歌が「自己否定〔掙扎〕」という魯迅のモチーフを主に活用して、竹内の思想を「脱近代的「東アジア思想」という安全地帯へ運搬」する偏向を示していると白池雲が指摘したことは、傾聴すべき点である。要するに竹内の思想をそのように「抽象的な歴史哲学として普遍化すること」は再考しなければならないという意味である。[22] 竹内の言葉は、大体において現実に直接対応して発せられた状況性の強いものであることを忘れてはならない。自己否定とはつまり竹内の言う「抵抗」であるが、それに媒介されたのが「相手を変革し自分も変化すること」としての「運動」[23] であることが思い起こされる。

再び竹内を読むことで、筆者の東アジア論の一要素である「二重の周辺の視座」も再び考え直させられる。竹内が近代克服のため「抵抗するアジア」を脱中心的主体として設定した問題意識は、脱冷戦期の状況で提起された「二重の周辺の視座」と相互補完的であり得るのではないか。東アジアで歴史的に形成された脱中心的（筆者の「周辺的」）主体の内在的な批判性を発掘し、近代を克服する動力を確保しようとする点では互いに一致する。ただ、周辺を特権化する危険を避けるために、中心と周辺の関係を脱歴史化することなく、歴史的文脈（特に世界体制の位階秩序）の中に位置づけ、近代世界を総体的に見直すという点、そしてそれを通じて近代適応と近代克服の二重課題を引き受けようとする点において違いがある。

3　東アジア共同体——中短期的効果と長期的展望

先ほど「二重の周辺の視座」を提案しながら、中心と周辺の関係を歴史的文脈、特に世界体制の位階秩序の中で具体的に分析すべきであることを強調した。ところで、その説得力を高めるためには、複合的で重層的な時空間に対する認識が必要である。

まず、国民国家中心の思考を克服するために、歴史的時空間の概念の有用性に注目した朴明圭《パク・ミョンギュ》の論点を検討してみよう。彼は私たちの思考を支配する国民国家的時空間を絶対化しないと同時に、直ちに「長期的－地球的」時空間へ移されない中間的時空間、つまり「局面的－地域的」時空間としての東アジアの重要性を浮き彫りにする。それは、「国民国家を超えた地域秩序の空間と数十年の中期的時間帯が出会う範疇」として、「複数の国民国家が独自的な地政学的・文明論的条件を共有し、互いに影響し合いながら存続してきた時空間」である[24]。

このような「局面的－地域的」時空間の範疇によって、筆者の東アジア論がうまく説明できると思われる。国民国家中心の時間観の限界を乗り越えるだけでなく、国民国家の形成過程において周辺的な存在として無視されてきた主体を新たに見出すことのできる空間観が可能となる。ところが、ここには注意すべき点がある。それは、空間の大・中・小と時間の長・中・短が必ずしも一致するとは限らないという事実である。東アジアという地域的範疇だけをとってみても、その対象範囲をめぐってしばしば議

---

(22) 白池雲「竹内好というアポリア（타케우치 요시미라는 아포리아）」、『創作と批評』、二〇〇七年夏号、三一三頁。
(23) 竹内、前掲書、三三頁。
(24) 朴明圭「二一世紀韓国学の新しい時空間性と東アジア（21세기 한국학의 새로운 시공간성과 동아시아）」、ソウル大学校開校六〇周年および奎章閣創立二三〇周年記念 韓国学国際学術会議資料集、二〇〇六年、四二二頁、朴明圭「複合的政治共同体と変革の論理（복합적 정치공동체와 변혁의 논리）」、『創作と批評』、二〇〇〇年春号、一一頁。

論が分かれるだけでなく、世界と朝鮮半島のあいだの「中間規模」に当たる東アジアを単位とする作業が、必ずしも朝鮮半島と世界体制のあいだの「中期的課題」として位置づけられるものでもないからである。したがって私たちに本当に必要なことは、複合的で重層的な時空間に対する区別が、その各々に沿った課題を別々に分離するのではなく、「正反対に同時に遂行すべき多様な次元の課題が短期・中期・長期にわたって、それぞれ個別に成し遂げられるべき性格であることを正しく識別し、その課題を解決しようとする私たちの努力が相反せずに、理論的統一性と現実的対応力を高めようとする」態度である。[25]要するに、地球的規模の長期的な時間帯にわたった展望と、中・小規模の地域、中・短期の課題とを、同時に思考しながら一貫した実践で結びつけるべきだということである。

筆者は韓・中・日三国で進行中の東アジア共同体論を比較し、「それを追い求める人々の期待通りの平和共同体が実現されるためには、国民国家外でなされる国家間の統合過程と、この地域を構成する国内の構成員個々人の参加を極大化する方向で、内部改革過程が双方向的に動いているか」という観点から点検してみたことがある。[26]いわば中・小規模の地域、中・短期の課題を同時に思惟しながら一貫した実践でつなぎ合わせるという意味で試みたのであるが、実際はこの意図が十分に具体化されなかっただけでなく、地球的規模の長期的な時間帯との関連についてはほとんど注意を注ぐことができなかった。以下では、東アジア共同体をめぐる理論的・実践的作業のいくつかの論点を再検討したいと思う。

今日の東アジアの政府が主導する（筆者が先述した）狭い意味での東アジア共同体をめぐる議論と実践には、経済統合が推進力として働くという共通点を見出すことができる。もうひとつの共通点は、たいていはアメリカとの関係を優先しながらも、そのような構造的制約の中で東アジアの相対的自律性を確保するため、多者主義を重んじる開かれた地域主義と重層的地域秩序を追い求めるということである。

こうした共通点は、東アジアが、冷戦期の分裂した地域から脱して、統合された地域を自ら作り上げていくことによって、平和と繁栄を成し遂げようとする努力の所産である。一九九〇年代に入って陣営間の対立が終息するにつれて、各陣営の内部結束が緩みつつある状況が、そのような方向性を容認し、求めているのである。

このような共通点の裏面には、地域共同体を推し進めるにあたって、各国がどんな役割を遂行するかをめぐる違いも確かに存在する。これは、政府レベルの地域統合が主導権の誘惑から自由でないがゆえに、避けられないことかもしれない。各政府としては地域利益と国家利益が衝突する場合、国家利益の観点を選ぶ可能性が高い。さらに東アジアでは国家同士の間に大きな国力の差があるため、その分、葛藤の余地はより多く、平和の可能性はより少なくなることもあり得る。

このような東アジア共同体の進行状況を指して姜来煕《カン・ネヒ》のように、「東アジアという視野が国家とエリートによって独占されている状況下では、東アジアに連帯（つまり、地域共同体――引用者）が立ち上がるとしても、解放よりは支配の効果を生む公算が高い[27]」と、中長期的に悲観的な展望を抱くこともあり得る。しかしこうした見解は、「ＡＳＥＡＮ＋３」国の東アジア協力体の推進が、たとえ典型的な勢力均衡の思考方式から生まれたとしても、世界秩序における強大国の支配を牽制しようとする趣旨から始まったものであることを無視している。筆者は、狭い意味での東アジア共同体が形成されるだけでも、

(25) 白楽晴、前掲書、『朝鮮半島風の統一、現在進行形』、二四四頁。
(26) 本書第四章、参照。
(27) 姜来煕「東アジアの地域的視野と平和の条件（동아시아의 지역적 시야와 평화의 조건）」『文化科学（문화과학）』、二〇〇七年冬号、九五頁。

中・短期的に東アジアで垂直的地域秩序が水平的地域秩序へと変わり、アメリカ覇権主義に亀裂をきたす効果を発揮すると予想している。この点は「新冷戦秩序」の到来であると現状診断する日本の保守派が、東アジア共同体のような「アジアの共生」や「地域の平和」を主唱する努力に対して、「日米同盟」から「日米分断」へと導く「工作」だと警戒し、「二一世紀型の新しい保守勢力の連携[28]」を唱えるところからも反証されるだろう。

もちろん姜来煕が強調するのは、国家とエリートによる東アジアではなく、下からの東アジア、すなわち「民衆的国際連帯」による東アジアである。朴露子《バク・ノジャ》も「急進的・階級的な解決展望」に力点を置いて、「下からの連帯」を提案する。筆者もまた、地域形成の行為者として、国家のみを念頭に置かず、多様な民間勢力も重んじながら、特に政府レベルの国際協力と市民社会レベルの国境横断的連帯という二つの層を、「民主的な責任」(accountability)を媒介としてつなぎ合わせることを主眼としてきた[29]。国家の役割を排除したまま、様々な領域で交流が積み重なることで共同体が形成されると信じる機能主義的発想や、国家は正しい役割が果たせないといって民衆連帯にだけ頼る原理主義的観点と距離を置くためである。

ここでは「民主的責任」を強調するに留まらず、共治(governance)という発想を取り入れて、真の意味での東アジア共同体を実現する道を探ることを提起したい。「共治」概念は、国家、市場、市民団体のような行為主体が、協力的なネットワークを構成し、共同の目標を成し遂げるためのパートナシップを形成する過程とその制度化を指している。それは、東アジア地域形成の行為主体に対して、より柔軟な思考を可能たらしめることが期待できる。

また、もう一つの論点は、真の意味での東アジア共同体の形成が、地球的規模の長期的時間帯の現段階である新自由主義の時代にどんな影響を及ぼすかである。この問いと関連して、東アジア共同体のような地域単位の構想そのものに対する懐疑的な見方も少なくない。国境のない世界を主張する新自由主義陣営はさて置いても、反新自由主義陣営や、脱民族主義陣営もこの点では意見を共にする方である。全般的には、前者が民衆主体を根拠に新自由主義を批判するとしたら、後者は民族・国民というコードに内蔵した権力のメカニズムを告発するに留まっている。柳在建《ユ・ジェゴン》は、彼らが世界体制変革の動力と主体を単純化していると批判する。その根拠は世界の地政学的な分裂に対する認識である。アメリカ・ヨーロッパ・東アジアという独自の動力を持つ三つの地政学的分裂を通じて統合的に作動する世界において、東アジアはまだ流動的な状態にあるが、「ある種の代案的共同体をうまく形成することになれば、世界体制変化の潜在力は想像以上に大きい」と彼は展望する。(30) 東アジアがこのような創造的役割を誠実に受け持つならば、この地域において垂直的地域秩序が水平的地域秩序に変わるだけでなく、従来の典型的な追い付き型、つまり独裁体制の開発主義パラダイムを乗り越える代案的パラダイムが可視化されるに違いない。

ところで、こうした議論が説得力を持つためには、先述したように東アジアを構成する国民国家間の統合と連動して、個別国家の内部改革が進まなければならない。統合過程に適応するために、個別国民国家の機能がそれぞれ革新されるべきはもちろんであるが、国民国家内部の多様な行為者たちの利害関係を整え、彼らの参加を保障する改革過程が順調に進めば進むほど、統合はその分より促進されるからである。

(28) 中西輝政「生命線は日米韓「保守派」の連携にあり」、『正論』、二〇〇七年五月号。
(29) 本書第四章を参照。
(30) 柳在建「歴史的実験としての六・一五時代（역사적 실험으로서의 6.15 시대）」、『創作と批評』、二〇〇六年春号、二八五頁。

このような国民国家内外における双方向的な作用過程の中で、地域統合が個別住民にとっていかなる意味を持つかを、日常生活で実感として悟ることとなる。一昨年（二〇〇六年）から韓国社会で大きな争点となっている韓米ＦＴＡ問題は、私たちに正しい地域統合とははたして何であるのかを考える機会を提供している。筆者は、アメリカとの包括的なＦＴＡ締結が、韓国社会にアメリカ式基準（すなわち、金融資本主義と市場万能主義を要諦とする新自由主義的グローバル化）を強要し、不均衡な圧縮成長をもたらす急激な統合であると考え、反対する側である。しかしだからといって、すべての経済統合に反対するのではなく、韓国社会の格差解消と同伴成長〔訳注：大企業と中小企業が共に成長すること〕に応じつつ、東アジア経済共同体の実現に役に立つ「韓国型開放発展のモデル」を代案とする立場を支持する。ただ、ここでの論旨と関連して強調したいことは、ＦＴＡを含めた経済統合の様々な類型と段階のなかで、朝鮮半島全体の視座から、その中・短期的効果と長期的展望を同時に考慮すべきだということである。それと共に、開放のレベルと社会政策のレベルが合致する方向へ、経済統合を推し進めることも大変重要である。その際、開放と制度改革による葛藤に対し、調整能力を発揮できる共治モデルの確立が必要である。もちろんこれは容易なことではない。私たちがイシューごとに時には闘争し、時には合意をなす事例を蓄積していくなかで、モデルを作っていくしか方法はないのではないだろうか。そして、その経験が東アジアの規模として広がると、域内共通の懸案事項である地域内格差と国家間の葛藤を解消し、グローバル化の弊害を最小化する地域レベルの共治モデルも可能となるだろう。[31]

こう考えてくると、各国で進んでいる改革過程の実像を、一つ一つ具体的に点検し相互比較することが求められるが、ここでは朝鮮半島での統一と連携した総体的改革過程で浮き彫りになった、新しい複合国家建設の問題を検討することに集中したいと思う。

4　分断された朝鮮半島における複合国家論

複合国家について本格的に取り上げる前に、国民国家の役割に対する筆者の見解をもう少し明確にしておきたい。近年韓国の論壇では、脱近代論の流行とともに国民国家に対する否定的な見方が勢いを増しているようである。こうした傾向に照らしてみると、女性運動の陣営から国家の役割について次のように積極的に発言したことは際立って見える。

市場が圧倒する新自由主義的秩序のなかで、そしてケアが全面的に破綻した状況下で、一部のフェミニストたちはケアすることの価値を見直し、国家に対する認識を新たにしている。国家を、一方的に権力行使を行う機構ではなく、様々な行為主体たちのネットワークとしてとらえながら、ケアに基づいた国家形成に参加する準備をするのである。(32)

国民国家の役割を決して単純に認めるはずのない、脱近代的指向の強い女性運動の方でもこのように柔軟な立場をとっているのは、共治概念を取り入れた理論的根拠と「社会秩序を変えるための普遍的な

(31)　FTAの様々な類型と段階に対する全般的な議論は、崔兌旭編『韓国型開放戦略――韓米FTAと代案的発展モデル（한국형 개방전략：한미 FTA와 대안적 발전모델）』（創批、二〇〇七年）を参照のこと。
(32)　趙韓惠貞ほか『家族から学校へ、学校から村へ（가족에서 학교로、학교에서 마을로）』（もう一つの文化、二〇〇六年）、三三頁。

力が発揮できる政策的接近」の効用を体得した実践的経験から出たものだと思われる。[33]

筆者もまた、単に国家無用論を唱えることから脱して、公的役割を遂行する伝統的国民国家の強みを生かしながら、一層民主化した国家構造の創設に取り組むべきだという立場である。近代の克服を真摯に追い求めるためにも近代に適応すべきだという問題意識の一つの事例として、筆者は「国民国家への適応と克服」という二重の性格を有した単一課題を遂行すべきだと一言で説明したことがある。[34]

筆者の構想は、四つの要素からなる。第一に、大国主義と小国主義の緊張という発想を堅持することによって、富国強兵を求める覇権主義つまり大国主義を解体すること。第二に、その構想を推し進める主体としての韓民族共同体の設定。第三に、志向としての複合国家論。第四に、これらは国家の存在様式と私たち自身の生活様式を変えていく過程であるため、文明言説に連結されるべきだということ。ここでは四つの特徴を結びつける結び目に当たる複合国家論についてもう少し深く考えてみよう。

複合国家（compound state）概念は、国民国家という形を取りつつそれを克服する二重課題を同時に遂行する私たちの実践過程において、具体化するはずであり、これをより精巧に整える作業がその実現を早めるだろう。

実は国家間の結合体である複合国家それ自体は、すでに世界史の中に連邦制と国家連合などの形で何度も登場している。しかし、それは近代的な国民国家間体制に衝撃を与えるほど意味あるものではなかった。一方で、河英善《ハ・ヨンソン》は、北朝鮮まで包容した「韓国型ネットワーク知識国家」を建てようと提案しながら、それを（脱近代的な）「知識基盤複合国家」と名づけた。しかし、これは近代の適応、特にグローバル資本主義の現段階における短期的な適応に過ぎず、中長期的な近代克服への志向はうかがえない。[35]

これとは違って、筆者と似たような問題意識から提起されたのが、朴明圭の「複合的政治共同体」の議論である。[36] 彼は国民国家内外の変化を通して「複合的政治共同体」が形成されると展望する。まず、内部の変化であるが、国民国家の結束原理である境界の固定性、権限の集中性および国民統合が揺らぎつつも、それとは異なる代案的な原理、つまり境界の柔軟性、権限の分散性および連帯の多層性によって、新しい結合がなされる。そうした変化は、一次的には、既存の国民国家が民主的で寛容な共同体へと変化するところから始まり、政治的民主化運動や市民勢力の活性化がその動力となる。そして、その過程が順調に進むためには、地域協力を通じて平和秩序が定着する、外部の変化も起こるべきである。

実はこの主張だけではいかにも原理論的な議論という印象を与えやすいが、これを「揺れる分断体制」によって南北の境界が柔軟になった朝鮮半島の現実に当てはめると、実感が増すであろう。このような南北交流が多方面へ広がり、連帯の多層性が成し遂げられ、二〇〇〇年六・一五宣言に規定された「低い段階の連邦制」または国家連合が実現されると、権限の分散性までもが現実化して、朝鮮半島での複合国家の姿がかなりあらわになるだろう。これが漸進的な統合過程、いいかえれば過程としての統一であるはずだが、六者会談の影響といった端的な事例もあるように、地域協力が活発になりその制度化が加速されるなど外部の変化が伴うことで、複合国家への進展は一層促進される。

もちろん複合国家へと進む過程は、南北の統合が単一の国民国家への統一ではなく、分断体制克服に

(33) 前掲書、四六頁。
(34) 拙著『東アジアの帰還（동아시아의 귀환）』（創作と批評社、二〇〇〇年）、三二―三六頁。
(35) 河英善「ネットワーク知識国家―狼蜘蛛の多宝塔築き（네트워크 지식국가：늑대거미의 다보탑 쌓기）」、河英善ほか編『ネットワーク知識国家（네트워크 지식국가）』（乙酉文化社、二〇〇八年）。
(36) 朴明圭、前掲論文。

当たる統一、すなわち南北民衆の生活イニシアティブが極大化する統一を追い求める、中期的課題を遂行する道である。そしてそれに至る間、朝鮮半島において進行する「南北の漸進的統合過程と連携した総体的改革」の一環である、南側の改革を実践することが短期的な核心課題となる。

短期的課題としての内部改革が、ただ政策レベルで施されるだけで日常生活に根付かなかったとしたら持続的な推進は望めない。日常生活の惰性から脱すると同時に、日常生活に戻ってその現場で根を下ろす緊張を持ち続ける運動のみが、持続的な活力を得られるものなのだ。教育・環境・女性・人権・平和・教育など、様々な領域での民間運動はすでに韓国社会の底辺で着実に成果を重ね積んでいる(37)。

このように日常的実践でありながらグローバルな普遍性を持ち合わせた日常生活の改革が、公共の争点と結び合わされることによって国家改革にまでつながることになる。分断された朝鮮半島での複合国家の形成に寄与し、さらに共生社会としての東アジア共同体建設を促進し、アメリカ覇権主義に亀裂をきたすことで、アメリカン・スタンダードを乗り越える空間を確保できるとすれば、資本主義世界体制から離脱はできないものの、それを長期的に変革させる触媒となるはずである。そうしてはじめて、民衆的でありながら世界史的な普遍性を獲得する可能性が開かれる。

最後に、このような多層的時空間の課題を同時に思惟しながら、一貫した実践へと結びつける作業に推進力を与える朝鮮半島の複合国家と東アジア、そして世界史の相互連関について少しまとめてみたい。国家間の結合体である複合国家そのものは珍しくはないが、朝鮮半島で試みられている複合国家が、そのいかなる範疇にも属さない新しいものであることは、これまでの議論で、ある程度明らかになったと思う。ここでは二つの断想を付け加えよう。

一つは、複合国家へと向かう過程が、東アジア共同体建設に大きな波及効果をもたらすという点である。韓国は南北和解を自主的に主導して「朝鮮半島に新しい可能性を創造しただけでなく、同時に東北アジアにおける国際政治の生態をも改革している」という隣国のメディアの評価にもあるように[38]、東アジアにおける平和の連動構造が作動するにあたって、朝鮮半島の役割が大変重要なのは言うまでもない。ただし、複合国家という枠組みの持つ重要性は、特に注目される価値がある。その枠組みの中に北朝鮮を呼び入れて、体制安全を保証しつつ、「南北の漸進的な統合過程と連携した総体的改革」に北側を参加させ、変革を導き出すことで、東アジア共同体を推し進める際に常に「喉元の骨」であった北朝鮮（および朝鮮半島）問題を解決する手掛かりとなるからである。これは台湾と中国大陸のいわゆる両岸問題や、沖縄問題を含め日本（の国民国家論）の抱えている様々な難題を解決するに有用な参照項にもなるだろう。

もう一つは、東アジア共同体が「開かれた地域主義」を志向するとよく言われるが、その意味を「二重の周辺の視座」で見直そうということである。「開かれた地域主義」は東アジア内外で作動する中心－周辺関係の限りない抑圧移譲に挑戦し抵抗するものであるべきだ。まさにこの地点において、近代克服と脱植民[39]の問題意識が結合する。

（37）　韓国社会で展開される様々な領域の市民運動の活動のなかで、地域連帯レベルの成果と限界に対する量的・質的評価は、瑞南フォーラム編、前掲書を参照のこと。
（38）　「兩韓能、兩岸爲何不能？」」、『亞洲週刊』、二〇〇七年一〇月一四日。似たような論調としては、南方朔「中国－台湾と韓国、平和の連動構造（중국 - 타이완과 한국, 평화의 연동구조）」、『創作と批評』、二〇〇五年秋号を参照。
（39）　陳光興はファノン（F. Fanon）の「植民」概念を、すべての構造的支配権力関係にまで拡大し、それの変革をすべて脱植民（去殖民）の目標と見なすが、その際に「脱植民は永遠なる過程」になると述べる。陳光興『帝国の眼（제국의 눈）』（創批、二〇〇三年）、一七八頁。日本語は、陳光興／丸川哲史訳『脱帝国——方法としてのアジア』（以文社、二〇一一年）。

よく「開かれた地域主義」は、東アジアの外部に対して排他的でないという意味で使われるが、問題は周辺としての東アジアにおいて、中心のアメリカをどう位置付けるかである。アメリカの反発で地域共同体の進展が脅かされないよう、アメリカの利益を適切に満たしながら、いかにその影響力を制限するか議論が必要である。それとともに「開かれた地域主義」が、東アジア内部の構成員の間に存在する中心－周辺関係の廃止を意味しなければならない。東アジア共同体が地域内の一部の富裕国によるクラブにならないよう、北朝鮮や「国家と非国家の中間」に位置した台湾のような周辺的存在を包容する装置が求められる。このような二重の意味での開かれた地域主義を遂行してこそ、東アジア共同体が巨大な怪物となる危険から脱すると共に、東アジア外部の他の周辺的地域と連帯して、世界史の変革を主導することができる。

朝鮮半島の南北が複合国家建設を通じてこのような歴史の流れに参与するのと同じように、東アジアの各々が自分なりに国家改革と連動した東アジア共同体建設の道に、より活発に参加することを期待したい。

第四章 平和に対する想像力の条件と限界——東アジア共同体論の省察

1 東アジア的文脈における平和とは

東アジアにおける交流活動に参加したことのある人であれば誰もが、相互のコミュニケーションを阻害する要素として、言語問題を挙げるだろう。しかしこの問題は単純に通訳という技術的な次元で解決されるものではない。言語に表現された内容の社会的文脈に対する理解が何よりも重要だからである。これが東アジア相互理解の第一歩であり、ここから「認識共同体」として互いに近づく道が開かれるはずだ。

最近私が経験した例を一つ挙げてみることにする。韓国の季刊誌『創作と批評』が二〇〇六年に創刊四〇周年を迎え、六月九—一〇日にかけて、ソウルで国際シンポジウム「東アジアの連帯と雑誌の役割——批判的雑誌編集人会議」を開いた。中国、台湾、日本、韓国のあわせて一三の雑誌、一六人の編集責任者たちが主題発表と討論に参加した今回の行事は、各界専門家と読者たちの真摯な関心のもとで進められた。ところで、主催者側が会議参加者たちに発表文を準備するにあたって考慮してほしいと頼んだ事項があった。それは東アジアの各社会における「進歩」の意味について言及してほしいというものだった。ところが、いざ会議を開いてみると、これに対する参加者たちの理解の仕方がそれぞれ違っており、行事を準備してきた側は戸惑ってしまった。韓国のいわゆる進歩的陣営は、二〇〇六年の初頭から「進歩の再構成」について熱い論争を展開してきた。ここでいう進歩とは「保守」の反意語である。ところが韓国の外部から来た一部の参加者たちは、進歩を単純に「発展」のような意味、すなわち後進・低開発の反意語として理解したのだ。

韓国における「進歩」の用法を正確に理解するためには、その用語が使われる文脈を慎重に理解する必要がある。一九八七年の民主化運動の勝利以後ほぼ二十年が経とうとする今日（二〇〇六年）、韓国内では八七年以後の民主化が国民生活の質の改善と幸福にいかに寄与したのかについて、深刻な疑いを持つ風潮が生まれた。こうした現象は、盧武鉉政権が期待したほど改革を推進できていないがために、民主主義の危機が生じているという進歩陣営の危機意識から発生したものである。そのため「危機」に瀕した民主主義の意味を再確認し、進歩を再構成しようとする活動が、今の進歩陣営内部で論争のかたちで活発に行われた。このような状況のなかで『創作と批評』は、海外の批判的知識人たちにも進歩の意味について問いかけたかったわけである。

進歩という言葉と同様に「平和」という言葉も、東アジアにおいて互いに異なった文脈で使われている。中国大陸で「和平屈起」という言葉で志向される国際秩序における平和、日本で「平和憲法」を改正しようとする勢力が追い求める「普通の国」日本の平和、そして分断された朝鮮半島の南側（大韓民国）の一部の進歩勢力間で論じられている、「平和国家」が志向する平和は、それぞれ同じではない。

したがって、それぞれがどのような意味を持つのか、またそれらが私たちの希求する東アジアの平和にどの程度寄与するのかをきちんと考えるためには、平和という言葉が使われる社会的文脈を理解する作業が必須となる。

平和を研究し実践する人々は、平和が地上において獲得可能であり望ましいものであるという認識に基づいて、平和の欠如した現実を変革しようとする考えを持っている。したがって、戦争の不在というような消極的な定義を越えて、軍事主義、貧困、環境破壊、家父長制などによって引き起こされるすべての構造的抑圧を取り除くことをもって平和を規定しようとする傾向が強い。見方によっては、平和の窮極的実現とは大同（あるいはユートピア）の到来と見なされるものである。その結果、平和運動も、労動、環境、女性運動などと結びついた包括的次元の運動として発展して行くようである。このような流れは、原理主義的発想が多くの場合そうであるように、日常生活の中で鈍くなっている平和に対する感受性を蘇らせるには非常に効果的だが、世界史的な関連性を看過すると同時に、一般大衆の欲求を度外視しやすい。したがって私は、平和に対する原理主義的観点から脱して、さしあたり東アジア的文脈において、獲得可能で望ましい平和とはどのようなものなのかを議論してみようと思う。

東アジアの和解と平和に至る道筋として、最近関心を集めているのは東アジア共同体である。東アジア共同体に関する議論の中には、それをまるで東アジアのユートピアとして想像する傾向もなくはないが、ここでは特定の歴史的条件であらわれた社会現象として把握したい。そこで本章では、一九九七年ASEAN＋3（韓中日）体制が出帆してから以降、特に二〇〇一年ASEAN＋3の首脳会議において「平和・繁栄・発展」を求める「東アジア共同体」（East Asia Community; EAC）ビジョンが採択されたのと前後して、急速に浮上してきた多様な東アジア共同体言説の現段階を、平和の観点から点検することに重点を置くこととする。

東アジア共同体が、それを追い求める人々の期待通りに平和共同体として実現されるためには、この地域を構成する国民国家の外でなされる国家間の統合過程と、国民国家の内における個々の構成員の参加を、双方向的に極大化する方向で内部改革過程が推進されなければならない。私はまさにこの双方向性を基準として、いくつかに分岐する東アジア共同体の議論を検討したい。この作業を通して、分裂と葛藤の東アジアの現実から、平和のための想像力が新しく汲み上げられることを期待する。

2　中国の和平屈起と東アジア共同体

二〇世紀初頭に中国も（東）アジアに深い関心を持ったことがあったが、その後はアジアに関する議論がほとんどなされなかったと言えよう。そこで一九九九年に私は、「中国に〈アジア〉はあるのか？」という問いを、中国と韓国の論壇に投げかけたことがある。[1] このような挑発的な問題提起をした理由は、中国人には周辺の（東）アジア国家と社会に対する水平的な関心が欠けているのではないかと思ったからだ。特に中国人読者を念頭に置いたこの文章では、彼らの中国中心主義ないしは大国主義の傾向を指摘しながら、そこから脱するための道の一つとして、（東）アジアという周辺地域に関心を持つことを提案した。

あれから七年が過ぎた今、これまでの私の論旨に対する直接的な反応も含め、中国論壇において東アジアについての議論が少しずつ始められ、今では「東アジア共同体」という（中国語では）馴染みのない用語を正面から取り上げるほど活発な議論が行われている。

中国大陸でのこのような変化に接すると、七年前中国の小説家である韓少功が私の先の論文に言及した論評が思い起こされる。彼は中国人にアジア意識が比較的欠けているという私の論旨に同意しながらも、逆に「もし中国人にアジア主義が芽生えたら、このアジア意識がまたどんな様相をあらわすかを考えたことがあるか」と問い返したのである。彼は「やがて中国にもアジア意識が生じるであろう」と見通しながら、そうした現象が「一種の覇権形式を帯びることにならないか深刻に考える必要がある」と注意を促していた。(2)

当時彼の指摘を聞いて、芸術家らしい鋭い洞察だと思った。しかし、はたして今中国で活発に起きている東アジア共同体論に、彼の判断がそのまま当てはまるだろうか。この問いに答えるためには、現在進行中の議論を検討してみなければならない。幸い日本の『世界』二〇〇六年一月号に載せられた論考の中で、朱建栄が中国の東アジア共同体論の現状をうまくまとめているので、そこから議論を始めることにする。

朱によれば、中国の地域共同体構想の内容は、第一に「東アジア共同体に向かうプロセスはまず経済分野をベースに推進されるべきだとの発想」、第二に「未来の地域共同体に向けて、多元重層的に推進されるべきとの構想」、そして第三に「地域共同体の推進に当たり、中国自身がリーダーシップを取ら

（1） 白永瑞「世紀之交再思東亜」、『読書』、一九九九年八月号、「在中國有亞洲嗎?：韓國人的視覺」、『東方文化』（二〇〇〇年四期）、「中国に〈アジア〉はあるのか——韓国人の視角（중국에「아시아」가 있는가：한국인의 시각）」（一九九九年）、『東アジアの帰還（동아시아의 귀환）』（創作と批評社、二〇〇〇年）に再録。日本語訳は、孫歌、白永瑞、陳光興共編『ポスト〈東アジア〉』（作品社、二〇〇六年）に収録されている。

（2） 韓少功の討論文、鄭文吉、崔元植、白永瑞、全炯俊共編『発見としての東アジア（발견으로서의 동아시아）』（文学と知性社、二〇〇〇年）、四〇〇—四〇一頁。

ず、また域外大国に対して開放的であるべきとの主張」に要約される[3]。

第一の構想は、新自由主義的グローバル化に対する地域主義的な共同対応の方針として、私たちが容易に理解できる内容であるが、これは中国政府が現在推進中の二国間および多国間の自由貿易地帯（FTA）などの経済統合に特に力を注いでいることと関係している。次に、第二の構想でいう多元重層性とは、東北アジア地域では日米同盟、韓米同盟という二国間同盟と並行して、米日中韓四ヶ国による安保対話のメカニズムを構築し、現行の六者協議の構造を発展させていく重層的接近の導入を指している。このような重層的努力をすることが、東南アジアなどの地域でも積み重ねられ、東アジア「共同の家」を作る共通目標にさらに近付くものと予想される。第三の構想は、アメリカに対する態度と中日関係に関することである。アメリカに対して中国が「開放的」姿勢を取るという方針は、あくまでアメリカとの対抗を避けるということだけであって、東アジア共同体の推進にアメリカをどのように位置付けるかは明確に説明されていない。おそらくアメリカを共同体の正式メンバーに入れはしないにしても、共同体の重要な協力相手、パートナーないしオブザーバーとして考えているのではないかと彼は推測する。

以上のように整理された中国の東アジア共同体構想は、非常に機能主義的で実用主義的立場から出てきたように見える。ここで本章の関心事である平和の観点から見れば、その議論は国家の戦略的選択から出たものであり、そこで言う「平和」とは中国の持続的な経済発展のための周辺地域の安定という意味である。言い換えれば、基本的に中国が自国の国力拡大に見合った地位と影響力を確保し、また強大国として相応しい扱いを受けるために、国際社会に対してより協力的で平和志向的な態度を取るべきだという戦略である。これがまさに中国指導部が打ち出した「和平屈起」（二〇〇四年四月からは「和平発展」に用語が変わる）というスローガンに込められた戦略の核心でもある。

しかしながら中国は、自国の浮上によって自負心を確認しようとする意図で、攻勢的な民族主義を拡大しており、平和を全面に打ち立てた外交戦略の裏にある新しい民族主義が、周辺国との軋轢を助長しているという事実を見逃すことはできない。

だとすれば、中国の「共同体」構想は、自国内部の改革にどのような影響を及ぼすのだろうか。これに対する議論を探すことは非常に困難である。東アジアの経済統合という「外力」を借りて国内改革の促進を期待するとか[4]、「効率、公平、自由、民主の国家体制」を作る一方で儒教文化に基づいた政治制度、すなわち「一種の非西洋式中国民主政治[5]」を期待するなど、原則論的次元の断片的な言及が時折目に付くだけである[6]。中国が民主主義ではない「大一統」の歴史記憶を復活させ、権力の正当性を求めて民族主義を発展の動力にする近代化モデルに没頭するあまり、東アジアの平和に寄与する国家発展戦略を立て、内部改革を強化できないとすれば、近隣諸国が中国を脅威として受け入れる可能性は常に潜在している[7]。これに関連して、去る二〇〇六年一一月一三日から二四日まで、北京の中央テレビ（CCT

(3)　朱建栄「中国はどのような「東アジア共同体」を目指すか」、『世界』、二〇〇六年一月号、一五八―一六〇頁。
(4)　馮昭奎「建設東亞共同體的十大關鍵要素」、『外交評論』(二〇〇五年八期)：一五頁。
(5)　丁磊「『東亞共同體』與『東亞中國主義』」、『山東社會科學』(二〇〇六年第四期)：一三九頁。
(6)　本章の論旨とは直接関連しないので論じなかったが、中国大陸では以下のような人文学者たちが中国大陸においてアジアを述べることの難しさを吐露しつつも、アジア論の思想的可能性を打診する作業をおこなっている。賀照田『當代中國的知識感覺與觀念感覺』(桂林：廣西師範大學出版社、二〇〇六年)、孫歌『亞細亞意味著什麽』(臺北：巨流、二〇〇一年)、汪暉「亞洲想像的系譜」、『現代中國思想的興起』下巻第二部(北京：三聯書店、二〇〇四年)を参照のこと。これらを台湾の陳光興『去帝國：亞洲作爲方法』(臺北：行人出版社、二〇〇六年(日本語訳は、陳光興／丸川哲史訳『脱帝国――方法としてのアジア』(以文社、二〇一一年))と比較してみることを薦めたい。
(7)　私は、中国が少なくとも地域的強大国になることができるとしても、新版中華帝国への復活がすぐに可能にはならないと判

V）で放映され、大きな反響を呼びおこした十二部作のドキュメンタリー「大国崛起」の内容と、それに対する中国内外の反応が目を引く（『亜洲週刊』、二〇〇六年一二月一〇日特集「中國探索大國崛起」参照）。このドキュメンタリーが提示した「大国」の秘訣にふさわしい国民的資質とソフトパワーを備えた中国が、この先制度改革にまでこぎつけるのかどうか見守る必要がある。

3 「普通の国」日本と東アジア共同体論

いち早くアジアに注目して多様なアジア論を作り上げ、二〇世紀中盤には「大東亜共栄圏」まで樹立した日本であったが、敗戦後の彼らにとって東アジアは「失われた」地域という概念であった。その理由は、「戦後過程においてアジアへの、ことに東アジアへの視点をもつことをみずから抑制したというよりは、アジア問題への国家的判断を停止したまま過ごしてきた」からである。このような判断停止状態は、第二次大戦終結直後から形成された冷戦の影響により、戦前東アジアの隣国を侵略することで作りあげた「東洋」（ないし「東亜」）概念という遺産を清算する機会を持たないまま過ごしてきたことによる。その結果、「東アジアに対して日本がとりうる国家的視点は、アメリカの戦略的視点に追随するものでしかなかった」(8)。

しかし日本が経済復興に伴い再び豊かになるにつれ、「大東亜」の一部だった南方を「東南アジア」と呼び直すことで、それを主要な部分とした新しい「アジア」概念が復活した。その後一九九〇年代に入ると、「アジア」は日本における重要な言説のひとつとして浮上した。多種多様な東アジア論が多くの分野で語られたが、東アジア共同体について直接言及したものに限定すれば、まず日本政府のＡＳＥ

AN＋3体制に対応した政策構想がある。

これは中国の東アジア共同体政策と同様に、概して経済協力を推進力とする。そして漸進的で機能的な協力強化により、東アジア共同体の基盤を強固にしながら、域外協力パートナーであるインド・オーストラリア・ニュージーランド・アメリカなどを含める必要性を強調する。政府構想の核心は、前外務省高官である田中均の議論に集約されているので、その内容を検討することで充分であろう。[9] すなわち貿易や投資、金融をはじめ、エネルギー、環境保存および対テロ対策のような、非伝統的な安保保障関連分野における機能的協力を軸とした機能共同体を志向しつつ、さらに一歩進んだ価値共同体である東アジア共同体を構築していくことを提案している。また東アジア共同体を開かれた地域主義として把握する。彼の構想が中国のものと特に異なる点は、共同体への参加範囲だ。彼はインド、オーストラリア、ニュージーランドを含めようと言う。この方針は現在日本の政策でもあるが、中国にとってはこれが中国の影響力を牽制するためのもの、ひいては構成枠を大幅に拡大した後にアメリカの正式加盟の道を開いていくための措置と映る可能性がある。[10][11]

断する。にもかかわらず、帝国復活論や中国脅威論が台頭する理由は何であろうか。これと関連して、私は、中国がはたして周りに脅迫的なほど強大国であるかないかについて、現在の実体に対する究明と歴史的・文化的記憶における大国イメージの存在を一旦区別しなければならないと考えている。これについては、前掲『ポスト〈東アジア〉』、一八―一九頁を参照のこと。

（8） 子安宣邦「昭和日本「東亜」概念」、『「アジア」はどう語られてきたか――近代日本のオリエンタリズム』（藤原書店、二〇〇三年）、一〇一頁。

（9） 田中均「東アジアの未来に向けて」、翰林大日本学研究所主催「韓日国交正常化四〇周年記念国際シンポジウム」、ソウル・二〇〇五年一一月五日発表文。

（10） 朱建栄、前掲論文、一六一頁。

（11） 二〇〇二年カンボジアで開かれたASEAN＋3会議でその協力事業のひとつとして、東アジア首脳会談（EAS）を組織こうした機能的で現実主義的な構想は、アジアに注視する外務省の官僚たちと経済界の一部で共感を得た。彼らの関心の中心は、谷口誠・元国連大使の著書によくまとめられている。谷口は、グローバリゼーションが加速する二一世紀の世界でＮＡＦＴＡ、ＥＵ、アジアの三極構造が出現するだろうから、日本は長期にわたる不況から抜け出すためにも、まず東アジア経済共同体を作り、次に東アジア共同体を形成した後、「アジア共同体」にまで発展させるよう積極的に働きかけなければならないと力説する。そのためには、中日間の信頼関係構築がキーポイントになるが、現在の日本政府は対米配慮にこだわり、中国と摩擦を起こして機会を逸していると、谷口は批判する。[12] このような政策立案レベルにおける東アジア共同体構想は、官民の知的協力を推進する「東アジア共同体評議会（ＣＥＡＣ：二〇〇四年五月設立）」のような機関によって、今後ますます集約的に提出されるのではないかと予想されている。[13]

他方で、このような流れとは出発点の異なる議論も、市民社会において様々なかたちで提起されている。こうした現象は中国とは異なるものだが、そのなかで和田春樹の「東北アジア共同の家」構想は注目に値する。[14] ＡＳＥＡＮ＋３に先立って、彼が提案した「東北アジア共同の家」は、北朝鮮の核危機などの安全保障上の危機の克服、緊急事態に備えた相互援助体制の整備、共同の環境保護、ＦＴＡなどの経済共同体の形成、国家間の文化交流などを骨格とした窮極的な政治安保共同体に発展させることを構想する。一見前述した田中均の機能的で現実主義的な構想と似てはいるが、自ら「改革的ユートピア主義」と名付けたことにもあらわれているように、東アジアの和解と平和を実現しようとする強い意志が込められた理想主義である。特に自らの構想を実現する中枢的役割を、韓国と東北アジア各地域に住んでいるコリアンに期待することは、韓国の民主化運動との連帯活動体験から出た独特の主張であるがゆえに、彼の理想主義は「実践的理想主義」だと言えるだろう。

和田春樹と同じく、朝鮮半島の役割を軸に「東北アジア共同の家」を設計した人物に、姜尚中がいる。(15)彼は二一世紀の日本のためには、日米安保の双務的な二国間安全保障システムを基軸にしながらも、アジアの多極的な安全保障システムを作ることが必要で、これにより米中覇権競争に対してどちらにも偏らない仲裁的役割を演じることができるが、その鍵は朝鮮半島に対する政策如何によると考える。では、なぜ朝鮮半島なのか。彼は朝鮮半島が東北アジアにおいて現実的に最も不安定な要因を抱えているがゆえに、朝鮮半島南北の和解、平和共存と統一が東北アジア共同の家の核心になると考える。そのために日本が朝鮮半島ですべきことは、「韓国に対する一種の太陽政策」を行って、朝鮮半島の永世中立化を推進することだ。

姜尚中と和田春樹は共に「東アジア」ではなく「東北アジア」、そして「共同体」ではなく「共同の家」という概念を使ったことに注目しなければならない。両者は経済問題より安保問題をより重視するため、朝鮮半島と密接な東北アジアを軸に地域協力体を構想するようになったものと思われる。その結

することに決定した。それによって二〇〇五年一一月ASEAN＋3会議と併行して、第一回東アジア首脳会談が開かれた。その構成員にインド、オーストラリア、ニュージーランドが追加された。

(12) 谷口誠『東アジア共同体——経済統合の行方と日本』（岩波新書、二〇〇四年）。二〇〇六年九月二一—二二日に日本と上海で開かれた「第二回世界中国学論壇」に参加した彼は、東アジア首脳会議（EAS）にインドやオーストラリアを初参加させ、共同体のインテグリティーを損なわせた日本政府の政策を批判した。

(13) この機構の立場は、東アジア共同体評議会編『東アジア共同体白書二〇一〇』（たちばな出版、二〇一〇年）にまとめられている。

(14) 和田春樹『東北アジア共同の家——新地域主義宣言』（平凡社、二〇〇三年）。

(15) 姜尚中『東北アジア共同の家をめざして』（平凡社、二〇〇一年）。

果、東北アジア諸国連合のような東北アジア地域の協力関係の構築と共に、東アジア共同体を形成して行かなければならないと考えるのである。そしてこの地域にアメリカとロシアも参加することで、間接的に東アジア共同体は域外に開かれた地域統合として進み、これによって米中の戦略的なパートナシップは、より一層拡大していくと展望する。特に姜尚中は、現在の日本のような、日米同盟かそれとも東アジア共同体かといった二者択一的な選択は事実上意味をなさなくなり、日米に軸足を置きながらもう一つの軸足を東アジアに移すような、より多元的な外交・安全保障の戦略を提案している。(16)

日本を彼の期待する方向に進ませるためには、日本において内部改革が進行しなければならない。姜尚中は和田春樹と異なり、「東北アジア共同の家」構想を日本社会の改革と結びつける方策を模索したという点で注目される。すなわち、日本が南北朝鮮の共存体制樹立に積極的な役割を遂行しながら発言権を強化するためには、日本の国内改革が断行されなければならないと主張する。そして、その重要な役割を日本の円が果たす可能性を示唆する。彼は円がアジアで信頼を得て国際通貨のようになるためには、特に日本の経済構造が改革されなければならないし、アジア経済を活性化させる日本経済の構造改革は、短期的にはその打撃を直接受ける零細企業や農業部門（およびこれを基盤とする自民党「保守派」）の反発を呼ぶが、長期的にはアジアからの恩恵が得られ、それに力を得て国内改革も促進されると循環論的に見通す。

しかし彼は「共同の家」の推進と内部改革の結合を説明する際、日本が得る「恩恵」を持ち出して説得しようとしたが為に、内部改革の方向を徹底的に提示することができなかった感がある。これに比べて森島通夫は、日本と韓国の経済力と技術を利用して中国と北朝鮮の奥地を開発することに重点を置いた構想ではあるが、東アジア共同体の結成が日本を改革（innovate）するという点をより一層積極的に主張した。(17)

これに関連して、坂本義和が、東アジアの緊張緩和と軍縮、または東アジア「不戦共同体」（security

community）の形成などを一歩でも進める具体的な対抗政策を提示しなければならないと強調しつつ、改憲論に立脚した日本の改革課題を提案したことに注目したい[18]。彼は日本国憲法に基づいた平和主義が抱えるジレンマ、または二重基準――平和憲法と自衛隊・日米安保条約の併存、反核と核の傘の併存――を正面から扱わなければならないと見る。保守勢力が今までのこの二重基準の総決算として、「普通の国」への回帰と（平和条項である第九条を変える）「改憲」を打ち出しているのに対し、進歩勢力は「護憲」という名前の現状維持にこだわっているのではないかと鋭く指摘する。したがって問題は、憲法そのものでなく、憲法の「二重基準を克服し、ギャップを埋めるために現実をどう変えるのかについての構想が、積極的・具体的に提示されないままで「護憲」が主張されること[19]」にある。したがって、憲法自体ではなく戦後の原点に立って民意の自己決定を実現するために、政治、外交、経済、社会、教育の様相を一歩一歩変革して行かなくてはならないと主張する。

以上のような根源的な内部改革が進行することなく、日本の多元的戦略さえ挫折する場合、冷戦が崩壊したにもかかわらず、東アジア地域では日米の二国間同盟が中国などと互いに対峙する新しい冷戦時代に突入する可能性が高い。そうすると日本はアメリカを支持するジュニア・パートナーとして、集団的自衛権による武力行使も厭わない「普通の国」に変貌していくしかない。この状態では、東アジア人に向けた日本の平和に対する訴えが説得力を持たないことはあまりにも明確である。

（16）　姜尚中「日本のアジア化が問われている」、『世界』、二〇〇六年一月号、一二七―一二八頁。
（17）　森島通夫『日本にできることは何か――東アジア共同体を提案する』（岩波書店、二〇〇一年）。
（18）　坂本義和「憲法をめぐる二重基準を超えて」、『世界』編集部編『戦後六〇年を問い直す』（岩波書店、二〇〇五年、二一一頁）。
（19）　同書、二一四頁。強調原文。

4 「東北アジア時代」韓国の平和への道

韓国では二〇世紀初頭、東アジアに対して高い関心があった。しかし日本の植民地支配を経て冷戦陣営への編入により分断され、健全な国民国家樹立もできない条件では、この地域を独自に想像するということが事実上不可能だった。そして一九九〇年代初頭、脱冷戦の状況で東アジアが再発見されることになる。初期には主に人文学者たちが議論を主導し、知識人レベルで様々な東アジア論が流行したが、盧武鉉政権が出帆し四大国政課題の一つとして二一世紀「平和と繁栄の東北アジア時代」という新構想を掲げることで、それに対する関心が社会科学者たちを含んだ多様な領域に拡大した。

盧武鉉政権の地域構想[20]は、南北朝鮮の関係を含んだ朝鮮問題解決のための戦略であると同時に、周辺国による東北アジア統合の動きに対する対応戦略である。はじめは日中政府側の構想と同じく、経済に始まり「繁栄の共同体」を実現した後、「平和の共同体」を作り上げるというビジョンを提示したが、次第に経済中心の発想から脱して、平和が繁栄を保障し繁栄がまた平和を新たにつくり出すという循環構造を強調するようになる。それを実現するための方法として、自主国防と韓米同盟および東北アジアの多者主義を重視する。

この構想の特徴としてまず検討すべきは地域の範囲である。盧武鉉政権は東アジアではない東北アジアという概念を好んで選ぶ（大統領直属の諮問機関の名称が「東北アジア時代委員会」である）。おそらく東南アジアがすでにASEANを中心に地域統合のイニシアティブを獲得した状況にあり、地域範囲を東アジアに広げた場合、韓国の役割が制限されると憂慮すると同時に、安保共同体としての地域統合を重視するがために、東南アジアを含むことにあまりメリットがないと予想した可能性が高い。しかしこれは構想の限界と言わざるを得ない。韓国が提起した戦略として、韓国の主導的役割を高め、周辺国の協力を引き出して強大国である中日間の競争を調整する平和の仲介者ないしは促進者の役割をはたすことが重要であるにもかかわらず、東北アジアに地域を制限することで自らの有利な状況に目を閉ざす結果をもたらしている。

これと共に東北アジア統合の方法として、自主国防すなわち軍事的自主が強調されているが、国力の構成要素である軍事力に対する極端な強調は、地域平和の構築というビジョンと衝突しやすい。韓国政府が「東北アジア時代」構想を国家的課題として提起した背景に、中堅国家としての現実的国力と道徳的優位への自負心があるとすれば、むしろ東アジアの人権と民主主義増進のためのプロジェクトを提示する方がより効果的な方法ではないかと思う。もちろん日本の「普通の国」論と中国の「和平発展論」、そして北朝鮮の「先軍主義」や「強性大国論」に対する対応策が現実的には不可避だとも弁明しうるが、東アジアの平和構築の障害になりやすく、内部改革にも逆効果となり得る。

この点では、最近韓国の市民団体・参与連帯平和軍縮センター（二〇〇三年三月設立）が提起し話題となった、「平和国家」構想の意義が際立ってみえる。[21] 現行の韓国憲法がすでに侵略戦争放棄と専守防衛型の平和主義原理を盛り込んでいるために、韓国が既存の安保国家から平和国家へとナショナル・アイデンティティを変えなければならないという議題設定は、それほど新しくは映らないかもしれない。しかし構想の核心が、韓米同盟の再調整期である現在、北朝鮮に対する軍事力優位を占める韓国が先導的

（20）朴明林「盧武鉉の「東北アジア」構想研究（노무현의 「동북아」 구상 연구）」、『歴史批評（역사비평）』、二〇〇六年秋号。
（21）参与連帯平和軍縮センター発足三周年記念シンポジウム、二〇〇六年八月一〇日、発表文。

に軍縮を行う点にあるだけに、果敢な問題提起だと言える。総じて軍縮を東北アジアの平和の定着や、南北朝鮮相互の信頼構築の「結果」であると考えることに慣れていたからである。

「平和国家」という発想から、自主国防と安保概念についてより根本的な問題を提起し、絶えず安保脅威を再生産するしかない南北朝鮮の支配的な議論に対して平和実現のために対抗的論陣を形成しようとしたことは、二一世紀の朝鮮半島に向けた斬新な試みである。なおかつその構想は、朝鮮半島にとどまらず半島問題が東アジア地域問題であることを浮き彫りにしつつ、分断体制を克服した東北アジア平和体制を構築する道を模索している。具体的には（去年韓国が主導して包括的協議案を引き出した）第四回六者協議の九・一九共同声明で示されたように、朝鮮半島の平和体制と東北アジアの多国間安保協力を連携する方式を重視するものだ。また、これを窮極的に裏付ける東北アジア市民社会の形成に韓国が触媒的役割を果たすとも設定している。このように平和国家は、東アジアに向けた意志疎通の可能性を開くビジョンであるといえるだろう。

しかしながら、この構想が、根本的な課題に対する注意喚起に止まらず、具体的な政策を生み出して行こうとするならば、容易でない問題に直面する。特に構想の要点である韓国の先行軍縮論についていえば、その適正水準に対する韓国内の合意を得ることも、また韓米同盟の枠組みの中で調整することも、決して容易でないことは誰もが予想できる。この問題は韓国がまず「平和国家」になり、南北朝鮮の相互作用を通して北朝鮮もまた平和国家に転換するという段階設定により生じたものだと言える。平和体制が分断の永久化に帰結することのないよう、統一の展望のなかで平和の制度化を追求するべきであろう。

この問題と関連して、二〇〇一年六月一五日の南北首脳会談で発表された六・一五宣言で合意されたとおり、南北が持続的な和解と交流を蓄積して「国家連合あるいは低い段階の連邦」に到達すること、すなわち「南と北が共に（平和国家というよりは）「平和的安保国家」に転換することが最善の実現可能な道」と主張した見解が説得力を持って聞こえる。[22]この道を辿れば「現在進行中の」南北の漸進的な統合過程が、東北アジアの緊張を緩和し平和と統合にも寄与し、周辺諸国を平和的な安保国家へと転換させるのにも役立つ。したがって、韓国だけの平和国家作りよりもさらに信頼しうる方案になるだろう。[23]

しかし政府の政策構想はもちろん市民社会の議論でも、東アジア共同体と韓国内部の改革がどのように互いに連動するかについて説得力をもって明らかにした議論は今のところまだ少ない。[24]朝鮮半島で進行する「南北の漸進的統合過程と連携した総体的改革」の必要性を強調し、その総体的改革運動が東アジアの平和構築に核心的意味を持つという観点からの詳細な議論はまさに始まったばかりである。[25]たと

(22) 柳在建「南韓の「平和国家」作りは実現可能な議題か（남한의「평화국가」만들기는 실현 가능한 의제인가）」、『創批週刊論評』(weekly@changbi.com)、二〇〇六年八月二二日。

(23) 二〇〇六年一〇月九日の北朝鮮の核実験以後、こうした観点の有効性はより大きくなったというのが私の立場である。こうした立場は白楽晴「北朝鮮の核実験によって余裕がでてきた？（북의 핵실험으로 한가해졌다?）」、『創批週刊論評』、二〇〇六年一〇月二四日、および白楽晴「朝鮮半島の市民参与型統一と全地球的韓民族ネットワーク（한반도 시민참여형 통일과 전지구적 한민족 네트워크）」、『歴史批評（역사비평）』、二〇〇六年冬号においても見ることができる。この観点をめぐる議論の整理は、朴淳成「北朝鮮の核実験後、六・一五時代の言説と分断体制の変革論（북핵실험 이후 6.15 시대 담론과 분단체제 변혁론）」、『創作と批評』、二〇〇六年冬号を参照のこと。この日本語版は http：//japan.changbi.com において見ることができる。

(24) 韓国で盧武鉉政権成立と前後して活発化した社会科学者たちによる東北アジア共同体議論は、政府の東北アジア構想に基づき、韓国が仲介者の役割をして韓国の発展と地位を確立する二一世紀の国家発展戦略ビジョンとして具体化することに集中している。その内容は主に政策的、制度的な提案からなっている。

(25) その作業の一部は、『創作と批評』、二〇〇六年春号特集「六・一五時代、何をすべきか（6.15 시대、무엇을 할 것인가）」に掲載されている。この日本語版は http://japan.changbi.com において見ることができる。

えば、韓国社会の格差問題を解決する方針として、朝鮮半島の単一経済圏、東アジアの分業関係およびネットワーク型戦略的投資を結合させた発展戦略や、東アジア的感受性を育てる東アジア共同体の文化的体験場として韓国の文化空間を再編しようという主張などが出てきている。朝鮮半島の統一が、朝鮮半島のみの関心事にとどまることなく、東アジア的、世界的な次元での平和体制構築に寄与するということを理論的・実践的に立証することは、今後さらに深化させなくてはならない課題である。

5 戦略的知性の結集と「実感としての東アジア」

韓中日三国での地域共同体に関する議論を比べてみると、政府主導の議論では、経済統合が推進力として作用するという点がまず共通点として挙げられる。また他の共通点は、概ねアメリカとの関係を優先しながらも、そのような構造的制約の中で東アジアの相対的自律性を確保するために、多者主義を重視する開かれた地域主義と重層的な地域秩序を追い求めるというものだ。このような共通点は、東アジアが冷戦期の分裂した地域から脱し、統合された地域を自ら作り、平和と繁栄を実現しようという意志から出たものだ。その方向は一九九〇年代に陣営間の対立が終息することによって、各陣営の内部結束が緩み出している東アジアの変化した状況が許しかつ求めているものである。

ところが、このような共通点の裏面で、地域共同体を推進するにあたって各国がどんな役割を果たすかについての違いも確実に存在する。これは政府レベルの地域統合が、主導権確保の誘惑から自由でないがために避けられないのかもしれない。各政府としては地域利益と国家利益が衝突する場合、国家利益の観点を選択する可能性が高い。なおかつ東アジアにおいて国家間の国力に大きな差があるため、軋轢が生じる余地がその分さらに大きく、平和の可能性はそれだけさらに少なくなりうる。
それゆえ東アジア市民社会が、国家中心の地域戦略を抑制して牽制する可能性に期待がかけられるようになる。東アジアの知識人たちは、「批判的地域主義」に対する活発な議論を通して、国家中心的思考を克服し、地域へと認識の地平を広げることに寄与しつつ、様々な形態の連帯活動を試みている。また多様な領域で展開する市民連帯運動が、可能な範囲で漸進的で実質的な統合を成立させていく方式も重要である。東アジア各国の市民社会の成熟度に差があり、これまでの連帯運動の経験も分散していて十分に蓄積することができなかったが、そうであればあるほど連帯の経験を受け継いで共有することがより大切になる。[26]
もしこうした方式が、国家の役割を排除したまま様々な水準で交流が拡がりさえすれば共同体が形成されるといった機能主義的統合に依拠するとしたら、安易な発想だと批判されることになるだろう。[27] このような批判は、平和のための共同体の形成が、本質的に政治的決定の産物であるしかないという観点から生じたものであろう。たとえこれが東アジア地域統合の多面性と躍動性を見過ごした静態的観点であったとしても、ただ見過ごすしていいわけではない。こうした批判を受け入れつつ、それを乗り越える道を開いていかなくてはならない。ここでその解決策として、政府レベルでの国際的な協力と市民社

(26) 私が参加する韓国の西南フォーラムでは、二〇〇五年一二月「東アジア連帯運動の現況と展望」というワークショップを開いてから毎年、「韓国の東アジア連帯運動白書（한국의 동아시아연대운동 백서）」を刊行することにした。二〇〇六年末、その第一弾『二〇〇六東アジア連帯運動団体白書（2006 동아시아 연대운동단체 백서）』（アルケ、二〇〇六年）が刊行された。このような事業を東アジアレベルで定期的に推進することも考慮してみるに値する。
(27) 崔章集「東アジア共同体の理念的基礎（동아시아공동체의 이념적 기초）」、『亜細亜研究（아시아연구）』（四七冊、四号、二〇〇四年）：一〇九頁。

会レベルでの超国家的連帯という二つの層を「民主的な責任（accountability）」を媒介にして連結しようとする視点に注目したい。これを通じて、政府と市民社会の緊張と協力関係が維持される道が開かれると期待される。[28]

もはや残された課題は、平和的な東アジア（ひいては世界）実現のために動員可能なすべての資源[29]を活用し、東アジア共同体の枠組みを新たに構成する戦略的知識人たちを広く結集させることだ。この課題遂行と同時に、各国家において民意の参加を極大化する方向で内部改革がなされなくてはならない。すでにこの地域で部分的に推進中のＦＴＡという形式の経済統合に対する住民たちの反応を通じて、私たちは地域統合がはたして平和の想像力を実現するのか否かをを省察せねばならなくなった。住民が東アジア共同体の意義について日常生活を通して肌で感じることができないとすれば、私たちは東アジア人としてのアイデンティティを持つのが困難であろう。「実感としての東アジア」が東アジア共同体形成の成否を分ける鍵であるという理由はここにある。

（28）坂本義和「世界市場化に対する対抗構想——東アジア地域協力と市民国家（세계시장화에 대한 대항구상：동아시아 지역협력과 시민국가）」、『翰林日本学研究』（第三集、一九九八年一一月）。彼のアイディアを機構レベルで具体化する方法も様々な角度から考えて見るに値する。たとえば、二段階あるいは二重の地域協治（governance）形態の東アジア統合も一つの方法でありうる。まず経済や安保、歴史、人権、環境、労動、市民団体などの分野で、領域別に各国民国家が参加する連帯機構を作り、次にこれら領域別連帯機構と域内国民国家が共に統合的地域連合機構、あるいは首脳組織を作るのだ。これは国民国家と地域連合の間の新しい形態であるが、欧州連合よりは低いが国民国家を越える中位な統合となる。この段階を経て共同体を形成する。『創作と批評』、二〇〇五年秋号座談会「脱中心の東北アジアと韓国の「均衡者」役割（탈중심의 동북아와 한국의「균형자」역할）」での朴明林の発言（三五—三六頁）を参照のこと。

（29）その一つとして、歴史研究者である私は韓国と日本の思想史にあらわれた小国主義と中国の分権志向である連省自治論と連邦制を重視している。これについては前掲『ポスト〈東アジア〉』編者座談会、二四頁を参照のこと。

第二部　中国－韓国－台湾

第五章

中華帝国論の東アジアにおける意味——批判的中国研究の模索(1)

1 なぜ「帝国としての中国」か？

二〇一三年に開催された第三三回韓国中国学会のテーマは「帝国」であった。今なぜこのキーワードを通して中国を考えようとするのだろうか。趣旨文を見るかぎり、「大国崛起」する中国の東アジア的位相、さらには世界的位相を「帝国化」として認識し、それを過去の「帝国伝統」に関連づけて分析することにその目的があるようである。つまり今日の中国を理解するために、帝国の伝統との連続性に注目するのである。ところが偶然だろうか、二〇一三年春に刊行された『歴史学報』の特集のタイトルもまた「歴史的帝国の比較研究——帝国統合の持続可能性の秘訣を中心に」であった(2)。今まさに韓国の学界は帝国論がブームなのだろうか。

脱冷戦後の学界では、国際政治を説明するために「歴史の終わり」や「文明の衝突」、グローバル化や帝国論の新たな解釈まで多様な議論が提起された。[3]そうして二〇〇一年の九・一一テロ以後、イラク戦争をはじめとして世界秩序を独占的に主導するアメリカのヘゲモニー行使を説明するために「帝国」概念が非常に大きな関心の的となった。前近代的であるとして長い間学界や論壇の興味を引かなかった概念が、あらためて注目を集めたのである。[4]ただ、そうした風潮と、帝国を通して中国を眺望する作業との間に直接的な関係は薄いと思われる。おそらく、(特に二〇〇八年経済危機以後)衰退したアメリカと対照的に、中国が大国として浮上し、G2と呼ばれるほど位相が高まるなかで、かつてないほどに中国の歴史的独自性(あるいは連続性)に対する世界の関心が集まったために、「帝国」概念が主要な説明道具として浮上したのだろう。[5]

振り返ってみれば、中国近現代史を説明する概念として、長い間私たちに大きな影響力を発揮してきたのは国民国家である。私も二十年前に、国民国家の形成と変形という視点から中国近現代史を概観したことがある。[6]韓国内外の学界では、清朝末期以来特に日清戦争において中国が日本に敗れ、文明観の大転換を経た後、「天下」から(万国の一員である)「国民国家」への急激な転換を余儀なくされ、中国人たちがそれを時代的課題として受け止めたという歴史認識が支配的であった。中国人がその歴史的課題を遂行するにあたって、動力として作動したのは、他ならぬ民族主義であった。ところで、私が先の論文を発表した一九九四年頃は、まさに韓国社会も一九七〇、八〇年代に激しかった民族主義を批判的に検討し始めた時であった。私はそうした知的潮流に対応し、民族主義と国民国家の結合を当然視することなく両者を分離し、その結合過程のダイナミズムを把握しようと努めた。また、世紀末の一九九九年には、この論文の問題意識からさらに前進し、東アジア国民国家が遂行してきた「解放と抑圧の二重の役割」に着目することで、二〇世紀中国史を「国民の歴史」であると同時に「国民強制の歴史」として整理し、二一世紀の中国において「国民国家の強制性を画期的に制約しつつ、解放的機能を活性化する新たな国家構想」が切実に必要な時期にきていると主張した。(7)

二一世紀に入り韓国内部では、国民国家の形成という視点から中国現代史を把握するのがはたして適切なのかという批判が裵京漢《ペ・キョンハン》によって提起された。(8) 他方で、帝国概念も中国史理解の方便として活用さ

（1） 本章は、韓国中国学会主催の国際会議「帝国伝統と大国崛起」（ソウル：二〇一三年八月二二—二三日）での基調報告用に作成した草稿に修正を加えたものである。草稿を作成する過程で、延世大学大学院での二〇一三年度一学期の講義に参加した受講生たちの報告と討論は、私の構想に大きな示唆を与えた。いちいち名前を明かすことはできないが、一人一人に感謝したい。

（2） 『歴史学報（역사학보）』第二一七集（二〇一三年三月）。

（3） William A. Callahan, "Introduction: Tradition, Modernity and Foreign Policy in China," in *China Orders the World?: Soft Power, Norms and Foreign Policy*, eds. William A. Callahan and Elena Barabantseva (Baltimore: Johns Hopkins University Press, 2012), 5.

（4） 金琫中「脱冷戦と「帝国」の再編成（탈냉전과「제국」의 재편성）」、『歴史学報』第二一七（二〇一三年三月）：一八九頁。

（5） 世界史のなかで過去の帝国が今日現存する事例としてまず注目されるのは、中国の台頭であり、そのほかにロシア連邦の急速な回復、ヨーロッパ連合およびアメリカを挙げる見解もある。Burbank Jane & Frederick Cooper, *Empire in World History: Power and the Politics of Difference* (Princeton: Princeton Univerisity Press, 2011), 455-457.

（6） 拙稿「中国的国民国家と民族問題——形成と変形（중국의 국민국가와 민족문제：형성과 변형）」（一九九四年）、『東アジアの帰還（동아시아의 귀환）』（創作と批評社、二〇〇〇年）。

（7） 拙稿「二〇世紀型東アジア文明と国民国家を超えて（20세기형 동아시아 문명과 국민국가를 넘어서）」（一九九九年）、前掲『東アジアの帰還』、一五一—一六頁。

（8） 裵京漢「中国国民党の党国体制と『中国的国民国家』（중국국민당의 당국체제와“중국적 국민국가”）」、『中国近現代史研究(중국근현대사연구)』第三一集（二〇〇六年九月）、「近現代中国の共和政治と国民国家の模索（근현재 중국의 공화정치와 국민국가의 모색）」、『歴史学報』第二〇〇集（二〇〇八年）。しかし、裵京漢は国民国家の枠組みを完全に手放したわけではない。彼は二〇世紀の国民党と共産党の支配体制を「中国的国民国家」すなわち「党国体制」（party-state system）と把握し、それを、共和政治と民主主義を実際に保障する「普遍的国民国家」へと移行する過度期段階として設定しているためである。彼は拙稿（前掲、

れ始めた。中華民族論の内部に「内面化された帝国性の構造」があることを指摘した柳鏞泰《ユ・ヨンテ》[9]や、「帝国性国民国家」の概念を通じて中国の伝統と近代を連続的に把握しようとする全寅甲《チョン・インガプ》[10]の主張などが登場した。私自身も帝国性の視点から、中華帝国秩序の変遷とその後次々と続く大日本帝国およびアメリカ帝国が主導した地域秩序を比較しようと試みたことがある。こうした一連の動きは、二一世紀に入って変化する中国（と韓国）の位相を反映すると同時に、それを主体的に解釈しようとする韓国研究者たちの意志が作用した結果である。

　本章では、こうした韓国の学界の新たな潮流に応じつつも、中国近現代史を国民国家ではない帝国の視点から把握するということが、はたしていかなる意味を持つのかを幅広くとらえる。私が一九九九年に書いた論文[11]で切実に期待した「新しい国家構想」を、帝国言説ははたして引き受けることができるのか。この問いを解くためにまず、（帝国概念を直接活用せずとも）国民国家を超えて中国（史）を説明する枠組みである帝国言説――その主な枠組みは朝貢体制論、文明国家論、天下論である――を批判的に検討したい。

　本論に入る前にまず、絶えず論争の的となる帝国概念について必要な限りにおいて整理しておこうと思う。帝国を経営したことがなく、帝国主義侵略の被害を受けたことのある韓国人は、帝国をすなわち帝国主義と同一視して否定的に見がちである。しかし本章では、近代的な翻訳語である帝国[12]（empire）を、道徳的評価の対象として見ることはしない。それよりも、支配領域が広大でしばしば膨張傾向を見せる広域国家と見て、その領域の広大さの分だけ、多様な異質性を統合する原理である寛容（あるいは包容）が作動する概念として、ひとまずゆるやかに規定しておきたい。要するに、帝国性の特徴は寛容と膨張である。

この程度の規定だけでは漠然と感じられるため、これに関連する概念との違いを見てみよう。帝国は領域内住民の多様性と異質性を包容する原理、あるいは「戦略的寛容」[13]があるという点で、国民としての同一性を志向する国民国家とは異なる。国民国家は政治的単位と民族的単位の一致を志向する。そのためハンナ・アーレント（Hannah Arendt）が述べたように、国民国家には異質な民族集団を内部に統合する原理がない[14]。また帝国は、国民国家が空間的に膨張して服従と収奪を強要する帝国主義とも異なる。

注6）が西欧的国民国家の視座から書かれたと批判しているが（前掲論文、一六頁）、普遍的国民国家という発想こそが西欧的歴史経験に基づいたものではないだろうか。

（9） 柳鏞泰「近代中国の民族認識と内面化された帝国性（근대중국의 민족의식과 내면화된 제국성）」、『東北亜歴史論叢（동북아역사논총）』二三号（二〇〇九年）。

（10） 全寅甲「帝国から帝国性国民国家へ（Ⅰ）——帝国の構造と理念（제국에서 제국성 국민국가로（Ⅰ）：제국의 구조와 이념）」、『東北亜歴史論叢』二三号（二〇〇九年）。全寅甲「帝国から帝国性国民国家へ（Ⅱ）——帝国の支配戦略の近代的再構成（제국에서 제국성 국민국가로（Ⅱ）：제국의 지배전략과 근대적 재구성）」、『中国学報（중국학보）』第六六集（二〇一二年一二月）。

（11） 前掲、拙稿「二〇世紀型東アジア文明と国民国家を超えて」。

（12） 漢字語としての「帝国」はごく稀に古書にあらわれる。しかし韓国と日本の古書にあらわれる用例は、中国中心の秩序から中国以外の「皇帝」を自称する国に対して考案された「相対化された尊敬語」であったと推定される。基本的に伝統時代の東アジアでは広域国家、すなわち天下として認識されたため、近代的意味の帝国という語彙は必要ではなかった。李サムソン「「帝国」概念の古代的起源——漢字語「帝国」の西洋的起源と東洋的起源、そして『日本書紀』（「제국」 개념의 고대적 기원：한자어「제국」의 서양적 기원과 동양적 기원、그리고『일본서기』）」、『韓国政治学会報（한국정치학회보）』第四五集第一号（二〇一一年）を参照。

（13） Amy Chua, *Day of Empire: How Hyperpowers Rise to Global Dominance – and Why They Fall* (New York: Doubleday, 2007). エイミー・チュア／徳川家広訳『最強国の条件』（講談社、二〇一一年）。

（14） 「国民国家はこのような統合の原理をもたない。それはそもそもの初めから同質的住民と政府に対する住民の積極的同意（ルナンの言う毎日の人民投票“plebiscite de tous les jours”）とを前提としているからである。ネイションは領土、民族、国家を歴史的に共有することに基づく以上、帝国を建設するこ とはできない。国民国家は征服を行なった場合には、異質な住民を同化して

国民国家が空間的に膨張する際、大日本帝国がそうであるように、それは「帝国」を標榜しても実相は帝国主義としてあらわれる。(15) このように帝国と帝国主義は厳然と区分されるが、とはいえ、帝国を構成する各部分が互いに平等な関係として結合するわけではない。帝国の中心がその周辺に対して支配的な立場に立つ中心 – 周辺関係、すなわち支配 – 被支配関係が帝国の基本構造をなす。要するに、帝国の中心は周辺の外政に主に関与し、内政には直接関与しない傾向がある。(16)

このように帝国を暫定的に規定するとしても問題は残る。その領域の範囲がどこまでか、ということである。国民国家の明確な境界線（border）とは異なり、前近代の帝国は面としての境界地域（frontier）として区画される。この特徴は、歴史のなかの中国の範囲によくあらわれている。理念的な中華帝国である天下（すなわち世界）と歴代王朝が実効的に支配した現実的中華帝国の版図は、通常区別されると同時に重なり合うものとして説明される。また、実効支配領域は、周辺の様々な地域〔四夷〕と、面（中国では辺疆と呼ばれる一種のグレーゾーン）による外的境界地域〔外境〕と、内部の（非中国である）少数民族との境界地域〔内境〕に区画される。(17) では、中華帝国の実際の版図はどこまでかというと、内外境界の内側を現実的な中華帝国と見て差し支えないだろう。ただ、外部境界の外にあって、中国帝国が一対一の国家間関係（朝貢、互市、蕃部、条約など）を結んだ周辺国を帝国の一部として見るのかどうかについては、歴史的、現実的な問題がある。(18) 私はここで、現実的帝国と理念的帝国の領域が非常に流動的であり、状況に応じて前者が後者の領域へと膨張する傾向（すなわち帝国性）があったことを強調したい。いいかえれば、本来の中華帝国の版図（proper China）が満州、蒙古、新疆、チベットまでも拡大した清朝の領域——そのほとんどが今日の中華人民共和国の領土として引き継がれた——を現実的中華世界（の極限）とし、その周辺国家までも包含した圏域を伝統的東アジア地域秩序としてそれぞれ規定する。もちろん、

両者が重なり合うこともあり、その境界が可変的であることを看過してはならない。(19)

「同意」を強制するしかない。彼らを統合することはできず、また正義と法に対する自分自身の基準を彼らにあてはめることもできない」（ハンナ・アーレント『全体主義の起源』（二）、みすず書房、一九七二年、六頁）。また、Burbank Jane & Frederick Cooper, 前掲書、四五八頁では、差異を扱うために多様な戦略を行使する帝国とは異なり、国民国家は国民の同質性を確保するために、国民の政治参与を許して同質化すると同時に、排除・追放を併用すると指摘している。

（15）白井聡「「陸の帝国」の新時代は近代を超えうるか」、『a t プラス』第一二号（二〇一二年五月）：一三六頁。山室信一「「国民国家」論の射程」、山本有造編『帝国の研究』（名古屋大学出版会、二〇〇三年）。

（16）帝国の概念と構造についてのより詳しい説明は、木畑洋一ほか編『二一世紀歴史学の創造』（有志舎、二〇一二年）に載った木畑の総論「帝国と帝国主義」を参照。

（17）金羨珉（キム・ソンミン）は、アメリカでの研究成果にもとづいて、二つの政治勢力の間に存在する境界が模糊とした空間である辺境（frontier）、境界が明確な線である国境（border）、そしてそのあいだの過度的段階として両者の性格を同時にもった国境地帯（borderland）を区別して使うことを提案した。これに対して、清代末期に登場して二〇世紀前半期に広く使われた用語である「辺疆」は英語の「辺境」と「国境」どちらにも当てはまる意味を持つ。そのため、この用語で清の領域範囲を説明すれば、辺境、国境地帯および国境の差異が曖昧になり、その結果、清版図の範囲が辺境を超えて朝鮮などの隣接国まで及ぶという誤った認識を引き起こしやすい。ところが金羨珉は、清の他の辺境地域と異なり、清‐朝鮮関係は国境地帯を設定されたものとして説明されなくてはならないと主張する。金羨珉「清帝国の辺境統治に関する研究動向分析――アメリカ学界の研究成果を中心に（청제국의 변경통치에 관한 연구동향 분석：미국학계의 연구성과를 중심으로）」、尹榮寅ほか『外国学界の征服王朝に対する研究視座と最近の動向（외국학계의 정복왕조 연구시각과 최근동향）』（東北亜歴史財団、二〇一〇年）、一一四―一二一頁。

（18）川島真「近現代中国における国境の記憶――「本来の中国の領域」をめぐる」、『境界研究』一（二〇一〇年）：一―一七頁。

（19）全寅甲、前掲「帝国から帝国性国民国家へ（Ⅰ）」、一六六頁、前掲「帝国から帝国性国民国家へ（Ⅱ）」、二六六頁。ここで全寅甲は、朝貢国は帝国の一部ではないと見る。金成奎（キム・ソンギュ）は、朝貢体制が伝統的な中華世界秩序であって、伝統的な東アジア世界秩序ではないともいえると述べている。金成奎「アメリカおよび日本における『伝統中国の世界秩序』に関する研究史とその特徴比較（미국 및 일본에서「전통중국의 세계질서」에 관한 연구사와 그 특징 비교）」『歴史文化研究（역사문화연구）』第三二集（二〇〇九年）：三二頁。

帝国概念と領域に続いて確認しておくべき事項は、帝国の視点から中国を見る時どのような利点があるのかである。「帝国としての中国」という視座の必要性を強調する白井聡は「このような視座を自覚的に設定しなければ、現代中国に対する認識が深まることは決してないであろう」とまで力説する。その理由は次の通りである。

前近代的帝国の諸国民国家への分解が進まず、中世的帝国の性格を維持したまま今日に至っているという特異性が、今日の中国のあり方を規定しており、かつ同時に現代が国民国家の時代から「帝国」の時代へとまっしぐらに転換しつつある時代であるとすれば、中国のある意味ではアルカイックな帝国的性格は消滅するどころか、今後ますます強力な規定要因となってゆく、という展望が得られるはずである。[20]

引用文の後半部で論じられた時代転換について、彼の展望が妥当であるかどうかは別途議論が必要であるが、本章の趣旨を超えるためここでは控えたい。ただ、前半部の理由については受け入れるに値するものである。汪暉が中国近現代史を「帝国建設と国家建設の重なり合う関係」[21]として把握したことからもわかるように、西欧人の近代経験を説明する枠組み、すなわち帝国から国民国家への移行という二元論では説明できない、中国人のかくも膨大な規模の複雑な歴史経験に、単純に国民国家や帝国概念を適用するのは無理がある。そのため、私もまた以前、「国民国家の衣をはおった帝国」という比喩を用いたことがある。もちろん全寅甲の「帝国性国民国家」のように、二つの概念の合成語をつくる試みも可能であるし、あるいはまた別の概念をつくることもできよう。このように世界史に占める中国史の特異な位置を説明するために、西欧の概念や理論にとらわれることなくその独自性を掘り下げることができるという点が、帝国言説の第一の利点である（帝国概念自体が西欧の所産であるが、ここでは発見的道具として活用しつつ、その克服の道を探索しようとする）。

帝国言説として中国を理解することで得られる第二の利点は、（先に指摘したように）中国史を把握するうえで、私たちがとらわれやすい伝統と近代を二分する発想からある程度自由になり、その連続性に注目できるという点である。さらに中国という帝国（の独自性）を形式的であれ古今東西の帝国と比較し、分類する世界史的視座を確保できるという利点もある。最後に、中華帝国の多様性と異質性を抱擁する原理あるいは運営方式、すなわち膨張と寛容が重なり合う帝国性の様相がよくあらわれるという利点もある。

しかし、帝国言説の弱点もまた見過ごしてはならない。第一に、帝国という概念あるいはイメージが（「寛容」以外に）「膨張」の要素を抱えており、中国内外でこれに対する否定的な歴史的記憶を思い浮かべてしまう危険性が濃厚であるということだ。第二に、中国史の連続性を過度に強調するだけでは、伝統と近代の二分法それ自体を超えることはできない。巨大帝国が近代世界体制（資本主義世界経済とその政治的上部構造としての国家間体制 inter-state system）の規則によって、一国民国家として行為する枠組みのなかで、その連続性が発現する事実を肝に銘じておく必要がある。第三に、帝国類型の比較だけでは、世界史的視座をしっかりと確保できない。帝国の基本構造は中心と周辺のあいだの支配－被支配関係である

(20)　白井、前掲論文、一三六頁。

(21)　汪暉『アジアは世界だ（아시아는 세계다）』（グルハンアリ、二〇一二年）、一二六頁。

が、両者の関係は双方向的なせめぎあいのなかで変化する（帝国主義の視点からしばしば描かれる、帝国主義本国が植民地に一方向的に影響を及ぼすものとは異なる）。巨大中国がその周辺国家と非対称的関係を結んだとしても、その片方の弱小国の役割は決して無視できない。中国を帝国として把握したとしても、中国と東アジア地域秩序の連動性、そしてこのなかで作動する国家間体制という世界史的規定力の重要性を見過ごすことができない理由はここにある。最後に、帝国言説で注目する基本的な行為者は国家であり、社会ではないため、特に中国近現代史に帝国概念を適用する際、国家と社会のあいだのダイナミズムを見落としがちなのも弱点である。

したがって本章では、帝国としての中国を見る「周辺の視座」を特に重視する。これを通じて帝国として中国を見る視座の利点を生かし、弱点を乗り越える可能性を見いだせるものと期待する。中国を説明する帝国言説を検討したのちに、周辺の視座から模索される主権の再構成の経験に照らして帝国言説を批判的に検討する理由がここにある。

以下では、寛容と膨張が重なり合う帝国性を説明する帝国言説の重要な文脈について本格的に点検したい。

2　帝国言説の批判的検討（一）――朝貢体制再考

中国を帝国概念で説明している主要な論者たちが、中華帝国の運営方式として集中的に焦点を当てるのは朝貢制度である。ただ、現代中国が中華帝国との歴史的連続性を持つだけでなく、二一世紀の世界秩序において帝国としての肯定的役割を果たすものと予想する論者たちのほとんどは、歴史学者ではないという点をあらかじめ明らかにしておきたい。したがって歴史学者である私が彼らの議論を検討するうえで、朝貢制度に対する歴史学界の研究成果にもとづいて、それが歴史的事実に照らして正しいか否かを判断するだけでは生産的な議論にはならない。むしろ、それらが今日、そして今後の中国を展望するうえでいかなる効果をもたらすのかを判断する作業により重きをおきたい。すなわち歴史学と（大衆書籍を含んだ）他の分野の帝国言説の対話につとめたいと思う。

『中国が世界をリードするとき』の著者であるマーティン・ジェイクスは、中国が二一世紀の世界を支配する場合、朝貢制度が復活するだろうと展望している。[22] 彼は中国が東アジアの中心に浮上し、過去の朝貢制度の要素が新たに登場すると予想するのだ。こうした予想は、今後中国が主導する新たな（すなわち、帝国主義秩序とは異なる）世界秩序の運営方式として関心をひく。

しかし朝貢制度が歴史のなかで作動したのは明らかであるが、それを「朝貢体制」と呼べるかどうかについては歴史学界でも批判の声が高い。第六章でも簡略に批判的に検討するように、[23] ジョン・キング・フェアバンクは、清帝国時代の東アジア国際秩序を観察した結果から中国的世界秩序と朝貢秩序理論をつくり、これをそれ以前の時代に拡大適用した。彼のモデルは、依然として中国の伝統的な対外関係を説明するうえでもっとも支配的な学説と見なされている。しかし同時に、それが近代的な条約体制への移行を前提としたパラダイムであり、歴史的事実に対応した概念ではないとの批判もなされてきた。[24]

(22) マーティン・ジェイクス／松下幸子訳『中国が世界をリードするとき――西洋世界の終焉と新たなグローバル秩序の始まり（下）』（NTT出版、二〇一四年）、第十一、十二章三章。
(23) 本書第六章を参照。
(24) 朝貢体制についてのアメリカと日本の研究紹介は、金成奎、前掲論文を参照。

中華帝国が朝貢体制によってのみ運営されたわけではないとしても、朝貢と冊封という制度が作動し、それによって階層的地域秩序が維持された点は認められる。しかし、日清戦争によって中国が最後の朝貢国である朝鮮を失ってからは、それすら東アジアの現実のなかで崩壊した。茂木敏夫は、その後朝貢秩序のイメージが理念として単純化され、記憶のなかに残ることになったと主張している。つまり現実のなかですでに失われたがゆえに、むしろ中国的世界秩序観が「回復されるべき伝統として理想化されていった」というのである。[25]

このように歴史学界では朝貢体制が批判される趨勢であるのに対し、国際政治学界ではそれが単純な概念的構成物でなく実際の政策の総合であり、理念と現実をまたぐ世界モデルであるとして積極的に評価される。[26] その代表的な論者が、ゲーム理論でいう「均衡」の観点から朝貢関係を説明したとして注目されているブラントリー・ウーマック[27]（Brantly Womack）である。彼は朝貢体制を、儒教道徳に基づいた文化的説明に依拠させたり、交易関係の外交的装飾と見なしたりするのではなく、国家間利害関係の観点からその体系を分析し、朝貢体制の合理性を論証したと評価されている。彼によれば、朝貢体制は中国が隣国に対する優越的地位に基づく地域的制度の構成体であり、中国と非対称的関係を結んだ隣国間の合理的選択と戦略的相互作用の結果として維持された。中国が朝貢体制を通して地域秩序を維持した目的は、正当性の確保のみならず、最小限のコストによる戦略の遂行、辺境地域における安定の維持にあった。

彼の主張は、中国の国際政治学界で積極的に受け入れられているようである。彼の議論を通して、朝貢体制が、「複合的かつ力動的な外交現象」として、一方的支配ではなく相互作用の結果であり、そのおかげで東アジアが長期的安定と平和を享受できたことが強調された。[28] 他方、最近では、既存の国際政治理論が、ウェストファリア条約以来、相互対称的かつ恒常的な競争状態にある西欧国家間の相互作用を説明するうえでは有用であるが、中国が絶対的優位にある東アジア国家間の非対称な歴史経験に適用できるかは懐疑的であるという立場が強まっている[29]。結果的に、ウーマックの議論や彼を応用した中国学者たちの議論は、中華帝国の運営原理を解明するのに非常に有用であろう。

もちろん朝貢体制を積極的に評価する彼らが、私が注目する帝国概念を直接使用することはない。しかし彼らは、中国が単純に武力によって他国を服従させ、収奪するのではなく、非対照的関係を結んだ国家間における「合理的選択と戦略的相互作用」の結果として、朝貢体制が維持され、中華帝国周辺の平和が長期的に持続したと説明する。こうした主張は帝国運営の弾力性を立証するものであり、帝国言説の核心的要素であるといえよう。

マーティン・ジェイクスのように朝貢制度を「文化的・道徳的制度」と見るのではなく、国家間の利害関係という観点からその合理性を明らかにするウーマックら国際政治学者たちの問題意識は、「中華帝国が周辺小国と維持してきた関係から得た教訓は、今日の中国の立場により適用できる[30]」というウーマックの期待に圧縮されている。彼らの言説は、朝貢制度という帝国の遺産が今日の中国、ひいては未

(25) 茂木敏夫「中国的世界像の変容と再編」、『シリーズ二〇世紀中国史〈四〉中華世界と近代』(東京大学出版会、二〇〇九年)、五四頁。
(26) Zhou Fangyin, "Equilibrium Analysis of the Tributary System," *The Chinese Journal of International Politics* 4, no.2 (2011): 48.
(27) Brantly Womack, "Asymmetry and China's Tributary System," *The Chinese Journal of International Politics* 5, (2012).
(28) Zhou, 前掲論文、一四九頁、一七八頁。
(29) 林民旺「沃馬克的結構性錯誤知覺理論研究」、『國際政治研究』(二〇〇九年第二期):五八―六〇頁。
(30) Womack, 前掲論文、三八頁。

来の中国に与える政策的含意が主な位置を占めている。[31] この点から見ると、帝国言説は未来のプロジェクトという性格が濃い。

こうした性格それ自体は問題にならない。ここで私が指摘したいことは、彼らの朝貢体制論が、中華帝国周辺国の役割をしばしば看過しているという事実である。[32] この指摘が重要なのは、未来のプロジェクトとしての朝貢体制論が、世界史的にいかなる役割を果たすのかを判断する基準にかかわるためである。後に詳しく述べるが、この点は、資本主義世界経済の政治的上部構造である国家間体制の根本的変革に向けて、中国が朝貢体制という帝国的遺産を創意的に動員するどうかという点にも直結する。

この点に関連して、清帝国のなかに漢人、満州族、モンゴル族のそれぞれ異なる位置と役割があったように、「朝鮮もまた普遍帝国の外藩としての象徴的役割」を果たしたとする金宣旼《キム・ソンミン》の指摘は注目に値する。「中華文明の一員としての朝鮮は、清帝国の普遍主義をあらわすうえで非常に適切な主体であり対象」であった。[33] 私もまた次章において、韓中関係史において占める韓国の位置、役割の重要性を両者関係の「変わらない条件」として重視し、東アジアの秩序が、朝鮮の態度如何によって維持されたり亀裂が起きたりする可能性があったことを強調する。

3　帝国言説の批判的検討（二）——文明国家論と天下観の現在的機能

帝国という概念を全面に出さずとも帝国言説を強化するもう一つの概念が「文明国家」（civilization-state）である。これもまた歴史学界の外でしばしば議論される。

これに関しても、先にふれたマーティン・ジェイクスが再び注意を引く。「中華文明とはひじょうに古い地層のようなもので、無数の層が重なって文明国家を構成しており、国民国家はその一番表面にある土にすぎない」[34]と力説する彼の説明を直接引いてみよう。

文明国家というものは、通常の国民国家のように比較的最近の歴史だけでなく、〔…〕過去二千年来の歴史が現在にたえず顔を出し、現代を導く指針や尺度にすらなるのだ。〔…〕中国の場合は、歴史だけでなく文明そのものも生き続ける。静的で息を止めた文明ではなく、生きて活動する有機体としての中華文明という観念こそが、中国人が中国をとらえまた自己を規定する際の、第一義的アイデンティティにして大前提なのである。[35]

中国が国民国家というよりは文明国家であると規定するここでの重要な根拠は、中国という国家のアイデンティティが中国文明に根ざしているために、国民国家の原動力となる民族主義とは異なるという

(31) 国際政治学者たちのみならず、人文学者である汪暉も似たような思考を見せている。彼は朝貢体制を、「規範的で整った制度ではなく、比較的融通性がある連結モデル」として規定しつつ、香港の一国両制を朝貢体系の権力構造と類似したものと解釈する。汪暉、前掲書、二九九頁、三一二―三一三頁。

(32) Zhou, 前掲論文、一七五頁は、朝鮮の光海君の事例を挙げ、小国での朝貢体制概念の内面化が安定的平衡を保つうえで有用であったことを指摘しており、小国の役割をまったく無視しているわけではない。

(33) 金宣旼「満州帝国か、清帝国か――最近のアメリカにおける清代史研究動向（만주제국인가 청제국인가：최근 미국의 청대사 연구동향）」『史叢（사총）』七四号（二〇一一年）：一一八―一一九頁。

(34) ジェイクス、前掲書（上）、二七七頁。

(35) 同書、二八六頁。

点である。中国人は基本的に文明観念を土台として中国の領土と統一国家の特徴を説明するのであるが、これこそが文明国家としての中国の性格を見せるもっとも明らかな例となる。

もちろん世界には様々な文明が存在する。西欧文明もその一つの事例である。しかし、世界史に例のない長い歴史と膨大な地理的、人口的規模と多様性という二つの特徴を持った中国[36]、さらに国民国家への転換にとりあえず成功した中国こそは唯一の文明国家であるわけである。

中国文明の根幹として、ジェイクスが儒教思想に注目したのは容易に予想できることである[37]。ところで、ジェイクスの議論は、歴史とともに変容した多様な姿の儒教をまとめて中国文明の根幹として見なしている。これが歴史的事実に即しているかどうかを問うことはさほど生産的な議論のやり方ではないが、以下の点だけは指摘しておかねばならない。清王朝の統治は内陸アジア的性格（内亜東西横向模式）と中原－江南の特性（中原－江南従向南北観）が併行した「一種の複合的新型統治体制」であるため、東西南北を総合する視点が必要となる[38]。そのため、果たして儒教のみをもって簡単に中国文明の根幹であるといえるだろうか。中国文明の複数性や累積性を決して軽視してはならないだろう。

ここで私たちはジェイクスが文明国家としての中国を提起する際に、実は儒教自体に焦点を置いてない点を看破せねばならない。彼の文明国家論は今日、そして今後の中国のアイデンティティを強調することに焦点が置かれている。そのため彼は、文明中国内部の作動について「国家として構造上は単一の政府を戴いているが、実際のメカニズムは事実上の連邦制に近い」と主張する[39]。外からは単一な政府体制を維持しているが、個別的な政治・経済・社会的体系を持つ準自治的省で構成された一つの体系である。中国の省は国民国家と近く、清朝という帝国が分解することなく残ったため、中国はその規模からすると各地の国家連合体を超えている。まさにこうした特性のために「大一統」を前提とした範囲での多様性が保障され、中国が香港に付与した一国両制はその典型である。これは国民国家であるならば、容認されにくい方式である。[40]しかしこれがまさに、領土的あるいは政治的意味ではなく、文化に基盤をおいた実体としての文明国家中国の内部的運営原理であるわけである。さらにそれは外部という他なる次元へと無理なく拡張され「大中華圏」を構成する。[41]

こうした文明国家言説は、中国の現在と未来を正確に予測するのが困難な西洋人が、その理由を自らが中国の過去を理解できないことに見出し創り出した概念であるといえる。この点は、早くから政治文化に着眼して中国政治を分析してきたルシアン・パイ（Lucian W. Pye）が提示した概念にもよくあらわれている。彼は、ヨーロッパのローマ帝国が今日まで持続しつつも「一つの国民国家」として機能しようと努めるのと同じように、「中国は国家群（the family of nations）に属した単なるもう一つの国民国家ではなく、一つの国家になりすました文明国家（a civilization-state pretending to be a state）である」と述べた。[42]

近年中国でもこの文明国家概念を導入し、現代化しながらも非西欧化（去西方化、de-Westernization）に成功した自信、自らの文明に対する肯定的態度を表出する知識人たちがあらわれてきた。その代表的な人

（36） Martin Jacques, “Understanding China,” *LA Times,* November 22, , 2009; “Civilization State versus Nation-state,” *Duddeuetsche Zeitung,* January 15, 2011.

（37） ジェイクス、前掲書（上）、二八〇—二八五頁。

（38） 楊念群「『新清史』輿南北文化」、『中華民族的國族形成輿認同學術研討會』（上海：二〇一三年三月九—一〇日）、「超越『漢化論』輿『滿州特性論』：清史研究能否走出第三條道路」、『中國人民大學學報』第二期（二〇一一年）。

（39） ジェイクス、前掲書（上）、二九四頁。

（40） Jacques, “Understanding China.”

（41） ジェイクス、前掲書（上）、三八〇頁。

（42） Lucian W. Pye, “China; Erratic State, Frustrated Society,” *Foreign Affairs* 69, no.4 (1990): 58.

物が甘陽である。彼は二〇世紀中国の中心課題は、近代的「民族国家」を樹立することであったが、二一世紀のそれは民族国家の論理を超越して自覚的に中国を「文明国家」として再建することであると力説する。(43)

彼が文明国家言説を掲げるにあたっては、先に見た西洋の論者たちの文明国家言説に多くを負っているようである。中国を真摯に研究する学者であれば、中国が国家であると同時に数千年の重厚な歴史を背負った巨大な文明であることを肯定せざるを得ない。彼はパイが述べた「国家になりすました文明」という表現を直接引用しつつ、こうした言説が欧米の政治学界の流行であると主張する。さらに彼は中国近代思想の資源からもその根拠を求めている。梁啓超が「新民説」(一九〇二―一九〇六年)を構想した時には、民族国家樹立という短期的急務にのみ関心を持ったが、それから十年余りが過ぎ『大中華』雑誌発刊の辞」(一九一五年)や「中国とトルコの違い(中国興土耳之異)」(一九一五年)を発表した時には、「大中華文明国家」の長期的展望を持つようになったことに着目する。甘陽は、民族性(国性)を核心要素として主張した梁啓超の主張に基づいて、この資源を二一世紀中国思想界の出発点とするべきだという。(44) このように過去の中国文明へ回帰することを正当化するために「復古自体は一種の革新であり革命」であるとまで力説する。(45)

私は彼の主張から、中国の民族主義的熱望を感じる。彼は中国が「現代化しながらも非西欧化に成功」したことを強調するため、トルコの西欧化の事例を「自ら去勢した現代化路線」と規定し、このような「自我分裂的国家」である「三流国家」のトルコのように、中国が西洋の従属国となることは望まないと述べている。(46) ここで、パイが文明国家を掲げつつ、それを中国だけでなくそれ以外の多くのアジア国家にも適用できると述べた事実(47)を想起する必要がある。なおかつ中国ですら現在のままでこれを適用できるかどうか、一度熟考してみるべきではないか。

文明とともに流行語として帝国言説の拡散に寄与した語が「天下」である。趙汀陽は自著[48]において中国の伝統的天下観を再解釈し、これをヨーロッパの近代民族国家が拡張した形態である帝国主義の論理に対抗できる二一世紀平和の世界秩序の原理として提示する。彼は西洋の民族や国家で構成された世界概念とは異なり、中国人の世界観である天下観念は、多層複合的な意味を持っているため、天下即ち（中華）帝国は根本的には「国家」ではなく、ましてや民族国家でもない、一種の政治／文化制度であり、一つの世界社会であると説明する。

彼の天下理論の要は、外部がないという「無外」の原則である。キリスト教に基づく西洋の世界秩序が敵と我を区分することから出発するならば、天下理論は一種の「敵を友に変える」（化敵為友）理論であり、その「化」は他を吸引するものであり、征服するものではない。したがって無外原則は、天下理論を世界秩序の原理に引き上げる根拠となる[49]。先に見た帝国の運営原理である寛容にふさわしい考え方であるといえるだろう。

（43） 甘陽「従『民族－国家』走向『文明－国家』」（二〇〇三年一二月）、『文明・国家・大学』（北京：三聯書店）、二〇一二年、一頁。
（44） 同書、三頁。
（45） 同書、一五頁。
（46） 同書、一四頁。
（47） Lucian W. Pye. "International Relations in Asia; Culture, Nation and State," *The Sigur Center for Asian Studies*, July 1998, 9.
（48） 趙汀陽『天下體系：世界制度哲学導論』、南京：江蘇教育出版社、二〇〇五年。
（49） 同書、五一頁。

彼の無外原則は「内外」原則によって補完される。彼によれば、二つの原則でいう「外」概念は決して同一な次元のものではないため、相互に矛盾しない。「無外」原則は、世界制度次元の原則として、「いかなる他者も異端に仕立てない」四海一家の観念であり、「内外」原則は、国際関係次元の原則として親疎有別の遠近関係を説明するものである。この内外意識がのちに発展して、いわゆる「華夷の別」（華夷之辨）という意識をなすようになる。ところで無外原則が内外原則に制約を加えるため、華夷の区別も文化的差異として表現されるのみで、共存できない対立を惹き起こしたり、異端的な他者を打ち立てたりすることはなく、また天下／帝国が軍事的帝国に発展していく趨勢を抑制する。結局彼が言おうとするのは、中国という天下／帝国が理想として追求したのは、軍事帝国ではなく文化帝国であり、この文化帝国は「礼」を基本原則としてとらえ、自己抑制を遂行してきたという内容である。

このような趙汀陽の天下言説に対して、理念と実際のあいだの距離を指摘するのは、歴史学者として容易いことである。しかし私はそれよりも、本章のテーマと直結した帝国性の一側面である、寛容という観点から一点だけを批判したい。彼が、天下観を支える中国思想の基本能力と基本精神を、「時とともに変わるのではなく、何であれ全て変化させることができる」「化」として把握したことに込めた求心性の問題である。彼はそれが西洋の寛容のように、他者を嫌悪しつつもそれに耐えることとは違う、「大度」〔訳注：度量の大きいこと〕であり、多様化を受け入れつつ「多」を「一」に抱擁するものであると説明する。[50] しかしここに止まるだけで、さらに一歩進んで「一」が同時に「多」として開かれる遠心性を見せることはない。[51]

この点を私より強く批判した論者は、ウィリアム・キャラハン（William A.Callahan）である。趙汀陽が強調する「敵を味方に変える」原理や、征服ではない「帰依」に対し、キャラハンはそれが一種の帝国暴力の論理に他ならないとする。さらに彼は、趙の本が人気を得たのは、民族主義的なやり方でグローバルな問題を解決しようとする中国内部の渇望、すなわち「愛国主義の形をとった普遍主義」(a patriotic form of cosmopolitanism)の流行現象であると指摘する。ただし、キャラハンが趙に対して批判する骨子、つまり「ポストヘゲモニー的システムの提案がしばしば新たな(時には暴力的な)包摂と排除の体制であるという芽を含んでいる。すなわち天下は新たなヘゲモニーの大衆的事例を見せているが、これによって帝国の位階的なガバナンスが二一世紀にアップロードされる」という発言は、行き過ぎた感がある。[52]しかしこれらの議論は、天下観のみならず文明国家観までを含んだ広い意味の帝国言説を評価する際に、参照する価値があるだろう。

私はすでにキャラハンの憂慮とは異なる次元で、許紀霖の「新天下主義」を批判的に紹介したことがある。[53]彼が提唱する「新天下主義」が、単に中国大陸を含んだ華語世界に拡散している中国人の新たなアイデンティティ再構成に止まるだけでは、決して普遍的文明にはならないと指摘した。それが東アジア人全体、ひいては全人類のための思想資源として整えられる時にはじめて普遍的価値を持つようになるだろう。そうした期待の意味を込めての助言であった。

文明国家論や天下観の議論は、すべて帝国の寛容を立証するのに重点をおき、それぞれ個人によって

(50) 同書、一三頁。
(51) これに関して、エイミー・チュアが、中国は民族を土台にした典型的非移民者国家であるという点で寛容に限界があるため、強国の隊列に並んでも「超強大国にはなれないはず」と指摘したのは示唆に飛んでいる。チュア、前掲書、四一八頁。
(52) Callahan, 前掲論文、一一一頁。
(53) 本書第六章を参照。

濃淡があるにせよ、中国の未来に対するメッセージを込めているのはみな同じである。この点を明らかに表現したのが趙汀陽であった。彼は「中国を再び考え、再び構築する」(重思中国、重構中国)ことが、自らの著述の意図であると明かした[54]。このように中国の議題を設定し、人民が中国の過去と現在および未来を理解する枠組みを強力に調停する言説が帝国言説であるため[55]、私たちは目を凝らしてこの原理を見据えなければならない。また彼らが発信する言説は、西洋の学者の研究成果によってもたらされると同時に、逆にこれらに深く影響を与える循環過程においてより増幅し、中国に対する私たちの認識構造に深く作用する。韓国の学界と論壇が敏感に注意を傾け、時にはその議論に介入せざるをえない理由はここにある。

4　周辺から模索される主権の再構成と帝国言説

このような帝国言説に対して、いかなる観点から介入するべきだろうか。私は中華帝国－日本帝国－米帝国へと続く中心軸の移動によって位階づけられた東アジア地域史の矛盾と葛藤が凝縮された周辺、すなわち「核心現場」[56]に基づいて発言したい。

近年私が注目する核心現場は、台湾と沖縄そして分断体制下の朝鮮半島である。この三つの場所は、過去の中華帝国の版図(すなわち中華世界)の伝統的東アジア秩序が重なり合う場所に位置する。今日、これらの核心現場での主権(の至高性)に対する挑戦が見られるが、これが「帝国としての中国」という言説にいかなる意味をもたらしているのかを検討しよう。

台湾は、清朝の初期に反対派の海洋勢力を除去した一六八三年時点で、はじめて中華帝国の版図、すなわち外境の中に含まれた。その後台湾に省がつくられたのは、日本の明治政府とのあいだで漂流民事件が発生した直後の一八八三年である。その後台湾は、一八九五年の日清戦争に敗れた清朝によって日本に引き渡されたが、日本帝国が敗亡した一九四五年直後の国共内戦のなかで中華民国の領土となった。一九四九年中華人民共和国が樹立されて以後、台湾と中国大陸の分裂はいわば「両岸問題」と呼ばれる特殊な関係を生んだ。

普通の国家関係ではなく中立的用語である両岸関係として呼ばれる、分裂した中国の一当事者である台湾問題については、「帝国としての中国」という視点から発言する柄谷行人の主張が興味深い。その内容を要約すれば、次の通りである。現在中国は長らく台湾問題を「「帝国」的な方法を通じて実質的にほぼ解決」してきた。すなわち、今日台湾海峡にて尖鋭な軍事的緊張が再現されるとは思えず、また両当事者が分裂した現象をある程度満足のいくかたちで受け入れているのであれば、それは近代的主権の論理を有害無益なものとして放棄したことで得た成果である。これが、白井聡が圧縮した柄谷の論拠である。[57]より正確な理解のために、帝国としての中国に対する柄谷の見解をもっと掘り下げてみよう。彼は中国共産党が掌握した過去の中華帝国の領土が脱冷戦期の旧ソ連のように分割されないのは、共産党支配が強いからではなく、ロシアやユーゴスラビアとは違って帝国としての伝統が強かったためであると解釈する。その帝国を維持できる秘訣は、単純に版図や多民族性、経済力によって決まるのではな

(54) 趙汀陽、前掲書、七頁。
(55) Callahan, 前掲書、一〇九頁。
(56) この概念説明については、本書第一章を参照。
(57) 白井、前掲書、一三六頁。

く、儒教的にいえば「徳」をもつかどうかである。こうした観点から彼は「中国には今後大きな変化があると思うのですが、それは現在の多民族国家が分解するということには決してならない」[58]と展望する。

柄谷の「帝国としての中国」観を本格的に扱うことは本章の目的からそれるため、ここでは台湾問題についてのみ言及したい。柄谷もまた他の帝国言説の主唱者たちと同じように帝国の周辺、ここでは台湾人の主体性に対する配慮が不足している。統一か独立かという二分法で台湾社会を分断しているというのが実情ではないだろうか。仮に中長期的に統一と独立の二分法を超える新たな道（あるいは両岸関係の第三のモデル）が、歴史的に慣れ親しんだ中国の「過去への回帰」である可能性が高いとしても[59]、今日、両岸関係をめぐる多様な解決の道を探る台湾人の苦しくも創意的な努力を見過ごしてはならない。それを念頭に置くならば、柄谷行人のように台湾問題を単に「帝国的な方法を通じて実質的にほぼ解決」されたということはできない[60]。中国人という概念自体が雑種的で非実際的な概念であり、台湾の内部では、いかなる人々によっても「独占されることのない」、「開放的で未来志向的な中国人アイデンティティ」という主張も出てきている[61]。その場合、台湾人は中国人であるにしても、特殊性や独自性を持った主体となるだろう。また、国民国家の主権という枠組みを超えた新たな可能性も台湾市民社会内部で模索されている。「複合社会」構想はその一つの事例である。甯應斌は、一国両制のようにマイノリティだけの自治空間である特別区（專區、special zone）を設置する全面的多元主義を施行することで、国民国家の枠組みを超えようと主張する[62]。伝統時代の内部境界（内境）の拡散を連想させる方式を通じて、主権の分割を拡大しようとする彼の複合社会論をはじめとする台湾の多様な試みは、中国――あるいは帝国としての中国――の弾力性を試すリトマス試験紙として「帝国としての中国」を批判的に見る視野をも提供する。

もう一つの核心現場である沖縄もまた、国家主権所属の複雑性を見せてくれる。一定期間、中華世界の外境に接した空間で独自的に存在してきた琉球王国は、中国の明清王朝と朝貢関係を維持してきた。その後日本の幕府治下に置かれつつも、中国に依然として朝貢を捧げる二重の支配構造を維持した。この関係は非対称関係の両当事者が相互戦略的考慮からこうした関係を維持したのであって、中国による一方的強制の結果ではなかった。また沖縄はその後日本帝国治下において「内国植民地」となり、戦後米軍占領下では「潜在主権」の適用対象となった。一九七二年、日本に「復帰」した後も主権の重層性は常に問題となった。依然として存在する、いや、より拡大された米軍基地は、「構造的沖縄差別」の根源であるため、日本本土へ復帰するということの意味、すなわち沖縄人をして主権とは何かを省察させるのである。(63)

(58) 柄谷行人「世界史の構造のなかの中国——帝国主義と帝国」、『atプラス』第一一号(二〇一二年二月):四六頁。
(59) 文明基「両岸関係、第三のモデルはないか(양안관계, 제3의 모델은 없는가)」、崔元植、白永瑞共編『周辺からみた東アジア(주변에서 본 동아시아)』(文学と知性社、二〇〇四年)、一一三頁参照。
(60) 柄谷が台湾問題を見る視点と似ているのが、汪暉の香港観である。彼は、香港が中国の一部でありつつも国際的な主権レベルでは国際機構に加入する権利をもち、大陸とは異なる旅券と独立したビザ・システムを備えている状況を、中国朝貢体制内部の権力構造と類似したものと見る。『現代中国思想的興起』上巻第二部(北京:三聯書店)、二〇〇四年、六九七頁、前掲『アジアは世界だ』、三二一—三二三頁。
(61) 鄭鴻生「台灣人如何再作中國人」、『台灣社會研究季刊』第七四期(二〇〇九年):六頁、一一六—一二八頁、一三二—一三三頁。
(62) 甯應斌「複合社会」、『台灣社會研究季刊』第七一期(二〇〇八年九月):二七六—二七九頁。これについての私の言及は、本書第二章を参照のこと。
(63) これについてのより詳しい説明は、新崎盛暉/白永瑞、李ハンギョル訳『오끼나와、구조적 차별과 저항의 현장』(創批、二〇一三年。日本語原本は『新崎盛暉が説く構造的沖縄差別』(高文研、二〇一二年))、とりわけ訳者との対談を参照のこと。この対談は、日本語でも新崎盛暉編著『沖縄を越える——民衆連帯と平和創造の核心現場から』(凱風社、二〇一四年)に、「国境を低くして、東アジアの平和を実現しよう」として収録されている。

このような状況で展開される沖縄問題と住民自治運動は、今日の東アジアの批判的知識人によって国民国家を相対化できる契機として注目されている。犠牲者である沖縄に罪責感を感じる日本の知識人がこれに関心を寄せるのは当然であろうが、この間無関心であった中国語圏でもこの問題について発言しはじめた。その過程で沖縄を媒介に自らの社会と国家を省察するという意味を持つ、「方法としての沖縄」という発想も生まれた。[64]

第一章で明らかにしたように、この創意的な作業は、日本の政治的地形においては「中国の沖縄属国プロジェクト」に与するものとして非難されることもある。[65] 中華帝国と東アジア地域秩序が重なり合うグレーゾーンに位置する沖縄には、日本の他の地域に比べて中国への親近感が強い地域であるという、歴史的、文化的特性が存在する。そうした特性は今日、右翼勢力に攻撃の口実となっているのが現実である。

沖縄民衆は、長い闘争を行う過程で国際政治感覚を研ぎ澄まし、多様な思想的模索を繰り返してきた。もちろんその過程で独立論が湧き出ることもあり、[66] それとは逆に「非国家的で脱領土的な新たな社会」、すなわち「琉球共和社会」論が提起されもした。[67] しかし、地域の重鎮でもある新崎盛暉がそうであるように、沖縄の自治権強化を通じて日本国家改造を促し、東アジア平和の「触媒」となることを期待する動きが相対的に強い。新崎のような沖縄知識人たちが提起する「生活圏」概念は、国境と領土概念を超えるための創意的努力の所産である。[68]

次に、第三の核心現場である、分断体制下の朝鮮半島発の複合国家論について見ていこう。

中華世界の外部に存在する韓国は、一九世紀後半、清国と朝貢体制を維持する一方で、他の国家とは近代的条約関係を結ぶという二重の国際秩序のなかで、主権の曖昧さをいち早く経験した。また、植民地時期には主権を喪失し、その重要性を自覚した。冷戦期には分断体制に置かれたため、大韓民国はアメリカ中心の非公式帝国のなかで「穴の空いた主権」を経験するようになった。その後南北朝鮮が相互交流と協力を強化する過程で、朝鮮半島の統一に対するより創意的な思考と実践が求められてきた。この間提起された複合国家論は、主権に対する柔軟な思考の一例である。

先に説明したように、複合国家とは、私たちが知っている一般的な意味の国家（すなわち単一国家、unitary state）とは対照的な概念で、辞書的には二つ以上の国家の結合体として定義される国家形態である。歴史上すでにある類型としては、対等な結合関係を持つ連邦と国家連合、そして支配従属的結合関係である宗主国／保護国の事例などがある。

しかし、こうした辞書的意味よりは、それが韓国社会の統一・民主化運動の過程でつくられた実践的で実験的な意味だという事実の方が重要である。この用語は、一九七二年七月四日の南北共同声明発表直後に千寛宇《チョン・ガヌ》によって提起された。(69) 七・四共同声明（自主・平和・民族大団結）は、北朝鮮との統合議論が

(64) 羅永生／本田親史訳「方法としての沖縄——新崎盛暉氏への応答〈4〉」、『現代思想』、二〇一二年一二月号。

(65) 『週刊新潮』、二〇一三年五月三〇日号、三〇—三三頁。

(66) 二〇一三年五月一五日、琉球自治連邦共和国樹立を目標とする琉球民族独立総合研究学会が結成された。『東亜日報』、二〇一三年五月一七日。

(67) より詳しい紹介は、本書第一章を参照のこと。

(68) 新崎、前掲書、一二三—一二四頁、一三四頁。本書第一章でもこの点を扱った。沖縄知識人たちは抽象的・観念的固有領土論の代わりに、尖閣列島のような紛争地域の生に根差した住民（漁業者）たちの「生活圏」——歴史的・文化的・経済的交流と協力の圏域——概念を提唱している。

(69) 千寛宇「民族統一のための私の提言（민족통일을 위한 나의 제언）」、『創造（창조）』、一九七二年九月号。

厳しく禁止された冷戦秩序下であったにもかかわらず、分断されてから以後、両政府のあいだではじめて合意をみた歴史的事件であった。これに鼓舞された彼が、韓国内部の統一を強調する路線と自由民主主義路線のあいだの分裂を克服し、南北朝鮮が「各々の体制を維持しつつも、一国家として何らかのまとまりを形成し、次第に対話と交流を経て単一国家」へ進もうと果敢に主張し掲げたのが複合国家論であった。歴史上存在した複合国家形態――たとえば北朝鮮が当時掲げた統一方案である連邦制がその一つである――は、朝鮮半島に適用できない状況であったため、「民族の積極的な力量を通じた、新しい、まさに歴史上初めてあらわれるもの」が、彼が述べる複合国家である。ここには、北朝鮮の統一方案を選ばないという消極的意味ではなく、民主と自由の価値を守り、民族民主勢力を糾合し、統一に寄与するという積極的意味が込められている。このように複合国家論は、市民社会の切実な実践意志から生まれた創意的な構想であったといえよう[70]。

この構想はここ二〇年のあいだに白楽晴の分断体制論の構成要素に位置付けられ、より一層実践的な性格が強まった。彼は「分断体制克服の方便として採択される連邦あるいは連合体制が「国家」概念自体の相当な修正をともなう新たな複合国家形態の創出にならなければ困る[71]」と指摘する。それを「完全な統一国家」へと進む暫定段階にあえて限定する必要はないというのである。彼はその後続く数多くの論客との論争のなかで、自らの複合国家構想を整えていった。それは「単一国家（unitary state）ではなく、すべての種類の国家形態、すなわち各種国家連合（confriation）と連邦国家（federation）を含んだもっとも外延が広い概念」として、「単一国民国家モデルに執着することなく、主権問題を創意的に解決しようとする極めて包括的かつ原論的提案[72]」である。

私は、一九九九年に白楽晴の構想を援用しつつ、東アジアに拡大適用を試みて以来、それを私自身の東アジア論の主要構成要素としてきた。[73] もちろんこの構想が、二〇〇〇年南北首脳が合意した六・一五宣言の第二項（国家連合あるいは低い段階の連邦制合意）に支えられ、単純な市民社会の創意的提案にとどまらず、両政府の推進によって実現可能性が高まったこともあった。その頃、韓国の歴代政府が提起した「南北連合」案と、既存の国際法上の国家連合や連邦制の古典的概念がいかに同じで違うのかが、具体的に議論されることもあった。[74] ところで、国家連合や連邦制はすべて複数の国家による結合体という点で、複合国家の一類型であるという辞書的定義も当てはめられるが、民間で提起された複合国家は、すべての種類の国家形態を抱擁する、いわば傘のような包括的な構想であると同時に、国家間の結合様相であり国民国家の自己転換の様相を兼ねた新たな国家機構の創設作業であることをあらためて明確にしておく必要がある。今のように南北関係が悪化した実情では、むしろ民間次元で単一国民国家モデルに執着することなく、主権問題を創意的に解決しようとする努力が切実なものである。私がデリダの「主

(70) 座談会「民族統一の構想（민족통일의 구상）（二）」、『シアレソリ（씨알의 소리）』、一九七二年八月号、四四—四五頁における千寛宇の発言。
(71) 白楽晴「分断体制の認識のために（분단체제의 인식을 위하여）」（一九九二年）、『分断体制変革を学ぶ道（분단체제 변혁의 공부길）』（創作と批評社、一九九四年）、三五頁。
(72) 白楽晴「金泳鎬氏の分断体制論批判について（김영호씨의 분단체제론 비판에 관하여）」（一九九六年）、『揺れる分断体制（흔들리는 분단체제）』（創作と批評社、一九九八年）、二〇四頁。
(73) 拙稿「中国に「アジア」があるか——韓国人の視角（중국에「아시아」가 있는가?：한국인의 시각）」、前掲『東アジアの帰還』所収。
(74) 鄭成長「南北連合の制度的装置と運営法案（남북연합의 제도적 장치와 운영 방안）」、申正鉉ほか編『国家連合の事例と南北朝鮮統一過程（국가연합의 사례와 남북한 통일과정）』（ハンウル・アカデミー、二〇〇四年）。

権の partage」（分割／分有）を通して同一の領域にて複数の主権が重なる体制を「来たるべき民主主義」の可能性として期待し、東アジアでの共生社会を構想してみるのはそうした努力の一部である。[75]

南北朝鮮が、平和的合意によって創意的な複合国家形態を具現化することは、東アジアで起きている多様な自治権運動の進化を促進する。その一部として、中国本土や台湾が、表面的にいかなる政策を掲げているにしても——香港式一国両制であれ、一国三制であれ、あるいは二一世紀型帝国であれ——、彼らなりの創意的な解決法を見出していくのに、朝鮮半島の複合国家が具現した精神や実践経験が実質的に寄与できるのではないかと思われる。

5 「帝国」論と「複合国家」論の（非対称的）対話

中国内外で提起された朝貢体制論・文明国家論・天下観を中心に、「帝国としての中国」言説を検討してきたが、そこに共通した特徴は、中国の過去・現在・未来は、国民国家のような西欧の経験から出た概念では把握できないということであった。別の共通点は、過去の遺産の連続性を浮き彫りにするというものだが、それは歴史的現実に必ずしも対応するわけではない。（先に見た）茂木敏夫が正確に指摘したように、現実の中で失われていったためにむしろ理想化されたのが帝国の遺産である。趙汀陽が明らかにしたように、「中国を再び考え、再び構築する」課題が帝国言説の核心的な問題意識である。この点を重視すれば、帝国言説とは、他ならぬ「プロジェクトとしての帝国」であるといってよい。それは、中国内の発信者には中国の過去と現在に対する自負心、すなわち民族主義的熱望および未来の中国の世界史的役割に対する注意深い展望の発現である。この点を婉曲的に表現したのが、中国の内外を横断する華人知識人である王賡武である。彼は、中国の未来は「国民国家でも帝国でもなく、産業と科学が伝統遺産である精華と融合した文明を通じて、中国的国家を更新(renewal)」することであり、中国人が熱望するのは「普遍的価値を伝播できる一種の帝国的ソフト・パワー(the kind of soft imperial power)」であると診断する。(76)

私はこうした「プロジェクトとしての帝国」言説が、広い意味での中国人(すなわち華語世界全体)だけのためでなく、その他の世界にとっても緊要な普遍的資産となることを願う。周辺(特に東アジアの核心現場)から、これを再び考える必要を力説した理由はここにある。

帝国言説がこうした役割を果たすためには、核心現場のひとつである朝鮮半島において創設された複合国家論と互いに参照されなければならない。なぜなら帝国性には「(戦略的)寛容」とともに「膨張」という要素が込められており、帝国言説に不可避的に伴うこうした否定的イメージ(あるいは歴史記憶)が、中国の追求する普遍性を体現するうえで、むしろ負担となるからである。また、現在そして将来にわたっても、巨大中国が近代世界体制の規則に沿ってひとつの国民国家として行為する枠組みを脱することは難しい。いいかえれば、従来の国民国家言説から帝国言説への移行ではなく、(「帝国型国民国家」という用語のように)二つの言説を結合させ、さらに両者を克服する代案的概念が求められているのだ。複合国家論は、こうした発想の転換にある程度符合するのではないだろうか。

(75) より詳しい議論は、本書第一章参照。
(76) Wang Gungwu, *Renewal: The Chinese State and the New Global History* (Hong Kong: The Chinese Univerisity Press, 2013), 150.

では、複合国家という視座から中国（史）に接近することには、いかなる利点があるのだろうか。何よりもまず帝国という歴史的遺産の否定的イメージから抜け出せるという利点がある。たとえ「帝国」概念を再定義し、その意味を限定するとしても、前近代「中華帝国」への後退という負荷は免れない。中国人が「帝国」よりも、「文明」や「天下」概念をより好むのもそのためであろう。

第二の利点は、中国という中心と周辺近隣社会や国家との非対称的な均衡関係を踏まえて、周辺の主体性を考慮したダイナミックな均衡関係を積極的に思考できるという点である。たとえば香港ではすでに「一国両制」が施行されており、中国の「内境」あるいは「穴のあいた主権」として、中国の単一型国家としての性格を揺るがしている。また台湾は、（少なくとも短期的・中期的には）香港以上の独自性を確保しているため、（公式的国家の枠組みはさておき）中国が実質的な複合国家として進んでいく可能性が高い。さらにいえば、東北アジアや東南アジアの国家との弾力的な関係形成にも寄与することができる。[77]

第三の利点は、帝国言説が国家中心であるのに対し、複合国家という視座は、民間社会の役割を重視しつつ、国家と社会の関係、いいかえれば中国内部の運営原理に新たに接近することができる（朝鮮半島の複合国家論は、本来市民参加型の統一論であり、その過程で南北朝鮮それぞれの国家内部の改革を重視する発想であることを思い出したい）。この視座からあらためて見てみると、「一種の総合社会」[78]と呼べるほど多様性を持った膨大な規模の中国社会の統合方案として、一九世紀末と二〇世紀初頭に提起された連邦主義にあたる多岐にわたる構想と、職業代表制に基づいた民主主義理念と実践経験の価値が蘇ってくる。[79]それどころか、今日の中国でも、「半連邦主義」あるいは「新複合制国家」が事実上施行されており、単一型国家を標榜する憲法理念と乖離があるという指摘もある。[80]こうした流れは、中央集権を牽制するものであるが、多様な社会勢力の参加を保証するような、中国の寛容的国家制度への想像力を活性化させることは明らかである。

最後に、今日の中国が中華帝国の歴史的蓄積の上にありながらも、それと同時に「ポスト近代的帝国」[81]へと進むのかどうかを考える点でも、複合国家概念は示唆に富んでいる。主権の多層性・重層性を重視することにおいて、帝国言説と複合国家論は相通じている。ただし、複合国家論は、短期的国家改革の課題を、主権の再構成という中長期的な国民国家克服の課題と結びつける問題意識と実践姿勢を一貫して持っており、その点で違いがある。[82]いいかえれば複合国家論は、「ポストモダン（実相はポスト資本主義）」世界体制があえて「帝国」の世界秩序でなければならないのかを問い直す、このような問題意識を含んでいるのである。

(77)　この草稿が発表された韓国中国学会主催の国際会議の場で、金羨珉は、複合国家論が伝統時代の中華帝国にも適用可能であるのかと質問した。それに対し私は、とりあえず今のところ国家間体制に中国が編入された一九世紀後半以降にのみ適用されると答えた。拡大適用ができるかどうかは、前近代史の研究者たちにかかっているだろう。

(78)　孫歌『思想が生きる術（사상이 살아가는 법）』（トルベゲ、二〇一三年）、一〇三頁。この表現は竹内好から借りたものである。

(79)　拙稿「中国的国民国家と民族問題――形成と変形（중국의 국민국가와 민족문제：형성과 변형）」（一九九四年）、前掲『東アジアの帰還』、八〇―八三頁。柳鏞泰『職業代表制――近代中国の民主遺産（직업대표제：근대중국의 민주유산）』（ソウル大学出版部、二〇一一年）。そのほかに宗族、村落、ギルドなど中間団体の役割については、岸本美緒「中国中間団体論の系譜」、岸本美緒責任編集『帝国日本の学知（三）東洋学の磁場』（岩波書店、二〇〇六年）を見よ。

(80)　劉迪『近代中国における連邦主義思想』（成文堂、二〇〇九年）、一五二頁、一五四頁、一六二頁。

(81)　白井、前掲論文、一三八頁。

(82)　帝国言説の発信者たちが、複合国家論の提起するこうした問題意識と対話しない時、抽象化・観念化の誤ちに陥り、容易に中国指導部の国家戦略に動員されるだろう。聞くところによれば、習近平を頂点とする中国の現指導部が新たなスローガンとして採択した「中国夢」構想を支える深層部のシンクタンクに趙汀陽も参加したとのことである。張薇「『中国夢』課題研究始末」、『鳳凰周刊』、二〇一三年第五期。

大国へと「崛起」する中国という世界的難題に直面して、中国人にはもちろん全世界の人々にとっても、「帝国としての中国」が「良い帝国」となる期待が帝国言説には込められている。ところで、こうした一種の「自己成就的予言」が実現するためには、中国の「帝国性」の歴史と現在を理解するだけにとどまってはならない[83]。中国が世界体制の論理に順応する（いいかえれば覇権国家としてのアメリカを継承する）帝国となるのか、あるいは世界体制の論理に抗う帝国化の道を歩くのか、またそのどちらでもないとするならば、世界体制自体の根本的変化に帝国的遺産を創意的に活用する道を模索するのかを追及せねばならない。今日、岐路にある中国がいかなる道を選ぶのかは、基本的に中国人の問題であるが、連動する東アジアに生きる私たちは、中国人の選択に介入する余地を探さざるをえない。

その方法の一つが、私が述べる「批判的中国研究」を定立し、中国とその周辺国家間で互いを写し出す合わせ鏡（すなわち「共同主観性」）の関係を成立させることである[84]。本章で帝国言説を批判的に検討し、その限界を超えるため東アジアの核心現場のうちの一つである朝鮮半島で蓄積された思想資源である複合国家論との対話を試みたのは、こうした課題を遂行する姿勢のためである。こうした対話は、今日、世界の学界の言説地形からみると非対称的関係に見えがちである[85]。また、朝鮮半島の複合国家建設が、南北問題の解決という当面の課題の一部であるのに対し、中国が複合国家へと進む道は、世界体制の変革へと繋がる長いスパンを土台にしているという違いもある。しかし両者のコミュニケーションが始まるのであれば、その相互作用が主権の分割／分有を実現する代案的国家構想作業に大きな効果をもたらすことは明らかである。

(83) 白井、前掲論文、一四六頁。

(84) 本書第一二章、参照。私が述べる批判的中国研究の主要要素は、①分断横断的研究志向、②研究対象を古典中国と現実中国とに分離する二分法の克服、③現代中国の現実と主流の思考体系からの批判的距離を維持すると同時に、中国研究を通じて各社会に対する認識を再構成すること、④中国中心主義の解体、である。

(85) 先に紹介した韓国中国学会主催の国際会議の場で、柳鏞泰教授が複合国家論を中国に適用する際の不利な点は何かという質問に対し、私は対話の非対称性がまさにそれであると答えた。中国の帝国言説が依拠している豊富な歴史記憶に比べて、複合国家論の思想資源は実際貧弱である。しかし韓国の歴史的経験を含んだ東アジアの思想資源へと関心を広げるのであれば、その可能性は決して少ないわけではない。

第六章
変わるものと変わらないもの——韓中関係の過去、現在、未来

1　中国は私たちの運命なのか？

韓中国交二〇周年[1]を記念して開かれた会議で、筆者に与えられた主題は「韓中関係の未来を展望する」である。何を話すか考えていた時にまず目に入ってきたのが、次の文章であった。

私たちにとって——韓国にとって「中国」とは何か。

中国を語らずに私たちの歴史や文化を語るのは不可能である。中国を語ることなく私たちの現実や未来を語ることもまた不可能である。

中国——それは私たちにとって一つの大きな運命であったかもしれない。それは私たちが避けることも、目をそらすこともできない運命かもしれない。[2]

この引用文は、四〇年前の一九七四年初め、韓国の総合月刊誌『新東亜』が企画した中国関連特集の趣旨文の一部である。その時編集者は「私たちにとって中国とは何か」を問い、中国を私たちの「運命」と見なした。一九七二年二月、アメリカのニクソン大統領の訪中によって米中和解の局面がつくられ、中国が国際舞台に復帰し、東アジアを支配した厳酷な冷戦秩序が解氷した時期である。朝鮮半島の南北政府は、こうした情勢変化に衝撃を受け対応策を模索していた。その過程で、韓国にとっての中国の意味をあらためて問うことになったのである。[3]

この問いは、東アジア情勢が変化を経験するたびに、韓国において繰り返された。中国がG2と呼ばれるほど崛起した今日、「私たちにとって中国とは何か」という話題はまさに全世界の関心事となった。中国と近しい隣人関係にある私たちにとって、この問いは誰よりも切実であるほかない。

（1）　ここで韓国とは大韓民国であり、中国は中華人民共和国を指すが、二〇一二年は韓中国交樹立二〇周年であり、韓国－台湾国交断絶二〇周年の年でもある。この事実にあらわれているように、私たちにとって中国と韓国という名称は、単純に中華人民共和国と大韓民国に限定されない。「韓国」は、分断された南北朝鮮をひっくるめた朝鮮半島全体、およびその場所に存在した歴史体や文化体を指しているし、「中国」もまた広い意味での歴史体や文化体としての中国を指す記号として用いられている。したがって本章では、韓国と中国は広い意味で用いられる。限られた意味で用いる際には、その用法の違いが文脈を通じて把握されるようにするが、より明らかにする必要がある場合は括弧で併記する。たとえば韓国（すなわち大韓民国）、中国（すなわち中華人民共和国）という形で表記する。

（2）　『新東亜』、一九七四年二月号、一〇五頁。

（3）　この情況についての緻密な分析としては、洪錫律『分断のヒステリー――公開文書に見る米中関係と朝鮮半島（분단의 히스테리：공개문서로 보는 미중관계와 한반도）』（創批、二〇一二年）を参照のこと。

「私たちにとって中国とは何か」という問いに対して「私たちの運命」であると答えることは、韓国と中国の切っても切り離せない関係を圧縮した適切な比喩であるが、それによって見過ごしがちな面があることにも注意しなければならない。韓国語の用法において――中国語の「命運」も似たように使われるが――「運命」という語彙は、しばしば「宿命」、すなわち生まれ持った運命という意味で使われる。いうなれば、運命は人間を支配する必然的で超越的な力であり、人間はそれから逃れられないという意味で使われる。しかし私たちは、運命の捕虜ではない。同じように韓中関係の歴史において、私たちは決して過去にとらわれた囚人ではない。過去から形成された構造的制約のなかにあっても、そこに許された隙間を活用して、私たちが行為主体として集団的意志を集め、未来を創造してゆくのである。

こうした点は、歴史学者には非常に慣れ親しんだ思考方式である。なぜなら歴史において変わるものと変わらないものを弁別し、それらを同時に認識する複合的思考、いいかえれば両者の相互作用を歴史的文脈とともに把握する思考は、歴史研究者の必須徳目であるからである。歴史を過去と（現在というよりは）未来との対話、つまり未来のプロジェクトと考えるなら、韓中関係の未来を展望する際に過去を振り返ることは不可欠な作業にほかならない。こうした理由から、本章では韓中関係の未来を展望するために、韓中関係の歴史から「変わるもの」と「変わらないもの」に注目してみる。

2　韓中関係を規定する歴史的条件

韓中関係の歴史を振り返ってみた時に、「変わらないもの」とは何だろうか。

まず浮かぶのは両者の関係の非対称性である。大国中国と弱小国である韓国（あるいは朝鮮半島）のあいだには、領土と人口の大きさのような単なる物質的規模だけでなく、歴史的・文化的規模においても、厳然たる差異がある。孫歌はかつて、「中国にアジアはあるのか？」という中国読者に向けた筆者の問題提起[4]に対する論評において、「実体的な地理感覚をともなう大国心理」とそうした地理感覚をともなわない「経済大国」心理のあいだの差異を指摘したことがある。[5] この実体的な差異は、過去はもちろん現在と未来の韓中関係においても変わらない条件であるだろう。もちろん分断された朝鮮半島の南側にある韓国が、経済規模の面では世界一二位（ＧＤＰ基準）に評価され、先進国の一員になるほど大きく成長したのは事実であるが、だからといって中国との規模の非対称性が根本的に変わるわけではない。

　その次に、近接性に注目せねばならない。中国東北地方に連接した朝鮮半島の地理的近接性は、韓中関係を規定する核心的な条件であるが、ここから派生した歴史的・文化的近接性もまた明らかである。韓中関係の歴史が面々と続いているのも、まさにこの近接性のためである。たとえ韓国が独立国家としての外交権を失った一九〇六年以後、両国間の公式の外交関係はなかったとしても、民間交流は活発に続いていた。しかし、解放後、冷戦秩序の影響によって朝鮮半島が分断されることで、私たちと中国の関係もまた分裂してしまった。中華人民共和国と北朝鮮は血盟関係を結び、今も「伝統的友好協力関係」を維持するほど緊密な間柄である。これに対して、韓国は、中華人民共和国と一時敵対関係に置かれ、台湾（中華民国）を反共的な友邦国であり伝統文化を保持した「唯一の中国」と見なし、彼らと緊

（４）白永瑞「世紀之交再思東亜」、『読書』、一九九九年八月号。

（５）孫歌「アジア言説と「私たち」のディレンマ（아시아 담론과 「우리들」의 딜레마）」、鄭文吉、崔元植『周辺から見た東アジア（주변에서 본 동아시아）』（文学と知性社、二〇〇四年）、二七二頁。孫歌「亜州論述與歴史情境界」、『読書』、二〇〇〇年二月号。

密な関係を維持した。しかし、中華人民共和国と韓国の外交関係が断絶していた期間、両国住民の接触が徹底的に禁止され、たとえ韓国住民にとって中国が「共産主義の野蛮人」とイメージされたとしても、その存在感が韓国人の意識のなかで消えたわけではない。朝鮮半島に影響を与える近接した国家（たとえば休戦協定の当事者）として、中国は依然として位置づけられていた。したがって、朝鮮戦争から一九九二年の国交樹立までの大韓民国と中華人民共和国との外交関係の断絶は、韓中関係の長い歴史からみれば、しばしの幕間にすぎないのかもしれない。

最後に、韓中関係のなかで占める韓国の位置と役割の重要性もまた「変わらない条件」として数えることができる。たとえ両者が非対称的関係を結んだとしても、大国である中国が弱小国である韓国に自らの意志を一方的に強制することはできない。弱小国の抵抗の動機は生存がかかったものであるため、大国の支配の動機よりも強力であることから、大国は韓国との関係が他国との関係に与える影響まで考慮しなくてはならないのだ[6]。これが韓国の重要性を示す消極的な理由であるとすれば、より積極的な理由は東アジア秩序の転換期において韓国が中国に与えた影響から見出すことができる。この点は韓中関係の未来を展望するうえで非常に重要な条件であるため、事例をあげてより詳しく説明したい。

まず二〇一二年に七周甲（一周甲が六〇年であるため四二〇周年）を迎える壬辰倭乱（文禄の役）、そしてそれから三〇年後に発生した丁卯胡乱、丙子胡乱において、朝鮮はその位置と役割の面で戦略的な重要性を持った。一六世紀明朝の立場から見ると、東アジアにおける自らの秩序維持にとって朝鮮の役割は大きかった。常にモンゴルの脅威に苛まれていた明は、満州一帯の女真と日本を牽制するために朝鮮に大きく頼るほかなかった。また朝鮮にとっても、女真と日本は国家安寧における大きな不安要素であったため、明と利害関係を共有することで東アジア秩序を共同で維持しようとした[7]。しかし、日本が朝鮮を侵略し、「ほぼ最初の東アジア三国戦争」として解釈される七年戦争が勃発し、それと連動して[8]、丁卯胡乱、丙子胡乱と続くと、その連鎖的な関係のなかで、明清交代という激変が生じた。特に一六三七年に朝鮮半島が清に屈服したことは、清が中原を掌握するのに一定の影響を与えた[9]。すなわち壬辰倭乱以前に建州女真を統一したヌルハチ（一五五九―一六二六）は、壬辰倭乱で明がよそ見をしている間に周辺の複数の部族を攻略し、外交手腕を発揮し、戦争後には明に挑戦できる力量を確保していたのである[10]。そして清を認めようとしなかった朝鮮を丁卯胡乱と丙子胡乱で屈服させ、朝貢国とすることで、「帝国」へと進む障害物を除去することができた[11]。このように二つの戦争は、朝鮮にとって決して別個の事件ではなく、その過程の中で、朝鮮は東アジアにおける戦略的要衝として位置づけられた。

このように朝鮮の地政学的位置は、朝鮮に二重の役割を与えた。東アジアの秩序は、朝鮮の態度如何によってうまく保たれたり亀裂が起こったりする可能性があった[12]。それはその後の日清戦争と日露戦争、

（6）　李相淑「金正日‐胡錦濤時代の北中関係（김정일‐후진타오 시대의 북중관계）」、『韓国と国際政治（한국과 국제정치）』第二六巻第四号（二〇一〇年冬）：一二一―一二二頁。
（7）　桂勝範『朝鮮時代の海外派兵と韓中関係（조선시대 해외파병과 한중관계）』（プルンヨクサ、二〇〇九年）、二八四―二九一頁。
（8）　鄭杜煕・李璟珣編『임진왜란 동아시아 삼국전쟁』（ヒューマニスト、二〇〇七年）、一九頁。日本語版は、鄭杜煕、李璟珣編／小幡倫裕訳『壬辰戦争――一六世紀日朝中の国際戦争』（明石書店、二〇〇八年）。
（9）　韓明基「朝貢関係の観点から見た仁祖反正の歴史的意味（조공관계의 관점에서 본 인조반정의 역사적 의미）」『南明学（남명학）』第一六集（二〇一一年）：二七四頁。
（10）　桂勝範「壬辰倭乱とヌルハチ（임진왜란과 누르하치）」、鄭杜煕・李璟珣編、前掲書、三六五頁。
（11）　韓明基『丁卯・丙子胡亂と東アジア（정묘・병자호란과 동아시아）』（プルンヨクサ、二〇〇九年）、二三七頁。
（12）　桂勝範「一五―一七世紀東アジアのなかの朝鮮（15‐17세기 동아시아 속의 조선）」、李益柱ほか『東アジア国際秩序のなかの韓中関係史（동아시아 국제질서 속의 한중관계사）』（東北亜歴史財団、二〇一〇年）、二七八頁。

そして朝鮮戦争においてはもちろん、現在の分断された朝鮮半島の危機状況という東アジア変動期にもそのまま適用することができるだろう（この点について、ここではこれ以上言及しないでおく）。

これまで韓中関係において「変わらないもの」を三つ見てきたが、そうすると「変わるもの」とは何であるのか。

韓中関係を形成する主体が次第に多様化し、相互依存性が次第により深化してきたことは注目できる変化である。伝統時代には、韓中関係は国家間関係に限定され、その交流は少数の権力層によって主導されていた。しかし二〇世紀に入り、国境を越える人々の移動が活発化し、民間レベルでの韓中関係も重要となった。特に先に述べたように、韓国が独立国家としての外交権を失った一九〇六年以後の日帝植民地期に、公式の外交関係は断絶したが、民間レベルでの交流は多方面――生計維持のための移民から抗日連帯運動まで――において活発であった。また、冷戦期では、中華人民共和国と北朝鮮の頻繁な友好的交流に比べ[13]、韓国との交流は一時期凍結されていたが、一九九二年の韓中国交樹立以後、韓中交流は歴史上前例のない活気を帯びて進んでいる。人・物・知識・情報の交流という面では、それぞれの社会の住民の日常生活において、誰もが実感できるほど相互依存性が高まっているのだ。その趨勢は簡単な統計数値を見るだけですぐにわかる。韓国の輸出の四分の一を占めるのが中国市場であり、中国内の外国人観光客一位を占める最大観光消費国が韓国である。そして相手国にそれぞれ最も多くの留学生を派遣する留学ブームも起きている[14]。

このような交流主体の多様化と相互依存性の深まりは、非国家行為者（Non-State Actors）の位置と役割が次第に増大する今日の国際秩序において、重要な意味を持っている。以前は主に国家が国際関係において決定的な役割を果たしてきたが、最近では国境を越えた政治的、経済的、文化的相互依存によって、多国籍企業、個人、非政府機構（NGO）、国際組織など、非国家行為者たちが注目を浴びている。韓中関係においても、彼らが各国の政策決定に影響を及ぼす役割が次第に重要になっており、韓中市民たちの相互認識に注目する必要がある。韓国人と中国人のあいだの頻繁な日常的接触は、相互理解を高め、相互認識の良循環を生んでいるが、同時にしばしば相互葛藤を生むこともある。しかしここで必ず念頭に置いておくべき事実は、韓中（のみならず中日と中米）が相互依存する現実は、不可逆的であるという点である。両国は次第に、安全保障システムにおいてではなく、通商システムにおいて、互いに緊密につながりつつある。まさにこのように変わっていく条件のために、以前のような陣営間の対立状態に戻ることは難しく、「新冷戦」が到来する根拠は弱い。誰しも中国を遠ざけることのできない理由がここにある。保守的立場を有した人々でさえ「少なくとも数十年間経済的に繁栄する中国の波に乗らなければ」ならないと考え、「韓国内部が親中・親米に分かれる日、私たちは旧韓末の事態に」陥ると警告する。[15] そして「連米和中」という用語が使われもする。

(13) これについては、鄭文祥「冷戦期北朝鮮の中国認識——朝鮮戦争後中国訪問記を中心に（냉전기 북한의 중국 인식：한국전쟁 후 중국 방문기를 중심으로）」、『ウリ語文研究（우리어문연구）』四〇（二〇一一年）を参照のこと。

(14) 韓中両国間で経済交流が急増するなかで、両国間留学生の数も急激に増加した。二〇〇〇年代初頭には在中韓国留学生が、在韓中国留学生に比べて三倍以上多かったが、次第にその数は近づいている。二〇〇三年、在韓中国留学生と在中韓国留学生はそれぞれ五六〇七名・一万八二六七名であったが、二〇一〇年にはそれぞれ五万七七八三名・六万四二三二名に増加した。特徴的なことは、在中韓国留学生は二〇〇九年から二〇一〇にかけて減少したが、在韓中国留学生は毎年増加しているという点である。この趨勢が続くならば、今後数年以内に在韓中国留学生が在中韓国留学生を超える見込みである。対外経済政策研究院の「韓中国交樹立二〇周年（한중수교 20주년）」掲示板サイト http://csf.kiep.go.kr/20th/stat03/jsp を参照。

(15) 文昌克「知っててやられないためには（알면서 당하지 않으려면）」、『中央日報』、二〇一〇年一〇月五日。

韓中関係のもう一つの変化は、韓中関係のあいだに入る第三者としての強大国の出現である。日清戦争で中国が敗れ、日本帝国が東アジア秩序の中に浮上して以後、特に日帝植民地期に、日本官民の中国観が韓国にも拡大し、中国を蔑視する風潮が韓国人のあいだに広く普及した。これが示すように、私たちは中国との非対称性と接近性が、日本という存在によって大幅に弱まったことを体感してきた。そのために、韓国の戦略的位置は依然として重要であったが、その主体的役割は微弱になったのである。さらに、冷戦期に朝鮮半島が分断され、南北朝鮮がそれぞれアメリカとソ連主導の二つの陣営に編入されることで、中国（中華人民共和国）との関係の非対称性と接近性もまた、違ったかたちで作動した。特に韓国の場合、朝鮮戦争以後、中国と公式外交関係を断絶したのはもちろん、彼らを敵性国家と見なしたのである。そのためアメリカという第三者の覇権の下で「竹のカーテン」越しの中国を蔑視する風潮が、植民地時期のそれと結合して、より増幅された。脱冷戦期に入ってから中国が再び台頭すると、アメリカの覇権が弱まった東アジア秩序の変化のなかで、朝鮮半島と中国との関係は再調整期に入った。

多次元的に緊密になる相互依存性と第三者の影響というこの新たな変化は、韓中間の「変わらない」条件にとっていかなる意味を持つのか。その意味は両者がいかに相互作用するのかを、歴史的文脈で糾明するところから見出すことができる。ここでは、「変わるもの」が「変わらないもの」と結びつくことで、韓中間相互認識の良循環をもたらすのか、あるいはそうでないのかを見極めることに集中したい。相互認識の問題は、私たちが行為主体として集団的意志を集めて未来を創造するために、非常に重要な作用をもたらす。韓中間の相互依存が深化するにつれ、相互認識も互いに結びつく段階に到達した現在、この問いに答えることは、韓国と中国が共に進化する未来を展望するうえで必要な核心的根拠となるだろう。

このためには、多様な次元での議論が必要であろうが、筆者は二一世紀の韓中関係を展望する際、韓国人と中国人の相互認識に一定の影響を与えてきた朝貢秩序の記憶を中心に検討したい。この朝貢秩序の記憶は、韓中関係の「変わらないもの」が、「変わるもの」のなかでいかに作動するのかを見せてくれる適切な事例である。

3 朝貢秩序は復活するのか

中国に隣接しつつ非対称的関係を結んできた韓国人の認識のなかには、「大国崛起」する中国が主導する二一世紀地域秩序において、韓国が昔のように朝貢国になるかもしれないという憂慮が依然としてある。一つ例を挙げると、ある中国専門記者はコラムのタイトルを「韓国は再び中国の朝貢国に転落するのか」とつけた(16)。また、最近のある報告書によれば、韓国人の中国認識に影響を与える中国側の要因の一つが、中華主義あるいは朝貢関係(17)であるという。韓国人だけでなく、中国の若者たちの記憶のなかにも、朝貢国のイメージは存在する。インターネットで韓国を非難する際、韓国が中国の朝貢国であったという歴史的記憶をすぐに引き合いに出す場面が目に付く。こうした一連の現象は、韓国人と中国人の韓中関係に対する認識を規定する思考の枠組みとして、冊封－朝貢パラダイムが作動している強い証

(16) 池海範「韓国は再び中国の「朝貢国」に転落するのか (한국은 다시 중국의 「조공국」으로 전락할 것인가)」、『朝鮮日報』二〇一〇年一〇月九日。
(17) 閔貴植「韓中両国国民の相互認識分析 (한중 양국 국민의 상호인식 분석)」、『INChinaBrief』、仁川発展研究院、二二四、http://hanzhong.idi.re.kr. 二〇一二年八月六日に検索。

拠となるだろう。

こうした両国の人々の相互認識の実像をみると、朝貢秩序に対する正確な理解が、韓国と中国のすべての望ましい相互認識のために必要であることがわかる。特に韓国人の場合、朝貢秩序に対する主体的で批判的な理解が喫緊に必要である。なぜなら、それを通じて、中国人の対外認識に働く集団的歴史記憶を内在的に理解しつつ、議論に批判的に介入できる根拠を確保することができるからである。

朝貢秩序が歴史的現実から距離のある理論だということは、国際的な歴史学界でもある程度合意された認識である。朝貢体制は歴史的実体に対する概念ではない。ジョン・キング・フェアバンク（John K. Fairbank）が、清帝国時代の東アジア国際秩序を観察した結果から中国的世界秩序（Chinese World Order）と朝貢体制（tribute system）理論を導き出した際、歴史学界は清の事例をそれ以前の時期に拡大適用したと批判した。批判の要旨は、その理論が近代的な条約体制への移行を前提にしたパラダイムであり、現実的に朝貢をしない西洋各国の貿易を朝貢貿易の一環として位置づける論理操作によって成立したというのである。実際には、せいぜい清・朝鮮・琉球・ベトナム・タイなどの五カ国に限定されたものであり、東アジア全体にも適用できないのが実態である。

こうした叙述からもわかるように、朝貢体制論の問題点は確然としている。最近、具範鎮《グ・ボムジン》は、朝貢体制論が明と清を連続的に把握し、国際秩序の文脈で両者のどちらも中国であると見なすという限界があると指摘し、一八世紀後半の清を中心とした東ユーラシア国際秩序は、朝貢体制、互市体制、条約体制、藩部体制など、四つの体制で構成された多重体制であったと主張している。(18) そのなかでもとりわけ、互市体制の機能は、朝貢体制論の限界をあらわす証拠であるとして、日本の研究者からも提起されている。(19)

金秉俊《キム・ビョンジュン》は、時期をよりさかのぼり、三世紀以前の東アジア世界は中国中心というひとつの国際秩序でなく、多数の地域秩序が重層的に存在しており、中国を媒介として多数の地域秩序が結びつき、間接的に影響を与えあっただけであろうと主張する。[20] 中国を中心とした東アジア秩序が、いくつかの小中心秩序を内包した重層的な世界であったという点は、筆者も閔斗基《ミン・ドゥギ》の立論に沿って主張したことがある。[21]

ここで朝貢体制に対する学界の論点を長々と紹介はしない。ただ本章のテーマと関連して強調したい事実は、日清戦争によって中国が最後の朝貢国であった朝鮮を失った後、東アジアから朝貢と冊封による階層的秩序が現実的には崩壊したが、この秩序のイメージが理念として一層単純化され、記憶のなかに残ったということである。茂木敏夫は、現実のなかで冊封や朝貢による世界秩序が喪失されたがゆえに、「中国的世界像は実態を離れて理念として記憶され、あるべき秩序、回復されるべき伝統として理想化されていった」と解釈する。[22] 彼はこうした視点から、孫文が自らの大アジア主義の構想のなかでネパールの朝貢に対して言及したものを平等関係と解釈する汪暉を批判する。つまり汪暉は、孫文のこのような言及に対して、「大中華という昔を懐かしむだけでなく、この関係のなかに相互尊重という平等

(18) これについては、丘凡眞「東アジア国際秩序の変動と朝鮮‐清関係（동아시아 국제질서의 변동과 조선-청 관계）」、李益柱ほか、前掲書を参照。ここで言う条約体制とは、アヘン戦争後の南京条約締結前の一七世紀末ロシアと結んだネルチンスク条約と一八世紀初頭のキャフタ条約を指している。

(19) 岩井茂樹「朝貢と互市」、『岩波講座　東アジア近現代通史〈一〉』（岩波書店、二〇一〇年）、茂木敏夫「中国的世界像の変容と再編」、『シリーズ二〇世紀中国史〈一〉　中華世界と近代』（東京大学出版会、二〇〇九年）。

(20) 金秉駿「三世紀以前の東アジア国際秩序と韓中関係（3세기 이전 동아시아 국제질서와 한중관계）」、李益柱ほか、前掲書、特に六二頁を見よ。

(21) 拙著『核心現場から東アジアを問い直す（핵심현장에서 동아시아를 다시 묻다）』（創批、二〇一三年）、第一部第四章を参照。

(22) 茂木、前掲論文、五四頁。

な関係が含まれていると確信する」と解釈するのだが、茂木は汪暉のこの解釈が中国人ならではの「平等」観からくるものだと厳しく批判する。(23)さらに柳鏞泰《ユ・ヨンテ》は、現在の主な知識人が朝貢秩序を肯定的に認識する基底には、中国の独自的発展モデル、いわば「中国モデル論」に対する期待があり、それが文化保守主義による現象であると評価している。(24)

ところで、興味深いことに中国内部だけでなく欧米でも、二一世紀に朝貢秩序が復活するだろうと予想する意見が出ている。たとえば、マーティン・ジェイクス（Martin Jacques）の『中国が世界をリードするとき』という著書がそれに該当する。彼は二一世紀に中国が世界を支配する場合、朝貢制度が復活すると展望する。彼は朝貢制度が「基本的に政治的・経済的制度というよりは、文化的・道徳的制度」であったと把握し、中国中心の国際秩序を「ひとつの文明、多数の体制」という言葉で要約する。そして「今後東アジアで中国が握るヘゲモニーは、過去の朝貢制度のようなかたちではないだろうが、朝貢制度の痕跡は依然として残ると予想できる。［…］したがって、中国が東アジア経済の中心に新たに浮上するならば、過去の朝貢制度の要素が新しい姿を見せるだろう」と述べる。そして、西欧の主権概念が「一つの国民国家、一つの体制」に基づき、ウェストファリア体制が「一つの体制、多数の国民国家」に根拠を置いていたのに対し、「一つの文明、多数の体制」に基づいた中国中心の国際秩序が新しい代案になる可能性を慎重に提起している。(25)

ジェイクスが朝貢秩序の核心として提起した「文明」が他ならぬ儒教、すなわち「差異を認める調和」を骨子とした文明であることはいうまでもない。実を言えば、朝貢秩序が政治的・軍事的要因よりも、文化的要因によって作動したと主張したのは、彼だけではない。

ただ、これが歴史的実態に符合するかどうかということ自体が論争の的であることは先に見たとおりである。ここで筆者は、この論争に深く分け入るよりも、朝貢秩序が二一世紀の国際秩序の代案的原理となりうるほどの文明レベルでの普遍性を、中国が今なお提示しうるのかという点に重点を置いて検討したい。中国が文明的標準を提示できない場合、韓国のような非対称的関係を持つ隣国には、ジェイクスが述べたように、二一世紀に依然として残る「朝貢制度の痕跡」が覇権追求の「端緒」に見えがちである。まさにこうした観点から、現在中国で提唱されている「文化大国」論が注目される。はたしてそれは、欧米が主導した「普遍的」文明を超えて、新しい普遍性を提示することができるのだろうか。

4　文化大国論と新天下主義

中国では二〇〇二年から党と政府が「文化」の重要性に着目しはじめ、二〇〇八年の北京オリンピックと前後して、具体的な政策を活発に打ち出しはじめた。二〇〇九年九月には国務院が「文化産業振興計画」を確定し、文化産業の育成、対外的文化発信、文化交流などの多様な活動を展開し、自国のソフト・パワー強化を国家政策として追求している。この過程で台頭したのが「文化大国」構想である。それは、文化を通じて中国のアイデンティティを新たに構成し、文化大国を建設していくという構想である。

(23)　茂木敏夫「中華世界の再編と二〇世紀ナショナリズム——抵抗／抑圧の表裏一体性」、『現代中国研究』第二一号（二〇〇七年一〇月）：一八—一九頁。
(24)　柳鏞泰「中国の遅延された近代外交と韓中関係——東アジア地域史の視座（중국의 지연된 근대외교와 한중관계：동아시아 지역사의 시각）」、『韓中人文学（한중인문학）』三七（二〇一二年一二月）、結論部分を参照のこと。
(25)　マーティン・ジェイクス／松下幸子訳『中国が世界をリードするとき——西洋世界の終焉と新たなグローバル秩序の始まり（下）』（NTT出版、二〇一四年）、四一頁。

その具体的な方向は、二〇〇七年一〇月の第一七回全党大会において、胡錦濤総書記が明らかにした文化繁栄のための四つの方針に圧縮されている。そのうち「和諧文化を確立し、文明的品格を涵養する」および「中華文化を宣揚し、中華民族が共有する精神世界を構築する」という方針が特に注目される。これによって和諧文化が重視され、より具体的には伝統時代の主流文化である儒教価値の復元を通して、新しく中国を構想する作業が推進されたのである。

この過程で集中的にスポットライトを浴びた儒教価値が、仁と忠恕、そして和諧文化の要素である包容・寛容・均衡・協力・調和などであった。このような価値を強調する思考方式を理解するひとつの例として、王岳川の「三和文明」論を見てみよう。西方の「三争文明」に対比されるのが「三和文明」であるが、それは「家庭の和睦、社会の和諧、国家の平和が中国で実現される」という主張である。[26]

このような形で説明される伝統価値に基づく文化大国構想は、自国の経済発展能力を活用した経済援助や中国語（漢語）の伝播、そして中国的特徴を持った国際政治的概念を提示することと並行することで、アメリカの文化覇権を間接的に批判するソフト・パワーとして一定の波及効果はあるようである。ソフト・パワーの主要な構成要素である「中国モデル論」と同じく、文化大国論も海外知識人社会において討論の材料として位置づけられている。[27]

もちろん、これについての批判も少なくない。中国の文化発信が全地球的レベルでの新自由主義にしたがう結果をもたらすというのが、その一つの批判のポイントである。たとえば、孔子学院はアメリカなどで文化商品化（peddling of cultural artefact）されたという評価も出ている。[28] また、文化民族主義あるいは文化保守主義にすぎないという批判もある。

ここで筆者は、中国の文化言説が国際社会に及ぼす効果についての論争よりも、その根底にある思考の枠組み、いいかえれば過去の思想資源を活用するやり方自体に注目したい。それによって、これらがはたして普遍性を持つのかどうかをより根源的に点検できると思われるからだ。

　これに関連して、儒教価値の核心である天下主義を再構成し、それを普遍的価値として打ちたてようとする許紀霖の「新天下主義」を検討してみたい。中国思想界の地形図において自由主義者として分類される彼が、「文化大国」構想という公式言説に直接加担するわけはない。にもかかわらず、彼の新天下主義をここで検討対象とする理由は、彼の見解もまた現在中国で進行中の儒教文化論争の磁場のうちにあって、限界と同時にそれを超えていく可能性を見せてくれる事例になるだろうと期待するためである。

　彼によれば、最近中国で流行する文化言説の特徴は、いかなる流派であれ「中国的」文化に対する自覚、より正確には儒家文化を本位とした文化の再構成を叫ぶことにある。こうした思想界の動向に対し、彼は自由主義者らしく、文化的自覚の目標が、世界の主流文明と対立する立場を取ってはならないと主張する。そうなってしまうと、ドイツ帝国のナチズムがそうであったように、自己破滅の誤った道へ行ってしまうというのである。したがって、今中国に必要なものは、中華民族自身のための文化的自覚ではなく、全人類のための普遍的文明に対する自覚である。

　このように、彼が述べる普遍的文明は、中国人である「われわれ」のためだけに「良い」のではなく、

（26）　王岳川、胡森森『文化大国』（上海：復旦大学出版部、二〇一〇年）、第一〇章を見よ。

（27）　韓国国内でも、中国モデル論に関する翻訳書が少なからず出版された。全聖興編『中国モデル論（중국 모델론）』（ブキ、二〇〇八年）のほかにも多数の論文が発表された。このテーマに関する筆者の見解は、拙稿「中国対我們而言為何：探索東亜現代思想資源的事例検討」、『人間思想』第一期（二〇一二年夏季号）を参照のこと。

（28）　Kam Louie, “Confuncius the Chameleon: Dubious Envoy for ‘Brand China,’” *Boundary* 2 (spring, 2011).

「他者」にも価値があるものだ。ところで、なぜその普遍的文明を建設するのに、天下主義という伝統的資源が必要なのか。これに対して彼は、歴史上中華帝国が周辺国家や民族を支配した原動力は、武力ではなく「天下主義的華夏文明」であるとする。もちろん華夏文明のうちにある華夷の別の側面を無視するわけではない。しかし彼は、普遍志向の天下主義と華夷の別が内在的に互いに浸透するものであり、華夷の別が防御的で従属的であるのに対して、天下主義は攻撃的で主導的であると説明する。そしてこの伝統資産を、グローバル化した今日にも適用可能な普遍的文明に転換するよう努めることが、「文化大国」の目標でなければならないと説明する。(29) これが、彼のいう「新天下主義」である。新天下主義的中国文明を建設するために、一方では、「われわれ」すなわち中国の歴史文化伝統と現実的経験の特殊性のなかに普遍的価値があることを精錬し、他方では、グローバルな文明のなかの普遍的価値を、中国の土壌で成長した「われわれ」に適したかたちで転換させる作業が求められる。(30)

筆者は基本的に、彼が唱える「新天下主義」が、中国人だけのためではなく、東アジア人全体のためにも良い思想資源として整えられることを期待する。ただそのためには、少なくとも中国の内外にわたって次の二つの問いを経る必要がある。

第一に、新天下主義に適合した中国の政治経済制度とは何か。キリスト教を含んだ様々な宗教の対話に言及したところから類推するに、彼は様々な「良い」制度の混合を念頭に置いているように見える。いずれにせよ、この問題を避けては、新天下主義が説得力を持つのは困難である。ここで張旭東が力説するように、最近の中国における文化言説が、政治体制の議論と切り離されて展開されていることをもう一度確認しておく必要がある。(31) 現在流行する思潮が文化の更新を追求するだけの状況において、文化的自覚が、ともするとすでに存在している権力関係をより固める効果を生むのではないかと点検してみる必要がある。[32] はたしてそれは、現在の中国において現実変革的な駆動力として作動するのだろうか。

第二に、新天下主義が普遍的価値となるためには、「われわれ」が中国人だけを意味するもので十分であるのかを問わなければならない。もちろん許紀霖が述べる「われわれ」の範囲は、台湾海峡両岸の三地（中国・台湾・香港）の中国人をすべて包含するくらいには開かれている。しかし（全人類ではなくとも）少なくとも、東アジア人を含めた「われわれ」にまでその範囲は拡張されるべきである。彼が述べる新天下主義が、単に中国大陸をはじめとする華語世界にわたる中国人の新たなアイデンティティの再構成に終わるならば、決して普遍的文明にはならないだろう。

非対称的関係をもつ韓国、さらには東アジア人にとって、文化大国論がはたしていかなる意味を持つのか、今後より真剣に議論することを提案したい。特にアメリカの覇権が衰退すると同時に中国が浮上する勢力転移によって地域秩序が不安定となった現在、中国の周辺的存在である韓国の役割は、新天下主義を含んだ文化論とその根底にある朝貢秩序言説の普遍性がいかなるものであるのかを計る指標とな

（29） 許紀霖「特殊的文化、還是新天下亜種着」、『文化縦横』、二〇一二年第二期。
（30） 黄暁峰、丁雄飛「新天下主義：許紀霖談現代中国的認同」、『東方早報』副刊『上海書評』、二〇一二年一月一四日。
（31） 張旭東「離不開政治的文化自覚」、『文化縦横』、二〇一二年第二期。彼は文化的自覚に関する議論が、三つの障害を突破してはじめて問題の実質に到達できると主張する。彼が述べる三つの障害とは、①近代市民社会で主導的位置を持つ法権思想とそれに対する文化政治概念の否定、②文化に対する物神主義的崇拝と復古思想、③国家主義と行政系統が主導する文化道具主義である。
（32） 中国で文化論がいかなる役割を果たしたのかを追跡した論文に、李旭淵「文化で想像する新たな中国――現代中国の「文化革命」の起源と展開過程（문화로 상상하는 새로운 중국：현대 중국의「문화혁명」의 기원과 전개과정）」、『対中国協同研究事業基礎真相課題――文化分野（대중국협동연구사업 기초심층과제：문화분야）』（対中国総合研究協同研究叢書 11-03-42、経済・人文社会研究会）がある。http://www.nrcs.re.kr/reference/together で検索可能。

りうる。[33] その役割をきちんと果たすためには、中国人の言説の場に批判的に介入できる思考の枠組みを私たちが提示できなくてはならず、それを通じて韓国と中国が互いに省察する契機をつくらなければならない。

5 周辺の視座、互いを映す鏡

韓中関係史にあらわれた「変わるもの」と「変わらないもの」が相互に作用し合う今日の力動的状況は、韓中相互認識において良循環をもたらすのか、悪循環をもたらすのかを見極める緊要な機会を提供している。今こそ互いが互いを映す鏡にする知恵を発揮する時である。

このような観点から私たちは、葛兆光が最近の著書[34]において提起した「周辺から見た中国」（従周辺看中国）という視座から、韓中関係史の「変わらないもの」から「変わるもの」を見いだす小さな可能性を垣間みることができる。

彼の観点を理解するためにはまず、彼が中国の自我認識を中心に、中国史を三つの時期に区分した議論を簡単に紹介する必要がある。彼によれば、中国は第一段階である「自我中心的想像時代」、すなわち自らを映し出す鏡が存在しない時代を経て、第二段階である「ひとつの鏡だけがある時代」、すなわち巨大な他者である西欧が存在する時代を通過した後、今や第三段階である「多様な鏡に自らを映し出す時代」にさしかかっている。こうして周辺の各地域に存在する様々な他者の中国認識から、過去と現在の中国を再び見ることが重要となった。ここで彼が述べる周辺とは、日本・朝鮮・ベトナム・インド・モンゴルなどを主に指している。中国が自らを異質的な西洋と比較するするならば、単に二つの文明の違いの大まかな特徴が浮かび上がるだけである。しかし違いが少なく、一つの文化伝統を共有する周辺国家と比較すると、細部の違いや「中国的な」ものの特徴を確実に認識することができるからこそ、周辺の観点が求められる。[35] 中国人が、不断に変化する「歴史中国」を「周辺」の反応を通じて観察するならば、「現実中国」自体に対する新たな認識を得ることもできる。[36]
ただし、彼が述べる周辺の視座は、海外の地域研究が近代的意味での民族国家領域を超えようとする脱近代的傾向が強いと批判しながら、基本的に中国という国家に重点を置いたものである。この点がよくあらわれた箇所を引用してみよう。

私たちが提唱する「周辺から中国を見る」視座は、中国史に焦点を合わせたものである。近世に形成された文明空間と、近代につくられた政治国家としての「中国」が、以前のように文化と政治の領域で強力に存在している状況で、中国という民族国家を中心とする歴史研究は依然としてそれなりの意味がある。[37]

(33) 新天下主義が東アジアで普遍性を持つ問題と関連して、二〇〇年以上前の東アジア秩序の転換時代に、年行使節の一員として中国を旅行した燕巖(ヨナム)・朴趾源(パク・チウォン)(一七三七―一八〇五)の中国観は参考にする価値がある。彼は中国に文明の中心である上国と、力で屈服させる強大国である大国の二つがあるとして、両者を区別した。前者が明朝、後者が清朝に該当する。朴趾源『熱河日記(열하일기)』第二巻(トルベゲ、二〇〇九年)、二五八―二六一頁。
(34) 葛兆光『宅茲中国：重建有関「中国」的歴史論述』(北京：中華書局、二〇一一年)。
(35) 同書、二七九―二八〇頁。
(36) 同書、二九五頁。
(37) 同書、二九二頁。

先にみた内容だけでも、彼が主張する「周辺」の視座が、地理的な意味の周辺国家と民族を通じて中国をより多様に解釈するのにすぎないことがわかる。彼の観点をより明確に把握するために、筆者が以前から提起している「二重の周辺の視座」[38]という観点と比較してみよう。筆者が述べるのは、西欧中心の世界史の展開において、非主体化の道を強要された東アジアという周辺のまなざしと、東アジア内部の位階秩序において抑圧された周辺のまなざしが同時に必要であるという問題意識である。すなわち、世界史の位階構造のなかの東アジアという周辺、そして東アジアの位階構造のなかの周辺の視座を同時に持とうとするものである。ここで周辺とは、葛兆光のように主に中国という中心の地理的周辺国家と民族のみを指すのではなく、中国内外の周辺的存在――国家の隙間に位置する様々な民族・地域などの主体まで――をすべて含んでいる。また、二重の中心－周辺位階秩序がつくる東アジアの歴史と現実の具体的実像に対する批判的な認識、さらにはそれを克服する実践的観点を持とうとするのが、筆者の「二重の周辺の視座」から見た東アジア論の核心である。

葛兆光の「周辺から見た中国」論や先に見た許紀霖の「新天下主義」は、筆者の「二重の周辺の視座」から見た東アジア論と問題意識を一定程度共有するものである。しかし先に見たように、異なる面が存在するのも事実である。それは韓中関係史にあらわれた「変わらないもの」と「変わるもの」が相互作用して浸透する今日の変化する様相を反映するもうひとつの証拠となるだろう。

ここで筆者が再び強調したいことは、韓国と中国がそれぞれを互いに映す鏡として扱うということの意味である。それは、相手を通して自らを省察し、共に変化する契機とするということだ。中国人が（朝鮮半島南北の住民全体を含んだ中国内外にわたる多様な）「周辺的」主体の視座を通じて、自らの過去と現在の中心－周辺関係を批判的にとらえ直し、より一層住民親和的で生命親和的な発展、すなわち「生命持続的発展」（life-sustaining development）を未来のビジョンとして提示する文化を形成し、発信しているのかを、私たちは問う必要がある。[39] もちろんこの問いは、韓国人にもそのまま投げかけなければならない。特に韓国の場合、朝鮮半島の南北が分断体制の克服運動を通じて漸進的に再統合し、これに見合った内部改革をそれぞれ推進しつつ、「生命持続的発展」の未来に向かっているのかを真剣に問わねばならない。南北が再統合する過程で国家連合形態の複合国家が形成されるであろうが、その国家連合は「東アジア固有の地域連帯形成のための、一つの必要条件を提供」するとともに、[40] 東アジア共同体のための「パラダイム転換の中核」[41] となるだろう。[42] このやりがいのある課業の遂行過程において、朝鮮半島全体

（38） 本書第一章を参照。

（39） すでに慣れ親しんだ「持続可能な発展」（sustainable development）概念と区別される「生命持続的発展」概念は、「あくまで生命を維持し力づけることを基本として、これにふさわしい発展可能性を探そうとする」ものである。これについては、白楽晴「二一世紀韓国と朝鮮半島の発展戦略のために（21세기 한국과 한반도의 발전전략을 위해）」、白楽晴ほか『二一世紀の朝鮮半島構想（21세기의 한반도 구상）』（創批、二〇〇四年）、二二頁を参照のこと。

（40） これに関連して、白楽晴の次の発言が理解を助けるだろう。「南北朝鮮がゆるやかで開放的な複合国家形態を選択することが、すぐに「東アジア連合」に結びついたり、中国あるいは日本の連邦国家化を誘導したりする可能性は小さくとも、たとえばチベットや新疆、沖縄がよりしっかりとした自治権を持つ地域として進化する道を促すことができる。また中国本土と台湾が、名目上は香港式「一国二制」を採択しつつ、内容は南北連合に近い妥結策を見つけ出す一助となるだろう」（白楽晴「『동아시아공동체』구상과 한반도」、『歴史批評（역사비평）』二〇一〇年秋号、二四二頁）。日本語版は、白楽晴／青柳純一訳「「東アジア共同体」と朝鮮半島、そして日韓連帯」、『世界』、二〇一〇年五月号、六〇頁。

（41） 坂本義和「二一世紀に「東アジア共同体」が持つ意味（21세기에 「동아시아공동체」가 갖는 의미）」、『創作と批評』、二〇〇九年冬号、三九九頁。

（42） 複合国家の意味とそれと連動する東アジアの変化に関する詳しい分析は、本書第二章と第五章を参照のこと。筆者のこの主

の住民への広がった「ウリ〔われわれ〕」が、中国のための鏡として役に立つであろうことは明らかである。韓中関係史において「変わらないもの」に該当する韓国（すなわち朝鮮半島）の位置・役割の重要性が、二一世紀にはこうした創発的形態としてあらわれるだろう。

このように韓国と中国の多様な主体が、互いを映す鏡として自らをとらえるならば、中国のみが韓国の運命なのではなく、韓国もまた中国の運命、つまり互いが運命共同体であることを知ることになるだろう。これが韓中国交樹立二〇周年をむかえた行為主体である私たちに与えられた課題ではないだろうか。

張にもう少し説得力を持たせるには、少なくとも一九世紀末以来の朝鮮半島の歴史的経験、すなわち実在したり構想された多様な政治体を綿密に点検しなくてはならない。しかし、本章ではそこまでに及ぶことができなかった。本章で述べる複合国家論とまったく同じではないが、朴明圭（パク・ミュンギュ）が提案した「軟性複合統一論」も参照する価値があることを付け加えて紹介したい。彼は「最終的統一国家形態体が、重層的で複合的な制度連合に基づいた、新たな政治共同体となる可能性」を考慮しなくてはならないとして、「二一世紀型統一は、南北統合はもちろん、朝鮮半島の空間的境界を飛び越え、地域統合までも内包する複合的なものでなくてはならない」と主張する。朴明圭『南北境界線の社会学（남북경계선의 사회학）』（創批、二〇一二年）、三六〇―三六一頁。

第七章
私たちにとって台湾とは何か——韓国‐台湾関係を問い直す

1　私が「発見」した台湾

一九九九年、五・四運動八〇周年を迎え、北京と台北でほぼ同時に記念学術大会が開かれた。私は二カ所から招請を受け、比較できるよい機会だと思い、どちらの会議にも参加した。それが初めての台北訪問であった。その時まで私は、(一般の韓国人がそうであるように)当然台湾を中国の一部と考えていた。韓国人がそのように考えるようになったのは、中国が歴史的にひとつの統一体であるという、伝統的な大一統思想あるいは中華主義の影響もなくはなかったが、それよりは、私たちのように分断された(そのため統一されるべき)中国の片方であると認識する、冷戦的思考あるいは民族主義の影響が大きかったように思う。そのため、当時私が中国史研究者でありながら、台湾の実情をよく知らなかったのは仕方ないことだったかもしれない。ところが、その時に短い期間であったが、台湾現地の研究者たちと接触しながら、韓国と台湾が民族の統一について、そして日帝植民地経験についても、互いに違う観点を持っていることがわかって驚いた。そして、その根底には台湾独自のアイデンティティ形成という歴史的文脈があることを「発見」したのである。その時から私は、台湾の特殊性に深い興味を持ち始めた。

その頃台湾社会では、台湾は中国の一部ではないという認識とともに、台湾土着社会に対する主体的関心（後に再び説明するいわば本土化）が高まり、それにともない台湾人としての独自のアイデンティティが形成されていた。台湾の歴史に興味を持ちはじめたちょうどその頃、台湾漢学研究中心の招請を受けた私は、訪問研究員として二〇〇一年三―八月にかけて台北に滞在することになった。それを機に、台湾の歴史と文化により深く接することができたのである。

台湾滞在中、大学という制度のなかで台湾史や中国史の研究者たちとばかり交流したわけではない。私は多様な分野の批判的知識人グループと縁を結ぶことになり、それが台湾の実情と台湾人の情緒を一層繊細に理解するのに役立った。その時から、統一志向派（統派）と独立志向派（独派）という政治派閥の影響を受けない、外国人としての利点を活用し、様々な傾向の台湾知識人たちとネットワークをつくり、現在までもそれを維持している。

二〇〇一年以後、台湾知識人社会の招請を受ける機会が増え、台湾の多くの集まりに参加した。彼らが私を必要とした理由は、私が東アジア的観点から韓国・台湾・中国・日本を比較し、それについて説明できるというメリットをもっていたからであろうと推察する。さらに、本章執筆からちょうど二〇年前の一九九二年に、韓国と台湾が国交を断絶して以来、韓国知識人たちは主に中国大陸に関心を向け、台湾に関心を寄せた人々が少なくなったことも、その理由として作用しただろう。大韓民国が中華人民共和国と国交を結び、中華人民共和国の「ひとつの中国」政策に応じていったために、台湾が私を「発見」したのだと私は冗談まじりで言ったりもする。その結果、私は、この間台湾で少なくない論考を発表することができたし、二〇〇九年には台湾の友人たちの助けを得て、中国語版の著書[1]を刊行することもできた。

個人的経験にまつわるこの小さな物語は、実は韓国－台湾交流史の大きな物語と結びついている。今からその大きな物語についてスケッチしてみたい。

2 韓国人の歴史経験のなかの台湾——媒介された出会いと直接向き合うこと

この間韓国と台湾は、歴史上ある中心によって媒介され交流してきた、東アジアの周辺的存在であった。遡れば中華帝国、日本帝国、そして冷戦期にアメリカによって繋がってきたのであって、互いに直接対面したことがなかった。そうして一九八〇年代後半に入り、自らの社会の課題を照らす参照枠として、あるいは連帯の対象として、互いへの関心を少しずつ持ち始め、二〇〇〇年代になって本格的に知識人たちが活発に交流を始めた。その歴史的変遷を少し追跡してみたい。

これまで知られている限り、初めて台湾に渡った人々は、朝鮮王朝時代の漂流民たちである。一七二七年に海難事故によって漂流の末台湾にたどり着き、その地に滞在してソウルに戻ってきた三〇人余りの朝鮮人の話が記録されている。その後一八七七年まで一五回にわたって一七〇名の漂流民が台湾に渡っている。彼らは台北－厦門－福州－北京－義州のルートを経て帰還した。[2] このルートから分か

（1）拙著『思想東亞：韓半島視覺的歴史與實踐』（臺北：台灣社會研究雜誌社、二〇〇九年）。

（2）朝鮮と植民地時代の叙述は、金勝一「台湾韓僑の歴史的遷移状況と帰還問題（대만한교의 역사적 천이상황과 귀환문제）」、

るように、台湾と朝鮮は清朝を介して繋がっていた。

漂流民たちの調査によれば、台湾に朝鮮の事情を知らせると同時に、帰国後朝鮮人に台湾に関する情報を知らせていたことは明らかであるが、それによって朝鮮人が台湾に対する具体的なイメージを持ったわけではないだろう。ただ、これに関しては、興味深い話がひとつある。朝鮮時代の朴趾源《パク・チウォン》の小説『許生伝』[3]の主人公・許生が、辺山半島の盗賊を騙して連れていった開墾した島が台湾だと推定する見解がある。この通りであるとすれば、台湾は遠い南方に位置する未知の場所として想像の対象であったということではないか。

朝鮮時代の漂流民の経験は、韓国と台湾交流史の始発としての意味はあるが、移住ではない一時的滞留にすぎなかったため、持続的な意味は持たなかった。実質的な移住が始まったのは、日帝時代に入ってからである。

日帝の植民地となった朝鮮では、朝鮮総督府の武断統治に抵抗して三・一運動が発生した後、生業を営むことができなくなった一部の民衆たちが台湾に渡り定着した。生計型移民に属する彼ら移住者は、その数が少なかっただけでなく、ほとんどが一時的生計のための方便として台湾に渡ったため、単身で滞在する場合が多かった。その後、太平洋戦争に突入し、日本帝国の強制徴用によって台湾に渡った移住者たちがいた。一三〇〇名と推定される朝鮮南部の漁民と、その生産手段である船舶が、太平洋地域の物資輸送のために台湾に強制動員された。その他にも、自発的かそうでないかにかかわらず、台湾に渡って性売買をおこなった娼妓たちも、少なくない数であったことが公式に把握されている。

彼ら移住者の実情が今後より詳細に明らかになればなるほど、韓－台湾関係史はより豊かになるはずであるが、今現在では彼らが植民地時代の韓国人の台湾認識にいかなる影響を与えたのかを知る術はない。彼らよりはむしろ、当時の日刊紙に載った旅行記の類が韓国人の台湾認識をうかがい知ることのできる有用な資料である。韓国人にとって台湾は、四季が常夏である南国であり、土着民（生蕃）が暮らす野蛮の地であり、経済面において日本帝国経済圏内にある競争と協力の対象であった。つまり、同じ植民地としての憐憫を感じつつも、そこには文化的優越感が混在した認識があった。[4]

こうした台湾認識が日本帝国の主流言説の磁場のなかで形成されたことは容易に想像できる。特に「人の首を切る残忍な野蛮人が暮らす国」、すなわち少数者である南島語系原住民を念頭に置いた、南洋の「未開の国」というイメージが日本発の言説によって伝播し、影響が大きかったようである。一九五〇年代後半、台湾を直接見聞した韓国知識人は「日本人の謀略と奸計によって土人家屋ときいていた」[5]と、自らの従来の台湾認識を反省したほどであった。

このように台湾に行った移住者の事例はもちろん、韓国人の台湾認識に日本が重要な影響を及ぼしたことからわかるように、日帝時代に日本帝国を媒介として韓国と台湾は繫がった。そのため、日本帝国が許容した枠組みを超えた交流を続けるのは困難であった。台湾の同志たちの協力のもと、アナキスト連帯運動拡散につとめた申采浩が、台湾の基隆に到着するやいなや、日本の警察に逮捕されたことが

『韓国近現代史研究（한국근현대연구）』第二八集（二〇〇四年春）に基づいている。

（3）朴趾源の『許生伝（허생전）』原文には、漠然と「島」と書かれ、長崎と交易したとだけ描写されている。ところが、朴潤元「台湾藩族と朝鮮（대만번족과 조선）」（上中下）、『東亜日報』、一九三〇年一二月一〇―一二日付には、その島が台湾であるという主張がみられる。

（4）崔元植、白永瑞編『台湾を見る眼（대만을 보는 눈）』（創批、二〇一二年）、第四部第一章を参照。

（5）宋志英ほか『自由中国の今日――台湾紀行（자유중국의 금일：대만기행）』（春潮社、一九五八年）、一一九頁。

その端的な証拠である。[6] そのなかで、日本文化界を媒介にしておこなわれた舞踊家の崔承喜《チェ・スンヒ》の台湾公演が、現地で熱烈な反応を呼んだのは、韓国－台湾文化交流の先駆としては異彩を放っている。[7]

ところで視野をより広げてみると、日本帝国の枠組みを超えて、中国大陸で「共同抗日」を目標に、韓国人と台湾人が合作した連帯事業が注目される。両者が連帯団体を組織して計画的に推進し、有力な人士が個人的紐帯の次元で主導した多様な活動は、被植民地という共同経験に基づいた連帯意識の所産である。たとえ中国の政治勢力（国民党であれ共産党であれ）に財政的、政治的支援を受け、「中国抗日戦争という傘のもとで広げられた韓台連帯」という制約を持っていたにしても、[8] 中国を媒介とした交流のひとつの起点として、今後より掘り下げてみる余地は大きい。[9]

では、日本帝国が滅亡し、その勢力圏を脱した一九四五年以後の、台湾と韓国の関係はどうであったのか。

日本が後退すると、中国大陸を支配した中華民国政府が、台湾を即時接収した。そしてすぐに、大陸を共産党に引き渡し、台湾島に敗退した蔣介石政権が、そこを拠点に中華民国の法統を維持した。台湾の中華民国は、冷戦期とりわけ朝鮮戦争以後の東アジアにおいて、共産中国に対峙する自由陣営の前哨基地として、アメリカの積極的な支持を得て支えられた。自由陣営の構成員であった韓国と台湾は、今度はアメリカを媒介に繋がったのである。大韓民国政府と中華民国政府は、互いを合法政府として承認し、一九四九年一月に公式に国交を結んだ。それから一九九二年八月に国交断絶を宣言するまで、両国は同じ分断国家であり、共に反共を是とする友邦として親密な関係を維持した。しかしこの連係はあくまでもアメリカとの垂直な両者関係を媒介に間接的におこなわれたものだった。一時台湾の蔣介石と韓国の李承晩およびフィリピンのキリノが独自の反共機構「太平洋同盟」を組織しようと試みたが、アメリカの反対で挫折した事情はその限界を克明に見せてくれる。

しかしアメリカの世界的冷戦秩序を維持する東アジア地域構図の範囲内では、両国の政治的、軍事的交流はもちろん経済的交流も比較的活発であった。またこうした構造的制約のなかで、政府の後援のもと、民間人による文化交流もしばしば行われた。私が編集した『台湾を見る眼』（創批、二〇一二年）末尾に載せた「年表」には、自由陣営の友邦として両国間ですすめられた政治、軍事、経済、文化の次元の多様な交流の足跡が詳しく書かれている。

冷戦秩序のなかで蓄積したこのような交流の経験が、韓国人の台湾認識に及ぼした影響の一端は、詩人の趙炳華《チョウ・ビョンファ》(10)の詩に見ることができるだろう。一九七五年韓国文人親善訪問団の一員として台湾を一五日間視察した彼は、帰国直後に記念詩集を刊行した。それには、自由陣営の友邦台湾に対する好感と連帯の心情がよくあらわれている。その一部を見てみよう。

極東の南側／アジアの広場／薔薇の国／密やかに愛と話と明日が／私たちの胸に咲き誇る薔薇の国／台湾は野ごと薔薇咲く国／明日が眠る国／静かな国

（「薔薇の贈り物（장미의 선물）」から抜粋）

（6） 崔元植、白永瑞編、前掲書、第四部第三章を参照。

（7） 同書、第四部第二章を参照。

（8） 韓相禱「日帝侵略期韓国と台湾抗日運動勢力の国際連帯（일제침략기 한국과 대만 항일운동세력의 국제연대）」、『韓国民族運動史研究（한국민족운동사연구）』第四九集（二〇〇六年一二月）：二〇〇頁。

（9） 中国を媒介にしたものではないが、一九二八年五月三日、抗日運動家・趙明河（チョウ・ミョンハ）がおこなった、台中で視察中の日本皇族への暗殺未遂事件など、台湾を舞台にした朝鮮人抗日活動はもっと発掘できるだろう。

（10） 趙炳華『石阿花（석아화）』（正音社、一九五八年）。本文で引用した詩は、二四頁、三三頁、五六頁。

台湾はいま生産の国／ひたすら花咲く閑で暖かい国／緑の国／民族の国／民権の国／民生の国／
自給自足する国　　（「煉油廠（연유창）」から抜粋）

文人訪問団一行のほとんどは、国民党の理念である三民主義（民族・民権・民生）に基づき発展する「自由中国」というイメージを共有していたようである。彼らは日帝に影響を受けた「未開の国」台湾という、「全般的に誤った認識」を持っていた自らを反省しつつ、公的視察と私的探索を総合した結果、「台湾は住みやすい国、私たちが学ぶべき国」と再認識するに至る。清潔、秩序、時間厳守という特徴も共に深い印象を与えた。そしてこのように台湾を発展させた原動力として、行政面での国民党政府の指導力とともに、農村経済の安定と国民の遵法精神、そしてアメリカによる援助の効果的活用を挙げていた[11]。

彼らは、台湾が発展する模範国家であるというイメージとともに、同じ分断国家としての反共の砦という連帯意識も強く持っていた。趙炳華が、中華人民共和国と接境する島として砲撃が絶えなかった金門島の現場を視察した後に作った詩には、こうした認識がよく形象化されていた。「自由の要塞／アジアの牙城／極東の新都／昼夜を問わず全ての自由アジア市民を守る／自由中国の不眠の島だ」（「金門島」）。

しかし、そうしたなかでも、訪問団の一人である鄭飛石《チョン・ビソク》は、台湾の暗い部分を直視していた。台湾に言論の自由が不足し、野党が不在であり、台湾本土人（すなわち本省人）と大陸人（外省人）のあいだの感情の融和に問題があるというのである。特に「大陸人の優越感と台湾人の列島意識は、いまだ無言の状態であり、同族間においても釈然としない点が垣間見えた[12]」という指摘は、当時の台湾社会の底辺を見抜いた鋭い観察であったというほかない。

このような認識は反共独裁政権に批判的な一部の韓国知識人の台湾認識に通じるものだったが、それはあくまでも少数にとどまったであろう。一般的には反共をともにする友邦国である「自由中国」であり、(文化大革命をすすめた中国大陸に対比して)伝統文化を守った「唯一の中国」というイメージが、韓国社会においては公式的かつ支配的なものであっただろう。いずれにせよ台湾多数の民衆(主に本省人)の生活に即した認識が冷戦期にあらわれたわけではなかった。構造的に似たような状況において、冷戦文化を共有しはしたが、その性格を正確に把握し、国境を超えた民間社会の連帯を模索する動きは、ほとんど見られなかったのである。(13)

そうしたなか、一九七一年にアメリカが中華人民共和国との和解を推進することで、堅固な東アジア冷戦秩序に亀裂が生じ始めた一九七〇年代に入り、韓国と台湾ではそれぞれの独裁政権に批判的でありつつ、土着社会に基づいた文化運動が台頭した。どちらも外来思潮であるモダニズムに批判的な文学運動として触発されたが、台湾では郷土文学、韓国では民族文学がその中心にあった(これを集中的に分析したものが白池雲《ペク・チウン》の研究(14)である)。同時に韓国では民族史学が、台湾では本土史学(すなわち中国史ではない台湾史研究)が台頭した。そのほかにも、なお十分に発掘されておらず、私たちが知らないだけであり、亀裂が入った冷戦秩序に応じながら同時に展開された両方の社会の土着文化運動の経験は豊富に存在す

(11) 宋志英ほか、前掲書、二六頁、五〇頁、五二頁、七三頁。
(12) 同書、七五頁。
(13) 姜泰雄(カン・テウン)の研究は、この点を両国の反共映画の類似性を通してたくみに例証している。崔元植、白永瑞編、前掲書、第三部第二章を参照のこと。
(14) 同書、第三部第一章を参照のこと。

る（その一例として、一九七〇年代の批判的ジャーナルである韓国の『創作と批評』（一九六六年―現在）と台湾の『夏潮』（一九七六年―一九七九年）の論調を比較してみると、相当の類似性を発見できる）。これらは興味深い比較対象であり、第三世界の文化運動の豊かな資源である。しかしそれらは、互いをほとんど意識することなく、それぞれ孤立した状態で進んでいた。韓国と台湾の批判的文化運動が互いを映し出す鏡として意識化され、連帯の道を模索し始めたのは、両方の社会において民主化が軌道にのった一九八七年前後からである。韓国は六・二九宣言、台湾では七月戒厳解除がその分岐点であった。

こうした状況で郷土文学理念を唱えた台湾の代表的作家・黄春明の短編小説集が、『さよなら、ツァイチェン』というタイトルで、一九八三年に創作と批評社の「第三世界叢書」の一つとして紹介されたのは意義深い。そこに収録された作品「両個油淡匠」は、韓国でまず『チルスとマンス』というタイトルの演劇として脚色、上演された後、一九八八年に朴光洙《パク・クァンス》監督によって同名の映画として製作された。韓国と台湾が互いを参照価値がある存在として認識し始めたのである。まさにこうした意識を積極的に実践に移した人が、台湾の作家である陳映眞である。彼は一九八七年六月抗争以後の民主化運動の熱気につつまれた一九八八年に、自らが創刊した雑誌『人間』（一九八五年創刊）の記者として韓国を二度にわたって訪問し、民族文化運動陣営の主要人物のみならず、各界の多様な人々と接触した。その結果が『人間』四四号（一九八九年六月）に載った「陳映眞現地リポート――激動する韓国の民主化運動」という特集記事と、四五号（一九八九年七月）に載った「韓国の錐」特集記事である。その時に結んだ人脈は、後に両方の社会の批判的知識人の連帯運動の種となった(15)。そして今年（二〇一二年）の夏、その雑誌の志向を創造的に継承した国際的中文雑誌『人間思想』が創刊したが、ここに私をはじめとする韓国の知識人たちが編集委員として参与したのも意義深いことだといえよう。

しかし、彼の活動は、当時の台湾社会で例外的だといえるほど珍しい事例であった。韓国でも、台湾の民主化運動や土着的文化運動の現場を直接訪ね連帯を模索した努力はきわめて少なかった。そのなかで目にとまるのは、当時出帆したばかりの『ハンギョレ新聞』（一九八八年創刊）が、一九八九年に台湾の両岸交流と民主化運動の現場を訪ねておこなった深層リポートである。[16] 同時代の民主化の道程にある同じ分断国家・台湾に対する韓国人の関心の変化が反映された珍しい事例であった。

このような段階を経て、一九九二年、大韓民国政府と（冷戦期の敵性国家であった）中華人民共和国政府との国交樹立の副作用として、台湾との国交断絶がなされた。これによって、これまで友邦であった両国関係は冷えきったが、アメリカが台湾との断交以後取った前例にならい、大使館ではない代表部を置く実用的なやり方で、一九九三年から韓国－台湾の外交関係を持続することはできた。ただこれとは別個に、断交は、両方の社会がアメリカの媒介なしに多様な次元で互いに直接対面する契機をもたらしたと見ることもできる。冷戦期自由陣営に封鎖された中国の「窓」として台湾を見るのではなく、台湾それ自体を見るようになったのである。これはまさに、東アジア冷戦秩序の瓦解がもたらした効果である。

その効果を代表的に象徴する活動が、台湾の二・二八事件と韓国の済州島四・三抗争および五・一八光州民主化運動の比較である。一九九八年に韓国では政権交代がおこなわれ、金大中政権に入った年から、

（15） 同書、第四部第六章を参照のこと。

（16） 権台仙特派員現場取材「古い枠壊す台湾（「묵은 틀」 깨는 대만）」、『ハンギョレ新聞（한겨레신문）』一九八九年三月一九日、二一―二四頁。この取材には韓国社会と似たような道を歩いている台湾の民主化に早くから学術的関心を持った中国史学者・閔斗基（ミン・ドゥギ）の協力があった（『東亜日報』、一九八七年七月一五―一七日、二一日、八月七日にも「台湾民主化の風、三八年ぶりの変化――現場を行く（대만민주화 바람、38년만의 변화：현장을 가다）」（一―五回）を連載した）。

韓国の学界と市民社会が国家暴力に抵抗する東アジア人の連帯という観点から、台湾人の土着的民主化運動に深い関心を見せ始めた。[17] 新しい次元の韓国－台湾交流であるといえるだろう。[18]

そして、これより幅広く新たな関係を主導したのが、大衆文化交流、すなわち韓流である。今日、国家間（国際）関係より民間（民際）関係がより一層重要になっている。韓国のテレビドラマとK-popを通じて、台湾人の日常生活に韓国がより浸透していった。大衆文化に限定された現象ではあったが、韓流のおかげで、台湾社会では韓国に対する肯定的な関心が一気に高まった。しかしそれと同時に、韓流に対する批判的反応、すなわち反韓流あるいは嫌韓流が噴出することもある。従来、冷戦体制のもとで反共の同伴者であり、経済的に遅れた相手であった韓国が、アジア金融危機を経たにもかかわらず、再び活気を帯びて文化商品を輸出するなど経済面でも躍進し民主化に弾みをつけると、警戒と比較の視線を送るようになったのである。[19]

ここで私は、台湾人が韓国について理解してくれることを期待するより、韓国人が台湾を理解しようとする姿勢がまず求められる、ということを強調したい。二一世紀の望ましい韓国－台湾関係のためには、多様な次元で少しずつ新たな関係を結ぶ努力が必要であるが、韓国人にとって何より必要なのは、一方向的な文化交流を再考することである。

その重要な一歩は、大衆文化の受容よりはむしろ、台湾の複雑なアイデンティティ形成過程をきちんと理解することである。後に説明するように、台湾は冷戦期に国民党一党独裁体制のもと、民主化運動と本土化過程の困難な道を歩んできた。その結果、二〇〇〇年に国民党一党体制から脱し、民主進歩党への政権交代がなされ、その過程で主体的台湾意識が主流となり、脱中国のスローガンのもと中国と区別される台湾（人）アイデンティティを追求する強力な動きが台頭した。これについての正しい理解なしに、台湾人の生活世界にあらわれた苦悩と自負心に近づくことはできない。[20] ここで韓国人が台湾人のアイデンティティを理解するうえで必須のいくつかの問いに答えるかたちで、その課題を遂行しようと思う。記述の過程で台湾事情を知るための緊要なキーワードに言及し、それについて説明を加えたい。

3　台湾人のアイデンティティを理解するうえで必要な問い

（1）台湾は中国の一部なのか

この問いに答えるためにまず中国という名称から考えてみよう。この名称は古代から用いられたが、国号として法律上の意味を初めて持ち得たのは、一九一一年に清朝が滅び、中華民国となってからである。すなわち「中華民国」の略称として用いられたのである。その後、一九四九年に中華人民共和国が成立し、中華民国と競争する二つの中国が併存したが、一九七一年に中華人民共和国が中華民国の代わ

(17)　一九五〇～八〇年までの韓国人の台湾認識についてのより詳細な研究成果が発表された。鄭文祥「冷戦期韓国人の台湾認識——日刊紙の台湾関係記事の分析を中心に（냉전기 한국인의 대만 인식：일간지의 대만관계 기사 분석을 중심으로）」、『中国近現代史研究』五八集（二〇一三年六月）。
(18)　その出発点は次の二つの大会である。済州四・三研究所主管済州島四・三第五〇周年記念国際学術大会「二一世紀東アジア平和と人権（一九九八年八月二一—二四日）、全南大学五・一八研究所主催光州民主化抗争一八周年記念全国学術大会「五・一八と東アジアの民衆抗争」（一九九八年五月一二日）。
(19)　崔元植、白永瑞編、前掲書、第四部第四章を参照のこと。
(20)　同書、第一部第二章を参照のこと。

りに国連常任国になってからは、中国といえば狭い意味での中華人民共和国を指すようになった。しかし、私たちの実生活において中国とは、広い意味での地域、文化、政治領域の対象をさす文化体、歴史体として用いられ、もう一つの中国の汎称である中華とともに用いられている。

今日の中国は狭い意味での中華人民共和国を指す語彙として使用される場合が多いが、ここで中国の領域、正確にいえば中華人民共和国の領土についてはっきりさせておく必要がある。私たちは、中華世界が紀元前二二一年に秦の始皇帝が統一して以来、二千年にわたって拡大・発展した安定した構造であると見る傾向がある。しかし中華人民共和国の版図の原型は、一七五九年（清乾隆帝二四年）に中央アジア征服が完成された時に見いだすことができる。モンゴル、新疆、チベットまで領土を拡大した清朝が成し遂げた中華世界は、以前とは異なり、多種族・多民族の多元的・階層的政治秩序として維持された。またよく知られているように、中国の歴史は統一王朝の期間よりも分裂の期間がより長かっただけでなく、漢族ではなく北方遊牧民族が支配した王朝も多かった。こうしてみると、中国人の領土・民族問題や大国意識に直結した「統一中国」というのは、決して超歴史的な固定した実体ではない。

したがって、広い意味では中国の一部であるが、台湾が中華人民共和国の一部、すなわちひとつの省（台湾省）であるかと聞かれても、簡単に答えられる問題ではない。もちろん中国大陸では、そうだと答えることに慣れている。そうでない場合、「分裂行為」であると見なされる。韓国人もそうであるように、外国人のなかでも「中国の一部」と考える人々が少なくないだろう。しかし、台湾人の相当数は（この後に説明するように）、単純にそうだと答えるのが複雑であるような立場に置かれている。考えてみると、実際に国際法上の台湾の位置もそう簡単ではない。

台湾（Taiwan）という名称は、もともとオランダ人が一七世紀台湾島南側に駐屯した場所（今の台南安平）をオランダ語でTayouan（大員）と呼んだことに由来する。それが台員あるいは台湾と表記されたのだが、後に台湾島全体を指す名称となった。また、一六世紀ポルトガル船員たちが呼んだ名称であるIlha Formosa（Ilha は島、Formosa は美しいという意味）に由来するフォルモサ（Formosa）もしばしば使われる。この島には、石器時代から原住民が住んでいたが、一七世紀からオランダ、スペイン、清朝、日本帝国そして国民党政府が「外来政権」として順番に支配してきた。

清朝はその末期に、欧米海洋勢力が関心を持つ台湾を一つの省に昇格させ、地方近代化政策を推進したが、一八九五年の日清戦争に敗れると、勝利をおさめた日本に台湾を差し出した。したがって一九一一年に成立した中華民国が二〇世紀前半に台湾を実効的に支配したことはなかった。しかし、以下に見るように、日本が敗北した後、台湾の帰属問題が国際法上あいまいに処理され、今でも火種となっている。

台湾の国際的地位の不安定さは、敗戦国日本の地位を定めるために一九五一年九月にアメリカと日本が結んだサンフランシスコ講和条約にもそのままあらわれている。調印の場に戦勝国である中華民国代表が参席しなかったのはもちろん、台湾の領土問題に関する第二条「領土権の放棄」項目に、「日本国は台湾および澎湖諸島に対するすべての権利、権原及び請求権を放棄する」と表記されたが、中華民国（台湾）に帰属するとは明示されなかった。こうしたあいまいな処理の仕方は、翌年四月に締結された両国家間条約（日華平和条約）でも繰り返された。

冷戦期には、アメリカの支援を得た台湾が国連加盟国として国際的地位を得たが、一九七一年に中華人民共和国が議席を占めるようになると、それに反発して脱退した後には国際的地位が非常に不安定になった。中華民国は政府、国民、国土という国家の基本要件を備えていたが、北京政府が推し進める

「一つの中国」政策の圧迫により、台湾と国交を結んだ国家は極めて少なかっただけでなく、国際機構に加入することも難しくなり、独立国家としてまともな待遇を得られなかった。今、国際社会に進出するには、北京政府が許容する条件であるChinese Taipeiという称号を台湾が受け入れなくてはならない。しかし、この称号が中国の一地方政府を意味するとして、台湾人は反発している。これはまさに今日の台湾が一つの国家として持つ地位の不安定さを象徴している。

(2) 台湾人は中国人か

実際に誰が中国人かという問い自体も容易に答えられるものではない。単一民族として構成された私たちとは異なり、中華人民共和国に居住する今日の中国人、すなわち中国政府によって(多元一体的)中華民族として見なされる中国人の構成も単純ではない。絶対多数である漢族以外に、公認された少数民族だけでも五五の族が存在する。ここに中華人民共和国と中華民国の領土外に居住する中国系の人々、すなわち華僑、華人――華僑は中国国籍を持って海外に一定期間居住する人々、華人は居住国の国籍を持っているが文化的に中国に帰属意識を持つ人々として、ほとんどは華僑二、三世などを指す――までを含めて文化共同体(華語世界)と見なすならば、中国人の範囲はより広くなる。中国は狭い意味での中華人民共和国国民に限定されない。むしろ歴史とともに常に動き続ける存在であると見るのが適切であろう。

このように中国人とは誰かという問いも簡単ではないが、ここであらためて台湾に居住する人々、すなわち台湾人は中国人かと問うならば、問題はより一層複雑になる。台湾人の構成自体が複合的であるためである。現在台湾には、台湾用語で「族群」[21]と呼ばれる同一言語と歴史経験を共有するエスニック集団が多数共存している。もっとも早く台湾島に居住した東南アジア系統の原住民、客家人、閩南人（福建省南部出身者）、外省人、さらには結婚移民によって東南アジアからきた新移民にいたるまで、多元的に共存しているのである。そのなかで、一九四九年前後に蔣介石の国民党が台湾に撤収した際に共に渡ってきた外省人（主に国語である北京語を使用）と、一九四五年以前からすでに居住していた本省人（主に福建省南部からの移住者で方言である閩南語を使用）の間の、いわば「省籍矛盾」は一九四七年の二・二八事件以来潜伏していたが、一九八〇年代以後に台頭した「本土化」以後に表面化した（本土化とは英語で indigenization, あるいは Taiwanization と訳され、台湾人の主体意識が民主化運動とともに台頭し、社会各方面に変化をもたらした流れを指している）。本来省籍は、一九三一年につくられた戸籍法による貫籍（本籍地）表記にすぎなかったのだが、国民党が台湾に追われてからも全中国を代表するという名分を見いだすために、立法院を構成した際に、民意代表の地域代表省において大陸の省籍を認定し、多数の外省人が代表職をそのまま維持した。さらに大陸から敗退する前に全大陸で選出された彼らが、選挙を経ずに改選され、事実上終身職として優遇されるという、いわば万年国会が持続したのである。そのため実効統治地域のほとんどを占める本省人の民意がほとんど代弁されることはなく、軋轢がより一層激化した。現在それは中国との統一か、あるいは台湾独立かという、いわば統独論争のかたちで台湾社会を二分している。ここから、両者を包括しつつ、大陸の中国人とは区別される「新台湾人」[22]という用語もあらわれた。

（21）　台湾では族群は「国族」（nation）と区別される。nationalism は通常「国族主義」と訳される。
（22）　「新台湾人」という用語自体は、一九九八年一二月の台北市長選挙の際に、国民党候補であった馬英九支持を訴えるために、当時国民党主席であった李登輝が用いたことで公論化された。外省人二世や戦後台湾で生まれた馬英九のような人々を「新台湾人」と名付けることで、内省人と外省人のあいだの省籍をめぐる葛藤を乗り越えようとしたのである。

このように多元的族群で構成された台湾人が中国人かという問いに答えるためには、彼らがはたして中国人としての一体感を持つのか、あるいは台湾人として独自のアイデンティティを持つのかを判断してみなくてはならない。ここで台湾人アイデンティティが形成された歴史的文脈にを遡って見ておく必要がある。

先に見たように、日清戦争の敗退によって日本に譲渡された台湾は、一九四五年八月、日本帝国が敗亡するまでの五十年間、日本帝国の植民地支配を受けた。この期間に中国大陸と断絶したまま、中国人でも日本人でもない「アジアの孤児」としての意識を持つ、台湾人独自のアイデンティティが芽生え始めた。(23)

台湾意識の形成過程をより詳しく見ようとするとき、黄俊傑が「台湾意識」の発展段階を四段階に分けたことが有用である。それによると、第一段階は明清時代で地方に対する所属意識だけがある時期、第二段階は日帝植民地時代で台湾意識が出現した時期、第三段階は一九四五年以後の基本的な省籍意識の時期、最後の第四段階は一九八七年戒厳令解除以後で北京政府に対応した台湾意識である。(24)このように四段階に区分した問題意識に対しては異論もあるだろうが、台湾意識は歴史的段階ごとに不均等な政治権力構造のために成長したものであるため、その構造的文脈のなかで把握しなくてはならないという観点は有用である。

このように台湾意識の形成には歴史的文脈があるが、確実な分岐は一九七〇年代である。その時から台湾人は外省人中心の国民党が公式に掲げた「中国人」概念と区別して、台湾人を主体とした「本土化」意識を次第に拡大させ、反国民党民主化運動を展開した。その後四〇年が過ぎた現在は、原住民、客家人、本省人、外省人という族群の違いや、国民党か民進党かという支持政党の違いを超えて、台湾人としてのアイデンティティが必要であるということを否定する人はいない。すなわち、みな同じ船に乗った「運命共同体」であるという自覚を持って、台湾人としての主体性を現実に根ざさしめ、台湾本土の安全を確保しようとするのが共通の課題である。

彼らの間の違いは、中華人民共和国という政治的実体との関係をいかに設定するかという点から生まれている。これによって、統一と独立の二分法が台湾社会を分断しているのが実情である。こうしたなか、中国人という概念自体が、雑種的で非実体的な概念であり、今日の大陸が「中国」の代表性を独占する状況は親米反共の分断体制がつくりあげた近代的産物にすぎないという興味深い主張も提起されている。彼らが述べる中国人は、現在大陸に住む一四億の人民を意味するわけではない。それは誰によっても「独占されることのない」、「開放的で未来志向的な中国人アイデンティティ」である。[25] その場合、台湾人は中国人であるが、特殊性あるいは独自性を持った主体となることができる。

こうした議論までをも視野におさめるならば、台湾人は中国人かという質問に対する私たちの答えは、肯定と否定のどちらも可能ではないだろうか。いうなれば「開かれた答え」というわけである。それは台湾人自身の主体的選択を私たちが理解し、共感するという意味である。単一民族であるというが、韓国人もまた、一つの民族、二つの分断国家の国民、全世界に散らばっている韓民族共同体の一員としてのアイデンティティなど、多次元的なアイデンティティが重なり合う現実を生きている。そのために、

---

(23) 梁台根「台湾民族主義を通して見た中国（타이완 민족주의를 통해 본 중국）」、崔元植、白永瑞編『帝国の交差路で脱帝国を夢見る（제국의 교차로에서 탈제국을 꿈꾸다）』（創批、二〇〇八年）、二六四頁。

(24) 黄俊傑『臺灣意識與臺灣文化』（臺北：臺灣大學出版中心、二〇〇六年）、三―三八頁。

(25) 鄭鴻生「台湾人如何再作中国人」、『台灣社會研究季刊』第七四期（二〇〇九年）：一一六―一二八頁、一三二―一三三頁。

開放的に思考する条件をすでに備えているのではないだろうか。

（3）台湾は日帝植民地支配を肯定するのか

初めて台湾に立ち寄った際に私も経験したことであるが、日帝植民地支配を肯定する台湾人の反応に韓国人であれば誰でも当惑しがちである。その時期を指す歴史用語自体からしてずいぶん違う。私たちはしばしば「日帝強占期」と呼ぶが、台湾では日本帝国の不法占拠という意味の「日拠」よりも中立的用語で日本統治時代という意味の「日治」を好む傾向がある。

もちろんすべての台湾人が植民地支配肯定論者であるわけではない。しかし脱中国的な台湾アイデンティティを追求する人であればあるほど、肯定論に同調する可能性が高い。単純に二分法的にいえば、中国との統一を思考する統一派は否定論者、独立派は肯定論者といった様である。実際に国民党統治時代には肯定論が位置づけられる余地はなかった。抗日の歴史記憶が正統であり主流であったためである。肯定論が表面にあらわれたのは、「台湾意識」の成長と対をなしている。台湾人のアイデンティティが強化された現在は、肯定論者が多数派になったといっても過言ではない。

歴史を遡れば、日本が敗亡して国民党が台湾を接収した当初、台湾のほとんどの住民たち（いわば本省人）が「祖国への復帰」を歓迎した。[26] しかし、国民党政府は日帝支配以来「皇民化」された台湾人を「奴隷化」されたものと規定し、日本文化清算作業を推進した。これに対し台湾人は、「落伍した」外省人に比べ、自分たちが「近代化」されたという文明的優越感をあらわにして反発した。[27] このような双方の葛藤は、大陸での国共内戦に苦しんだ国民党が台湾の資源を大陸に持ち込み、物価が暴騰するなど生活が苦しくなると、より一層激化し、しまいには一九四七年に本省人女性の煙草密売に対する過剰取締から触発された二・二八事件として爆発した。暴動はすぐに島全体に拡大し、約一万八〇〇〇名と推定される犠牲者を出して、五月中旬にやっと収まった。しかしそれに次ぐ長い間の苛酷な弾圧を経て、台湾人の自意識は社会底辺で成長していった。先に見たように、「台湾意識は歴史的段階ごとに不均等な政治権力構造によって形成された」のである。国民党統治時代の不均等な政治権力構造のなかで、植民地に対する選択的集団記憶が形成されたため、これは決して簡単に解消する問題ではない。さらにいえば、台湾意識の成長が、国民党政権を超えて今は中国大陸の共産党政権に対する反発、すなわち脱中国化を押し進め、それと一体となって親日本化を促進するという今日の現象も注目される。

したがって、日帝植民地経験についての韓国と台湾の意識の違いは、客観的な植民地比較研究や教育によって説明することは難しい。日本帝国による長期的な植民地支配を経験したことのない大陸の中国人が、台湾の植民地肯定論を理解できないように、反日情緒が強い私たちもまたこれを理解するのは容易ではない。しかし、満州国や租界のかたちで一部の領土のみが一時植民地となった経験しか持たない中国の思想界が、台湾人の植民地経験を受け止めるのであれば、韓国、ベトナムなど植民地経験のある

(26) このことは、作家・呉濁流が光復二〇周年を迎えた際に、一九四五年「光復」についての感傷の変化に言及した点によくあらわれている。彼は「光復節に対して私は最初の何年かは熱狂と喜悦を覚えたが、その後間もなく文化の彷徨に対する不安を覚えた。喜びが去って悲しみがやってきたようであった。今となっては、何も感じないようだ」と打ちあけた。「光復廿週年的感想」、『呉濁流選集　五』(臺北：遠行、一九七七年)、一七九頁。

(27) 台湾人のあいだには「水道蛇口寓話」が流行ったという。水道の蛇口をつければどこでも水が出ると誤解したほどに遅れていた大陸から追われた兵士たちの様子を、台湾人たちが揶揄したのである。鄭鴻生『百年離亂：兩岸斷裂歷史中的一些摸索』(臺北：台灣社會研究雜誌社、二〇〇六年)、八二頁。

東アジアの隣人たちを内在的観点から理解し、大国へと「崛起」する自らを省察する動力を得ることができるだろう。[28] また植民地時代に対する「収奪と抵抗」という二分法的視座を超えようとする動きが次第に広がる韓国社会でも、台湾人の植民地経験（に対する評価）を、植民地と冷戦の経験が錯綜する東アジア的文脈のなかで、深く広く理解する余地が広がりつつあるだろう。

（4）台湾は独立を求めるのか

分断された朝鮮半島の統一を願う韓国人にとって、同じ分断国家である台湾人が中国との統一を願わないこともまたよく理解されない点である。ところで台湾人としてのアイデンティティを持つ人のうちで、実際に「台湾共和国」（Republic of Taiwan）のような独立国家を建てて中国と分離することを願う人々はどれくらいいるだろうか。

台湾国立政治大学選挙研究センター〔政大選研中心〕が一九九二年から今日まで継続して施行している長期世論調査の結果が、私たちの問いにある程度答えてくれている。台湾民衆が台湾人あるいは中国人のどちらに一体感を持っているのか、そして独立と統一のうちどちらを支持するのかという質問に対する世論の趨勢を見てみよう。まず自らを台湾人と見なす比率は持続的に増加しているが、中国人と考える人は減少している。自らを台湾人と答えた人が一九九二年一七・六%、二〇〇八年四八・四%、二〇一一年五二・二%、そして二〇一二年六月現在五三・七%であり、中国人と答えた人がそれぞれの年に二五・五%、四・一%、三・七%、三・一%である。この調査では、台湾人でもあり中国人でもあると答えた人も多いが、四六・六%、四三・一%、四〇・三%、三九・六%と緩慢ではあるが少しずつ減少傾向にある。独立と統一に対する世論を見ると、独立よりも現状維持を望む人々が次第に増加する趨勢があり、現在多数を占めている。可能な限り早い独立を支持すると答えた人は、一九九二年三・一％から、二〇一二年六月現在四・三％であり、現状維持や独立に傾いた人が、八・〇％から一五・三％に変わったのに対し、現状維持しつつ再度決定を望む人が、三八・五％から三三・八％、永遠に現状を維持しようとする人が、九・八％から二九・四％へと大きく増加する趨勢を見せた。二〇一二年六月現在、可能な限り早い統一を支持すると答えた人は、わずか一・四％、現状維持や統一に傾いた人は八・四％程度である。(29)

この世論調査結果からもわかるように、台湾人というアイデンティティが次第に増加し主流となっているが、にもかかわらず台湾が中国と分離して独立するよりは、現状維持を望む人々が多いという現象は、台湾の独自的特徴であり、アイデンティティの非常に高い流動性を示している。この流動性は、台湾と中国の両者関係——両国関係と呼ぶと二つの国家であることを前提とするため、中立的用語で採択された（台湾海峡の）両岸関係——に基本的に依存している。

ところが両岸関係の不安定さは、台湾の二大政党である国民党と民進党が支持層を動員するために政策的に対立することで、次第に増幅しもする。国民党と民進党の党旗の色が藍色と緑色であるため、しばしば藍緑対立と呼ばれるほど、その葛藤は深刻であるが、どちらも台湾人のアイデンティティが主流

(28)　趙剛「両岸與第三世界：陳映眞的歴史視野」、『人間思想』創刊号、二〇一二年夏、二一八—二一八頁。
(29)　http://esc.nccu.edu.tw/modules/tinyd2/index.php?id=3
崔元植、白永瑞編、前掲書、五九頁において、陳芳明は、台湾人としてのアイデンティティを持つ人々が最近すでに八〇％を超えたと述べている。これはおそらく台湾人であると同時に、中国人という認識を持つ応答者までも含めた計算であろう。なお、アイデンティティについての世論調査は、その質問方式と調査機関によって統計が異なりうる。

を占め、大陸と距離を置きたがっているにもかかわらず、両岸経済交流が台湾発展の内在的動力となるという現実条件は無視できない。民進党は政権を握って以後、過度な独立追求によって大陸との経済交流に消極的だったことがあり、その代価として総統選挙において流動的投票数の支持を失ったことから、新たな両岸政策を模索せざるをえないのが実情である。また冷戦期において国民党が統治した際には、本土修復（反攻大陸）こそが政権の正統性を保証するものであったが、現在の国民党は、変化する民心の動向を無視することはできない。そのため、「独立もせず、統一もせず、武力も使用せず」（不独、不統、不武）という、いわば「三不政策」を標榜する一方で、中国と経済協力基本協定（ECFA, Economic Co-operation Framework Agreement, 二〇一〇年九月に正式発表）を結ぶなど、経済協力を加速させている。

両岸関係の推移を振り返ってみると、一九九二年に台湾と中国は「一つの中国の解釈は各自が表明する（一個中國、各自表述）」という合意を取りつけた。これが両岸関係を規定するいわば「一九九二年コンセンサス（九二共識）」であるが、その内容は、台湾の政権担当者によって修正されもする。すなわち、李登輝総統は「二つの国家」すなわち「両国論」を、陳水扁は「別々の国家（一辺一国）」を掲げたことがある。二〇一二年五月、第十三代総統就任に際して馬英九は、両岸関係の現況を「一つの中国である中華民国の二つに分かれた地域が各自統治権を行使している（一国両区）」と表現した（彼が述べる「中華民国」とは、一九一一年に建立された政体であり、統一中国を意味するのだが、現在も台湾は「民国」という年号を使用している。二〇一二年は民国一〇一年となる）。いずれにせよ、両岸関係において現状維持を望む多数台湾人の要求を、民主的手続きを通じて受け入れつつ、両岸関係を安定させる方案が切実な時期である。

こうした「国家でも非国家でもない」台湾人の立場を、同じ分断国家を生きる私たちは誰よりもよく理解できるはずである。もちろん、両岸関係の非対称性が著しいため、朝鮮半島の分断体制とは違いがあるが、互いの経験は有用な参照枠となりうる。私たち自身、二〇〇〇年に南北首脳が六・一五宣言から「低い段階の連邦制あるいは国家連合」という原則に基づく統一過程に合意した事実をよく知っている。そのため、統一と独立の二分法を超えた新たな道[30]を求めて、多様な両岸関係解決策を模索する台湾人の大変な努力に、誰より深い共感と連帯を表明することができるのである。

4 韓国－台湾関係の未来を描く

韓国と台湾の断交二〇周年を迎えて、両者の関係の未来を展望する際、私たちがまず深く心に刻まなくてはならないのは、中国（大陸）か、台湾かという二分法を超えることである。二十年前の国家間関係では、二者択一が不可避であったとしても、断交以後二つの社会がアメリカの媒介なしに多様な次元で直接対面するようになった貴重な機会を生かすには、中国か台湾かという二分法を克服し、連動する東アジアという視座から台湾をあらためて見なくてはならない。

台湾の独立派に反中・親日の性向が濃いように、日本では植民地支配肯定派が台湾を、反対派が中国大陸を支持する傾向がある。そして台湾の独立（すなわち脱中国）志向は、中国の社会主義体制に対する反感と大国化に対する恐怖心によって促進されもする。こうして互いに重なり合って作動するのが東アジアの実情である。

(30) 崔元植、白永瑞編、前掲『台湾を見る眼』第二部第三章で、文明基は、両岸関係の「第三のモデル」を提案し、それが歴史的に慣れ親しんだ中国の「過去への回帰」である可能性が高いと展望する。

では、連動する東アジアの視座から台湾をあらためて見た場合、もはや「自由中国」ではない台湾は、今日私たちにとっていかなる意味があるのか。

まず思い浮かぶのは、東北アジアと東南アジアを結ぶ架橋としての台湾である。東アジア言説を東北アジア中心主義に傾かせないためにも、東南アジアを受け止めることが重要となるが、その際、南島文化と漢族文化が交差する台湾の役割はきわめて重要である。そして、多文化主義の実験場としての台湾である。多元性を自らのアイデンティティとして構築した台湾人の経験は、今まさに多文化家庭の重要性を知り始めた私たちの社会にとって、格好の参照項である。さらに、中国とは何かを問う質問者としての台湾もまた重要である。民主化と本土化を同時に推進してきた台湾人の経験は、北京政府が公的に標榜する「統一的多民族国家論」の適切性と、中国国民国家に織り込まれた帝国性を問うだけでなく、中国が現在標榜している代案的発展モデル（いわば「中国モデル」）の信憑性を問うことになるだろう。この点で台湾は、冷戦期とは異なる次元での「中国の窓」であり、連帯の対象として新たな意味を持つのである。

最後に、国力や市場の規模を重視する国家や資本の視点ではなく、より人間らしい社会を作る道を求める私たちの観点から台湾を見たとき、両岸関係さらには東アジア的文脈を重視しつつ、「民主化と本土化の二重奏」を効果的に遂行する主体の苦悩と洞察は貴重である。国民党独裁政権と闘いながら選挙を通じて政権に到達した過程において、本土化は明らかに民主化の駆動力であったが、民進党が政権を執った後の本土化は、偏狭な民族主義（福建系ショービニズム）と不正腐敗の隠れみのに転落したきらいがある。今この地点から、より民主的で自由な社会を実現しようとして「進歩本土」の道を求めるグループ[31]、あるいは韓国の分断体制論を参照枠として両岸関係を直視し、統独論争の二分法を乗り越えた代案的発展の道を模索するグループなど、批判勢力内部の細かい動きが注目される。[32]
不安定性が高い両岸の一方である台湾は、自らの社会的文脈に見合った、より人間らしい社会をもがきつつも実現してきた。この創意的な作業に私たちが関与するには、彼ら自身が「私たちにとって韓国とは何か」を問うくらいでなくてはならない。分断された朝鮮半島の南側の韓国が、私たちなりの創意的な作業を遂行し、その成果が注目に値するものとなれば、台湾人は韓国に真摯な関心を持つようになるだろう。それをもう一つの韓流と呼べるのではないだろうか。

（31）同書、第二部第二章を参照のこと。
（32）『台灣社會研究季刊』第七四期（二〇〇九年六月）の分断体制特集「超克分断体制」を参照。

第三部　社会人文学と批判的学問

第八章
社会人文学の地平を開く——その出発点としての「公共性の歴史学」

1　問題提起——なぜ社会人文学なのか

延世大学校の国学研究院が「人文韓国（HK, Humanities Korea）」〔訳注：人文学を活性化するための支援するための韓国政府主導の大規模長期プロジェクト〕プロジェクトの課題として「二一世紀の実学としての社会人文学（Social-Humanities）」に着手したのは二〇〇八年だった。本プロジェクトの期間は一〇年なので、二〇一三年現在で、すでに中盤に入ったことになる。社会人文学という用語が新しいだけに、その内容について質問を受けることがしばしばあったが、そのつど「人文学」の前に「社会（social）」を付け新しい用語を造った理由を強調してきた。「社会」と「人文学」を結合させることは、社会科学と人文学の単純な出会いを意味するわけではない。両者を結合させたのは、人文学の社会性の回復を通じて、人文学本来の姿である「一つの人文学」、すなわち統合的学問としての性格を蘇らせること、そしてそれを通じて逆に社会の人文性の回復に寄与するという発想を浮き彫りにするためであった。[1]

この点をもう少し説明するためには、簡単にでも、人文学の歴史の軌跡を振り返らざるをえないだろう。今、韓国社会で通用している人文学の概念は、東アジアの伝統的な意味[2]ではなく、西洋の用法[3]に由来している。特に一八世紀末あるいは一九世紀初めにすでに始まっていた人文学と科学――呼び方によっては哲学と科学――の分裂以後の、専門分化された学問としての人文学がいま全世界に影響を与えている。

人文学と科学の分離が招いた問題点については多くの人たちが議論してきた。その中でもいわゆる「スノーとリーヴィスの論争」にとくに注目する必要がある。この論争の全容は、作家・科学者のC・P・スノーが一九五九年にある講演で「二つの文化」論を提起したことに対し、文化批評家のF・R・リーヴィスが激しく批判したというものである。その後、人文学と科学の分裂、すなわち「二つの文化」問題は近代の人文学の性質を理解するための核心的争点として浮上し、この議論に言及しつつ知識の構造を探求しようとする研究が続いた。

イマニュエル・ウォーラーステイン（Immanuel Wallerstein）はこの「二つの文化」という問題を、資本主義という歴史的社会体制の生成と維持、及びその切迫した崩壊過程における核心的な要素とみなして、議論をより一層前進させた。彼の議論は、二つの文化の分裂を超克し刷新された一つの「科学（scientia＝学問、知）」として「歴史的社会科学（Historical Social Science）」を打ち立てるためのものである。[4] 白楽晴《ペク・ナクチョン》はこうした主張を基本的に支持しながらも、それをさらに進めて、人間の学問活動が原則的に「単一の科学」であり、「二つの人文学」でなければならないという観点から、適切な「生の批評（criticism of life）」の役割をとくに強調する。彼の言う「生の批評」とは、イギリスの文学者マシュー・アーノルド

(Mathew Arnold) から借りてきたもので、ここでの「生」という言葉は個人的次元にとどまらず社会的次元までを含み、文学のみならず政治的な含意も備えている。彼のこのような趣旨は、ウォーラーステインとは異なり、「現在に対する批評的・人文的な介入こそが人文精神の本質」であるとして「一つの人文学」の実践的な特性を強調することからきたものである。このことは、全ての学問は過去に関するものであり、「歴史的社会科学」は過去時制で書かれなければならないというウォーラーステインの主張への批判につながる。白楽晴は、「批評」は現在の視点から判断を下すことであるため、原則的には現在形の陳述であると考えるが、同時に「その実践は常にあまりにも危うい冒険であるがゆえに、過去の

(1) 社会人文学は人文学が非場所化・非歴史化していく状況から脱すべく、韓国語で行われる人文学に対する省察を通じて韓国学を人文学的言説空間のなかで位置づけ、韓国学の周辺性を克服し、韓国学の議題の普遍化を追求するというのが具体的な目標である。韓国学の再構成と社会人文学を連動させるプロセスについては、本書第十章を参照。

(2) 東アジアにおける「人文」という言葉は、儒教の経典である『易経』の一節「人文を探り、天下を変化させる(観乎人文、以化成天下)」にその淵源を見出だすことができる。宇宙の道理(天之理)を意味する「天文」と対をなす「人文」は、人間が歩むべき道(人之道)であり、先の一節はまさにこれを探り、天下を教化するという意味で解釈された。儒教における学問的理念と目標は「道または聖人を学ぶこと」であるため、「人文」は広義の学問を表すといえる。このような特性のために、「humanities」の翻訳として「人文」学という語が当てられたのであろう。ところで、東アジアの伝統的学問はそもそも、修身と教学、政治の三位一体(修己治人)であり、道徳的な自覚で武装した知識人による政治を実現するためのもの(内聖外王)であるという点に、西洋近代の人文学の概念との違いが見られる。

(3) 「人文学」は英語で「humanities」と表わされ、「studia humanitatis」というラテン語に由来する。英語やフランス語では、単数(humanity, humanité)で表記すれば「人間性」または「人間らしさ」を、複数(humanities, humanités)で表記すれば「人文学」を意味することから、人文学とは「人間性や人間らしさとは何かを探求する学問」であるということになる。

(4) 彼の論旨を理解するためには、Immanuel Wallerstein, *The Uncertainties of Knowledge* (Philadelphia: Temple University Press, 2004) を参照されたい。

最善の事例を最大限に活かすことから助けを得」ることになると考える。それゆえ、人文学は過去時制で書かれる学問的性格と人間らしさを具現する現在時制の実践的性格を兼ね備えることになる。人文学を「生の批評」として革新しようとする彼の主張の骨子は、「各自の「批評的」で「政治的」な訓練だけでなく、この訓練を裏付けるより全面的な心の学びや修行を要求」するまでに至る。

ウォーラースティンと白楽晴が強調する通り、「一つの学問」という問題意識は私たちが社会人文学の方向を設定する上で非常に役立つ知的資産である。二一世紀に私たちが追求しなければならない人文学は、上で述べた「二つの文化」のあいだの分裂を甘受する人文学（または、人文科学）ではないという点をはっきりさせておこう。だからといって、分離が起こる前のかつての人文学へと単に回帰するのではなく、徹底的に革新されるべき統合的な学問、総体的な人文学が必要なのである。すなわち「元来の人文学から分離し発達した近代の自然科学の知識と成果を受容するだけでなく、近代科学の後発の産物であり、問題児とも言える社会科学」をも包括する新しい人文学が必要なのである。[5]

2　「危機の人文学」の代案

総体的な学としての人文学という視座から見渡してみると、市場万能主義的なグローバル化が進む世界の至るところで、人文学本来の理念である人間らしい生の高揚を忠実に実現するべく、真剣な試みがさまざまな形でおこなわれていることがはっきりと見えてくる。しかしながら、人文学の理念、すなわち人文精神に深い関心をもち、それに高い価値を与えると、今度は一九世紀以来の（自然科学はもちろん、社会科学からも分離された）専門分化された学問としての制度化された人文学を批判する傾向が生まれてくる。大学制度のなかにいる人文学者たちの第一の関心事は「知」それ自体を追求することにあるので、人文学の世界など生の問題を解決するために何の役にも立たないという批判を一般市民から受けることになるのである。要するに、生と知の分離が指摘されているわけだが、それを解決するための新しい代案もまた多方面から模索されている点が注目される。

その一部の事例を挙げるならば、張会翼《チャン・フェイク》は自らが「生を中心とする（life-centered）学問」と名づける道を提案している。「知が中心となる」学問に基づきながらもそれを生の意味と関連づけるというメタ的性格を含む彼の発想は、生とのコミュニケーションの回復という根源的価値を真剣に省察するものである。(6) アメリカで儒家思想のもつ現代的な効用を広めることに専心する杜維明によれば、人文学が周辺化

(5) 以上の議論については、白楽晴「近代世界体制、人文精神、そして韓国の大学——「二つの文化」問題を中心に（백낙청「근대 세계체제、인문정신、그리고 한국의 대학：『두개의 문화』 문제를 중심으로）」、『大東文化研究（대동문화연구）』六三号（二〇〇八年）：一二頁、二三—二四頁を参照。本章執筆当初、筆者は社会人文学が自然科学を包括するという着想にまでは関心が及んでいなかった。ところが科学史家・金永植（キム・ヨンシク）の批判を受け、この点を今後より深く考慮しなければならないと考えるようになった。彼によれば、人文学は複数形「humanities」でなく、単数形「humanity」つまり「人間性」「人間らしさ」「人間愛」という言葉として、名詞よりもむしろ形容詞として用いられるべきである。また、人文学は一つの学問を追究するものというよりも、すべての学問を包括するものでなければならない。彼は、過去の統合的な人文学は非常に有用であり、このような人文学的精神と方法の追求こそが過去の人文学の有用性を回復する道だと言う。人文学は無用で科学は有用とみなす傾向があるが、人文学もまたそもそも有用なものだったので、人文学と科学の新しいつながりが求められるという主張である。金永植「科学技術と人文学——分離と連結（과학기술과 인문학：분리와 연결）」。『創作と批評（창작과비평）』、二〇一一年夏号。社会人文学が「科学技術的」探求を含まなければならない必要性を積極的に強調した内容は、白楽晴「人文学の新しさはどこからくるのか（인문학의 새로움은 어디서 오나）」『創作と批評（창작과비평）』一六四号、二〇一四年夏号、三四四—四六頁、参照（同号の日本語版に青柳純一訳で掲載）。

(6) 張会翼「人間的学問——「生を中心とする」学問の復元のために（인간적 학문：「삶 중심」 학문의 복원을 위하여）」、『知識

したのは、計量化された学術評価制度によって発展の余地が狭まったためである。しかしながら、二一世紀の世界のいたるところで文化に対する関心は高まっており、人文学が発展する可能性が残されているので、個々の専門的知識をもとにして社会の公共領域に積極的に参加しようと彼は呼びかける。それはいうなれば、公共領域に参与する「公共知識人」の役割を通じて、人文学と社会とのコミュニケーションの道を模索する試みである[7]。

他方で、アール・ショーリス（Earl Shorris）は社会的弱者に寄り添う人文学の道を提案している。彼は疎外された階層の人々のために、正規の大学での人文学の教育課程に匹敵する「クレメント・コース」（Clement course）を創立した。彼によれば、人文学の効用は、「人間は自らの人間性を享受する能力をどの程度備えているのか」という問いを際限なく投げかける点にある。まさにこの点において、疎外された階層は人文学を通じて、自分たちを抑圧する者以上に人間らしくあることができるのである[8]。このように、疎外された階層をはじめとする大衆を求めて、大学の外でおこなわれている人文学の実験は、韓国社会でもすでにいくつかの団体（たとえば「スユ＋ノモ」「多衆知性の庭園」「哲学アカデミー」など）〔訳注：これらは、韓国において大学に属さない形で人文学の教育活動をおこなう団体である。「多衆」とは multitude の訳語である〕によって試みられている。さらには、大学もキャンパスの外へ出向いて、疎外された人々と出会い、新しい人文学を求めて熱い体験を積み重ねている（たとえば、慶熙大学校・実践人文学センターの事例[9]）。

このように制度の外で知識と生、または職場と生活空間を結びつけようとする「実践人文学」モデルは、現在「危機の人文学」の出口としてこれまでにない注目を集めている。だが、こうしたオルタナティブな人文学の実践が知識の再生産という点で不安定であることも事実である。その不安定性を逆手にとって柔軟性の基盤として活用すればよいのだろうが、組織化はされるが制度化はされない（organizing without institution）知的な実験が、もし制度を模倣する道を選んでしまえば、その新鮮な魅力が弱まり、機動力が落ちてしまうのではないかと憂慮される。(10)より深刻な問題は、プロジェクトを中心に事が進められ、知識の生産よりも流通すなわち社会教育に重点を置くあまり、市民との出会いが知識生産の過程でどのように作用しどのような具体的な成果を出しうるのかを明確に示すことができていないという点である。この点からすれば、彼らの試みは大学の替わりとなる「代案」というよりは、「臨時」のものだという評価も可能だろう。しかし、彼らの出版物などが既存の学会や学術団体の慣行を揺さぶるという間接的な効果をもたらしていることも確かである。(11)筆者は、こうした成果が教育のみならず研究の領域でも少しずつ蓄積されていくと同時に、そのような動力が局地的な活動にとどまらず、大学内部の人文学を革新するほどにまで影響を及ぼすことを願っている。大学という制度は、保有している資源の規模を考えると依然として重要だからである。

の地平（지식의 지평）』二号（二〇〇七年）。

（7）杜維明「人文学的危機」、『当代』二二八（二〇〇六年）。

（8）Earl Shorris, *Riches for the Poor: The Clemente Course in the Humanities* (New York: W.W. Norton, 2000).

（9）実践人文学の様々な試みについては、『創作と批評』二〇〇九年夏号に掲載された呉昶銀（オ・チャンウン）、高奉準（コ・ボンジュン）、林玉熙（イム・オッキ）、李玄雨（イ・ヒョヌ）の文章を参照されたい。

（10）実践人文学に対する評価については、『創作と批評』二〇〇九年夏号に掲載された崔元植（チェ・ウォンシク）と白永瑞の対談「人文学の／に道を訊く（인문학의／에 길을 묻다）」を参照。

（11）金元「民族――民衆的な学問共同体の変化と代案的な知識共同体（민족 - 민중적 학문공동체의 변화와 대안적 지식공동체）」、社会人文学叢書三『知識の現場、言説の風景――雑誌に見る人文学（지식의 현장、담론의 풍경：잡지로 보는 인문학）』（ハンギル社、二〇一二年）、一三〇頁。

3　人文精神と社会人文学の構想

「社会人文学」プロジェクトは、大学という制度内の研究所を中心として推進されているが、既存の学問体系の革新を優先しているために、アカデミックな人文学に対する大学内外の要求に当然耳を傾けなければならない。そのもっとも強力な要求は、現在の人文学が専門分化されているあり方を変えねばならないというものである。近代学問の確立期に必要とされた「学問は細分化されるほどますます精巧になる」という考え方は修正されねばならず、今後は各学科の境界を横断しながら、創発的な知識生産の火花を散らさなければならないという指摘がなされている。言わば、人文学全体の統合的な性格（通学問性）〔訳注：これは通常「interdisciplinary」の翻訳として学際性と表記されるようなものであるが、筆者はいわゆる「学際的」と呼ばれる学問が韓国の現状においては統合学問として機能していないという認識のもと、自らが目指すものをそれと区別するためにこのような独特な用語を用いている〕が代案として提起されているのである。

そのような方向に沿って新たに編制された学問体系において、統合人文学はいかなる立場を獲得できるだろうか。韓国社会においてその可能性を示している事例として地域研究（Area Studies）と文化研究（Cultural Studies）があり、一部の大学ではすでに人文学の個別学科を改編したかたちで試行されている。また、統合的な学として朝鮮王朝後期にあらわれた新しい思潮である「実学」がもつ様々な特徴に注目しながら、その勉強法と為学の態度を現代の韓国学の基礎原理へと関連づける、もしくは昇華させようという提案もなされている(12)。これらの試みは、現段階においてそれぞれ一定の可能性と限界を同時に表わしている。地域研究と文化研究についてはすでに少なくない議論があるので(13)、統合的な学問としての韓国学についてのみ簡単に言及しておこう。韓国の学問的伝統との連続性において新しい学問の道を模索する試みは十分に支持されるべきだが、韓国学が韓国を素材とするだけの研究としてしばしば理解

（本当は「誤解」）されるという罠に陥らないようにすべきである点を指摘したい。そのためには「韓国で生産された知識が普遍性を確保」する道を模索しなければならない(14)。

また、それぞれの統合的学問への試みが共通して抱えている問題点として、それが大学制度内部でもう一つの分化学問として定着することに甘んじてしまうということがある。そうなってしまうのであれば、たとえその出発点が分化学問を統合する人文学の制度化への多様な道を模索することにあったとしても、人文学をその「危機」から脱却させるような本当の代案にはならない。こうした点においてこそ、人文学の価値に対する深い省察が伴われなければならない。

さらにこのことと関連して、人文学を正当化するためにしばしば重視される価値や魅力、批判的思考

(12) ここでは韓国学についてのみ典拠を提示する。朴熙秉「統合人文学としての韓国学（통합인문학으로서의 한국학）」、翰林大学校韓国学研究所編『二一世紀の韓国学、いかにすべきか（21세기 한국학、어떻게 할 것인가）』（プルンヨクサ、二〇〇五年）。

(13) アメリカの地域研究と文化研究に関する議論は多いが、筆者の主張と比較的共通する立場だけ紹介しておこう。Harry Harootunian, *History's Disquiet: Modernity, Cultural Practice, and the Question of Everyday Life* (New York: Columbia University Press, 2000). 黄東淵「二一世紀前夜アメリカ地域研究の運命――グローバル化とそれに伴う地域研究の方向に対するアメリカ学界における批判的議論（21세기 전야 미국 지역연구의 운명：전지구화와 그에 따른 지역연구의 방향에 대한 미국 학계의 비판적 논의）」『東アジア歴史研究（동아시아역사연구）』六号（一九九九年）。

(14) 韓国学の普遍性については、本書第十章を参照のこと。筆者の主張と似通った論調として林熒澤（イム・ヒョンテク）の論考がある。彼は韓国学の方向として次の三点を強調する。第一に、一国史的な視座を超えて東アジアを一つの全体として思考しなければならないこと。第二に、私たちの学問的思考は人類の普遍をつねに考慮し「世界的地平」に立たなければならず、その過程で東アジア的な視野が必要であること。そして第三に、ナショナリズムは近代主義と表裏の関係にあるので、近代主義の克服を通してナショナリズムを克服しなければならないこと、である。林熒澤「二〇世紀東アジアの「国学」――東アジア的視野を切り開くための反省（20세기 동아시아의「국학」：동아시아적 시야를 열기 위한 반성）」『創作と批評』、二〇〇四年夏号。

と想像力の育成などが、特に人文学においてのみ習得できるものなのかを今一度考えてみたい。あらゆる文献を深く読み込む訓練を通して批判的な目が養われることが、通常考えられる人文学の主な強みであることについては他言を要しないだろう。しかしそれは社会科学などの他の分野においても可能なものであるし、文学・哲学・歴史のテキストに精通する訓練に満足するだけでは、人文学本来の理念である人間らしい生の高揚に忠実な学問の道へと進むことはできない。また、時代と世代を横断しコミュニケートすることを可能にする礎として、人類共通の規範の典型である古典を研究し学習することも人文学の魅力として大切だと思われている。だが、そうした態度に問題がないかどうかを検討してみるべきである。とくに古典の価値があまりにも強調されすぎて、古典に込められた人文精神を蘇らせれば、現在のすべての問題が解決できるかのように主張されることがある。そうした「人文権威主義」へと陥る傾向を自問しなければならない。また、人文学のテキストに関する知識が蓄積される過程で、生に対するそれなりの洞察とそれに伴う特有の喜びが得られるが、これを著しく強調しすぎると「人文エリート主義」に陥る危険があるという点にも注意しなければならない。

もちろん、筆者は計量的な指標としての評価の対象にはなりえない人文学そのものの秘密の一つは、人文学から得られる「感興」であることを認める。[15] 人文学を学習することで人間らしく生きる方向性に気づくときの感興は大切である。ここで、東アジアの伝統における儒教的な学問観を思い出してみよう。学習や研究のプロセスがもつ情緒的側面を強調し、人は学びを通じて何かを感じ、どこか変わらなければならないという主張は吟味に値する。[16] もちろんそのような人文主義的伝統が余暇を享受できる人々、つまりある意味で特権を享有した階級（士大夫）の教養であったことは間違いないが、実はこれは西洋でも同様であった。しかし、このような特権をより広い範囲の社会階層にまで拡大しようとする努力のなかで、人文学の理念と制度が今日まで発展してきたことを認めるならば、人文学が進むべき未来の方向はすでに提示されているといえる。

その方向とは、人文学の各専門分野の知識を習得することにとどまるのではなく、学問を通じて人間らしく生きる道に気づくことの喜びを、大学という制度の内外で共有できるように努力することである。私たちの社会人文学が追求する道はまさにこれである。

もう一度強調しておくが、社会人文学は単純に人文学と社会科学を結びつけようとするものではない。私たちが追求する人文学は、学問の分化が激しい現実に立ちむかい、断片と化した知識を総合し、生（または人間のさまざまな可能性）に対する総体的な理解と感覚を養い、「生の批評」の現代的な役割を適切に果たす総体的なものとしての人文学、つまり学問それ自体である。

社会人文学はいまやっと出生届けを出し終えたところだが、自らの存在理由を確立するために次のような省察、コミュニケーション、実践を主な課題とする。第一に、人文学が社会的産物であることを確認するための自らの歴史と社会に対する二重の省察、第二に、学問間のコミュニケーションとその学問の生産者とそれを受容する国内外の読者とのコミュニケーション、第三に、制度の内外におけるコミュ

---

(15)　この発想と表現は、西山雄二の発表「大学における評価と批判」（国際学術会議「批評と政治」、延世大学校国学研究院人文韓国事業団と東京大学・共生のための国際哲学教育研究センターUTCPの共同主催、ソウル：二〇一〇年三月三日）より示唆を得たものである。彼は日本語で「情動（affection）」、つまり「内面からの自発的な感情の噴出」と表現したが、ここでは当発表文の韓国語翻訳で使用された「感興」の方が韓国人の語法に相応しいと思われるのでこちらを用いた。

(16)　宋朝の朱熹は、『論語集註』の序説で程子の言葉を引用し、学問には段階があり、その最高の境地は学びの楽しさのあまり、自分でも知らないうちに舞い踊ることだと語った（「讀論語、有讀了全然無事者、有讀了後其中得一兩句喜者、有讀了後知好之者、有讀了後直有不知手之舞之足之蹈之者」）。

ニケーションの拠点の確保を重視するが、それでも文化を商品化することはしないような社会的実践を備えることを課題とする。

社会人文学は新しい学問領域であるため、いまだ完結してはいない。それは、実践の過程において補充されていくだろう内実によってその枠組み自体も修正されていくような、一つの方法論や視座であろうとする。この意味で、社会人文学とは「運動としての学問」だと言える。この表現は、それが近代的な制度学問によって排除され抑圧された知識の生産と伝播という点を含む。「運動としての学問」は、支配的な学術制度と慣行およびこれを支える支配的な社会的現実の閉鎖性を批判しつつ、生活世界に基づき多数の民衆に向かって開かれた学問をおこなおうとする志向性を重要な特徴とする。そこでは二つのレベルが折り重なっている。もっとも広い意味での「運動」であれば、制度圏の内側からであれ外側からであれ、制度的学問を変化させようとする脱制度的な流れをすべて、運動としての学問と包括できるだろう。より狭義の意味でなら、新しい批判的な学術運動を運動としての学問と呼ぶこともできる。最後にもっとも狭い意味では、社会運動の一領域としての学術活動がそれである。[17] ところで、私たちが追求する「運動としての学問」には、それが大学制度の内側でおこなわれている限り、個別の専門分野がそれぞれもっている方法論に対応するような独自の方法論をもつことが要求されるので、この点に対する明確な立場をもたなければならない。社会人文学は社会科学との結合（土着化）を試みながらも、学術的な議題に応じて適切な方法論を選別的に受容し、変容しようとする。そして各課題の研究プロセスにおいて体得された方法論の融合を試み、中範囲程度での理論化を目指すことが重要なポイントとなる。

新しい学問領域において、方法論に加えてもう一つ明確にしなければならないものはその研究対象である。これまですでに社会人文学の主な課題として、社会とのコミュニケーションや社会的実践を強調してきたが、そのためには社会的な議題を学術的な議題とすることや、研究成果を絶えず公共の批判と討議に曝し、これを研究に反映させることが重要になる。(18) この場合、「公共性」が核心的な研究対象として浮かび上がってくる。公共性は社会人文学の研究範囲を規定するだけでなく、当の公共性そのものに関する研究と教育が行われる公論の場、すなわち制度の内外のコミュニケーション領域でもある。

このような特性からすれば、社会人文学は、既存の人文学の場を手つかずの状態にしたまま、もう一つの新しい学科や協同課程を創設するものになってはならない。人文学の個々の専門分野が存在する場の構造を再編するための実験室であることを進んで引き受けなければならないのだ。この試みが具現化されるためには、専門分野の外で新しい人文学を追求する作業と専門分野のなかでの革新作業が連動しなければならない。(19)

(17) これら二つのレベルがお互いに絡まり合っている以上、非制度圏で行われるすべての知識活動がそのまま「運動としての学問」であるとは言えない。制度の外で起こる知識活動であっても、主流の学術言説や慣行に対する批判的機能を果たさない限り、運動としての学問にはなりえない(たとえば、商業化された知識)。同様に、制度内でも、批判的な学問が可能ならば運動としての学問が成立する。筆者としては、制度としての学問と運動としての学問を対立的に見るのではなく、両者を統合的に把握したい。運動のなかで制度を考え、制度のなかで運動を考える仕方で、制度と運動の関係をよりダイナミックに把握しようというのが筆者の基本的な趣旨である。

(18) 社会人文学の発想と似た議論をおこなうグループとして、日本では山脇直司や金泰昌(キム・テチャン)らが主導している公共哲学研究チームがある。山脇直司がいう「公共哲学」とは、新しい統合的学問である。「社会分析」と同時に社会を構成する人々の「価値意識の考察」が社会研究に不可欠であるという見解にもとづいて、「事実」の分析にのみ目を向け「価値」の問題を真剣に論じようとしない社会科学を批判しつつ、人文学と社会科学の分断を乗り越えようとする。彼のこのような主張は、基本的に社会人文学の趣旨に通じる。山脇直司『公共哲学とは何か』(筑摩書房、二〇〇四年)、二六―二七頁。

(19) 孫歌は、細分化された学科間に横たわる目に見える塀だけを取り除くというやり方での「学科超え」は偽りの知識を生産す

次に論じる「公共性の歴史学」は、人文学の個別の専門分野において起きている革新作業に該当する一つの事例となるだろう。それを、社会人文学へと近づくための一つの出発点として提示してみたい。

4　社会人文学と「公共性の歴史学」

大学の外で歴史に関する教養書やドラマが人気を博しているのとは裏腹に、大学の中で生産され伝播される歴史の知識はあまり関心を集めていないのが韓国の現状である。これは、歴史に対する一般人の興味と、制度としての歴史学のあいだに距離があることを表わしている。なぜこのような現象が起きるのだろうか。

この疑問に答えるためには、一般人が興味を感じる歴史と、制度としての歴史学との関係について考えてみなければならない。前者は「生としての歴史」、後者は「科学としての歴史」である。前者は歴史を物語り、後者は歴史を分析するのである。[20]

歴史学者である私は、ここから「科学としての歴史」にどのような問題があるのかについて振り返り、議論を紐解いていこうと思う。

一九世紀末から二〇世紀の初めに、西欧から導入され東アジアに定着し始めた科学的歴史学、すなわち近代歴史学は、国民や国家を歴史の主体とし、その歴史が進歩し発展するという観点から歴史を叙述する自国史本位の学問であった。この学問は、大学の歴史学科や研究所、関連学会が設置されることによって、科学化・標準化され、制度的に定着した。その過程で近代歴史学は、国民が同一の集団的記憶をもつように歴史の知識を生産し伝達することで、国民統合に一定の役割を果たしてきた。こうしたことから国民国家は歴史学の制度化を積極的に支援してきた。[21]

だが、近代歴史学が科学的なものになればなるほど、それが人間の生から遠ざかるという問題が生まれた。また近代歴史学が採用する叙述の形式が、人間の生の物語から遠ざかっていくという問題もある。近代歴史学は国民や国家の発達史を、時代区分論・国家論・社会構成体論などの観点から構造的に説明し、とくに近代国家の主要領域、つまり政治・経済・社会・文化の歴史的淵源に遡って、それらを年代記的に叙述するものである。このような形式上の特徴は、近代歴史学の典型的な文章である、脚注をつけた特定のテーマに関する論文や通史において顕著である。しかしこうした記述法では、歴史上の個々の人物の物語は事実上不在となってしまう。

このような近代の歴史学が革新されなければならないという声が、二一世紀最初の一〇年を過ぎた現在、次第に高まりつつある。歴史学の内外から大きな変化が起こっているが、そのような変化が歴史学自体の生まれ変わりを要求しているのである。

る恐れがあると警告する。というのも、分化の限界を形式的に打開するだけで、その陳腐な思考形態を変容させせないならば、そのような「学科超え」は学術生産において何の役にも立たないからである（白永瑞「新自由主義時代における学問の召命と社会人文学——孫歌との対談（신자유주의시대 학문의 소명과 사회인문학 : 쑨꺼와의 대담）」、『東方学志（동방학지）』一五九（二〇一二年）。

（20） 金基鳳『歴史たちが囁く（역사들이 속삭인다）』（プロネシス、二〇〇九年）、特に一五一頁を見よ。

（21） より詳しい説明は、本書第十一章を参照のこと。さらにいえば、近代人文学全体が国民を統合する国民文化を発展させて、その正当性を教え込む事業に寄与したといえる。これについては、Bill Readings, *The University in Ruins* (Cambridge: Harvard University Press, 1997) を参照。

まず歴史学の内側においては、ポストモダン歴史学への転換を要求する人々が増えている。彼らは近代歴史学が依存している進化論的な観点と法則的歴史観を拒否し、国民国家を超えたさまざまな歴史の主体——個人、民族、サバルタン、ディアスポラなど——に拡張しなければならないと主張する。近代歴史学の存立基盤である事実の客観性・実在性についても懐疑の目を向け、虚構（fiction）と事実（fact）が結合した「ファクション（faction）」に立脚することを主張する者までいる。また歴史学の外では、新自由主義的グローバリズムの衝撃を受けて国民国家の役割が弱まるなかで、国家が二〇世紀のように歴史学を重視し支援することはなくなり、その代わりに市場原理が歴史学に深刻な影響を与えている。

このような歴史学の内外の変化を踏まえると、歴史学のアイデンティティを問い直さずにはいられなくなる。歴史学はいったい何のためにあるのだろうか。

筆者はその要求に応えるために「公共性の歴史学」という発想を提案したい。まずは「公共性」についての筆者の理解を簡単に整理することから始めよう。「公共性」は近年韓国社会で重視されているトピックの一つである。一九八〇年代後半以降、軍事独裁政権が終結し政治の民主化が進む中、国家だけが公共性の担い手なのかという問いが提起され、それとともに市民社会の役割への期待が高まった。しかし同時に市場万能主義がはびこり、社会全般が市場の論理で再編成されるという現象が目撃された。その過程で、国家、市民経済、市民社会の区別が可能となり、私たちはこれら三つの主体の関係を新たに調整し直す視点が民主主義理論の深化のために緊要であることを痛感した。その結果、公共性の概念が非常に重視されるようになった。「公共性」は一般的に、（一）国家に関係する公的なもの（official）、（二）あらゆる人々と関係のある共通のもの（common）、（三）誰にでも開かれている公開のもの（open）といった意味で知られている。だが、英語の「public」概念とは異なり、漢字圏で「公共」は「公」と

「共」の合成語であり、「公」が「共」を圧倒する事例が多いようにみえる。そして、この「公共」がナショナリズムや国民国家によって再定義されれば、公共性は往々にして、そのまま公益や国益と等価なものとみなされてしまう。とくに「公」がそのまま「官」とみなされる思考と慣行の伝統が強い東アジアでは、そのような事態が招かれやすい。しかしここでは、「公」と「共」を分解し再結合するために、国家と区別される市民社会独自の意義だけでなく、公共性のもつ市民社会における開かれた（したがって国境をも超える）コミュニケーションの空間という意味を強調しておきたい。コミュニケーションの空間としての公共性は、まずは人々が共有する問題への開かれた関心に依拠しつつ、言語活動を媒介として他者とコミュニケートする公共圏、つまり言説の空間を意味する。(22)

さらに一歩進めて、日常生活を送る個人を中心に公共性概念を再構成することで、コミュニケーションの空間の射程を広げてみよう。すなわち、それは、生や生命に対する配慮を通じて形成される人格的（inter-personal）な関係が、日常生活のなかで経験され、実践される親密な空間、つまり言説の空間であり、感性の空間でもある親密圏を意味するが、まさにそこから個々人のアイデンティティが形成されるのである。(23) このように公共性の意味を拡大してみると、「公共性の歴史学」は何よりも、過去の事実との親密な出会いを通して、他者とのコミュニケーションの契機を提供するものとなる。

(22) 山脇、前掲書、山口定ほか編『新しい公共性――そのフロンティア』（有斐閣、二〇〇三年）、斉藤純一『公共性』（岩波書店、二〇〇〇年）を参照。
(23) 斉藤、前掲書を参照。

現在、筆者が試論的に考えている公共性の歴史学は、コミュニケーションの公共圏はもちろん、そこで討議される内容の正当性を判定する基準としての公共性をも重視するものである。そのような理由から私は、純粋に学術的な目的から離れて社会における歴史知識の有用性を増進する実践作業である「パブリック・ヒストリー（Public History）」や、公共圏（public sphere）を主な関心とする「公共圏の歴史学」から、それを区別している。[24]今後、より精緻化してゆく必要があるが、ここではまず「公共性の歴史学」のもつ四つの特徴を提示したい。

第一に、今までの「科学としての歴史学」を過去の原因と結果に関する知識を追究する「分析としての歴史」と呼ぶならば、公共性の歴史学はむしろ「同一視（identification）としての歴史」という性格が強い。両者の歴史学はいずれも私たちが過去と出会う仕方である。だが「同一視としての歴史」は想像力や共感による過去との親密な出会いを意味する。とくにそれは、過去に生きた人々と共感的な関係を結ぶ一体化を通して、現在を生きる私たちのアイデンティティ（identity）を見つめ直し、現在の生を映す鏡として過去と対話することを可能にする。[25]ここで注意しておきたいのだが、「分析としての歴史」と「同一視としての歴史」はもちろん二者択一的なものではない。人文学は原則的に現在形の陳述であるが、過去時制で書かれる学問的性格と人間らしさを具現する現在時制の実践を兼ねたものだと指摘した点を想起されたい。

この第一の特徴は、叙述の形式として物語を重視するという第二の特徴とつながっている。東アジアでも西欧でも、歴史学の起源が物語であることはよく知られている。だがレオポルト・フォン・ランケ（Leopold von Ranke）によって確立された近代歴史学は、新しい一次史料（主に公文書）に依拠した因果関係の分析を通して、一般的な法則を追求する歴史学、すなわち科学的歴史学となった。科学的歴史学はマルクス主義的な経済モデル、フランスのアナール学派、アメリカの計量史学に支持されて、構造的・分析的・計量的歴史研究へと発展し、歴史学を主導した。しかし一九七〇年代を経て、科学的歴史学に対する幻滅が広がるとともに、歴史の（社会経済的な）構造よりも、歴史を生きる個々人に対する関心が高まり、歴史学の研究成果を大衆一般と関連づける方法と、大衆の生の経験と関連づけられた歴史が重視されるようになった。いわゆる「物語の復活」である。[26] このような歴史学の趨勢を振り返るまでもなく、人間が物語を通じて他者とコミュニケートしようとする欲求を抱くものである以上、コミュニケーションの空間をつくり出す公共性の歴史学が、物語の役割を重視するのは当然である。歴史家は過去の客観的叙述にとどまらず、物語を通じて過去の再形象化を目標とし、それを通してさらに根本的に意思疎通の領域を広げつつ、読者に深く接近しなければならない。ここで私たちは、東アジアの伝統的な歴史の叙述が人物中心の物語で構成されていることを想起してみる必要があるだろう。その代表的な例が、人物を中心とし個人の歴史上の役割を叙述することに重点を置く、紀伝体という歴史叙述の様式だといえ

(24)　「公共性の歴史学」という用語は、佐藤卓己『歴史学』（岩波書店、二〇〇九年）においても使われている。その内容については、とくに第二、三章で詳細に論じられている。しかし彼は、歴史学の社会的使命の一つを「事実関係の整合性を検証することで他者とのコミュニケーションが成立する環境をつくること」とみなし、「こうした理性的な討議の空間を生み出す公共性の歴史学」をまさに「メディア史」と呼ぶ（一〇〇頁）。結局、彼の「公共性の歴史学」は即ちメディア史を意味するという点で、筆者とは多少距離がある。また、この公共性を区分する議論については、山口定ほか編、前掲書、一九頁より示唆を得た。

(25)　テッサ・モーリス－スズキ／田代泰子訳『過去は死なない――メディア・記憶・歴史』（岩波書店、二〇〇四年）、第一章を参照。これについてのより詳細な議論は、本書第九章を参照。

(26)　Lawrence Stone, "The Revival of Narrative: Reflections on a New Old History," *Past and Present* 85 (Nov, 1979). 日本語訳は、阪本尚文、霜田洋祐共訳「物語りの復活――新たな旧い歴史学についての考察」（一）、『行政社会論集』第二七巻第四号（二〇一五年）。この論文は、「物語の復活」という歴史叙述の根本的な変化が起こった欧米の歴史学界の背景と特徴、問題点をうまく整理している。

るだろう。もちろん、本紀・表・志・列伝の四部で構成された昔の紀伝体は、英雄が歴史を創造するという英雄史観を表現したものであったため、今日から見ればその限界は明確である。[27]しかし、紀伝体が（構造ではない個々人の生における）物語の重要性を私たちに気づかせてくれる価値ある知的資産であることもまた明らかである。

第三の特徴として、歴史批評を重視するという点を挙げることができる。歴史批評を主張するのは筆者が最初ではない。歴史に対するメタ批評としての歴史批評が必要となる理由として、「歴史の大衆化と大衆の歴史化」を唱えつつ、その課題を具体的に提示した金基鳳《キム・キボン》の試みがすでにある。[28]彼は、事実の科学的究明に専念した近代歴史学が、大衆の生から遠ざかったために危機に陥ったと批判した。歴史の大衆化が求められているという状況において、歴史の文学性を強調するポストモダン的な歴史理論にもとづき、歴史の生産者である歴史家とその消費者である大衆の境界を打ち消そうとする歴史批評の役割が強調される。しかし筆者は、そのような試みがたんにポストモダン的な歴史理論の影響のみによって生じたわけではないと考える。筆者は、彼が主張するところの歴史批評に該当するものとして、すでに東アジアの伝統的な歴史学において「史評」というものが存在していたと考えており、それを今日において新しく蘇らせる必要があると主張したい。[29]早くから史評は、歴史自体に対する批評であると同時にその叙述に対する批評でもあるという仕方で、二重の意味を有していた。もちろん当時の史評は、儒教的価値に基づく道徳的・倫理的判断に従って、歴史における賞賛や非難（いわば褒貶）の対象を明らかにすることに重点を置いたものであった。よって、それが歴史の真相をぼかしてしまうのではないかという議論は昔からなされており、とくに近代歴史学が導入されてからは否定的な評価が主流をなしている状況である。しかし、中国で初めて史評に関する本格的な著書を出した劉知幾のように、そこにおいては道徳上の価値判断と知識上の事実判断の合一がなされていると主張する向きもあっただけでなく、近代歴史学の限界を超えようとする立場から、伝統的な時代の史評の意味を再考しようとする作業もようやく現れ始めた。(30)

筆者は、公共性の歴史学が、こうした東アジアの歴史批評の伝統を継承するものであるということを強調したい。歴史学界の学術成果（論文や著述）に対する批評はもちろんのこと、特に歴史学の外で流行している「物語としての歴史」――歴史ドラマ、歴史小説、歴史を素材にした映画、各種歴史関連の人文教養書など――についても、二重の意味での批評を加え、公論の場に介入することを課題としなければならない。さらに根本的には、社会人文学が追求する「生の批評」の姿勢を貫かなくてはならない。(31)

---

(27) 紀伝体を今日の歴史叙述として蘇らせようとする努力に関しては、羅爾綱「紀伝体の現代的応用（紀傳體의 현대적 응용）」、閔斗基編『中国の歴史認識（중국의 역사인식）』（下）（創作と批評社、一九八五年）を参照。

(28) 金基鳳「メタ歴史としての歴史批評――その必要性と課題（메타역사로서 역사비평：필요성과 과제）」、『歴史と現実（역사와 현실）』四〇号（二〇〇一年）。

(29) 唐の時代に刊行された劉知幾による『史通』は、中国における最初の史論書であった。宋代以来、史評という用語が実際に使われ、さらに一つの独立項目として（たとえば、『宋史』「藝文志」）格上げされた。しかし当時だけみても、史評はそれほど広く流行したわけではなかった。史評が中国の学問分類で確固たる独立的位置を持つようになったのは、清朝の時代の『四庫全書総目提要』に「史評」という項目が設定され、その後ほぼすべての書目がこれを模範とするようになってからである（高柄翊「劉知幾の史通と史評理論（유지기의 사통과 사평이론）」、閔斗基編、前掲書、五四三頁）。

(30) 李紀祥「中國史學中的兩種「實録」傳統」、『漢学研究』二一巻第二号（二〇〇三年）。李紀祥は、劉知幾が事実に立脚した歴史叙述の正確性（実録直筆）を強調したのは、むしろそれが倫理的効果を強めるからだと主張する。劉知幾においては、真と善が分離されないという見解も提起されている。志野好伸「他者の言語をどう扱うか――『史通』の歴史叙述批判」、『中国哲学研究』一一号（一九九八年）。

(31) 批評としての歴史学に対するより詳しい説明は、次章を参照。

第四の特徴は、修養論または教養としての歴史学の役割である。近年、教養は往々にして人文学の核心として重視されている。機械化・産業化社会で要求される実用主義的な学問が優勢になるにつれ、学問の分化がますます深まっているという現実に立ち向かって、断片的な知識を総合し、生に対する総体的な理解と感覚を育む人文的教養の理念は、その重要性を増している。奴隷的・機械的な知識の習得ではなく、自由人を育てることこそ[32]が公共性の歴史学が志向する教養である。

最後の特徴として、公共性の歴史学が、専門的な訓練を受けた歴史研究者集団のみによって担われるのではなく、誰でも参加できるように開かれていることをその前提としているという点を挙げることができる。過去について語ることよりも、誰もが過去を通して未来のために考えることの方が重要である。これを筆者は「歴史する」という新しい語彙で表現する。[33]実は韓国語の表現に「哲学する」はあるが「歴史する」はない。今後「歴史する」――変化する時間の流れのなかで事物を把握し、記録を重視する――という姿勢が多くの人々の身体に馴染めば馴染むほど、公共性の歴史学はそれだけさらに内容が豊かになり、さらに広く共有されるものとなるだろう。

ここで述べた五つの要素の（衝突と補完の可能性を含んだ）相関関係はもちろんのこと、他の要素についても今後さらに議論がなされなければならないだろう。もっとも現在、歴史学という個別の専門分野における革新作業といえる「公共性の歴史学」は、たとえその名の下でなくとも、すでに実践され、徐々にその姿をあらわしている。その過程で人は歴史的な過去と出会うことになるが、重要なことはどこまでが事実に符合する真実（truth）なのかを議論することではない。むしろ過去に対する思慮深い態度、つまり真摯さ（truthfulness）を堅持しつつ[34]、人間らしく生きることの方向性に気づく時の感興を体感する人が増えることが重要なのである。

このように「公共性」を媒介にして自らを刷新する学術活動が、歴史学にとどまらずさまざまな専門領域で行われ、お互いに連動しつつ、個別化された学問分野（の陳腐な思考形態）が存在する場を再編していくとき、社会人文学の実現はより早まるであろう。

社会人文学は、私たちが大学の内外で知識を生産し伝播するという活動に方向性を示す一つの道標である。私たちはこの社会人文学の地平を切り開いていくであろう。社会人文学はいまだ到達できない新しい経験世界であるが、その期待の地平は、私たちが見ることのできる世界、私たちが経験した世界に基づいて生きる空間である。それは、転換の可能性と限界を受け入れつつ互いにコミュニケートし合い、知と生の共同体を形成することを可能にする土台なのである。

（32）　加藤周一、徐京植、ノーマ・フィールド『教養の再生のために――危機の時代の想像力』（影書房、二〇〇五年）を参照。

（33）　この用語は閔斗基「歴史するということ（역사한다는 것）」、『一輪の野花と出会うとき（한 송이 들꽃과 만날 때）』（知識産業社一九九七年）から引いたものである。筆者はこの語彙をさらに入念に洗練しようとしているところである。これは英語で doing history, 日本語では「歴史する」に該当する。中国語には同様の用語がないのだが、中国人に聞く限り「做歴史」が妥当なようである。

（34）　「歴史への真摯さ」については、テッサ・モーリス－スズキ、前掲書、三三―三六頁を参照。彼女は、過去の出来事と人物のあいだに、開かれた発展的な関係が必要であると主張する。「歴史的出来事と、その出来事の記録や表現にたずさわる人たちと、その表現を見る、聞く、あるいは読む人たちとのあいだの関係の連続」として歴史知識の伝達プロセスを理解するという意図に基づいて彼女が提起したものが「歴史への真摯さ」である。

第九章
共感と批評の歴史学——東アジアの歴史和解のための提言

1 「良い歴史学」と公共性の歴史学

私は歴史研究者として、これまでどのような歴史学が良い歴史学であるのかを意識的に考えたことがなかった。ところが、二〇一三年九月、秋夕直後の中国杭州で開かれた「ハーバード燕京フォーラム」に参席し、それについて発表、討論するという特異な経験をした。「ハーバード燕京フォーラム」は、ハーバード燕京研究所の公式招請を受け、客員研究員として滞在した経験のある中国語圏研究者たちの集まりである。「もっとも良い歴史学とは何か」というテーマの会に、韓国では私が招待されることになったのだ。

この会は非公開形式であったため、非常に自由な討論がなされたのだが、フォーラムのテーマに対して確定的な答えを見つけようという雰囲気ではなかった。考えてみれば「もっとも良い歴史学」に対して合意を得ること自体が可能なことではないだろう。このテーマについて問題提起をすること、「語ること」自体が重要だという点に参加者たちは共感していた。なかでももっとも強く共有した認識があった。その点をうまく表現したのが、香港からの参加者の報告タイトルに出てくる「入世史学」である。彼の説明によれば、入世は仏教の「出世」に対比されるものであり、「入世史学」は現実に入る歴史学――彼が英語で history of relevance と表現したことからすると、現実との関わりを持つ歴史学――であり、それが良い歴史学の基準となる。(1)

彼はその具体的事例をパブリック・ヒストリーに探し求めた。私は基本的に彼の問題意識に共感しつつも、まさにこの点で意見を異にするとその場でコメントした。なぜなら彼が強調したパブリック・ヒストリーは英米圏での概念を念頭に置いたものであり、歴史学の専門性を基盤とした大衆との出会い、言いかえれば歴史知識の生産よりも流通や普及により重きを置いたものであるからである。学術論文よりも博物館での歴史教育や大衆メディアにおける歴史プログラム、オーラル・ヒストリーなどを通して歴史知識の社会的有用性を増進させる実践作業を指す。これに対して私は、前章においてパブリック・ヒストリーではない「公共性の歴史学」を提起した。ここでは歴史学の社会的有用性を重視しつつも、「公共性」あるいは「公共的なもの」が果たして何を意味するのか、その基準を考えることに、より一層強調点がおかれている。大衆とのコミュニケーションや社会的実践にとどまるのではなく、公共性が理解される方式、構成員に影響を及ぼす共同の関心事が果たして何なのかを議論する際には、「正当性

(1) 哈佛燕京學社・浙江大學歴史系主催「什麽是最好的曆史學」西湖論壇(杭州:二〇一三年九月二二―二三日)での報告文、蘇基朗「入世史學:香港公衆史學的理論與實踐」を参照。

の基準としての公共性」を問うことまでを含んでいる。さらにこの基準に合った歴史知識の生産過程も重視される。(2)

こうした観点からあらためて見るならば、「良い歴史学」とは、歴史学者各自が置かれた社会現実に入り(入世)、それと関わりがある歴史知識を生産・普及させる作業に力を注ぎつつ、それが提示する有用性がはたして公共の関心事に見合っているかどうかを不断に問い返すことである。それは具体的には、社会的な議題を近代歴史学のディシプリンを通して学術的議題へと転換する過程で実現される。

このような私の主張は、あるいは抽象的に聞こえるかもしれない。以下では、事例をあげて、より具体的に説明しよう。東アジア国家間で繰り返される歴史葛藤という社会的議題に歴史学者がいかに対応するべきかを探求しようと思う。

2 共感を通じた歴史和解

韓国併合百周年をむかえた今年、韓日両国で和解の意味が再び問われている。各種の行事が開かれ、多様な意見が提出される現実に、歴史研究者の私はどのように介入すべきなのだろうか。

昨年、私は一篇の論文を発表して「公共性」を媒介に再確立されるべき歴史学を「公共性の歴史学」と規定した。(3) それは過去の出来事を通じて他者とのコミュニケーションが成立する空間を作ることである。具体的に言えば、歴史学界の学術成果(論文であれ著述であれ)に対する批評はもちろん、歴史学の埒外で流行っている歴史物語——歴史ドラマ、歴史小説、歴史素材の映画、各種の歴史関連の人文教養書など——を批評することによって、公論の場に介入することを課題にすべきだと強調した。したがって私は、その年の最も熱かった歴史（学）的懸案に、介入しないわけにはいかなかった。悩んだ末に「共感と批評の歴史学」をキーワードとして、歴史和解の意味について深く考えてみることにした。

一九九〇年代から脱冷戦の時代に入った東アジアでは、それまで住民たちの生を支配した自由陣営と共産陣営という二分法的な地域秩序が解体された。それにより各国家が国境を越えて様々な領域で交流することで相互依存の度合いが深くなった。しかし交流と接触が頻繁になるにつれ葛藤も増え、それとともに冷戦秩序のもとで抑圧されていた国家間の葛藤の集団的記憶が全面にあらわれ、葛藤の歴史を克服することが緊要となった。特に一九九七年以後、ＡＳＥＡＮと東アジア三国（いわゆるＡＳＥＡＮ＋３）の政府が東アジア共同体の建設を重要な未来の課題として掲げ、その実践方案を模索するなか、東アジア人としての共通のアイデンティティを持つことが重要になった。その過程で歴史の和解は、アイデンティティ形成の核心的な要素として認識され、そのための努力が着実に続けられた。

また、政府支援のもと、あるいは市民社会の自発的な意志のもとで、歴史共同研究と相互対話が多様なチャンネルを通じて進められた。自国中心主義の歴史観を克服し、歴史認識の多様性を尊重することによって歴史認識をどの程度共有できるかを点検することに焦点が置かれた。その過程で、偏った歴史知識を糾す作業や、相互交流と協力の歴史を発掘する多くの研究がなされた。そうしてこれらの研究成果を一般読者に伝達するために様々な種類の「共同歴史教科書」がつくられた。その代表的な事例が、

（2）一般的に、公共性を形成する公共領域や公共圏という空間概念と、そこで論じられる内容の正当性の判断基準としての公共性が混同されもするが、両者を区別することがこの議論を一層明瞭にする。これについての詳しい説明は、本書第八章を参照のこと。

（3）現在私が試論的に構想している公共性の歴史学の五つの特徴については、本書第八章を参照のこと。

韓中日三国の研究者と教師たちの協力によって執筆された『未来をひらく歴史』である。[4]

ところで「歴史認識の共有」というとき、それは東アジア地域の住民たちが単一の歴史認識を持つことを意味するわけではない。それはむしろ多様な差異の共存を追求することを意味する。そして、この点を尊重しながら、今まで蓄積された努力の成果をより効果的に生かすために、「共感の歴史学」へと視線を転じる時になったと私は思う。

ふとここで頭の中にある一節が浮かんだ。中国と日本の歴史学者らによる歴史和解のための共同研究成果を編纂した編者の序文の言葉である。

> 歴史を振り返ることは「心の問題」でもある。相手の「心」を思いやり、相手の主張に耳を傾け、尊重することは、日本と中国が真の和解を実現する第一歩ではないだろうか。[5]　（強調は引用者）

この一節こそ問題の核心を突いているのではなかろうか。学術論文は言うまでもなく、歴史教科書も、説明する形式を基本にするかぎり、読者に多くの知識を提供することはできても、彼らの積極的な理解の共有を引き出すことは決して容易ではない。このような形式から抜け出し、読者を歴史知識の受動的な消費者ではなく、積極的な作り手として変化させるためには、彼らが歴史と自己を同一視するよう、言い換えれば歴史を共感できるようにしなければならない。

前章で説明したように、今まで私たちが考えてきた歴史学は、「科学としての歴史学」、すなわち過去の出来事の因果関係に関する知識を追求する歴史であるといえる。私はこれとともに「同一視（identification）としての歴史」を強調した。「同一視としての歴史」は想像力と共感を通じた過去との出

会いを意味する。(6)

ここで言う共感（empathy）とは何か。近年一部の哺乳動物にも共感的反応を見出す研究があらわれているように、共感に関する議論は幅広いが、(7)人間の進化の本性を新たに理解しようとする作業として注目されている。徹頭徹尾利己的で実利的で快楽のみを追求するのではなく、共感を広げようとする性向が人間の本性であると主張し、ホモ・エンパティクス（Homo empathicus）という新語まで掲げる見解もあ

(4) 韓中日三国協働歴史編纂委員会『未来をひらく歴史（미래를 여는 역사）』（ハンギョレ出版社、二〇〇五年）。日本語版は、日中韓三国共通歴史教材委員会編『未来をひらく歴史——東アジア三国の近現代史』（高文研、二〇〇六年）。その他に、韓日両国の共同歴史教材として、李元淳、鄭在貞、徐毅植編著『韓国と日本で共に読む開かれた韓国史（한국과 일본에서 함께 읽는 열린 한국사）』（ソル、二〇〇四年（日本語版は君島和彦、国分麻里、手塚崇訳『若者に伝えたい韓国の歴史——共同の歴史認識に向けて』（明石書店、二〇〇四年））、韓日共通歴史教材制作チーム『朝鮮通信使——豊臣秀吉の朝鮮侵略と有効の朝鮮通信使（조선통신사：도요토미 히데요시의 조선 침략과 우호의 조선통신사）』（ハンギル社、二〇〇五年（日本語版は日韓共通歴史教材制作チーム編『日韓共通歴史教材 朝鮮通信使』（明石書店、二〇〇五年））、韓日女性共同歴史教材編纂委員会（한일여성공동역사교재편찬위원회）『女性の眼で見る韓日近現代史（여성의 눈으로 본 한일 근현대사）』（ハンウル、二〇〇五年（日本語版は日韓「女性」共同歴史教材編纂委員会編『日韓近現代史——ジェンダーの視点からみる』（梨の木舎、二〇〇五年））、全国歴史教師会・日本歴史教育者協議会（전국역사교사모임· 일본역사교육자협의회）『向き合う韓日史（마주보는 한일사）』（サケジョル、二〇〇六年（日本語版は、歴史教育者協議会（日本）・全国歴史教師の会（韓国）編『向かいあう日本と韓国・朝鮮の歴史』（大月書店、二〇一五年））、韓日歴史教科書研究会（한일역사교과서연구회）『韓日交流の歴史（한일교류의 역사）』（ヘアン、二〇〇七年（日本語版は、歴史教科書研究会『日韓交流の歴史』（明石書店、二〇〇七年））も刊行された。

(5) 劉傑、三谷博、楊大慶編『国境を越える歴史認識——日中対話の試み』（東京大学出版会、二〇〇六年）、序文。

(6) テッサ・モーリス－スズキ／田代泰子訳『過去は死なない——メディア・記憶・歴史』（岩波書店、二〇〇四年）、特に第一章を見よ。

(7) フランス・ドゥ・ヴァール／柴田裕之訳『共感の時代へ——動物行動学が教えてくれること』（紀伊国屋書店、二〇一〇年）。原著は Frans de Waal, *The Age of Empath: Nature's Lessons for a Kinder Society* (New York: Harmony, 2009).

る。[8] 私はそれについて本格的に論じる能力はないため、本章のテーマである歴史の和解を扱うのに必要な分だけ言及する。本章では共感を「人間が他人の感情と立場を理解して適切に反応する能力」と規定して議論をすすめようと思う。[9]

人間の感情と感情表現は普遍的であり、それゆえ他人を自分と同じ人間として見ることができ、また同一視することができる。このような共感を通じて、人間らしさとは何であり、他人の喜びや悲しみや苦痛を心より理解する態度がいかに重要なのかを理解することが可能なのである。ここで押さえておくべきことは、共感と同情の区別である。共感は同情（sympathy）と情緒的共通点を持っているが、受動的な立場の同情とは異なり、積極的な参与、すなわち観察者が他人の経験の一部となってその経験に対する感覚を共有することを意味する。[10]

このように共感能力がすべての人間に見られる普遍的なものであるならば、歴史学は文字の読み書き能力よりも重要な感性能力（emotional literacy）を育て、他人の観点から状況や世界を眺める方法を学び、それによって葛藤を解決する力をいかに引き出すことができるのだろうか。

私は「共感の歴史学」がそのような役割を果たすことを期待する。それは過去に生きた人たちとの共感的な関係を結ぶ「同一視（identification）としての歴史」を重視し、歴史上の人物たちの表面にあらわれた行動だけを見て、道徳的な基準で判断するのではなく、彼らの行動の裏面に隠れた感情と動機までをも理解しようと努力することである。このような共感の歴史学が私たちを歴史和解へと導く近道になると考える。[11]

(8) ジェレミー・リフキン/イ・キョンナム訳『共感の時代(공감의 시대)』(民音社、二〇一〇年)、五五頁。原著はJeremy Rifkine, *The Empathic Civilization: The Race to Global Consciousness in a World in Crisis* (New York: Tarcher, 2009).

(9) 二〇世紀初めから広く使われた「共感」という用語の由来は、一八七二年にロベルト・フィッシャー(Robert Vischer)が一九〇九年、美学用語のドイツ語Einfuhlung(感情移入)をempathyとして訳したことから始まる(リフキン、前掲書、一九頁)。本章の基本枠となった「共感」については、メアリー・ゴードン/ムン・ヒギョン訳『共感の根(공감의 뿌리:아이들 한 명 한 명이 세상을 바꾼다)』(シャンティ、二〇一〇年)から大きく啓発された。原著はMary Gordon, *Roots of Empathy: Changing the World Child by Child* (New York: The Experiment, 2005).

(10) リフキン、前掲書、二〇頁。リフキンとは異なり、ヴァール(F. de Waal)は同情が行動に結びつくという点で共感とは違うと主張する。彼によれば共感とは、他者に対する情報を収集するプロセスであり、これと対照的に同情とは、他者に対する遠慮と他者の困難を緩和したいという衝動や願いを意味する。ヴァール、前掲書、一二八頁。

(11) 歴史理解における共感的理解(empathetic understanding)の重要性を強調するのは、もちろん私が初めてではない。西洋史研究者の趙志衡(チョウ・チヒョン)は、歴史家が自らの心の中で過去の事実を再演(reactment)する追体験の努力を、一種の共感的理解と見る。これは歴史家自身が過去の事件の主人公(当事者)のように、その経験を共感し考えてみることを意味する。趙志衡『歴史の真実を求めて――ランケとカー(역사의 진실을 찾아서:랑케와 카)』(キムヨン社、二〇〇六年)、一一八―一一九頁。また、歴史を眺める「多者的観点」、つまりフランスとドイツの歴史葛藤を解決するために導入された「二つの視座」(deux points de vue)と同じようなものと見なされるかも知れない。金承烈「歴史の国境を越える――ドイツ‐フランス共同歴史教科書(역사의 국경을 넘는다:독일‐프랑스 공동 역사교과서)」、『歴史批評(역사비평)』、二〇〇八年春号。これらの二つの点を指摘してくれた金承烈教授に感謝する。もちろん広く見れば「共感の歴史学」は日常生活の中で多々いわれる「易地思之〔相手の立場に立つ〕」の態度とも通じるだろう。だが「共感の歴史学」は、特に歴史家だけでなく歴史著述を読む一般読者の感性能力の培養とアイデンティティの問題までを強調するという点で違いがあると思われる。他方で、「共感」という用語よりも「感通」がより適しているのではないかという気もする。張志強によれば、この用語は『周易』「繋辞上伝」に出てくるものであるが、「感じて通じる」(感而遂通)感通力を通して疎通の道を開き、東アジア連帯を成し遂げることができるという。張志強「『巨大分断』の克服と理想的東アジアの可能性――「韓中人文紐帯強化」が地域の未来に果たす意味(「거대분단」의 극복과 이상적 동아시아의 가능성:「한중인문유대 강화」가 지역의 미래에 주는 의미)」、『統一と平和(통일과 평화)』五‐二(二〇一三年)、六二頁。しかし本書では、私たちの言語習慣により親しんだ「共感」をそのまま使用することとする。

3　共感の歴史の事例を検討する——加藤陽子の著書を中心に

では、「共感の歴史学」は具体的にはどんな様相を呈するのだろうか。その可能性を探るための一つの事例として、私は加藤陽子（東京大学文学部教授）が書いた『それでも、日本人は「戦争」を選んだ』[12]と、それを読んだ韓国の大学院生たちの読書レポートを取り上げてみようと思う。

現在、韓国人にとって歴史紛争といえば、まず挙げられるのが、一九八〇年代から韓国と日本の間で深刻に葛藤をもたらしてきた、植民地時期（一九一〇—一九四五年）の評価をめぐる問題である。また、二〇〇二年から中国と韓国の間で起きた、高句麗史の帰属をめぐる論争もある。ここでは前者にしぼって議論してみたい。

私は韓国が日本の植民地になって百周年になる二〇一〇年春学期に、授業に参加した大学院生らと、韓日両国の歴史学界がこの問題をどのように扱っているのかを比較する機会を持った。その主題と関連した読書目録に加藤陽子の本が含まれていた[13]。

この本を重視した理由は、歴史書物としては異例の売れ行きであることから（二〇一三年七月現在、一五刷一八万部）、「共感」を基準として評価するのに適切だと判断したためである[14]。もう少し詳しく言えば、本書が日本の読者たちからの相当な共感を得ているのは間違いなく、その根拠を確かめてみることで「共感の歴史学」のあるべき姿を具体化するのに役立つと考えたためである。さらに、日本の読者が共感することに、韓国の読者がどれほど共感できるかを確かめることで、歴史和解に「共感」がどれくらい寄与できるかを計ることもできると思われた。

日本が日清戦争・日露戦争・日中戦争・太平洋戦争とほぼ一〇年ごとに経験した戦争の過程を説明することの本は、日本近代政治史を専攻する著者が、中高生二〇名を対象に五日間行った講演ノートを土台としている。したがって本文は対話体を採択しており、学生とのやりとりを通じて、日本の為政者がなぜ戦争を選ぶことになったかを当事者の立場に立って考えてみるよう促している。また、当時の状況と条件を細部にわたって考慮することにより、自分ならどんな政策的な判断を下したのかを学生に考えさせ、その選択の結果として発生した戦争が日本社会をどのように変化させたのかに対しても注意を払わせる。

また他の特徴としては、戦争の責任を問いただす今日の読者の観点と、戦争を選んだ当時の人の観点を同時に考慮して問題を見据えるよう、著者が導いているところにある。特に一連の戦争を選択するのに関与した様々な人物たち――主に天皇をはじめとする政治家・官僚・軍部エリートらが取り上げられているが、時々あまり知られてない人物や大学生、そして県の管理や村長、またはその周辺の田舎の人たちの反応も登場している――の肉声を通じて、戦争にかかわった彼らの苦悩や妥協、葛藤を臨場感とともに再現している。一次資料をあまねく渉猟した歴史学者らしく、日記や書簡、報告書などの史料を上手く提示しているだけでなく、随所に著者個人のエピソードを挟みこんで、時代の雰囲気を細部にわたって生き生きと伝えている。

(12) 加藤陽子『それでも、日本人は「戦争」を選んだ』(朝日出版社、二〇〇九年)。
(13) 一週間に三時間ずつ一四週にわたった一学期の講義に参加した学生は、博士課程生一人と修士課程生五人であった。一学期のシラバスの中で、一週間をあてて、加藤陽子の著書を読んで提出した各自のレポートを土台に討論した。この授業に参加した学生たちの創意的な意見が本章作成に大きく役立った。
(14) 本書は、二〇一〇年第九回小林秀雄賞を受賞した。『朝日新聞』、二〇一〇年八月二七日。

このような歴史叙述は読者の共感を呼び起こすのに十分であろう。本文中に登場するある学生は、「これまで当時の人たちの感覚が全くわからなかったけれど、今回、〔…〕いろんな人の考えや文章に触れて、少しだけかつての人の感覚がわかったような気がした」（四〇一頁）と明かしている。[15]では、これほど多くの読者の共感を得た本書は、戦争を通して何を伝えようとするのだろうか。著者は従来の「侵略と被侵略」という二分法によることなく、アジアでの覇権をめぐる競争の物語として、中国と日本の過去を見ようとする。次の引用文は著者のこのような歴史観を簡明に表わしている。

日本が中国を侵略する、中国が日本に侵略されるという物語ではなく、日本と中国が競いあう物語として過去を見る。日本の戦争責任を否定しようとするのでは全くなく、侵略・被侵略といった文脈ではかえって見にくくなっていた、十九世紀から二十世紀前半における中国の文化的、社会的、経済的な戦略を、日本側のそれと比較しながら見ることで、日中関係を語りたいわけです。[16]

現在の日本では、「加害者」と「被害者」の二分法的な歴史理解を越えると言いつつ、西欧列強より一歩遅れて帝国主義競争に参加した日本は、初めから侵略の意図を持って戦争を起こしたのではなく、早熟した帝国主義国家へと様変わりするなかで、やむをえず戦争を選び、複雑な屈折を体験したと説明する傾向がますます強くなっている。[17]大きく見ると、加藤もそのような流れに属すると言えよう。

このような立場は、躍動感ある対話というかたちで伝えられることにより、日本近代史を「侵略の歴史」として見ることに馴染んだ韓国の若い読者にさえ共感を呼び起こす。私の学生の一人は、レポートの末尾に「本を読むあいだずっと内容の間違い、すなわち歴史の歪曲があるのか探そうと努めたが、私もまた姿勢を変化させる必要があると一面で感じた時間だった」(強調は引用者) と書いた。これは重要な変化に違いない。上で述べた共感すなわち他人の感情と立場を理解し、それに適切に反応する能力を育てることに役立った一つの生きた証拠になるだろう。

ところが、著述に対する共感がなされたといって、韓日間の歴史和解が簡単に実現するわけではない。韓国の若い大学院生たちに感情移入をさせるほどの吸引力を、この本は確かに持っている。だがまさにそのために、他の学生は、「この本を読み終わったとき色々不利な状況にもかかわらず「日本は戦争を選ぶ」しかなかった、それは避けられないことだった」という考えを持たせる点に問題があると指摘した。日本の読者たちが、日本が起こした戦争に対して責任を感じるより、仕方がなかったと感じるのではないかと憂慮しているのである。[18]

(15) その他、この本に対する「左と右」の読者たちの反応は様々である。それに対しては以下のサイトで検索可能である。http://www1.odn.ne.jp/kamiya-ta/soredemo-nihonjinha.html

(16) 加藤、前掲書、八四頁。

(17) この点は、影響力あるリベラル知識人である寺島実郎と私との対談でもふれられている。「世界を知る力、東アジア共同体の道 (세계를 아는 힘, 동아시아 공동체의 길)」、『創作と批評 (창작과 비평)』、二〇一〇夏号。日本語版は http://jp.changbi.com を参照のこと。

(18) 韓国の学生だからこういう指摘をするのだと早合点してはいけない。日本人の中でも、この本が指導層の選択に重点を置いたあげく、被害者の見解、特に歴史主体としての朝鮮の立場を無視していると批判する声が出ている。私はここで、東アジアの近代史において、朝鮮の位置が日本近代史を見直すうえでとても重要だという点を再度強調したい。例をあげてみよう。日本が韓国を植民地化したのが短期的に日本帝国の膨張に役立ったと見ることもできるが、長いスパンで見たとき韓国併合が果たして日本の「国益」に役立ったのか考えてみる必要があるのではないか。韓日併合がなかったならば、満州事変と中日戦争、ついには太平洋戦争と敗戦にいたる歴史が変わったはずである。日本史を振り返るのはもちろん、日本の現実を改革するうえでも、韓共感が単純な感情移入にとどまるならば、真の歴史の和解を実現することはできないことがここでわかる。他人の心を深く推し量る真正さを持つと同時に、そうした理解には限界があるという点も認めねばならない。したがって他人の境遇に共感しながら、同時にお互いの差異を分別する能力が必要である。これに関しては、早くから歴史教育に共感概念を積極的に導入したストックリー（David Stockley）の議論が非常に示唆にとんでいる。彼は教育現場での共感の活用が、単純に他人の立場にたって同じように感じることにとどまるのではなく、その意味を理解することにつながるべきだとし、歴史ないし歴史教育の「共感的再構成」（empathetic reconstruction）は、想像的行為であると同時に分析的行為であることを強調した。したがって歴史の完全なる説明のためには、歴史行為者たちの動機や意図まで理解することと、彼らの行為がおこなわれた状況的分析および状況的証拠が繋がらなくてはならない。彼の主張の核心は、「歴史の共感的再構成は他人の経験に感じ入るものであり、証拠と子供／歴史家のあいだでおこなわれる想像的かつ分析的な相互作用」であるということである。[19]「共感の歴史学」が「批評としての歴史学」と結びつかなければならない理由がここにある。

4 「批評としての歴史学」の諸特徴

「批評としての歴史学」というときの「批評」とは「非難」でも「合理的分析」ではなく「判断」を意味する。つまり、生に対する「解釈・評価・感じ・同情的共有」（interpretation, evaluation, feeling for, sympathetic sharing in）である。[20] そのため「共感の歴史学」が「批評としての歴史学」と出会うのは自然なことである。

実際に、東アジア歴史学の伝統においては、早くから史評という名の歴史批評が発達してきた。古代歴史書から各段落の末尾に論賛――『左伝』の君子曰、『史記』の太史公曰、『漢書』の賛曰など――があっただけでなく、史評という分野が図書・学術分類で一つの独立項目になったこともある。それは歴史そのものに対する批評と同時に、その叙述に対する批評という二重の意味を持つ。[21]

ここにおいて、価値判断的な性格を持つ「批評としての歴史」は、おのずと東アジア歴史批評の伝統と出会うことになろう。それは過去の歴史学に回帰しようということではなく、過去の歴史的想像力を創造的に受け入れようとすることである。その過程で、科学的歴史学の長所を生かしながらも、同時にそれを越えて歴史学を革新する道が開かれることが期待される。[22]

国併合を見る視座は鍵となるのであろう。この点についてのより詳細な議論は、拙著『核心現場から東アジアを問いなおす（핵심현장에서 동아시아를 다시 묻다）』（創批、二〇一三年）、一六二―一六七頁を参照。

(19) David Stockley, "Empathetic Reconstruction in History and History Teaching," *History and Theory* 22-4 (1983): 61. この資料を提供してくれたユ・ヒソク教授に感謝する。

(20) 尹志寛『近代社会の教養と批評――マシュー・アーノルド研究（근대사회의 교양과 비평：매슈 아놀드 연구）』（創作と批評社、一九九五年）、二三三頁。

(21) これについての詳しい説明は、第八章を参照。

(22) この点で「批評としての歴史学」が、単に歴史教育の一部を引き受けたり、歴史の大衆化に寄与したりするにとどまらないことは明らかである。私のこうした構想は、韓国の文学批評に関する論議から大きく啓発された。最近日本でも、狭義の社会批評に還元されない「社会の批評」という構想が提起されたが、そうした動きとも一脈通じると見ることもできる。それは社会に対する批評の可能性を探ると同時に、批評の社会性を考察する二重性を強調するものである。東浩紀、北田暁大編『思想地図』五〈特集：社会の批評〉（ＮＨＫ出版、二〇一〇年）。全体の編集の意図がそうであるが、とりわけ北田暁大の introduction を参照のこと。ただし、本章ではこの「社会の批評」および文学批評と「批評としての歴史学」の違いについて深く論じることはできなかった。

では、それはいかなる特徴をもっているのだろうか。第一に、歴史家の価値判断が「生の批評」として機能するという点を挙げたい。[23]「生の批評」とは「生に対する批評」という意味だけでなく、生を一つの基準として見る「生による批評」の意味までも持つもので、歴史過程における人々の実践的な関心と、生の経験からなる新たな問題提起が、批評の基準となる。これに関しては前章で「生に対する批評」の姿勢を堅持する社会人文学の性格を中心に詳しく論議したので、ここでは歴史学の長年の争点である、事実と価値判断の関係と関連して必要な部分だけ言及したいと思う。

批評としての歴史学が価値判断を重視すると言っても、歴史家の価値判断が歴史過程から独立した恣意的なものとなることはありえない。事実とは「ある実体（thing）として存在するのではなく現実過程に実在（reality）する」という立場に立つなら、価値判断もやはり「実際の歴史事実において発生する価値ないし人間的可能性に対する一種の対応」である。そして歴史事実を記録する歴史学の課題は、その事実に内在する人間的可能性を表現することに繋がり、実践的には現実世界を生きていく多数の大衆の生に内在する可能性を信頼することに通じる。[24]

ポストモダン的な議論が威勢をふるう近頃の知的風土で、こうした主張は多分に論争的であるかもしれない。しかし一九八〇年代以来議論されてきたリアリズム論に接した読者であれば、事実が（実体ではない）歴史過程のなかの実在であるという主張を理解するはずである。[25]私が知っているリアリズムは、作品とその外側の現実世界の有機的関連を説明する理論であり、事実を尊重し、かつそれを越えて根源的な真理に到達しようとするものである。つまり、陳述と対象の一致という意味の「重ね写し」や科学的「真理」ではなく、根源的な真理（たびたび Truth と表現される）、すなわち「私たちが絶えず問いながら歩まねばならない《道》――人間が勝手に作る道路や通路ではないが、同時に「道を切り開く」人間の実践と離れては存在しない《道》――において生を把握」することである。言いかえれば、「近代世界の科学と実証の精神を受け入れる一方、現存する世界に対する実証主義的な認識を越えてその核心的な矛盾を把握し、変革の展望を開くこと」でもある。(26) このような根源的な真理観と気脈を一つにすることが、上述した「生に対する批評」と「生による批評」を兼ねた「生の批評」である。歴史過程における人々の実践的関心と生の経験を、批評の基準として重視したわけがここにある。

次に、批評としての歴史学は、「学問的な修練で得られた適切な手続きによって事実は己の姿を表わす」ということを前提とする。したがって歴史学的な論理の厳格な手続きと経験的証拠の間の対話を展開させながら、その過程で不断に「自己批判と概念修正という弁証法的方式」を遵守しなければならない。(27) 一つの制度というよりは研究姿勢と接近法を意味する「批評としての歴史学」が、学問として成立するためには、既存の歴史学における規律と訓練を経るべきである。そうでなければ、いくら創意的な学問を追求するとしても「盲目的行動や無責任な想像力の発動」で終わってしまいがちだからである。(28)

(23) 本書第八章と、尹志寛、前掲書を参照。
(24) 柳在建「E・P・トムスンの歴史方法論（E.P. 톰슨의 역사방법론）」、『歴史教育（역사교육）』第三九集（一九八六年）：三一七頁、三三五頁。
(25) 韓国で提起されたリアリズム論は、他国では多少聞きなれないかもしれない。それは客観的現実の写実的再現という意味の写実主義（模写論または反映論の凡俗化）と距離をおくだけでなく、典型性・総体性・党派性・弁証法的な認識などの重要概念を内部的に統合しながら発展してきた文学理論であり、マルクス主義リアリズムとも一定程度区別される。
(26) 白楽晴「作品・実践・真理（작품・실천・진리）」、『民族文学の新段階（민족문학의 새 단계）』（創作と批評社、一九九〇年）、三七四頁。
(27) 柳在建、前掲書、三一六頁、三三五頁。
(28) 白楽晴「社会人文学と批判的雑誌に関するいくつかの断想（사회인문학과 비판적 잡지에 관한 몇가지 생각）」、『東方学志

ところで、一定の分野での規律と訓練を重視したとしても、批評としての歴史学が「批評」という性格を持つかぎり、その訓練は（普通の専門の歴史研究者としての訓練以外に）批評家的修練、すなわち歴史テキストを「まともに読む読者」としての修練を兼ねざるをえない。これが批評としての歴史学の三番目の特徴といえよう。ところで批評家は「「最もまともに読む読者」になることを指向しながら、自分の読書経験を文章でまとめることによって「まともに読む人」の水準と数を最大限に高めようとした」者である、と定義できる。このように平凡な読者の境遇から出発することによって、批評文を書く特殊な読者へと突き進むとしても、そこには謙虚さが備わっている。そして「批評としての歴史学」に携わるものは、歴史テキストの生産と受容という二重の領域で活動することによって、過度に専門化された歴史研究が直面している、一般読者とのコミュニケーションにおける乖離を乗り越えることができる。(29)

まさにこういう批評の特性のおかげで、「批評としての歴史学」には専門の歴史研究者だけでなく一般の人々も携わることができる。上に紹介した加藤の著述を真剣に読んだ私の学生たちとの対話はその一つの事例である。

章を結ぶにあたり、韓日併合百周年をむかえて、この最も熱い歴史学的な懸案に対して私が発信するメッセージの眼目は、歴史に対する共感とそれによって向上する批判能力と創造的な思考をもって、一般の人々と歴史研究者が共同主体となって遂行する「批評としての歴史学」プロジェクトである。これこそが歴史紛争を越えて歴史和解を成し遂げるための、多様な実践方案の中で最も望ましいことではなかろうか。

共感訓練を受ければ批判能力と創造的思考能力が向上するという、ある研究報告を積極的に受け入れる必要がある。(30)そうする時、共感と批評が一つとなる新しい歴史学の可能性が開かれ、さらに歴史認識の差異を「生産的な刺激物（irritant）」として積極的に活用することで、「低い水準の「共存」を経て、高い水準の「協力増大」へと向上させていく歴史和解」の長い道のり[31]が、確実により順調なものになるだろう。

（동방학지）』一五二（二〇一〇年）：六頁。

（29）　このくだりは白楽晴「批評と批評家の断想（비평과 비평가의 단상）」、『統一時代の韓国文学のやりがい（통일시대 한국문학의 보람）』（創批、二〇〇六年）に大きく示唆された。直接引用した一節は、四六〇頁。

（30）　ゴードン、前掲書、一六四頁。

（31）　二〇〇七年一〇月、ソウルで開かれた第一回東アジア歴史和解国際フォーラムで、フェルドマン（Lily Gardner-Feldman）は、和解とは「お互いの差をなくすのではなく融合すること」という立場をとって、歴史理解の差異を、葛藤を引き起こす要因として否定的に見なさないようにと訴えた。Lily Gardner Feldman, "The Role of History in Germany's Foreign Policy of Reconciliation:Principle and Practice," 東北アジア歴史財団編『歴史対話で開いていく東アジア歴史和解』（東北アジア歴史財団、二〇〇九年）。

第十章

地球地域学としての韓国学の(不)可能性——普遍言説に向けて

1 はじめに

延世大学校国学研究院開院六〇周年を迎え、各国の学者がソウルに集い、韓国学（特にその成果である主要な言説）について議論するこの会議は、[1] まず参加者全員に、各々が遂行している韓国学を互いに内外から眺めることのできる貴重な機会を提供すると思われる。そしてさらには、各々が学術を遂行する場所（place）について、特別に認識する機会にもなるだろう。

最近韓国では、韓国学の「グローバル化」もしくは「国家競争力の強化」が喫緊の課題として提起されている。そしてその方法として、海外韓国学の量的・質的な成長を導き出すと同時に、韓国内での関連研究成果が海外で認められることに重点を置いている。だが、このような動きの基底には、韓国学の周辺性に対する焦りがあるのではないか、そして韓国学の場所性（placeness）を、ある種の足枷のように感じているのではないか。この点を冷静に省みる必要がある。ここで私は、韓国学のグローバル化というスローガンに固執するよりは、かえって反対に韓国学の場所性を強調したい。すなわち、場所を持つと同時に、特殊性にとらわれない韓国学を追求することを提案する。(2)

その近道は、韓国学から生産された知識の普遍性を確保することである。西欧中心の普遍主義を批判すると同時に、韓国という場所を重視しつつその特殊性に埋没せず普遍性を追求するという二重の課題を担う学問の道こそが、新しい韓国学が歩むべき道である。このためには韓国が置かれた空間的な位置に対する覚醒を通じて、西欧中心の既存の知識構造を再構成することが何よりも切実なことである。まさにこのような問題意識から、「地球地域学としての韓国学の再構成」というプロジェクトを試みようとするのである。

これを通して、韓国学は真にグローバル化の道を探し出せるであろうと期待している。私は、韓国内外にて韓国学を研究・教育している人々とのこの度の出会いを、「地球地域学としての韓国学」の可能性と不可能性を問いただすこの上なく適切な機会にしたい。

(1) 開院六十周年記念延世大学校国学研究院主催国際会議「二一世紀韓国学——世界普遍言説に向かって（21세기 한국학：세계보편담론을 향하여）」（ソウル：二〇〇八年一二月一八—一九日）を指す。

(2) 場所に基盤を置くアプローチに関して深く踏み込んだ議論は Arif Dirlik, "Place-Based Imagination: Globalism and the Politics of Place," *Review* 23-2 (1999) を参照のこと。

2　内外から見た韓国学のアイデンティティ

「地球地域学としての韓国学」とはいかなるものであり、それが実現可能なものであるのかを議論する前に、韓国学についての既存の争点を簡単にでも整理しておく必要がある。

韓国学を「韓国に関する知識と情報を生産（研究）し、伝播（教育）する学術活動」であると定義すれば、韓国を含む全世界において韓国学に従事する人々は大体において同意するだろう。しかし、韓国において自国を研究する学問である韓国学の場合、それは少なからず特別な意味合いを持つこととなる。韓国学が「国学」もしくは「民族学」と呼ばれることからもわかるように、それは民族主義と密接な連関を持っている。韓国学が民族主義を理念的基盤とした経緯は、その歴史的淵源をたどれば容易に理解できる。

今韓国で遂行されている韓国学には、「朝鮮学」または「国学」の伝統と、地域研究としての「コリア・スタディーズ」という二つの流れが重なっている。ここでいう「朝鮮学」とは、日本植民地時代に京城帝国大学で「帝国の知識」として追求された制度的学問と、制度外の「朝鮮学運動」のどちらも含んだものである。今日の韓国学は、特に後者の朝鮮学運動、すなわち朝鮮民族の危機に対応して成立した学術運動にその正統性の由来を見出している。それゆえに韓国学は「国学」「コリア・スタディーズ」にのみ還元することはできない。英文における名称は全て同じであるが、「国学」（たとえば、延世大学国学研究院）または「民族学」（高麗大学民族文化研究院）という名称が、韓国学と併用される慣用がいまだに使い続けられている理由がここにある。

朝鮮学運動に淵源を求める韓国学の歴史的文脈については、別の文章において深く議論したことがある。[3] その核心となる三つの特徴は、私たちが韓国学のアイデンティティを論ずる際に、決して看過できない要素である。第一に、主体性と実践性を標榜していた朝鮮学運動が抵抗的民族主義に根ざしていたように、韓国学は民族主義との関連が深い。第二に、韓国学は、朝鮮文化の総体性を探求するために、多様な分科学問の研究者が協力し合う統合的学術運動としてその成果を蓄積してきた。第三に、韓国学は、西欧に起源を持つ学術制度を変容させた日本の科学的学術の圧倒的な優勢の中、自己保護的な性格を強く帯びた一種の生存戦略として出発した。したがって、生まれながらに（消極的ではあるが）国際的競争の視野を含んでいた。

もちろん二一世紀の今日の韓国で、このような韓国学の特徴がそのまま維持されているわけではない。統合的学術運動の面影さえ既にほぼ消え去っている。日本帝国主義から解放された一九四五年から現在までの韓国学の主な研究と教育は、大学の各分科学問において分化されたまま遂行されてきた。本来の統合学問的な志向は、大学の研究所においてかろうじて維持されているだけである。韓国学の三つ目の特徴である一種の生存戦略として自己保護的な世界的視野も、解放後の民族主義がきわめて旺盛な社会的・文化的雰囲気のなかでは、注目されることはなかった。ところが、グローバル化がスローガンとなった一九九〇年代以後、韓国学は、人文・社会科学の領域のうちでも相対的に国際競争力が高いと期待されるようになり、あらためて大きな関心を引くようになった。これに比べて韓国学の第一の特徴、すなわち民族主義との深い関連は、解放以後も維持され続けたが、現在では議論の対象となっているのが実情である。

（3）　白永瑞「人文韓国学の進むべき道——理念と制度（인문한국학이 나아가야할 길：이념과 제도）」『韓国学研究（한국학연구）』一七（二〇〇七年）を参照。

この間の韓国学に関する議論の過程にあらわれた立場は、韓国学が民族主義をはじめとする一切のイデオロギーと断絶するべきであるというものである。政治学者の崔章集《チェ・ジャンジプ》によって強く表明されたこの立場によれば、韓国における韓国学は、民族主義イデオロギーにとらわれ、量的な成長はあったものの質的な発展は成し遂げられなかった。それに対して、民族主義から自由であった欧米学界の韓国学の成果に、より注目すべきものがあるというものである。[4] 彼の主張は、韓国学研究者自らの学問に対する姿勢を謙虚に省察させる効果はあるが、先述した韓国学の歴史的文脈を無視していることは明らかである。さらにこの間蓄積されてきた韓国学の成果のうち、民族主義に深く関わるもの全てが閉塞したイデオロギー志向を有しているのかどうかも綿密に検討されるべきである。[5]

これと異なる立場として、韓国でよく取り上げられるのは、「開かれた民族主義」の視座から韓国学を解釈することである。[6] それは、日帝時代という厳しい民族の危機状況における学問的対応が「朝鮮学」を生み出したという歴史的文脈を重視しながらも、新自由主義的グローバル化がすすむ現在の状況に合わせて、韓国学を（再）構成しようとする試みである。[7] これが、従来の民族主義にとらわれた「国学」から脱し、柔軟かつ反省的な立場を堅持しようとする姿勢であることは明らかである。しかし「開かれた民族主義」という際の「開かれた」の程度を具体的に確定できず、さらに積極的な代案をもって新しい韓国学のイデオロギー志向を提示できなければ、このような立場は本来の意図から離れ、民族主義の枠に回帰してしまうリスクがある。他方で、脱民族主義論の偏向を正そうとする作業が最近あらわれていることも注目に値する。それによれば、脱民族主義は「この間の第三世界民族の独立が成し遂げてきた成果を新自由主義が無効にしている最中に、主に学問を脱政治化させ、［…］学問の右傾化に一助」したとして批判される。[8] このような新しい気運が、果たして韓国学の再構成にいかなる影響を及ぼすことになるのかは、これから見届けるしかない。

これまでに見てきたものが、現在の韓国内部で韓国学が直面している状況であるとすれば、その外部での韓国学はどのような立場に置かれているのだろうか。

（4）崔章集「韓国学の特徴と限界、そして発展のための条件（한국학의 특징과 한계、그리고 그 발전을 위한 조건）」、高麗大学校民族文化研究院主催「韓国学のアイデンティティ大討論会（한국학의 정체성 대토론회）」、二〇〇五年一二月八日、ソウルでの発表文。これに関する紹介記事は『ハンギョレ新聞（한겨레신문）』、二〇〇五年一二月一〇日に掲載された。

（5）ここでこれに関する詳細な論証をすることはできないが、韓国文学の中で議論された民族文学論には、早い時期から第三世界文学及び世界文学との関連性の中で議論を構成してきた流れがあったということだけは強調しておきたい。たとえば、白楽晴『民族文学と世界文学（민족문학과 세계문학）』（創作と批評社、一九七八年）を参照のこと。

（6）洪錫律（ホン・ソンユル）は、最近の民族主義言説を三つに分類している。（一）グローバル化論に基づいた脱民族主義論（民族解体論であり、その代案は「文明史観」であるが、依然として国家主義的な属性を有している）、（二）民族主義再構成論、（三）脱近代論的観点からの脱民族主義論、である。そのうち第二の民族主義再構成論が概して「開かれた民族主義」を志向しているように見える。洪錫律「民族主義論争と世界体制、朝鮮半島分断体制問題への対応（민족주의 논쟁과 세계체제、한반도 분단문제에 대한 대응）」、『歴史批評（역사비평）』八〇（二〇〇七年）。

（7）代表的な主唱者は林熒澤（イム・ヒョンテク）である。林熒澤『実事求是の韓国学（실사구시의 한국학）』（創作と批評社、二〇〇〇年）を参照。

（8）ラディーカ・デッサイ（Radhika Desai）「ベネディクト・アンダーソン（Benedict Anderson）が見落としたものと得られたもの——『想像の共同体』に対する批判的検討（베네딕트 앤더슨이 놓친 것과 얻은 것）」、『創作と批評（창작과 비평）』、二〇〇九年秋号、四二二頁。脱民族主義の理論的基礎であるベネディクト・アンダーソンの『想像の共同体』の理論的盲点を鋭く論駁したデッサイの論文と、韓国脱民族主義論の断絶的近代主義を批判した、金興圭「政治的共同体の想像と記憶（정치적 공동체의 상상과 기억）」、『現代批評と理論（현대비평과 이론）』三〇（二〇〇九年）を参照のこと。そのほかに、脱民族主義論者の統一新羅研究の弊害を実証的に論破した、金興圭「新羅統一の言説は植民史学の発明なのか——植民主義の特権化から歴史を救い出す（신라통일 담론은 식민사학의 발명인가）」、『創作と批評』、二〇〇九年秋号も参照のこと（同号の日本語版に辛承模訳で掲載）。このテーマに関する論文が、金興圭『近代の特権化を越えて（근대의 특권화를 넘어서）』（創批、二〇一三年）に載せられている。

もちろん海外における韓国学といっても、国家によってその立場は異なるはずである。しかし、外国について研究・教育する地域研究（大概は東アジア学）の一部として大学内に位置しているという共通点がある。それゆえに分科学問よりは統合学問的な性格が強い。また、韓国における韓国学と異なり、（自国学ではなく）外国学としての韓国学を遂行するため、そのイデオロギー的基盤から比較的自由である。

このような特徴を確認するために、まず、ベトナムにおける韓国学を見てみることとする。ベトナムの韓国学は、一九九二年の韓国とベトナムの国交正常化に後押しされるように、一九九三年にベトナム国家大学ハノイ校・人文社会科学大学・東方学部に韓国学科が設置され、その後発展してきた。二〇一三年現在、ベトナム全域で十五ヶ所の韓国語及び韓国学教育機関が存在する。そのなかでもベトナム国家大学ハノイ校、ベトナム国家大学ホーチミン市校、そして雄王（Hung Vuong）大学のみが韓国学を中心とした教育をおこなっており、それ以外の機関では韓国語を中心に教育している。こうした事実は、ベトナム韓国学が韓国に関する知識と情報の生産（すなわち研究）よりは、伝播（すなわち教育）の方に比較的重点を置いているということを意味する。その理由として挙げられる自己評価としては、「現在のベトナムでは、ほとんどの韓国学教育機関が韓国会社の需要に応えて通訳者と翻訳者を育成することを目標としており、韓国学に関するその他の分野の専門家養成にあまり関心を寄せていない」からである。(2) このように韓国学の短期的実用性が重視される状況では、民族主義のようなイデオロギー志向が重視されないのは当然である。また、韓国学の国際競争力が社会的に要求される段階ではないとみえる。

他の国々と同様に、地域研究である東アジア学科の一部として定着したアメリカの韓国学は、主に韓国から提供される海外財源を活用し、次第に増加している韓国人留学生とディアスポラ韓国人などが韓国語及び韓国文化授業を強く要求したおかげで大きく発展してきた。そのもう一つの特徴は、民族主義から距離をおくことを意識的に強調している点である。すなわち韓国学界に存在する様々な民族主義的研究姿勢を露骨に批判したり、韓国の民族主義自体を研究対象としてとらえたりすることによって、民族主義から距離を置く傾向が主流をなしている。ところが、アメリカの韓国学がアメリカの大学の周辺部に属する東アジア学科の中でもさらに周辺部、つまり「二重に周辺化された位置」に置かれていることは問題であるとしかいえない。さらに深刻な問題は、韓国学が「しばしば大学での研究を活気付ける一層幅広い知的傾向や問いからかけ離れ」、「無関連性(irrelevance)」の危険に晒されているという点である。[10] このような事実は、アメリカの韓国学がたとえ(韓国の)民族主義から距離を置くことに成功したとしても、アメリカ学界の中心的な知的傾向や社会現実に深く根を張らないままであることを示している。

ここまで見てきた韓国学の特徴をそのイデオロギー志向に焦点を合わせて整理するなら、韓国では民族主義をめぐる論争が起こっており、ベトナムでは短期的実用性に重点を置いており、アメリカでは韓国学の「無関連性」が問題視されているという違いがあらわになってくる。しかし、それらは皆それぞれ、社会的要求と学界の主な知的潮流に対応しているか、対応を試みているという点において共通している。ただし、その対応の効果が短期的にあらわれるのか、それとも中・長期的にあらわれることを期待するかの違いがあると思われる。いずれにせよ、今日の韓国内外の韓国学が、いずれも新たなアイデンティティを模索する段階にきているのは明らかである。

(9) ハ・ミンタン(Ha Minhthanh)「ベトナムにおける韓国学の現況と展望(베트남에서의 한국학 현황과 전망)」、仁荷大学校BK韓国学事業団編『東アジア韓国学入門(동아시아 한국학 입문)』(亦楽、二〇〇八年)、とりわけ一七四頁を見よ。

(10) Andre Schmid, "Korean Studies at the Periphery and as a Mediator in US-Korean Relations,"『サイ(사이)』四(二〇〇八年):一四頁、二三頁。

私は韓国学の新たなアイデンティティを形成するうえで、必要な知的刺激を提供するという文脈で「地球地域学としての韓国学」を構想してみた。次節では、これについて具体的に論ずることとする。

3　地球地域学としての韓国学

地球地域学（Glocalogy）という新造語の意味を伝えるためには、まず、それよりは多少馴染みのあるグローカリズム（Glocalism）について説明することが順序として妥当である。

グローカリズムはグローバリズム（Globalism）とローカリズム（Localism）の合成語である。この合成語は一九九〇年代初期に使われ始めたと見られるが、基本的に「地球的に思考し、地域的に行動する（think globally, act locally）」こと、もしくはそれを試みる個人・集団・単位・組織などを意味する。この言葉は様々な領域において多様な用法を通して使われているが、ここでは地域から地球にまで至る、空間性の様々な規模を、一つのものに連結して思考し行動する人間の能力を示すもの、と規定することで事足りるだろう。言いかえれば、地方的なもの（local）と地域的なもの（regional）と地球的なもの（global）、もしくは微視的なもの（micro）と中間的なもの（meso）と巨視的なもの（macro）を一つの次元に結合する思考と行動であると理解できる。

私は一昔前に、グローカリズムに基づいて遂行する学問をグローカロジー（Glocalogy）と名付けたことがある。(11) 同じ漢字圏である中国と台湾ではグローカリズムを「全球本土化」または「全球在地化」と翻訳し、日本では英語発音をそのまま表記するが、これを韓国語に訳すれば「地球地域化」ぐらいになるであろう。それによってここではグローカロジーをまずは「地球地域学」と称しておくこととする。その核心は、地球的に思考しながら地域に根ざした学問、または地方的なもの、地域的なものと地球的なものを一つの次元で結合し分析する学問になるだろう。

では、馴染みのない用語であるこの地球地域学を韓国学と関連づけることに、どのような意味があるのか。周知の通り韓国学は、韓国という一つの国家／民族（nation）を分析単位とする学問である。ところが現在、韓国学は内的矛盾に直面している。一方ではその学問的作業を制限する国家／民族という枠組みを批判しつつも、もう一方では国家／民族に基づく韓国学という分野を制度的に確立させなければならないという矛盾の中に置かれている。

この矛盾からの脱出口として私が着目したのが、まさに韓国学を地球地域学として再構成しようという構想である。それは一つの視座であり方法であると同時に、研究領域に関する規定でもある。この地球地域学を通して、一方では西欧中心の普遍主義を批判し、他方で韓国という空間性を重視しつつも、特殊性に埋没することなく普遍性を追求する道へと韓国学を導くことが可能になると期待する。この道は「ヨーロッパ的普遍主義」を克服し、「普遍的普遍主義」を確立しようというウォーラーステインの提案にも通じるものがある。

私たちは、自らの個別性の普遍化と、普遍性の個別化とを同時に行うようもとめられているのであり、そうすることによって、新しい〔緊張の〕止揚を見いだしては、すぐにまたそれが問いへと

（11）　この発想に関する初めての言及は、白永瑞「「東洋史学」の誕生と衰退（「동양사학」의 탄생과 쇠퇴）」、『創作と批評』、二〇〇五年冬号でなされた。本書第十一章を参照。

投げ返される、一種の絶えざる弁証法的交換を行いうるようになるのである。[12]

彼の主張に全面的に同意する。ただしそれを実践する過程で、「特殊なものを普遍化」することに優先的に着手しつつ、新たな総合に到達することが私の主張する地球地域学の当面の課題である。

もちろん、この新しい構想には未だ不備な点が多い。説得力のある提案になるためには、今後、練り上げるべきである。ここでは、この構想が抱えている幾つかの問題点を検討することで、地球地域学の性格を具体化してみることとする。

まず、地球地域学としての韓国学といえども、それが韓国学である以上、韓国という空間性を強調していく中で、特殊性に埋没する危険が残っている。これを乗り越えるためには、特殊性または具体性を普遍的に読み解く作業が必要である。これに関しては、社会学者である曺喜昖《チョ・ヒヨン》が提起した「普遍的読解」という発想が示唆的である。彼は、「私たちの特殊な争点と、他の多くの国民国家の特殊な事例を貫通する普遍的側面を洞察する努力」の中から、「私たちの特殊な問題の中に内在しており、アジアが共感し世界が共感する普遍的メッセージが専有されること」を期待している。[13] 私は彼のいう「普遍的読解」の根拠を「コミュニケーション的普遍性（communicative universality）」という発想によって説明したことがある。[14]

二つ目には、西欧理論に埋没する危険から脱することができなければ、地球地域学の実現可能性は希薄なものになる。西欧理論から脱するには、究極的にはその基盤であるヨーロッパ普遍主義を克服し、それを基盤とする知識構造の理念と制度を再構成する可能性を示さなければならない。ウォーラーステインは、ヨーロッパ的普遍主義を克服しうる新たな代案を、「普遍的普遍主義のネットワークのようなもの（普遍主義の多元性）」（一六三頁）の存在から求めている。私がここで強調する地球地域学が「コミュニケーション的普遍性」を追求する限りにおいて、それは、彼のいう「普遍主義の多元性」を具現する構想のひとつになり得ると考えている。

また、ウォーラーステインは「普遍的普遍主義」は「もはや、与える者が西洋であり、受け取る者がその他ではないような世界に到達する」こと、つまり、万人が与え、受け取ることが「一致する場」であると主張する（一五五―一五六頁、一六三頁）。このような観点から見たとき、地球地域学としての韓国学が世界に何を与えるのかが重要になってくる。したがって次節では、三つの場所に基盤を置く地域学の発信を、地球地域学の兆候として提示したい。

4　地球地域学の兆候――地球的思考と地域的実践の事例

地球地域学でいう「地域」という言葉は、韓国語の用例において二重の意味を有する。中央に対比される地方としての地域、国民国家を越えた地域（中国語の「区域」）の意味が重なり合って使われる。地

(12)　イマニュエル・ウォーラーステイン『유럽적 보편주의：권력의 레토릭』（創批、二〇〇八年）、九〇頁。日本語訳は、山下範久訳『ヨーロッパ的普遍主義――近代世界システムにおける構造的暴力と権力の修辞学』（明石書店、二〇〇八年）。以下、同書からの引用は本文に頁数のみ記す。

(13)　曺喜昖「私たちの内なる普遍性――知的・学問的主体化への窓（우리안의 보편성：지적 학문적 주체화로 가는 창）」、『私たちの内なる普遍性（우리안의 보편성）』（ハンウル、二〇〇六年）、五一頁。

(14)　これに関する説明は、白永瑞「自国史と地域史の疎通（자국사와 지역사의 소통）」、『歴史学報（역사학보）』一九六（二〇〇七年）を参照。

方的なものと地域的なものと地球的なものを、一つの次元において把握しつつも、地方的なものと地域的なものが地球化に及ぼす影響を優先して重視する地球地域学においては、このように二重の意味を持つ「地域」という用語が有効である。したがって、二つの意味での地域両方において地球地域学の兆候を発見するべきであるが、ここでは地方としての地域に該当する二つの事例と、国家－地域－地球の関連がよくあらわれる一つの事例を例示してみることとする。

グローバル化時代において、地球化と地域化の同時進行関係を一目で把握しようとするならば、まず思い浮かぶ方法としては、地域的なものが即ち世界的なものだという観点か、もしくは逆に世界的なものが即ち地域的なものだという観点であろう。前者が「韓国的なものが即ち世界的なもの」というような態度であるとすれば、後者は世界的レベルで認められたものが韓国内に逆流してきた際に、それを韓国的なものとして再発見しようとする態度である。これらに対し、私が地球地域学の兆候として紹介する事例は、国境を越えたコミュニケーションを可能にする普遍的要素を地域の中から探し出す特徴を有するものである。

まずは韓国の事例を見てみよう。[15]

韓国では民主主義の発展と共に地方自治制度が施行され、そのおかげで地域文化事業が活発に展開されている。それによって地域文化が活性化することはあるが、むしろそれが「文化の民主化」はおろか、地域の有力人士（地域土豪勢力）を正当化したり、意味のない「伝統」を固定する結果を招いたりしてしまっているという批判もある。ところがこれと同時に、地域を新たな文化創出の拠点、さらには新たな学問の拠点にしようとする試みもあらわれ始めている。仁川学（Inchonology）は、そのような試みをあらわすひとつの事例である。[16]

ソウルから電車で約一時間の西海岸の港町である仁川《インチョン》は、韓国近代史の中では開港場として有名である。その住民たちの経験世界を学問的探究の対象として捉えるのが仁川学である。仁川学は郷土主義（nativism）または地方主義（localism）をもって構成されるものではなく、世界都市（cosmopolis）の展望を見出しながら、今日の仁川に相応しい中間段階として地域主義（regionalism）に着眼したものである。もう少し具体的に説明するなら、「東アジアを一つの統合的思惟単位として設定する地域主義を軸に、仁川と東アジアの港を一つのものに連結して思考」することである。このようなことが可能となったのは、地球化の流れの中において、国民国家の経済の内外において変化が起こっているからである。つまり、その外側においては地域化が、その内側においては地方化が同時に進行されているのである。「この変

(15) この他に、日本であらわれた「地元学」もまた、本章の趣旨に見合ったものであるため、扱う価値は大きいが、ここでは簡略に紹介するにとどめておく。一九五〇年代末から熊本県水俣地域は、窒素肥料工場から排出された窒素によって汚染され、環境と住民生命が深刻な被害を受けた。このことによって地域名に因んだ「水俣病」が注目されるようになった。この問題を解決するための努力が多角的に行われ、結果として現在ではむしろこの地域が環境都市に変わるという変化が起こった。その過程において、住民が自らの力で公害の原因と解決策を模索する調査研究を行い、これが草の根運動、即ち地元学として実を結んだ。その結果は日本だけでなく、産業化の過程で苦痛を経験したベトナムにまでも伝播されている。この運動は、生活現場の事情を調査することによって意味を探し出し、地域の人・自然・文化・産業の力を引き出して、生気みなぎる町を作ろうとするものである。草の根からあらわれた（問題解決型ではなく）価値創造型のこの新しい学術運動については、吉本哲郎『地元学はじめよう』（岩波書店、二〇〇八年）を参照のこと。

(16) 地域を中心に人文学を再構成する試みが、学においてもあらわれている。釜山大学校韓国民族文化研究所の人文韓国プロジェクトのテーマは「ローカリティ人文学」である。その初期の成果は『ローカリティ、人文学の新しい地平（로컬리티, 인문학의 새로운 지평）』（慧眼社、二〇〇九年）としてまとめられた。延世大学校国学研究院人文韓国事業団がソウルの麻浦地域の住民と共に推進している「まち人文学」プロジェクトも注目に値する。金ヨンソン、李キョンラン編『まちに向かった人文学（마을로 간 인문학）』（タンデ、二〇一四年）参照。

化の風を詳らかに読み解きつつ」、「多重的なアイデンティティの仁川学または批判的地域主義としての仁川学」を模索する動きがあらわれた。(17) これは未だ宣言の段階にある。今後蓄積される成果が、その意図通りに批判的仁川学を裏付け、更には私が論じる地球地域学の可能性を示すのか、それとも郷土主義や地方主義に後退し、地球地域学の不可能性をあらわすのかを見守っているところである。

もうひとつの事例としては、台湾（中華民国）本島から飛行機で約一時間の距離にある金門島に基盤を置く金門学（Quemology）がある。金門学は金門島住民の経験世界を知的探求の対象としている。

台湾においても、民主化の進展とともに地方自治が定着することによって、地方文化が活気付いている。そのおかげで地方別に研究調査事業が流行し、地方の名称に因んだ各種の学術活動――台北学、澎湖学、金門学――などがあらわれた。もちろんそれらのほとんどは地方政府から経費を支援され、その土地の社会・文化的特殊性を探求したり、他の地域との差異を強調したりすることによって、各々の地域的アイデンティティを構築することを目的としている。しかし、少なくとも金門学の場合、金門が遂行してきた省察的役割（reflexive role）を重視するという点で地球地域学の芽として見做すことができる。

金門島は地理的には中国大陸の廈門《アモイ》に近い。その場所は歴史的に超国境的な地域文化の要衝であった。清朝の頃から東南アジアなどの地域に赴く華僑の輩出地でありながら中継地であり、福建南部である閩南《ミンナン》地域文化の中核をなしていた。金門島が中華民国の領土に編入したのは一九五〇年代に入ってからのことであった。清朝がアヘン戦争で敗北し、日本に台湾を引き渡した時にも、金門島は依然として清朝に属していた。ところが一九四九年以降、共産党と国民党の間で国境線を画定する戦闘が突然起こり、その結果として金門島は、廈門地域から断絶されたまま、台湾の中華民国領土に帰属することになったのである。

このような曲折の多い歴史を経験した金門に関する研究は、国境に閉ざされた一国的視座を超えて、地域の視座から両岸中国、さらには東アジアを新しく見るうえで豊富な内容を暗示している。たとえば、清朝以来の華僑送金ネットワークを通して繋がっている閩南経済圏と閩南文化を究明するうえでも、日本帝国圏を理解するうえでも、また東アジア冷戦の歴史を見直すうえでも重要である。さらに、台湾史を見直すうえでも、とりわけ今日台湾の主流言説である台湾独立論を批判的に見つめ、台湾のアイデンティティの危機を新しく見つめるうえでも、かなり有用である。しかしより大事なことは、金門学の研究者がすでにその研究の意義を「地球的視座をもって地域的に実践する可能性」に見出しているということである。[18] このような模索は、まだはっきりと地球地域学としての志向を有してはいないが、現在その潜在的効果が大きい分、これからの役割が期待されるところである。まさにこのような理由から、金門という地名に入っている「門」という文字の象徴的な意味があらためて重要になってくる。それは禁忌と地域隔絶の意味でありながら、交流の無限な可能性を表現している。これから先、主体的な「金門の開放」が、台湾人をはじめとする東アジア人に、さらに広範な世界観を開いてくれる「門」となり得るであろうと思われる。[19]

このような期待とともに見てみると、二〇〇八年現在、金門に在住する一四五人ぐらいのベトナム人

(17) 崔元植「批判的地域主義としての仁川学（비판적 지역주의로서의 인천학）」、崔元植ほか『仁川学の遠近法（인천학의 원근법）』(仁川大学校仁川学研究院、二〇〇三年)、七頁。
(18) 江栢煒「臺灣研究的新裝圖：以跨學科視野重新認識『金門學』之價值」、金門縣文化局／中興大學『二〇〇八金門學學術研究討會論文集』(金門：金門縣文化局、二〇〇八年)。
(19) 林正珍「『消失』在臺灣歷史文化中的金門」、前掲書。

女性結婚移住者は新たな意味をもつ。彼女らに対する訪問調査を行い、妊娠から出産までの生活習慣と医療・看護の問題において、台湾人といかなる違いがあるのかを調べた研究結果があるが、こうした研究は私たちを多文化主義に対して新たな理解と感受性を持つよう導く。[20] この多文化主義の事例は金門にのみ存在しているわけではない。ベトナム人女性結婚移住者は韓国農村でも見出せるが、彼女たちは保守的な韓国の農村に新しい文化的変容を引き起こしている。

このような女性結婚移住者は地理的に様々な国家に散らばり地域的に生活しているが、国境を横断しながら独自のアイデンティティを形成している。個別の地域を横切りながら、疎通し交流する東アジアがすでに存在しているのである。そうであるとすれば、彼等はすでに従来のグローカリズムの発想を覆し、「地域的に思考し、地球的に行動する」存在、即ちトランスローカリズム（translocalism）の主体であるのかもしれない。ここで地域が、単なる地理的意味を超えて、（中央と対を成す周辺としての）文化的含意までをも有することとなる。地球地域学がこのように拡張された意味の「地域」までをも探求の対象として包含するならば、さらに新たな役割を果たす可能性が開かれるに違いない。

第三の事例は、朝鮮半島の分断体制克服過程と東アジア地域主義の相互作用のなかに見出すことができる。韓国主導の吸収統一を目指す立場からすれば、北朝鮮は中央である韓国と対をなすひとつの地方にすぎない。しかしこれとは異なる立場、つまり南北の統合が単一国民国家としての統一ではなく、分断体制克服に該当する統一でありする立場から見ると、異なった姿が見えてくる。それが、南北民衆の生活主導力を極大化する統一を追求する中期的課題を果たす道であり、南北間の多様な結合形態の実験を意味する複合国家を経る道である。その場合、世界体制の中で一地域にすぎない朝鮮半島（の統合）は、地方的・地域的・地球的なものを一つの次元で把握しつつも、それらが相互に影響を及ぼす拠点となり得る。[21]

複合国家の枠組みの中に北朝鮮を呼び入れ、体制安全を保障しつつ、「南北の漸進的統合過程と連係した総体的改革」に北朝鮮を参加させ変革を導き出せるならば、東アジア共同体を推進するにあたって常に「目の敵」にされてきた北朝鮮（および朝鮮半島）問題を解決することができる。そして二つの国家の改革を通して、政治力を改善すると同時に、より小規模な地域を活性化させる契機が相互補完的に作動し、東アジア共同体の建設が推進されるならば、[22]アメリカの覇権主義に亀裂をきたし、アメリカン・スタンダードを乗り越えうる空間を確保できるであろう。もちろん、それだけで資本主義的世界体制から離脱することはできないが、新自由主義的なグローバル化を長期的に変革させる触媒にはなるはずである。その際に、朝鮮半島という場所において、民衆的でありながら世界史的な普遍性を獲得する可能性が開かれる。[23]

5 結び

最後に、地球地域学としての韓国学の制度化の可能性について展望してみたい。

(20) 陳益源「在金門與越南之間」、前掲書。
(21) これに関するより詳細な分析は、本書第一部を参照。
(22) 李日榮「危機以後の代案、「韓半島経済」」（위기 이후의 대한,「한반도 경제」)」、『創作と批評』、二〇〇九年秋号、六六頁。経済学者である李日榮の主張は、本章の論旨と通ずるものがある。彼は、韓国が単独で福祉国家モデルを追求しようとする試みは、分断体制の壁にあたって挫折する可能性が高いため、分断体制を地域協力体制の中に溶解させ、地域レベルでの福祉を向上させることがはるかに有用な戦略であると主張する。
(23) より詳細な説明は、本書第三章を参照。

まず、地球地域学としての韓国学が、制度的に果敢に追求するべき方向は、韓国学と連携する参加者を広く包含することである。たとえば、海外の大学別に韓国学プログラムの有無を見極めながら協力対象を選ぶのではなく、韓国学の専門人力の養成とともに中国学・日本学および東南アジア学、その他の分科学問の専門人力とも提携する「戦略的研究提携ネットワーク（strategic research alliance network）」を組むために、短期・中期・長期別の計画を立てるべきである。[24] これに関して、あるベトナム学者が国際的ベトナム研究者とベトナムの韓国学研究者、そして韓国／世界の韓国学研究者の間での交流が、韓国学の発展に多大に貢献するであろうと指摘したことは傾聴に値する。彼が指摘した通り、「国際的問題を理解することによって、より正確かつ深く自分自身を理解することができる」のである。[25]

その次に、地球地域学としての韓国学は統合学問の性格を有するがゆえに、新たな分科学問として大学の制度に割り込もうとするよりは、大学内の研究所において活性化する方法を積極的に模索するべきである。実際、大学の中で分科学問制度の変化を企てることは決して容易ではない。その点で研究所を拠点として韓国学の新しいアイデンティティを試してみることは尚更重要である。特に、研究所の中で多様な専攻の研究者が社会課題を学術課題に転換し、その課題を中心に研究を再構成することによって、研究の集中度と有機的関連度を高めることができる。この過程において研究の主体（subject）と対象（object）という二分法がプロジェクト（project）に溶け込むはずである。これが成功裏に進められれば、分科学問制度の変革を導き出すゲリラ的役割を遂行することとなる。

まさにこの点が、日帝植民地期から続けられてきた、主体性と実践性を強調する韓国学の特性と相接している。従来は民族主義との緊密な関係を築いていたが、地球地域学として再構成された韓国学は、地方的・地域的・地球的なものをひとつの次元へと結合させる学問である以上、そこに縛られることはないはずである。これから先、韓国内外にて遂行される新しく多元的な韓国学は、各々の「場所を有し」ながら、具体的な時空間の中で起こる具体的な状況に対して主体的に介入しなければならない。その過程において「コミュニケーション的普遍性」を獲得できた時に、世界史の周辺に位置している私たちは、与えることと受け取ることが「一致する場」にようやく立つことができるはずである。それこそが真なる韓国学のグローバル化であろう。

地球地域学としての韓国学という新しい構想が達成される可能性を見出せるならば、自動的もしくは必然的に実現されるという保証がないとしても、それを宣言し制度化する道を見出さなければならない。[26]そのために、私たちはこうして今ここで出会ったのである。

(24) 金赫來「二一世紀韓国学発展——ビジョンと戦略(21세기 한국학 발전 : 비젼과 전략)」、韓国国際交流財団主催『二〇〇七海外韓国学振興ワークショップ(2007 해외한국학 진흥워크숍)』、二〇〇七年五月一八日の発表文。

(25) グエン・ヴァン・キム(Nguyen Van Kim)「ベトナムでの日本学経験と韓国研究(베트남에서의 일본학 경험과 한국연구)」、仁荷大学校BK韓国学事業団編『東アジア韓国学入門(동아시아 한국학입문)』(亦楽、二〇〇八年)、一八七—一八八頁。

(26) この文句はウォーラーステインの文章を、私が変形したものである。「普遍的普遍主義の内容を系統立て、制度化していく道を見いださなければならない。普遍的普遍主義は達成可能ではあるが、その実現は自動的でもなければ不可避的でもない」。ウォーラーステイン、前掲書(日本語訳文)、一五頁。

第十一章
「東洋史学」の誕生と衰退——東アジアにおける学術制度の伝播と変形

序

新自由主義的グローバル化の衝撃を受けている東アジア社会において、大学改革は主な改革課題の一つとなっている。それについての議論は多いが、(教育ではない)学問の観点から大学改革を検討し、実践しようとする努力はそれほど多くないと思われる。このことへの反省の立場から、筆者は東アジア学問の歴史を振り返り、そこから私たちが新しい学問体系を構想するのに役立つ歴史的資産を探りたい。

一七世紀以後の西欧で、学術誌、学会および大学の緊密な相互関係の中で形成された近代学問が専門化されたのは、一九世紀後半から二〇世紀初(一八四八—一九一四年)であった。ヨーロッパにおいて学問の分科化は、近代的人間の主要な活動領域である政治・経済・社会に対応した政治学・経済学・社会学として成立し、その後、歴史学・人類学・東洋学の分割が追加される形で進められた。

この分科化こそ、私たちが科学的学問と称する近代学問体系を最も圧縮したかたちで見せてくれる。かつて明治期の日本人はこれを「学科」と呼んだが、その言葉に単純に「様々な学問」という普通の用法があることがわかると、より一層専門化された新しい学問という意味を強調するために「科学」という造語を作り出した。(1) 彼らが理解した科学は、今日の個別学・専門学という意味であるが、日本人が近代科学を、独創的方法やパラダイムよりも、制度として把握したという事実がわかる。すなわち、国家権力主導のもとで近代を追求し、西欧の学問を導入したため、まず制度を導入して近代的知識の生産と流通を加速化するのに力を注いだのである。

ヨーロッパモデルを日本が受容し、変容させたこの「制度としての学問」は、東アジアへと広まる過程で、各国民国家と学問の関係によって変形を経験するが、その基本的な枠組は維持されたまま今日に至っている。ところで、東アジアの近代学問の形成と変形の全貌を完全に理解するためには、東アジアの近代的制度の内部だけではなく、その外部で行われた知識の生産・流通過程までも含めなければならない。

(1) 中国や日本の古典になかった「科学」という用語は、日本人が東アジアに伝播したものだという見解が有力である。中山茂『歴史としての学問』(中央公論社、一九七四年)、二九四頁。中国で明末以来「格致」という語彙がサイエンス(science)に該当する意味を持っており、清末にサイエンスの翻訳語として格致と科学が併用されていたが、一九〇五年の科挙制廃止の影響で、格致は消え、日本から導入した意味としての「科学」が漸次増加するようになった。その後、科学は中国において様々な内包を持つ現代述語となった。この用語の変遷は、金観涛、劉青峯「従『格物致知』到『科學』『生産力』:知識體系和文化關係的思想史研究」、『中央研究院近代史研究所集刊』(臺北)第四六期(二〇〇四年)を参照。

本研究は、「制度内の学問」と「制度外の学問」[2]という二つの様相が対立しながら交差する動態的過程の見地から、東アジアの近代歴史学の軌跡を今後研究していくための序説である。筆者は、日本の帝国大学で形成された歴史学三分科（西洋史・東洋史・国史）体系の一部である「東洋史学」が、二〇世紀前半東アジアでどのように伝播され、変形したのかを明らかにしたい。特に、東アジアの近代歴史学（を含む人文社会科学）の制度的側面が抱えている植民地性に注目したい。西欧で一九世紀に定着した専門分科としての歴史学と比較する際、近代を強要された東アジアでは、近代的歴史学の樹立過程において、西欧的権威としての「科学」を制限的、分裂的に受容しつつ、それを各自の理念的・政治的立場に基づいて普遍化する傾向を見せた。それゆえ、西欧の一方的統制下で伝播された、近代学術制度の歴史学は、東アジア自身の歴史を完全に解明する言葉を備えることなく、知識と一般大衆とが分離した知的植民地性から抜け出しがたくなった。したがって、歴史学が現実と部分的にしか接触できなかったのは当然だったかもしれない。日本という擬似西欧の統制の下で歴史学を受容した植民地朝鮮と台湾では、この植民地性がより深刻であった。ここではこうした地域内部の差も重視したい。

東アジアの近代的歴史学、とりわけ東洋史学と国民国家の関係の基本枠組みおよび植民地性を明らかにすることによって、当面した歴史学の危機を乗り越える道を探り、さらに新たな学問体系を構想するのに少しでも役に立つことを期待する。

2　日本帝国大学で創設された「東洋史学」と民間史学

日本史学史を整理した家永三郎は、明治維新（一八六八年）以後の日本歴史学を二つの傾向の並行としてとらえた。一つは「歴史をもっぱら実践的関心に基づいて研究しようとする傾向」であり、もう一つは「歴史事実を客観的に認識すること自体に全力を傾け、厳密な史料の操作や精細な史実の闡明を得意」する考証学的傾向である。(3)

近代日本において最初に出現したのは、前者の系譜に属する「文明史」であり、それは明治初期にジャーナリストが率いた啓蒙運動の土台となった。文明発達の経路を明らかにするこの潮流は、明治政府を批判し、人民中心の歴史像を提示すると同時に、歴史学を社会科学と規定して体系的・合理的方法論を提示するという特徴があった。その跡を継いだのが一八八〇年代から一九〇〇年代にかけてあらわれた「民間史学」である。これはすでに設立されていた帝国大学の官学に対して、実証より歴史叙述に比重を置き、平民主義の発達を歴史の中で明らかにし、国民としての共同性を追求するという特徴があったが、学問的組織と史料の厳密な駆使においては未熟であった。それを継いだのが、マルクス主義歴史学であるが、アカデミズムに負けない実証性と斬新な問題設定および旺盛な実践的関心によって、一九二〇年代から急速に発達した。この流れは、鹿野政直のいう「民間学」の一部であり、(4)本研究で注

（2）「制度としての学問」が対応できなかった社会的需要をある程度充足させた制度外の学術活動を、暫定的に「運動としての学問」と名付けてみようと考えている。多少聞き慣れていない「運動としての学問」は、近代的制度学問によって排除され、抑圧された東アジアの知識——これは度々「民間的・民俗的知識」や「ジャーナリズム的知識」として貶された——の生産と伝播を指す。その重要な特徴は、支配的な学問制度と慣行および（それを支える）支配的社会現実の外部で、その閉鎖性を批判しつつ、生活世界の内部で多数の民衆に向かって開かれた学問を遂行しようとする志向を持つことである。「制度としての学問」と「運動としての学問」については、本書第十二章を参照。

（3）家永三郎「日本近代史学の成立」、『日本の近代史学』（日本評論社、一九五七年）、六七頁を参照。

（4）鹿野は民間学の観点から日本学術史を再構成した。これに関する詳しい内容は注18を参照。

目している「制度外の学問」に該当する。これに対比される「制度内の学問」は、東京帝国大学史学科の実証主義を標榜したアカデミズム史学がその源流である。これが大学などの近代的学術・教育制度の拡大とともに伝播され、主流として定着する。

日本においてアカデミズム史学は、明治政府が正当性を確保するために、国史編修事業機関を設置したことから出発した。この機関を主導した明治初期の歴史学者は、合理的実証主義に基づいて正史を叙述しようとした考証学系統の漢学者グループであった。彼らは新しい歴史学が、東アジアの伝統的な歴史記述体系の「史官の記録学」と明らかに異なるものとして、「最近科学が発達して分科する大勢」によるものであることを明確に悟っていた。そして、近代歴史学が国民国家形成に寄与するという点にその意義があるとして、「大凡史家の最苦心するは国史の編纂に在り、国史は固より愛国の衷情を以って書くべきととらえていた。[5]

このような事情は、その機関を主導していたが、それが内閣から帝国大学へと移された（一八八八年）直後に、帝国大学史学科へと入ってその基本的枠を整えた重野安繹（一八二七―一九一〇）が、史学会の機関誌『史学会雑誌』創刊号に掲載した論文に、簡明にあらわれている。彼は従来修史の職を奉し、帝国大学に移った後に、招聘教師であるドイツ人のリース（L. Riess）から学会を設立し雑誌を発行することが必要であるという話を聞き、彼自身もまたその必要性を感じたために、同僚にその意を伝え、ともに史学会の設立に乗り出した。そして、史学会創立の目的を、「従来史局に於て採集せし材料に依り、西洋歴史研究の法を参用して我が国史の事跡を考証し、或は之を編成して、国家を裨益せんと欲するなり」と述べた。[6] つまり、国家主導の下で、帝国大学と学会および学会誌がほぼ同時に創られることによって、近代歴史学の体制化の基盤が、ヨーロッパとは異なって、一回で行われたのである。実証主義歴史学の父と呼ばれるドイツの歴史学者ランケ（Leopold von Ranke, 1795–1886）の弟子であるリースが述べたように、「歴史研究の標準を高く掲げて純粋なひとつの科学」にし、歴史書を「公衆の玩読」に寄与するように設立した史学会（一八八九年一一月）と史学会誌（一八八九年一二月）が近代歴史学の形成において担った役割は重要である。(7) しかし、ここでは、それを主導した主体である帝国大学史学科に関して検討したい。

日本では、一九世紀ドイツの大学制度である神学部・法学部・医学部・哲学部によって構成される標準的な学部モデルを移植しつつも、「理科」を付加するなど若干の修正を加えて出されたのが一八八六年の大学令であった。それにより、帝国大学には法科大学・医科大学・理科大学・工科大学とともに、文科大学が設置され、文科大学の史学科は一八八七年に新設された。そして一八八九年に日本史教育・研究を目的にした国史学科が設置された。一九〇四年には文科大学が改革され、史学科の中に国史学・支那史学・歴史学（事実上、西洋史学）の三つの分野が置かれたが、一九一〇年に支那史学が東洋史学に改造され、西洋史学が独立して三分科制が確立される。(8) これによって、歴史を朱子学的「名教道徳」に従属させるのを拒否し、西欧歴史学の方法論を導入して「至公至平」な歴史学を確立しようとしたアカ

（5） 坪井九馬三「史学に就て」、『史学雑誌』第五編、第一号（一八九四年）：九頁、一三頁。
（6） 重野安繹「史学に従事する者は其心至公至平ならざるべからず」、『史学雑誌』、一八八九年創刊号、四頁。
（7） 成田龍一「総説　時間の近代――国民＝国家の時間」、『岩波講座近代　日本の文化史〈三〉近代知の成立』（岩波書店、二〇〇二年）、二〇頁。
（8） 以後、この体制は京都帝大（文科大の設立は一九〇六年、史学科は一九〇七年）設置をはじめとして、すべての大学――早稲田大学、慶応大学に史学科が設置され、東洋史が講義されたのは明治四〇年代――における歴史教育・歴史研究の基本となり、太平洋戦争後の新制大学にまで継承された。

デミズム実証主義歴史学が、制度的に定着されたといえよう。

日本で創設された独自な学問制度である三分科制は、日本の歴史学の特性を正しく理解するためには注目しておく必要がある。日本史を世界史から分離させた基本枠組みはすでに三分科制の成立時点からあり、これは日本中心的歴史認識の所産であるといわざるを得ない。これが明治以来の国家（近代天皇制国家）秩序を正当化する機能をしてきた。その結果、西洋史をはじめとする史学科は事実上国史科に対するサービス機関のような地位にあったという自嘲的発言が出るほどであった。[9]この点は、本章の主な関心対象である東洋史学の誕生過程においてもみられる。東洋史が西欧の学問に比べて競争力を持つ「日本の独自的な学問」として形成される過程は、西欧ですでに体系化されたものを直輸入した他の学科とは異なったものであった。

日清戦争が始まった一八九四年、ヨーロッパ史中心の世界史または万国史に反発して、それを東洋史と西洋史に分け、西洋史とともに世界史の半分を占める東洋史の比重を高めようという主張が中等教育界から提起された。それによって高等師範学校の歴史科目が三つの領域に分離され、まもなく文部省もその意見を採用して、全国の中等学校の教科に東洋史を追加した。それが「東洋史」という名称が歴史教育に登場するようになった始まりである。[10]大学ではこれより少し遅れて、一九一〇年になって支那史学が東洋史学に改造される。東洋史というのが独自的な分科として誕生した背景には、日本特有の事情が作用した。すなわち一八九〇年代半ばから一九一〇年前後、日清戦争・日露戦争・朝鮮併合に至る本格的な大陸侵略の時期に、日本の国家的自覚が高まると同時に西洋とは区別される東洋という意識が強まり、東洋の過去と現在に対する知識を生産・普及する必要性があったのである。東京帝国大学で一九一〇年に支那史学科を東洋史学科に改造するのに決定的に寄与した白鳥庫吉（一八六五—一九四二）

は、日露戦争直後にこのことを明確に述べていた。彼は、国民に将来発展するアジアに関する知識を増加させて興味を持たせることが、戦争での勝利の効力を高めるために必要な、戦後経営課題の中で最も緊急なことだと述べた[11]。東洋史学の開拓者たちは、最初は朝鮮に強い関心を持ち、その後、満州・モンゴルそして西域へと関心を広げていった[12]。

ヨーロッパのオリエンタリズムを真似した「日本的」オリエンタリズムは、東洋史学を制度化する過程にすでに胚胎されていた。これは、東洋史学の基礎を築いたと評価される白鳥庫吉が、堯・舜は実在した人物ではないという堯舜抹殺論を提起したことにもみられる。新興東洋史学のこのような偶像破壊は、中国史を本格的な実証研究に引き上げた革新的意義を確かに持っていたが、中国古代文明に対する不信感、中国人に対する蔑視感を呼び起こすと同時に、日本の優越感をも呼び起こした[13]。東洋史学は、日本の近代化がオリエンタリズムを伴うほかなかったという、歪曲された構図を最も凝縮した形で見せている。そのような点からみると、彼が据えた「一大礎石」が同時に「重石」となって、それ以後の東洋史学の性格を規定づけたという指摘[14]は正鵠を射たものである。

日本の東洋史学界は、日本がかつてアジア大陸と密接な関係を結んだため、史料面において制約が少

(9) 研究社編集部編『大学における学問(人文社会科学編)』(研究社、一九七〇年)、一三〇―一三一頁。
(10) 桑原隲蔵「中東東洋史」、『桑原隲蔵全集』第四巻(岩波書店、一九六八年)。
(11) 白鳥庫吉「普通教育に於ける東洋史に就て」、『教育公報』一九〇五年一〇月一五日(中野光監修『教育公報』第九巻、一九八四年、所収)。
(12) 那須恵子「中等教育における「東洋史」概念の展開」、『教育学研究』第五九巻第四号(一九九二年一二月)。
(13) 旗田巍「日本における東洋史学の伝統」、『歴史学研究』二七〇号(一九六二年一一月)。
(14) 小倉芳彦「東洋史学・中国・私」、『近代日本における歴史学の発達』(下)(青木書店、一九七六年)、四五頁。

なく、さらに近代歴史学の実証的方法が導入されて世界水準の成果を挙げることができたと自らを評した。しかし、同時にそのような成果は「史料の技術的な批判においてきわめて精緻であったというのであって、［…］東洋史のよってたつ基盤への無自覚、世界史的認識の欠如によって、研究が精緻になればなるほど、統一的な体系、全体的な歴史像を欠くことになった。その点ではヨーロッパ仕込みの西洋史にも及ばないわけで、「東洋史は面白くない」という定評はここから生じたのである」というように、批判の対象にもなった。[15]

一方、一九二〇―三〇年代の日本では、大学外の社会風潮（中国革命の発展とマルクス主義歴史学の影響）とともに、東洋史学の新たな傾向があらわれた。若手学者らが主軸となって中国社会史と経済史を研究し始めたのである。彼らは三分科体制の枠を破るだけではなく、他の学科の出身者と交流しながら、世界史的な角度から東洋史を解釈したが、その具体的な成果は、当時のアジア的生産様式論、東洋史発展段階論においてみられる。[16]

こうした傾向は、民間学の一部分を構成する。[17] もちろんこのような流れは、日本がファシズム体制へ入ると抑圧されてしまったが、戦後になって新しい東アジア研究の基盤になったという事実は無視できない。

3　植民地朝鮮の東洋史学と朝鮮学運動

朝鮮における近代歴史学は、大韓帝国時代（一八九七―一九一〇年）に愛国啓蒙運動のかたちで続々と学会が出現するなか、歴史研究、とりわけ韓国史研究が「国学運動」の一部として着手されたところにその発端を見出すことができる。この段階での朝鮮近代歴史学は、中国伝統学問の影響から脱しなければならないという切迫感と、近代に対する羨望から、主として日本の学問体系を導入した。「国学運動」としての韓国史研究は、学問の専門性や独創性において、その成果が十分でなかったが、「制度外の学問」という観点からみるならば、近代歴史学の源流であったといえる。しかし、日本の植民地へと転落することによって、制度的に定着できる条件を確保することはできなかった。

朝鮮総督府は第一次朝鮮教育令（一九一一年）を発布して、植民地教育体制を普通教育と実業教育を中心にするという方針を定め、その後、官立専門学校の設立を許可したが、本土の大学とは異なって、単純実技と高級科学教育の中間レベルを教育目標とした。高等教育と学問のための制度的空間は許されなかったのである。(18) にもかかわらず、制度外において、日本と欧米から帰ってきた少数の留学生が主軸となった近代知識人による学術運動は、この時代にも存在した。その一例としてあげられるのは、一九一〇年一二月に崔南善《チェ・ナムソン》主導のもとで、各種修養書や朝鮮の古典および民族文化研究書などを刊行し

(15) 堀敏一「東洋史」、前掲『大学における学問』、一五四―一五五頁。
(16) 旗田巍「東洋史学」、『世界歴史事典』第二〇巻（平凡社、一九五四年）：二八四頁。
(17) 鹿野政直『近代日本の民間学』（岩波書店、一九八三年）。鹿野によれば、民間学の特徴は次の通りである。第一に、国家をテーマとせず、「生活」をテーマとする。第二に、官学アカデミズムが欧米の書籍を素材にしてその方法論を借用するのに対し、民衆の中に学問材料の主な部分を探す。第三に、制度としてではなく、運動として作動する。第四に、実験と観察を重視する帰納法を活用する。第五に、官僚的問題ではなく、市民感覚を込めた文体を使用する。マルクス主義学問が民間学に属するかどうかについては多少の議論があるようである。鹿野自身は、マルクス主義学問が二者択一的に民間学か国家学かと迫られれば前者と答えると述べながら、マルクス主義化されたかたちで、民間学史上、最良のうちに数えられる成果」を生み出したと述べている。鹿野政直「『近代日本の民間学』を書いて」、『思想の科学』九六号（一九八七年）：一二頁。
(18) 従来の成均館などの大韓帝国の高等教育機関は廃止されるか地位が格下げされており、すでに「大学部」を備えていたキリスト教系学校の梨花学堂、セブランスなどは「専門学校」という名称さえ剝奪された。

た、朝鮮光文会の活動である。[19] このような学術運動は、一九二〇年代初頭に学問の独立を追求して、それを制度化するための「民立大学設立運動」に発展したが、この試みは挫折する。一方、朝鮮総督府もまた「朝鮮学」の学問的生産や普及を制度的に組織化し始める。一九一六年に朝鮮史編纂事業と古跡調査事業を拡大改編して、朝鮮史編修会等の機構を設立した。その目的は、朝鮮史学会の『朝鮮史講座』刊行の辞に明らかなように、「その大部分はまだ厳正な学術的に精巧にならない、いわゆる伝統的な形式」に留まっていた朝鮮人の学術を、「厳正かつ学術的」な新たな審査制度によって統制・排除するためのものであった。[20] このような「学術的精巧さ」と「専門学者」の再生産のために、大学という教育機関の権威を借りて新しい学問の制度化を行う必要があった。こうしたなかで京城帝国大学が開校したのであった。

当時、朝鮮の唯一の大学であり、六番目の帝国大学として、一九二六年に開校した京城帝国大学は、基本的に東京帝国大学をモデルとしつつ、多少変形を加えたものであった。これは京城帝大の法文学部が、東京帝大の文学部・法学部、そして新設の経済学部を統合、縮小したものであることにみられる。いわば、帝国大学の縮小型であるわけである。

さらに、京城帝大に与えられた使命にもそのような変形が読み取れる。初代総長の服部宇之吉（一八六七—一九三九）は、開校記念の辞で「一方には支那との関係又一方には内地との関係を以て廣く諸方面に亘つて朝鮮の研究を行ひ東洋文化研究の権威となると云ふことが本学の使命である」と述べた。[21] また、開校式に出席したある朝鮮人来賓も、祝辞で、「内地及支那との中間に介在し三者の相関的文化関係を研究」することが、京城帝大が朝鮮に位置するために担うべき特殊な使命であると述べた。[22] 彼らが共通して指摘する京城帝大開校の目標は、日本および中国との文化関係によって規定された朝鮮の

「東洋性」を究明することであった。朝鮮を研究するといっても、民族単位としての価値よりは、「東洋」という新しい価値に基づいて解釈することに重点が置かれていた。つまり朝鮮の「内地化＝帝国化」理念を忠実に実現することが、京城帝大の存在理由であったわけである。

この点は、京城帝大史学科の構成にもよくあらわれている。史学科内に国史学・朝鮮史学・東洋史学の三つの専攻が置かれた。基本的に内地の帝国大学史学科の三分科制の枠内にあったが、西洋史専攻の代わりに朝鮮史専攻が一つの分科に入ったのである。世界史的視野を欠落させただけでなく、中華帝国の歴史をも解体し、どこまでも「東洋史学」の学問的範疇の中に「支那史」と「満鮮史」を定着させたのは、京城帝大史学科が、日本植民主義による東アジア国家間位階秩序を、歴史学の範疇で実現するためであった。講座制で運営された東洋史関連の主要講座は、歴史はもちろん外交、倫理学、美術、文学等の多様な分野にわたっているが、それらを通して「東洋」を新たに構成しようとしたのである。[23]

京城帝大を「制度としての学問」のための拠点にし、朝鮮人の学問を統制するうえで活用されたのが、日本人学者による「科学的厳密性」であった。帝国大学の立場からすると、当時制度外で行われる学術

(19) 新文館という出版社とともに朝鮮光文会は、一九一〇年代「韓国のアカデミア（academia）」と呼ばれるほど、韓国知識層の活動の中心地であった。これについては、李智媛「一九一〇年代新知識層の国粋観と国粋保存運動（1910 년대 신지식층의 국수관과 국수보존운동）」、『歴史教育（역사교육）』八四、出版社、二〇〇二年十二月を参照のこと。

(20) 朝鮮史学会「総序」、『朝鮮史講座――一般史』（朝鮮史学会、一九二三年）、一頁。

(21) 「京城帝国大学始業式に於ける総長訓辞」、『文教の朝鮮』、一九二六年六月号、三―四頁。

(22) 李軫鎬「京城帝国大学の開学を祝す」、同前、八頁。

(23) 朴光賢「京城帝大のなかの「東洋史学」（경성제국대학 안의「동양사학」）」、『韓国思想と文化（한국사상과 문화）』三一（二〇〇五年）。

活動は、科学的厳密性を伴わない「デリケート（delicate）な命令論、ヒステリカル（hysterical）な独断論、センチメンタル（sentimental）な希望論に訴える」啓蒙活動にすぎなかった。[24] 日本人学者たちは、日本語で教育・研究する帝国大学の外部で行われる朝鮮語による学術世界を排除するとともに、科学的厳密性を掲げることで自らの学問的優越性を誇示しようとした。

科学を掲げた知識権力の効果は大きかったと思われる。当時学術運動を主導した代表的歴史学者である崔南善は、韓国史研究が科学性、すなわち近代的研究方法に依拠しなければならないと主張し、自らの学術活動に対して「科学的研究による合理的説明を加えたことが一度もないのに、口だけで他人事のように歴史的自負を明言したことが、どれほど良心にすまないことか[25]」と反省した。科学的研究が十分ではないという彼の自己反省は、科学的厳密性を掲げた帝国大学側の批判を想起させる。それほど京城帝大の統制は効果的であったのである。

帝国大学の知的支配は、そこから排出された専門人材の支持を通しても拡大した。一九二九年から朝鮮人卒業生が輩出されたが、彼らは科学的厳密性を、国語、すなわち日本語で習得した専門家としての自負心が強かった。そのような心理は、彼らが創刊した学術誌『新興』の創刊号（一九二九年七月号）「編集後記」に、従来の学問を「確固たる理論、科学的根拠が欠如」したものと批判したことにもよくあらわれている。彼らはこの媒体を通して、国語すなわち日本語だけで表現されたアカデミズムの閉鎖性に対抗し、アカデミズムの洗礼を受けた自分たちこそ朝鮮語で表現する「真の意味における学術論文」を生産すると自負している。しかし、彼らは京城帝大学位制度の恵沢を受けた者として、「制度的学問」の権威に依存していたため、「帝国」アカデミズムの再生産という枠から脱することができず、既存の朝鮮人による研究と自らの研究とを区別するという限界をもっていた。[26] 特に朝鮮時代の知識人が積み上げた中国古典に関する学問伝統は、東洋史学専攻者にとっては「中国史研究の原体験」といえるが、新しい学制ではこうした土着的学問が意味のないものにならざるを得なかった。その代わり、彼らは現実の「国史学」（すなわち日本史）という権力と潜在的「国史学」（すなわち朝鮮史）に対する想像の間の中間地点」を彷徨いながら、東洋史を国史の外延や関係史の一環として把握し、（現在進行形ではない）完結された過去の歴史を実証的（すなわち科学的）に研究したのである。(27)

しかし、京城帝大が朝鮮の学術活動に及ぼした影響を、一方的な統制によってのみ把握するのはバランスを欠いた理解である。一九三〇年代初頭、学生の読書会を基盤とした「反帝同盟事件」が起こったことからわかるように、帝国大学内部からの抵抗があったことも思い起こす必要がある。また、京城帝大が、朝鮮内の学術活動の空間を拡張させるのに逆説的に寄与したという点も注目しなければならない。京城帝大が作り上げた制度的・公式的空間の外で、「科学」を身につけ民族の力量を高めようとする朝鮮人の学術活動が活気を示したのである。そこで、一九三〇年代に入ると、朝鮮に「学界」と呼ばれうる空間が形成され、その力は、自立的・主体的近代民族国家の可能性を見つけるために、伝統の再現に集中し、朝鮮文化を学問的に体系化しようとする「朝鮮学運動」へと結集していった。

(24) 京城帝大法文学会編『朝鮮経済の研究』（刀江書院、一九二九年）の「後記」に掲載された、朝鮮経済研究所の宣言を参照のこと。
(25) 崔南善「朝鮮歴史通俗講話開題（조선역사 통속강화개제）」、『六堂崔南善全集（육당최남선전집）』二（玄岩社、一九七五年）、四一〇頁。
(26) 朴光賢「京城帝大と『新興』（경성제대와『신흥』）」、『韓国文学研究（한국문학연구）』第二六集（二〇〇三年）。
(27) 朴光賢、前掲「京城帝大の「東洋史学」」。朝鮮語文学出身者が朝鮮語文学会を構成したことは異なり、東洋史出身者は学問的同質性を持てず、自分たちだけの学術空間を作れなかったという。

韓国の近代学問の起源としても評価される、多様な分科学会の出現の中に、国学の総合学会である震檀学会がある。それは、一九三四年五月、京城帝大の出身者と日本留学派、そして朝鮮の私立専門学校の出身者の幅広い参加によって設立された。そしてその機関誌である朝鮮学術誌『震檀学報』が「朝鮮および近隣文化の研究」を目標として創刊された。一九三四年六月から一九四一年六月まで、同学会は日本人中心の制度的学問に対応しつつも、日本史学界の実証的な研究方法を積極的に受容し、歴史研究の客観性と厳密性を高めることに寄与した。震檀学会は、その活動領域が京城帝大の外にあったが、学問方法論や構成員の出身学校を考えれば、「制度内の学問」と「制度外の学問」が交差する地点に位置したと思われる。こうした特徴のために、震檀学会の研究姿勢は、歴史認識が乏しい「初歩的実証史学」として解放直後には一次的な克服対象となり、今も民族主義史学と比べて、批判される場合がある。

民族主義史観を標榜した学術活動は、一九三〇年代に興起した朝鮮学運動の中心をなしたが、これは唯物史観系列とともに「制度外の学問」に該当する。民族主義系列の学者が蓄積した韓国史の研究成果は、主として言論・出版領域に影響を与え、潜在的「国史学」の構想に寄与した。彼らはまた同時代の中国の時事問題に関する報道や評論形式の論文を多く発表したが、これは今日では中国現代史研究の貴重な資産とみなされている。[28]このような研究は、京城帝大に日本の大陸進出に応じて一九三一年に創立された「満蒙文化研究会」(一九三八年以後大陸文化研究会に改称)が帝国史の視座から東洋史を研究したこととは対照的である。

このような「制度外の学問」は、言論はもちろん、学術誌と学会を通して専門家集団の支持を得ることができた。しかし、大学という制度の中に位置づけられなかったために、再生産は非常に難しかった。もちろん一九一七年に開校したキリスト教系延禧専門学校のように、反官学的・民族主義的学風が強かった教育機関も存在した。[29]延禧専門では歴史科目を国史（日本史）・東洋史・西洋史に分類したが、京城帝大と異なって、西洋史を別途に区分してその比重を高め、または東洋史科目において当分の間朝鮮歴史を教えるなどの特徴を見せた。[30]しかし、基本的には、この機関も日本の学問編制の中にあり、歴史学者を独自的に養成することができるほど歴史学が分科化された状態ではなかった。さらに、一九四二年になると、延禧専門が総督府直轄へ強制編入されるなど、教育が戦時体制に改編される。そして朝鮮語使用が全面的に禁止され、朝鮮語雑誌も強制廃刊されて、学会と学術誌の活動までもが中止されるようになる。それ以後、京城帝大で生産される「制度内の学問」のみが存続し、日本帝国の要求に適合した方向へと進んだ。

4　中国の新史学の科学化・制度化

朝鮮とともに日本帝国に属していた台湾では、一九二八年に台北帝国大学が設立された。そこに設置された文政学部史学会では、国史・東洋史・南洋史に専攻を分類したが、基本的には三分科制の枠内にありつつも、西洋史の代わりに南洋史を開設したという変形をみせる。これは、京城帝大に朝鮮史を設

(28)　現在発掘・整理中の資料が多いが、一つの例を挙げれば、当時東亜日報特派員であった申彦俊の中国関連論説を集めた閔斗基編『申彦俊現代中国関係論説選（신언준 현대 중국 관계 논설선）』（文学と知性社、二〇〇〇年）がある。
(29)　一九四二年当時、官立専門は七校、公立専門は二校、私立専門は一二校があったが、そのうち、私立専門学校はおおむね実業教育中心であり、学科制を施行した学校は、延禧、梨花、崇実専門学校などであったと思われる。
(30)　『延禧専門学校一覧（昭和一四年）』、一九三九年、一三頁。

置したことと比較されるが、日本帝国の版図の中で果たした役割が歴史学の範疇にあらわれていることがわかる。[31]では、中国大陸において東洋史学はいかなる影響を及ぼしたのか。

筆者が検討した主要な大学の教科科目資料によると、歴史学を本国史・東洋史・西洋史の三分野に区分したのは、国立中央大学だけであり、[32]残りの大学では「西洋史」という科目名称が比較的多いのに対し、「東洋史」科目は非常に少ない。おおむね教科科目は本国史と外国史に分類されており、外国史は西洋史中心であるが、日本史がたまに開設されていた。中国において「東洋史学」の影響が少なかった直接的原因は、日本帝国の直接的な支配圏に入っていなかったからである。しかし、一九〇二年から始まった清朝の近代的学制は、中国史、アジア各国史、欧米史の三分科制を採択した。これに基づいて当時の教科書は（アジア部分はおろそかに扱われたが）制作されており、一九一二年に中華民国が成立されてからもそのような特徴は続いた。南京国民党政府時期（一九二八―一九三七年）には、三科分立的歴史教科書体制を脱皮して、東・西洋史を「外国史」という名称として統合した二科体制に転換し、さらに中国史と外国史を統合しようとする試みまでみられた。これは、中国が日本をはじめとする列強の間接支配の下、国民国家を建設しようとする未完の課題に集中したあまり、自国中心に西欧と直接対面する世界史認識を持つようになったところから生じた結果である。これには、中国を天下の中心としてとらえていた伝統的思考も加勢したと思われる。それゆえ、中国は自国以外の地域史に対して、独自の知的体制や制度を創設することができず、その結果、東アジア歴史の叙述は、意図と関係なく、日本の資料を翻案するレベルにとどまらざるをえなかった。特に韓国史に対する叙述はその程度がよりひどく、日本の植民主義と中華主義が混在した状態であった。[33]したがって、自国の周辺地域の歴史（すなわち「東洋史」）をおろそかにしたまま、各国史（または中国と周辺国家間の関係史）だけで接近せざるをえなかったのである。[34]

一般的に中国の近代歴史学は梁啓超（一八七三―一九二九）の「史界革命」から始まると言われる。中国の近代歴史学の宣言ともいえる彼の主張は、国民国家の建設には歴史学が必ず必要であり、歴史学の改革が行われなければ、中国を救うことができないというものであった。それゆえ、彼は過去の時間を（王朝の家譜ではない）国民国家の時間、すなわち国史として再構成することを新史学の目的とした。彼のような草創期の新史学は真の学術としては定着できなかったという見解もあるが[35]、歴史学を（一九二〇年代以後の史料学派がその典型である）方法論的に科学化・体系化された学問に限定することなく、より広い範疇でみて、国民国家形成に寄与する科学的歴史学を標榜した点においては、確かに新しい史学であった。

一九一九年五・四新文化運動は、このような歴史学の科学性に新たな要素を与えた。一九一一年の辛亥革命以後、実現が期待された共和制度が屈折を経験すると、西欧文明の精神・原理を重視した新文化運動を展開する中で、主として科学的「精神」や「方法」に集中して世界学術の流れに参加しようとする学術活動が、中国知識人の間で起こった。ここから歴史学の議論の中心は、歴史をどのように研究するかに移った。

（31）　二つの大学の役割の比較については、拙稿／趙慶喜訳「想像のなかの差異、構造のなかの同一――京城帝国大学と台北帝国大学の比較からみる植民地近代性」、『現代思想』、二〇〇二年二月号を参照。

（32）　「国立中央大学大学院史学系課程規則説明書」、『史学』第一期（一九三〇年）：二九〇―二九三頁。

（33）　呉炳守「中国の中等学校の歴史教育課程の推移と最近の動向（중국 중등학교 역사교육과정의 추이와 최근 동향）」、『歴史教育（역사교육）』八四（二〇〇二年一二月）：八七頁。

（34）　たとえば、日本に留学経験がある王桐齢は、一九二九―一九三一年に北京大学で東洋史という名称の講義を開設した珍しい人物である。彼の東洋史教科書によれば、「東洋史という中国史の補助分野として中国が主であり、中国と関係のある国家はすべて編入させて国家間の関係を詳しく叙述することである」（『東洋史』、上海：商務印書館、一九二二年、四頁）とある。

（35）　桑兵『晩清民国的国学研究』（上海：上海古籍出版社、二〇〇一年）、二六一―二六二頁。

科学的歴史学の基礎を打ち立てるのに大きな影響を及ぼしたのは、「国故整理運動」であった。いわゆる「史料学派」と呼ばれる学者は、自然科学の方法論を導入し、当時、語文学派が優勢な国際漢学界から直接的な影響を受けながら、それと競争しようとする中国学術界の要求と噛み合って、自然に史学の主流となった。[36]

このような科学的歴史学に向けた進展は、方法論的に統制された研究を通して、客観的知識に到達しようとする、専門化された科学に対する信頼に基づいていた。この点で、歴史解釈において、自然科学の進化論的観点を科学として理解した、以前の梁啓超などとは確かに異なる。

ところが、一九二八年に蔣介石が率いる国民党軍が北伐を完了し、中国を統一していくと、国学は退潮していった。[37] 一九二二年から、国学の振興のために、北京大学などの主要大学に研究機構が設置され、専門研究人材の養成、学術誌の刊行などと成功をみた後に、中国学術団体協会（一九二七年）と中央研究院（一九二八年）のような全国的な機構までできたにもかかわらず、結局挫折してしまった原因は何であろうか。それは、国学が科学的方法を追求したにもかかわらず、事実上自分の学術典範を確立できなかったからだと説明できるだろう。[38] しかし、彼らが科学的方法を精巧に提示できなかったからというよりは、国学が近代的学問になるためには、制度化（「学院化」）が不可避であるが、未分化した学問であるがゆえに、当時大学の分科化された学問体系の中に入ることができず、歴史学・文学などに分散されたからであろう。[39] 南京国民党政府は、北伐によって、全国が形式上ではあるにせよ統一されると、教育システムを標準化するという方針のもと、各学校の組織規程と教科課程編制の規範化を強化し始めた。その一環として一九二九年に公布した大学組織法には、大学院設置における国学についての明文規定はない。[40]

ここで思い浮かぶのは、中国の新史学が科学化するためのもう一つ別の道として、大学によって制度化された分科学問である史学科が持つ重要性である。北京大学史学科の設置がその端緒であり、それ以後「制度としての歴史学」の基本型が提示された。一九一七年に国史編纂処が北京大学の内に編入され、そこで新設された「中国史学科」は、国史編纂処の一部の人士と新文化運動に不満を抱いた教授で構成され、保守性向が強く、新文化運動の影響圏にあった文科大学では、例外的位置に置かれた。[41]しかし、五・四運動によって北京大学の改革が推進されると、中国史学科は、西洋史科目を増設し、アメリカの大学をモデルとした「史学科」に改編された。その方法は、一国の史学を世界の史学に、文学的伝統の史学を科学的史学、特に社会科学的史学に変えることであった。史学会も設立され、その後開設される各大学の史学科のモデルとなった。[42]他方で、史学が科学的方法を採択しなければならないという点には

（36） 同書、八五頁。日本を含む国際漢学界との交流は、桑兵『国学与漢学：近代中外学界交往録』（杭州：浙江人民出版社、一九九九年）、陳以愛『中国現代学術研究機構的興起』（南昌：江西教育出版社、二〇〇二年）、一一三―一三九頁を参照。
（37） 桑兵は、一九二〇年代から三〇年代前期までが最盛期だと述べた。ところが、羅志田は、一九二九年に清華大学国学研究所が閉館したことと、『小説月報』の国学研究に対する態度の変更を、その退潮の象徴とみている。羅志田「走向国学与史学的『賽先生』」、『近代史研究』第三期（二〇〇〇年）：七九頁。
（38） 羅志田、前掲書、八一頁。
（39） 内部の人事問題や研究路線の変化などの要素が国学の衰退を招いた面も少なくないが、おおむね学科体制の専門化の趨勢と関連があるという見解は、劉龍心「学科体制与近代中国史学的建立」、羅志田編『二〇世紀的中国：学術与社会（史学巻下）』（済南：山東人民出版社、二〇〇一年）、五七八頁を見よ。
（40） 同書、五七八頁。
（41） このような事情のため、一九一〇年代には、歴史専攻は国文や外文専攻より学生に人気がなかった。一般人もまだ歴史学を国学の一部分として認識する程度であった。汪栄祖「五四与民国史学之発展」、杜維運・陳錦忠編『中国史学史論選集（三）』（臺北：華世出版社、一九八〇年）、五〇七―五〇八頁。
（42） 劉龍心、前掲書、五二三―五四〇頁、五六七―五七〇頁頁。

同意しながらも、史学には科学でありつつかつ非科学の特徴もあるとして、歴史学の科学化を主張する流れに反対して人文主義を掲げた、「学衡派」もあった。その拠点は、南京の東南大学の史学科であった。[43] しかし、五・四運動以来推進された歴史学の科学化は、三〇年代に入り、制度的に標準化・専門化する形態をみせた。これは、大学・研究所とともに学会と学報が順調に機能し、学術体制が定着し、[44]学術共同体が大きく飛躍してゆく全般的な流れの一部であった。[45]

このように標準化されていったのは、学術共同体が成長する中で、一九二〇―三〇年代にかけて、歴史学が自らの力量を育ててきた結果でもあるが、直接的には南京国民党政府が中央集権化の一環として学術・教育に対する統制権を強化した結果であった。一九四〇年に正式に教育部学術審査委員会が設置され、全国最初の学術審議機関となり、教育部が制定した教員資格審査委員会運営法によって、大学教授資格に一連の評価標準が用意された。つまり、歴史研究者を専門研究者として認定する標準と学術評価の客観的手続きが、一九三〇、四〇年代を前後して、ある程度定着したといえる。一九一〇―二〇年代は、北京政府の力が弱く、むしろ学院の自立と学問の自由が保障された活発な実験の時期であり、したがって、「制度外の学問」が活気を帯びた時期であった。それに対して、三〇年代は、南京国民党政府の党化教育に端的にあらわれるように、学術の自由が毀損された時期である。学問的標準と明確な教科課程の欠如および学生の頻繁な政治参加によって、一九二〇年代以来、教育現場が荒廃化したことを恐れたために、南京政府はより中央集中的で、標準化されたヨーロッパ大学モデルを好むようになった。[46] こうした点において、史学の標準化・専門化は、「逆説的状況」で行われたという表現[47]が適切かもしれない。ともあれ、専門的に訓練された歴史学者による厳格な学問、すなわち「制度内の学問」という枠組みが、三〇年代に作られたことは確かである。ただし、抗日戦争と革命へと繋がった時代状況のためにその効果は限定的であった。

では、これとは異なって、同時期に制度外で行われた学術活動はなかったのだろうか。ここで、一九二〇年代後半以後、旺盛に活躍したマルクス主義歴史学を、制度圏の学問と対立的な位置にあった学問という視座から検討する必要がある。マルクス主義歴史学者は、自分の身元が大学や研究機関のような制度内にあろうとその外にあろうと、唯物史観が提供する別の「科学的」視座に基づいて、かなり独創的な研究成果を積み上げた。そして彼らは、一九三〇年代半ばには、制度圏の歴史研究に大きな影響を与え、考証を中心にした制度的歴史学が持つことがなかった、体系的・実践的歴史解釈によって広い読者層を集めた。もちろん、彼らは政治にのめり込んだために、多様な歴史解釈の相対的長所を考慮できなくもなったが、中国社会の性格に関する論争を進め、共産党の路線樹立と関連した争点を公論化

(43) 桑兵、前掲書、七六―七九頁。文化保守主義の立場から、科学の代わりに人文精神を主唱した学衡派に対する詳しい解説は、沈衛威『回眸「学衡派」』(北京：人文文学出版社、一九九九年)を参照のこと。

(44) 中国では一九三〇―四〇年代に入り、学者の活動を規定する学術体制が整備されたといえる。通俗刊行物はもちろんのこと、新聞や一般文化の刊行物にも発表してはならず、基本的には学術共同体に向けた学報にその研究成果を発表するために、その標準および方向に合致した論文を書かなければならない、というのである。その結果、一般読者を意識せず、社会に対する即時的価値を考慮しなくなったため、学術は社会から孤立するようになった。王汎森『民國的新史學及其批評者』、羅志田主編『二〇世紀的中國：學術與社會(史學巻上)』(濟南：山東人民出版社、二〇〇一年)、一一三頁。

(45) E-tu Zen Sun, "The Growth of the Academic Community 1912-1949," *The Cambridge History of China* 13, Part2 (1986): 408.

(46) Ruth Hayhoe, *China's Universities 1895-1995: A century of Cultural Conflict* (New York: Grand Pub., 1996), 42, 53. 中国が受容した様々な大学モデルに関する集中研究は、Marianne Bastid, "Servitude or Liberation?," in *China's Education and the Industrialized World: Studies in Cultural Transfer*, eds. Ruth Hayhoe and Marianne Bastid (Armonk, N.Y.: M.E. Sharpe, 1987) を参照。

(47) E-tu Zen Sun, "The Growth of the Academic Community 1912-1949," 409.

し、その支持を求めると同時に、論争の成果を路線に吸収させるという実践的成果があったことは認めなければならない。「図式的歴史体系が眩惑する影響に無感覚であった、毛沢東のような革命家の方が、中国社会の複雑性をよりよく把握しており、歴史から何の援助も受けないまま、彼らに勝利を与えた革命戦略を、その複雑性から打ち立てることができた」という評価[48]は、今一度検討してみる価値がある。

結論——東洋史学を越えて

日清戦争以後、「日本の独自的学問」として誕生した東洋史学は、太平洋戦争における敗戦をきっかけに、世界史の中へ吸収されることによって、事実上終焉を告げた。もちろん、中等教育で社会科の導入をきっかけに世界史の概念が定着したのに比べ、大学と学界では三分科制の慣行が依然として維持されたため、変形したあり方が並行している。とはいえ、東洋史学の（膨張的）地域主義が日本の知識人にタブー視されたために、日本を含む東アジア地域を主体的に考える学問的努力は、非常に少なくなった。しかし、その後、一九九〇年代に入ると、「東アジア」が重要な言説として浮き彫りにされ始め、「共生・協同・安定の共同体」形成に寄与する新しいアジア学や北東アジア学を創出しようとする動きも一部から起きた[49]。

中国では、マルクス主義史学が、中華人民共和国の成立とともに制度圏に入ると支配的学問となった。ところが、東アジア地域史に対する関心が少ないのは、二〇世紀前半と同様であり、この地域を扱う独自的な知的体系や制度を創設することは期待もできない。中国では、改革開放以後、とりわけ一九八九年の天安門事件を経験した後、自立的な純粋学問を打ち立てるために、二〇世紀前半の中国学術史を再照明した、いわゆる「国学熱」があらわれた。また、「東方」国家（東アジアだけではなく、東南アジア、中央アジア、南アジア、西アジア地域までを含む）間の文化交流史を復元することで、「東方」文化形成に寄与した中国の役割を浮き彫りにし、自分のアイデンティティを求める傾向も出てきた。「東方」の新しい像を確立しようとするこの学術的戦略は、「東方学」と称することができるが、これは究極的には、「東西会通の思惟」を通して脱近代的な文明価値を求めようとする意図を持っている。[50]

戦後、日本の植民地であった台湾を引き受けた国民党政権は、大学における日本の影響をなくし、一九三〇年代に標準化された学問体系を適用した。その結果、台北帝国大学の後身である台湾大学史学科には三分科制の跡はみられない。考証学的な中国史研究が主流をなし、周辺地域に対する関心は少なくなった。ところが、一九九〇年代以降、台湾独立の声が高まるにつれ、制度外で行われていた台湾歴史研究が活気を帯び始め、民進党が政権を握っている今日では、制度内に進入し主流となった状態に近づいた。それとともに、台湾の新しいアイデンティティを（大陸ではなく）海洋に求めるために、東アジ

（48）　アリフ・ダーリク（Arif Dirlik）「一九三〇年代のマルクス主義史学と革命（1930 년대의 마르크스주의 사학과 혁명）」、閔斗基編『中国の歴史認識（중국의 역사인식）』下（創作と批評社、一九八五年）、とりわけ七五六頁を見よ。ところが、ダーリクのこのような評価は、毛沢東の新民主主義革命論を高く評価しすぎたためではないかと、検討してみる余地がある。

（49）　早稲田大学のCOE課題である「現代アジア学の創生」（二〇〇二―二〇〇六）や島根県立大学の北東アジア地域センター（NEARセンター）などがあげられる。また、最近日本の書店では東アジア学についての少なくない書籍が見られる。

（50）　この新しい傾向の中に、西欧中心主義を克服しようとする「抵抗性」とともに「二一世紀は中国の世紀」であると夢見る「中華性」の二つの顔が隠されているという点を指摘したものに、李宗敏「中国の「東方学」的視角の興起とその政治的意味（중국의「동방학」적 시각의 흥기와 그 정치적 의미）」（中国語文学会国際発表報告集、二〇〇二年）、「東方学を通じた近代文明の代案的価値模索（「동방학」으로 근대문명의 대안적 가치 모색）、『梨大学報（이대학보）』三一一（二〇〇二年）などがある。

ア（東中国海地域）と東南アジア（南中国海地域）の連結点に位置している台湾の中心的位置を強調する、海洋史観に立脚した地域研究も進みつつある。[51]

台湾と異なり、解放後、京城帝国大学や日本の私立大学の出身学者が主流をなしていた韓国の史学界では、三分科制がそのまま維持された。東洋史学の場合、はじめは実証的研究方法に基づき、東洋史の中で韓国史を理解しようとする傾向が強く、おおむね韓中関係史が主な研究領域であった。一九六〇年代以後は、中国史の内在的な発展過程を実証的に探求する方へと関心が移った。その結果、中国史研究は量的に増加しただけではなく、質的にも方法の多様化、研究水準の国際化などを成し遂げたと内部的には評価されるほどである。そしてその一部は、中国・日本などでも注目を受けるようになる。しかし、このような発展にもかかわらず、史料や既存の研究成果を重視した実証に偏ったあまり、「引用万能主義」になり、独創的な仮説や理論的問題提起を制約しているのではないかという批判も提起された。なぜこのような発言が出るようになったかを検討するには、東洋史学界の知識生産と流通過程に対するより深層的な分析が求められるが、これまでの研究テーマが細かいことに偏りすぎたあまり、「通史的接近」または「総体的接近」が欠如していたからだという反省には注目したい。これは問題点の核心をよく分析していると思われる。ところが、それに対する処方が、韓国史（研究）と関連する中国史の強調にとどまっている点は、残念である。[52]正しい処方は、制度的学問分科の一つである韓国史研究の成果だけではなく、朝鮮半島の歴史と現実のなかで生じる問題意識を積極的に取り入れて、主体的に東アジア（史）を再構成することではなかろうか。

これは、京城帝国大学が残した三分科制の克服と通じる。すでに韓国史学界でも「史学科が三科に分離されたこと自体は非正常的」であり、研究成果が学界と社会で疎通される通路を狭くし、大きな枠組みによって歴史を展望し、体系化するのに大きな障害として作用したという認識が台頭しているのが、実情である。[53]

今後私たちは東アジア歴史学の再構成という課題を遂行しなければならない。二〇世紀の歴史学の議論の中心が「どのように歴史を研究するか」であったならば、これからは「なぜ歴史学なのか」へ移らなければならない。[54] そのためには、まず「知的収益者」[55] である大衆との新たな関係を模索して、知識と一般大衆が分離された歴史学の弊害、すなわち植民地性を克服しなければならない。これと関連して、

(51) このような志向性は、日帝時代の植民地秩序にその淵源を求めることができる。台湾の東南アジアへの進出政策を裏付ける亜帝国主義的な欲望を批判したものとしては、陳光興『帝国の眼(제국의 눈)』(創批、二〇〇三年)、三五―一一〇頁(日本語版は、陳光興/丸川哲史訳『脱帝国――方法としてのアジア』(以文社、二〇一一年))を参照。

(52) 李成珪「韓国における中国史研究の動向(한국 중국사 연구의 동향)」、韓日歴史家会議組織委員会『一九四五年以後韓日両国における歴史研究の動向(1945 년 이후 한일양국에서의 역사연구 동향)』(国学資料院、二〇〇二年)、一一二頁。

(53) 「集中討論――韓国歴史学・歴史教育の争点(집중토론 : 한국역사학・역사교육의 쟁점)」、『歴史批評(역사비평)』五六(二〇〇一年):一四二頁、一四五頁参照。

(54) 中国の近代歴史学は三回の革命を経たと整理した、王汎森の表現を筆者なりに変えてみたものである。王汎森「引論晩清的政治概念與『新史學』」、前掲、羅志田主編『二〇世紀的中國:學術與社會(史學巻上)』、一頁。

(55) 一九世紀から二〇世紀後半までの大学の基本的な役割は、国家を管理するエリートを養成するインフラであった。ところが、現在では次第に、大学が商業化された情報を生産する産業に変わりつつある。端的な例が、学生を「消費者(client)」とみなす風潮である。もちろんこの際、国家が考える情報とはおおむね資本のためのものであるとはいえ、ある程度まではこの変化を活用しながら、もう一つの道を作る可能性があると思われる。これと関連して、日本の大学が抱えている最大の問題は、学問に対する人々の関心を過少評価し、「知識の収益者」としての市民のイメージを完全に欠き、その結果市民に大学のメッセージを訴えることができなかったという指摘には、耳を傾ける必要がある(春日匠「大学と社会の再契約――触媒としてのNPO」、『インパクション』一三八(二〇〇三年一〇月)。春日は、アカデミズムが社会と契約を結びなおし、新しい信頼関係を構築しなければならないと主張し、非営利団体(NPO)をその媒介物とするのも一つの方法だと提案している。

権力の歴史学から市民の歴史学または公共の歴史学に転換しようとする提案は、十分検討してみる価値がある。[56] ところが、国民国家から自由な公共の歴史学という構想には、原則的に共感するにしても、国家権力を拒否しているように見えるという問題がある。新しい学問の空間と機会が拡大されるためには制度化が必要であり、国家権力を排除するよりはその抑圧性を弱め、民衆の参加を極大化する道を模索する方が望ましい。つまり、これは歴史学の公共性の拡大といえるが、このような構造の中で、市民運動との連帯も必要だと思われる。そのためには、制度外の学術活動だけに注目せず、制度内外において行われる学術活動の緊張と協力を複合的に考慮しなければならない。特に、東アジアの制度領域内において進む変化の兆候を注意深く把握する作業が重要だと思われる。このような点から「制度外の歴史学」を浮き彫りにし、「制度内の歴史学」との相互関係を再照明することによって、歴史学の歴史性を確認する作業は、歴史の海のただ中で、知識と生活を堅固に結合しうる道を開くのに役立つと信じる。東アジア全体において大学改革が議論される今日こそ、制度内外の境界を行き来する学問を新たに構想し、実践する好機ではないかと思われる。

また、グローバルな資本主義の拡大という状況の中で、変化する国民国家の役割を把握し、それと関連する歴史学の変化も点検しなければならない。すでに第十章で筆者は、私たちにとって切実な新自由主義的なグローバル化に対し、適応と克服の二重課題を同時に解決するための学問的基礎として、地球地域学を提起した。[57] これを筆者の関心領域にそって具体化するならば、歴史学の特性を生かしつつも、分科学問としての東洋史学を越える「批判的・歴史的東アジア学」になると思われる。[58] 現時点では、地球化の趨勢と絡み合って地域化が進んでおり、特定の地域の文化的・歴史的脈略に対する感受性がより求められている。特に、東アジアは、アメリカが主導するグローバル化を推進する力とともに、それに対する抵抗の力をも有している地域として、歴史的に同一の地域秩序を維持してきただけではなく、脱冷戦の時期を迎え、国境を越える相互依存性が多方面においてより深まりつつある。国家を分析単位とする冷戦時代の遺物である従来の地域学を止揚し、歴史学（そして文化学）の長所を組み合わせた新しい学問を、学術運動レベルではもちろんのこと、制度内においても遂行することは、もはや空想ではないと思われる。(59) このような方向へ進んでいけば、「国史の解体」ではなく、国史と和解し、世界史へと疎開かれる東アジア史の可能性も開かれるのではないだろうか。

(56) 林志鉉「権力の歴史学から市民の歴史学へ（권력의 역사학에서 시민의 역사학으로）」、『歴史批評』、一九九九年春号を参照。彼は公共の歴史学を指向する戦略として、大衆の歴史化、すなわち歴史学が大衆の日常生活の中に深く浸透し根ざすことと、大衆と歴史研究者が共同主体となってテキストを作ることを提案した。

(57) この用語は、globalism から派生された glocalogy から発想を得た。Local は national より小さい単位を指すのが常例であるが、ここでは regional の意味を兼ねる意味として使用する。新しい東アジア学は、国民国家の内と外を複合的に扱わなければならないので、local と regional の翻訳語として使われる「地域」という韓国語が適切と思われる。

(58) ここで「批判的」という修飾語を付けた理由は、既存の分科学問体系に対する批判を通して分科学問間の境界を横断する（trans-disciplinary）新しい学問を指向し、アメリカが主導する全地球化（globalism）に対する批判を通して、代案の模索のための知恵を蓄積するという意味を強調するためである。また、このような批判的思考は、歴史的思考によって育成されるので、「歴史的」という修飾語を付けた。歴史的思考は、全地球化の影響の中にある私たちの現実が、変化する歴史過程の一部であることを認識し、望ましい未来に向けたビジョンを持たせるのに大きく役に立つ。

(59) すでに韓国でも、筆者の問題意識と基本的に通じる、新たな学問に対する要求が真剣に提起されている。たとえば、朴熙秉（パク・ヒビョン）は、韓国学が統合人文学を追求しなければ主体性と実践性を強化することができないと主張し、林熒澤（イム・ヒョンテク）は、東アジア学部の制度化を要求している。朴熙秉「統合人文学としての韓国学（통합인문학으로서의 한국학）」、韓林大学韓国学研究所『二一世紀韓国学、どうすればいいのか？（21세기 한국학、어떻게 할 것인가）』（プルンヨクサ、二〇〇五年）、林熒澤「いま韓国文学研究者はどうするべきか（한국문학연구자는 지금 어떻게 할 것인가?）」、『古典文学研究（고전문학연구）』二五（二〇〇四年）。新たな学問の具体的な内容は、より活発に議論される必要があるが、ここで私たちが参照で

本稿の中国語版「『東洋史學』的誕生與衰退：東亞學術制度的傳播與變形」（『台灣社會研究』第五九期、二〇〇五年九月）が発表された後に、海外で出された研究成果をあわせて紹介しておきたい。筆者の論文と直接関わるもののなかで目につくものを中心にしたノートになるが、最近の研究動向を理解するうえで多少なりとも助けになればと思う。

東洋史が帝国日本でつくられたものであるため、日本の学会が本稿に注目したのは自然なことであった。日本の研究者たちが「戦後歴史学を含みこんだ二〇世紀中国史研究の軌跡を跡づける作業は、まだほとんど手付かずであり、むしろ外国人研究者によって進められている状況である」として筆者の研究を評価したのが代表的な事例である(60)。

そのほかに日本で活動する黄東蘭は、東洋史が日清戦争以後に、中国で紹介され、変形する過程を分析した。それによれば、日本での東洋史とは、日本人の中国認識とアジア認識の転換に応じて、中国史を東アジアの民族や国家のあいだの関係史のなかに入れること、いいかえれば東アジアの歴史を漢族とその周辺民族のあいだの競争の歴史として把握することであった。そうした史観を含んだ日本の東洋史教科書の一部が清末に翻訳されたが、清朝の教育部が修正を求め、結果的に中国の伝統的な華夷秩序と正統史観にそって修正されて刊行された(61)。

日本以外に、台湾の学界も東洋史に興味を見せている。おそらく日本帝国圏に属していた歴史的経験ゆえにであろう。まず邵軒磊は、東洋史が抱えている（帝国性よりも）科学性、すなわち学術研究方法論に着目し、伝統的な王朝史の叙述と異なり、文献実証的方法によって直線的な発展史観の視座から通史を叙述したのが東洋史であると把握する。そして筆者の論文について、主体／他者の二分法モデルに基づく日本近代文明の中国観を、脱近代主義的視点から分析したものだと分類している(62)。

より集中的な分析は、植民地時期における台湾と朝鮮の学界を比較分析した葉碧苓によっておこなわれた。彼女は筆者の基本的問題意識、すなわち東洋史学を克服し、朝鮮半島の歴史と現実から、当面の問題意識を東アジア研究に積極的に活用し、主体的な東アジア（史）研究、すなわち「批判的・歴史的東アジア学」の樹立に力を入れようという主張に同意しつつ、それが台湾史学界などにも適用できると展望する。同時に、筆者の主張は、微視的分析の結果ではなく、あくまで公文書などの史料に基づいた巨視的解釈であると指摘する。また、戦後、日本帝国大学史学科の学術研究の影響がほぼなかった台湾

きる二つの資源を紹介したい。一つは、問題の設定、研究課題の決定、研究開発の過程、結果の適用と普及などすべての面において、依頼者の地域住民や地域市民社会団体が直接参加して調査・研究する、地域基盤研究の生きた事例である、科学商店（science shop）運動である。これは、インターンシップの形態で大学教育課程に編入され得るだけではなく、新しい研究領域の開発にも繋がる。もうひとつは、「修己治人」という儒教的学問観を通して近代的科学観を乗り越える可能性をうかがうことである。一九二〇年代、中国の熊十力は、当時中国の大学が「細々とした考証を学ぶ退屈な作業」をする風潮に慣れているのを、科学に対する皮相的理解の所産と批判した。歴史研究は単に歴史知識を豊富にするだけでなく、どのようにして人となって社会を率い、国家と民族の発展に関連があるかを教えることだと捉えたのである。王汎森「近代中国の「新学術運動」と人文学（근대중국의「신학술운동」과 인문학）」、『大東文化研究（대동문화연구）』六三（二〇〇八年）を参照のこと。

(60) 久保亨、村田雄二郎、飯島渉「日本の20世紀中国史研究」、『シリーズ二〇世紀中国史〈4〉現代中国と歴史学』（東京大学出版会、二〇〇九年）、一九頁。

(61) 黄東蘭「中国には歴史がないのか？（중국에는 역사가 없는가?: 지나사, 동양사에서 중국사에 이르기까지）」、『概念と疎通（개념과 소통）』八号、出版社、二〇一一年。

(62) 邵軒磊「戦前東洋史学之観念與知識系譜」、『東亜観念史集刊』三（二〇一二年）。

に比べ、その影響が残存した韓国では、植民地史観の克服が依然として要請されている状況であり、歴史学三分科を超えた新たな和解の東アジアに注目する一方で、筆者の視野には台湾が欠けていると批判する。さらに東アジア海洋史の視点から東アジア史に接近することで、中心と周辺の歴史葛藤を解消し、和解が実現しうると主張する。(63)

このように近年の研究動向をふりかえってくることで見えてくるのは、今後東洋史（学）の誕生と衰退について、巨視的な叙述よりは、微視的な分析が、海外の学界から生まれる可能性である。そうなるために、筆者の研究が少しでも刺激になったのならば幸いである。特に台湾の事例からわかるように、各自の生の現場に立って主体的に東アジアの和解に寄与しようとする歴史学の道への模索を促したとすれば、それはこの上なくやり甲斐のある仕事になるであろう。

(63) 葉碧苓「臺北帝國大學與京城帝國大學史學科之比較（1926–1945）」、『臺灣史研究』一六－三（二〇〇八年）。

第十二章　韓国における中国学の軌跡と批判的中国研究

1　問題の所在

私たちはなぜ学術史に関心をもつのか。おそらく主な理由は、既存の学術制度と理念に対する省察が必要だからではないかと思われる。そのような作業を行う人々があらわれることは、自らが遂行する学術的慣行に対して一定の危機感を抱き、その代案を模索しているという証拠であろう。

実際、近代的分科学問の中には、通常、自己検証の領域がある。たとえば、歴史学ではその役割を史学史が担当してきた。ところが、今日の韓国の学界ではこのような学術史、とりわけ韓国の事例が（韓国史学史と韓国文学史などのごく一部のテーマを除いては）研究対象としてあまり重視されていない。さらに、正規の専攻科目の編成において、学術史関連科目が重要な比重を占めていないという事実からも明らかなように、教育においても疎かに扱われている。韓国社会全体においては「人文学の危機」や「融合学問」といった議論が流行り、既存学術制度に対する批判の声が高いにもかかわらず、こうした実情は何ら変わっていないのである[1]。

韓国における学術史研究の重要性を切実に感じつつ、ここでは筆者の専攻領域である中国史研究を含む、中国学の軌跡を歴史的文脈に照らして追跡してみたい。一応歴史学と文学分野に重点を置いて分析するが、中国学全体を対象としたのは、中国をより正確に理解するためには、分科横断的な統合研究としての中国学が必要であるという判断からである。これが本章を貫く第一の問題意識である。この点は、中国研究を指す二つの用語、すなわち「漢学」と「中国学」の用例を少し検討するだけでも簡単にわかることである。

漢字使用圏における漢学は、中国の言語・文学・歴史・哲学等を研究すること、すなわち中国の古典世界を研究する人文学中心の研究を主に指している。西洋の Sinology の翻訳語としての漢学も、まさに同じ意味をもつ。これに対して、中国学は、英語の China Studies または Chinese Studies の訳語であり、中国の政治・経済等の社会科学中心の研究、つまり地域研究（Area Studies）に該当する学術分野を指す。このように漢学と中国学を区分すると、問題は非常に簡単に整理されるように見えるが、研究対象の中国を二つの中国、つまり古典テキストの中国と現実の中国に分け、それに対応して（伝統）漢学と（現代）中国学に分けることは果たして妥当だろうか。中国の長い歴史と文明の連続性が重視される状況を考慮すれば[2]、そのような区分があまりにも単純であることは一目瞭然である。私たちは、古典中国から現実の中国へと流れる生活の流動を直視し、それを分断させることなく学術的課題にしなければならない。それには、中国人の生活（または中国人の多様な可能性）に対する総体的理解と感覚を育てる研究と教育が求められる。さらに、最近韓国の学界で分科学問を超えた統合学問を志向する雰囲気が優勢になってきた状況を考慮すれば、(3) 漢学と中国学を一緒に扱おうとする統合的な研究姿勢が求められるのは当然である。

第二の問題意識は、中国研究の歴史を振り返るために、「制度としての中国学」と「運動としての中国学」の両方を重視するということである。通常学術史といえば、近代学術制度の核心である、大学内で行われる知識の生産（主に大家の学説史）にのみ注目しがちである。しかし、運動としての学問という発想を導入すれば、学術史の対象が、制度外における知識の生産、流通及び受容へと一層拡大され、その分さらに学術史が豊かになる。ここでいう運動としての学問とは、社会運動の一領域として社会現実を変革するのに寄与する、狭義の学術運動のみを意味しない。運動をより広義の脱制度として理解すれば、活動領域が制度圏の内側であれ外側であれ、主流の学術言説と慣行を変化させようとする脱制度的な流れまでを、運動としての学問に含むことができる。それゆえ、制度の外で行われる知識活動（たとえば商業化された知識）でも、主流の学術言説と慣行に対する批判的機能を果たさない限りは、運動としての学問になることはない。同じ理由によって、制度の内でも批判的学問は可能である。筆者は、制度としての学問と運動としての学問とを二分法的に分離し、対立するものとしてとらえようとしているの

（1）　人文学でさえこうした状況にあるため、欧米理論に依存して近代社会を研究する社会科学の分化学問の場合が一層深刻であることはいうまでもない。
（2）　その一例が、最近の、国民－国家（nation-state）ではなく、文明－国家（civilization-state）という概念によって中国を説明する視点である。マーティン・ジェイクス／松下幸子訳『中国が世界をリードするとき――西洋世界の終焉と新たなグローバル秩序の始まり（上・下）』（NTT出版、二〇一四年）を参照。
（3）　このような統合学術を、筆者と同僚たちは「社会人文学」と名付け、その理念を実践するために、十年間のプロジェクトを延世大学国学研究院において進めている。これについては、本書の第八章を参照。

ではない。運動の中で制度をとらえ、制度の中で運動をとらえるという形で、制度と運動の関係をより一層力動的にとらえ、両者の相互浸透と衝突を動態的に把握するのが筆者の基本趣旨である。

このような問題意識をもつ理由は、学術史の検討を通じて未来の中国学を展望するためである。それは、いわば過去と未来の対話を試みるということだが、その未来は「批判的中国研究」の創発的再構成である。運動としての中国学は、批判的中国研究になるための必要条件であり、それ自体は批判的中国研究ではない。それに対するより具体的な姿を描くためには、「批判的」という修飾語のもつ意味が何かを明確にする必要がある[4]。ここでの鍵は、何を批判の対象とするかである。その対象は固定されたものではなく、歴史的文脈によって流動するものであり、中国という対象とそれをとらえる認識主体の関係によって変化する。特に批判的中国研究が再構成しようとする主流の学術制度や言説の性格変化によって、それは違う形で具体化されるのである。

後述するように、韓国における中国学の歴史的軌跡を振り返ると、批判的中国研究のいくつかの要件が浮かび上がる。まず、近代的分科学問制度の中で分散したままに行われる知識生産方式に対する批判が求められる。したがって分科横断的研究を志向するのは、批判的中国研究の第一要件になる。そしてこの要件は、おのずと研究対象を、古典中国と現実中国に分離する二分法をこえる第二要件へとつながる。近現代中国に対する関心を欠如させた「中国のない中国学」と「中国の現実を追いかける中国学」[5]とを、同時に批判の対象にしなければならない。今日の中国の現実に対して批判的姿勢を堅持するためにも、中国の歴史や文化に対する深い理解が喫緊であり、また中国の歴史と文化を深く理解させる推進力は、現在を生きる人々の日常的生活から生まれるものだろう。この第二要件が次の第三要件と結合する時に、その批判性は十分に発揮される。第三要件は、今日の中国の現実と主流の思惟体系に対して、批判的距離を維持すると同時に、批判的中国研究を通して「私たちが生きている社会（グローバルなレベル、ローカルなレベル、そしてナショナルなレベル）に対する認識を再構成する契機[6]」とすることである。その過程において、中国と韓国（または他の社会）の主体のあいだに「互いを映し出す鏡」の関係が成立する。[7]そのためには、当然であるが、研究者の置かれている社会の支配的思惟体系を、中国研究にそのまま適用する態度を問題化することが求められる。最後に、第四要件として、中国中心主義の解体も欠かせない要件である。欧米から発信される「中国脅威論」に振り回されず、中国中心主義を上手に克服するためには、韓国をはじめとする東アジアと連動させて中国をとらえる視点が有用である。特に筆者が力説した「二重の周辺の視座」は一つの指針となるだろう。

（4）　批判的中国研究という発想は、筆者がはじめて提起したわけではない。金熙教「韓国の批判的中国言説、その消失の歴史（한국의 비판적 중국담론, 그 실종의 역사）」、『歴史批評（역사비평）』、二〇〇一年冬号と、これに対する反論である李熙玉「補論――韓国において批判的中国研究を行うということ（보론：한국에서 비판적 중국연구를 한다는 것）」、『中国の新しい社会主義の探索（중국의 새로운 사회주의 탐색）』（創批、二〇〇四年）を参照のこと。李熙玉（イ・ヒオク）のいう批判的中国研究の批判対象は、中国の「現実的支配権力の地形図」ないし「主流言説」である。最近では、李南周「中国の変化をどうとらえるか（중국의 변화를 어떻게 볼 것인가）」、『創作と批評（창작과비평）』、二〇一二年秋号もこの問題を深く扱っている。これらに対して、ここでは（中国の現実それ自体よりも）韓国における制度としての中国学を批判対象としながら、その改革の可能性を中国学の歴史において探し求める点に相対的に重きを置いている。

（5）　この二つの用語は、溝口雄三『方法としての中国』（東京大学出版会、一九九〇年）、一三五―一三六頁から示唆された。

（6）　李南周、前掲論文、一八一頁。

（7）　これは「共同主観性」という用語で表現されもする。加々美光行『鏡の中の日本と中国』（日本評論社、二〇〇七年）、一二五頁。

もちろんここで提示された批判的中国研究の四つの要件は、外国学である中国学を遂行する筆者の経験に一次的には基づいている。しかし、これらは、中国の隣に位置している韓国人のみならず、中国人を含む人間全体の総体的生活を、正面から省察する鏡として作動し得ると信じる。

このような問題意識から中国研究の歴史を再検討していくと、[8] 近代学術制度が形成された起点としての、日帝統治下における帝国大学の知識体系にとどまらず、より遡って朝鮮後期の学人たちが中国に対する知識を生産した北学まで、自然と視野が広がっていく。

2 北学、支那学、そして漢学

(1)「揺れる朝貢秩序」下の中国認識と北学[9]

近代以前の朝鮮で蓄積された中国古典研究は、近代以後のように、他者としての外国に対する知識ではなく、普遍的文明世界の探求であった。そのため、「漢文」という東アジア共通文語文で書かれた学術一般(文に対する探求)であると同時に、朝鮮の統治理念と緊密につながっていた歴史の一部として、その政治と文化を整備し、変革することを目的とする実践(経世)の学問でもあった。このような特徴は、漢字文化圏に属している日本やベトナムにおける中国研究においても、程度の差があるにしても、共通にみられる現象である。西洋の Sinology の翻訳語である漢学が、他者である中国の言語・文学・歴史・哲学等を研究することとは明らかに区別される。

ところが一八世紀中葉以後、朝鮮における一部の知識人たちの間で、(古典中国ではなく)同時代の中国の現実を直接見聞し、それらから学ぼうとする学風が起きた。「北学」[10]と呼ばれたその学風は、当時中国を支配した満州族の清朝を、（漢族の明朝である「中国」に対比させて）「北国」と呼んだ朝鮮人の慣行によるものであった。[11]これを主導した人士たちは概ね燕京、すなわち北京に行った経験がある人々で、紀行文を残し、自ら見聞した清朝文化の優秀性を認識し、朝鮮の現実を改革するためには、まず清朝の文化を学ばなければならないと主張した。

漢族の明朝が滅亡した後、中華文化（その核心である儒教文化）の正統が非漢族の朝鮮において継承されるという自負心、つまり小中華意識が膨張していった朝鮮の実情を背景にして提起されたため、満州族

（8）　本章の範囲外にある社会科学分野における中国研究を含んだ中国学全体の分析は、筆者が経済人文社会研究会に提出した『対中国協同研究事業基礎真相課題――文化分野（대중국협동연구사업 기초심층과제：문화분야）』（対中国総合研究協同研究叢書11-03-42）http://www.nrcs.re.kr/reference/together を参照。この報告書は金河林（キム・ハリム）と李炳翰（イ・ビョンハン）（当時、延世大学博士課程に在籍）の多大な助力によっている。

（9）　東アジア世界を「揺れる朝貢秩序」として説明したのは、林熒澤「一七～一九世紀の東アジアの状況と燕行・燕行録（17-19세기 동아시아 상황과 연행 연행록）」、『韓国実学研究（한국실학연구）』一〇（二〇一〇年）を参照。その変化を導いた二つの要因は、明清交代と西勢東漸の趨勢である。

（10）　北学という用語は、『孟子』「滕文公章句」上に起源を求められる。許行の農家思想を批判する部分で、陳梁のような南蛮の知識人が儒教思想を学ぶという意味であったという。ただ、韓国の研究者のあいだでは、周辺部の立場から先進文化を学ぼうとする意味を持つ「北学」という慣用語が、当時主流の思潮であった「北伐」と反対の革新性を象徴するものとする立場や（劉奉鶴）、北学論が北伐論を批判的に継承した思想であるとする立場（金明昊）など、見解の相違が見られる。許太榕「『北学思想』を研究する視角の展開と再検討（「북학사상」을 연구하는 시각의 전개와 재검토）」、『今日の東洋思想（동향과 전망）』一四（二〇〇六年）：三三七頁。

（11）　明朝を中国と呼び、清朝の人々を中国人や華人とは呼ばず、中立的な清人、清国人、北人、北国人と呼んだ。桂勝範「朝鮮後期中華論の裏面とその遺産（조선후기 중화론의 이면과 그 유산）」、仁荷大学韓国学研究所編『中国のない中華（중국 없는 중화）』（仁荷大学出版部、二〇〇九年）、二六四頁。

の清朝から学ぶという北学は、非常に目立つのである。「足ではすべてを持つ中国の大地を一度も踏むことができず、目では中国人に一度も会ったことのない」[12]という朝鮮のソンビ〔訳注：学識に優れ礼節を重んじ、儒教理念を具現しようとした階層をさす〕の現実条件に照らしてみると、朝鮮の利用厚生に必要な清朝の文物を導入するために、清朝という現実中国に対する知識を生産する彼らの学問の姿勢は、今日の社会科学者たちが主導する中国学と相通じるが、それと同時に、彼らは中国古典を新しく解釈して価値観・世界観を再構成する人文学的作業も兼ねたため、ここで重視している統合的中国研究の先駆であり、原体験といえるものである。

朝鮮のソンビたちが重点を置いた古典研究領域が、経学を再解釈することであったということは、すぐに納得できることではあるが、中国史の再解釈もまた、もう一つの主要領域であった。夷狄王朝の元と清によって編纂された宋史と明史の誤謬を正すという意図から、『宋史筌』、『資治通鑑綱目新編』、『明紀提挈』のような歴史書が編纂された。その目的は、歴史書を通じて、性理学を基にした朝鮮の学問と義理論を積極的に評価することであった[13]。容易に推測できるように、中国が満州族の清朝によって掌握され繁盛する現実を見守りながら、そこから学ぼうとする一部のソンビらが存在すると同時に、中華文化を継承した「唯一の者」としての自負心からこのような学術作業を進めていった潮流もあったのである。

当時の北学者らがはたして朱子学的儒教秩序からどれほど脱していたかは、まだ関連学界で論争になっているが[14]、筆者はこの問題に深く触れる能力も関心もない。ただし、ここでの関心事からみると、彼らの中国をめぐる知識生産は、当時の主流の知識人社会においては少数派の学術活動ではあったが、「揺れた中華秩序」に対応しながら、主流の学術に亀裂を起こした「運動としての学問」であった。それと同時に、中国という鏡を通じて、当時の朝鮮社会に対する認識を再構成する契機とした統合的中国研究でもあったという点では、「批判的中国研究」の一部の要件を満たしていたことを指摘したい。また、彼らが、清朝の文物は本来中華の文物であるにもかかわらず、清朝が奪ったものであるため、朝鮮が中華の唯一の継承者になるためには、それを受け入れなければならない、という中華継承意識を堅持していたとしても、彼らの学術内容の中には「華夷観自体を無意味なものにすることのできる可能性」が部分的とはいえ含まれていたという解釈[15]にも注目すべきである。

（2）日本帝国秩序の中の支那学とその亀裂

当時少数派にすぎなかった彼らが進めた新しい批判的中国研究は、二〇世紀に入って制度的学問とし

（12）朴斉家著、安大会訳『北学議（북학의）』（トルベゲ、二〇〇三年）、一三頁の朴趾源（パク・チウォン）の序文。
（13）金文植「宋史筌にみる李徳懋の歴史認識（「송사전」에 나타난 이덕무의 역사인식）」、『一八世紀朝鮮知識人の文化意識（18세기 조선 지식인의 문화의식）』（漢陽大学出版部、二〇〇一年）、李成奎「宋史筌の編纂背景とその特色——朝鮮学人の中国史編纂に関する一研究（「송사전」의 편찬배경과 그 특색：조선학인의 중국사 편찬에 관한 일연구）」、『震檀学報（진단학보）』四九（一九八〇年）を参照。
（14）朝鮮の小中華思想は「単に中華という普遍的文化秩序に自らを参加させることによって得られる成就感の自己意識化にすぎない」とみる見解もある（桂勝範、前掲書、二四六頁）。彼によれば、朝鮮の自負心は、中華という他者の権威に頼って可能であったに違いない。林熒澤（イム・ヒョンテク）は崇明反清——朝鮮中華主義——の北伐の虚偽性と閉鎖性という問題点を批判しながら、「清の中国」に現実主義的に対応した動きが、一八世紀の洪大容（ホン・デヨン）、朴趾源を経て、一九世紀の丁若鏞（チョン・ヤギョン）、金正喜（キム・ジョンヒ）へとつながったと解釈する（林熒澤、前掲書、一三頁、二一頁）。
（15）許太榕「朝鮮後期中華意識の継承と変容（조선후기 중화의식의 계승과 변용）」、仁荷大学韓国学研究所編、前掲書、三一七—三一八頁。

て定着できなかった。一九世紀末と二〇世紀初め、新旧学問が競争する時期に、中国経典の探求を中心とした既存の学問に代わって、主として日本から流入された新学問の影響を受けて、中国の地理と歴史等が、（普遍文明ではなく）落後した「東洋」の一部として知的関心の対象になった[16]。そして、「北学」の傾向を継承する中国に対する学術的関心も、日帝統治下の京城帝国大学を拠点とした「支那学」に圧倒されてしまったのである。

中国に対する蔑視の語感を帯びている「支那」の研究、つまり支那学は日本の近代学制に発したものである。それゆえ、日本帝国時代における支那学の文脈を簡略にでも整理せざるを得ない。

伝統時代の日本の漢学は、（朝鮮の中国研究者がそうであったように）古典中国を主な対象とするとはいえ、あくまでも日本の政治や文化を整備し、変革することを目的とする実践の学問であった。ところが、明治維新以降の日本の帝国大学の中国研究者らは、従来の漢学は儒学の異なる名前にすぎず、支那のものを支那から学ぶことであるので、真の学術ではないと指摘し、自由な学術の見地から中国文化を分析し批判する、支那研究を制度化した[17]。この科学的支那研究には二つの流れがあり、一つは主として古典語の文献資料を実証的に研究する「支那学者」によるものであり、もう一つは近代語で記録された文献や同時代の支那の事物を研究する「支那研究家」によるものである。ところが、この二つの流れは相互に無関係に研究を行うだけでなく、相手を蔑視する傾向があった。帝国大学の文学・歴史学・哲学分野における中国研究は、前者に属する。それは伝統漢学の流れを受け継ぎ、古典中国を主な対象として科学的分析を行ったもので、同時代の中国の現実を研究したものではない[18]。一言でいえば、（国学や洋学と対比される）「日本漢学」は純粋なアカデミズムの世界に陥り、日本の現実からも、また当時の中国の現実からも遠ざかったまま、過去の古典中国の文化や思想を対象にした学問であった[19]。

このような「日本漢学」に対しては、帝国大学の学術界内部においても早くから批判が提起された。すなわち、漢学と区別される科学的中国研究のために、各分科学問に基づいた中国文化の専門研究が制度化されたが、その問題点も浮かび上がっており、それを克服するためには「旧支那」と「現在の支那」研究の総合を行わなければならず、それによって支那学の進歩が可能になるというものである。[20]このように、帝国日本の支那学内部で提起された批判の志向と限界を同時に見せてくれるのが、京都帝国大学の支那学である。それは同時代の中国への関心を学問的レベルへ引き上げようとする志向を持っていたが、これもまた近代化に失敗した中国を蔑視し、同時代の中国を軽視した傾向から完全に脱皮することはできなかった。

このような特徴は、京都学派の支那学の基礎を築き上げた内藤湖南が述べた、「支那人に代わって支那の為に考えた」という発言からも容易にうかがえる。それは、中国に対する超越的視点を意味するものだが、ここには二つの要素が結合されている。一つは、停滞する老大国の中国より早く、近代国家を形成し、欧米帝国主義国家グループに進入した日本が、中国の外部から処方を提示するという、「帝国

(16) 白永瑞「二〇世紀前半期東アジアの歴史教科書のアジア観（20세기 전반기 동아시아 역사교과서의 아시아관）」、『大東文化研究（대동문화연구）』五〇（二〇〇五年）：四三—四九頁。
(17) 津田左右吉「日本における支那学の使命」、『津田左右吉歴史論集』（岩波文庫、二〇〇六年）、一九〇頁、一九二頁。
(18) 吉川幸次郎『支那学の問題』（筑摩書房、一九四四年）／『吉川幸次郎全集』〈一七〉（筑摩書房、一九六九年）、四四〇—四四一頁。同時代の支那研究は、主として外国語学校の卒業生によって行われた。その主要機構は満鉄調査部や東亜研究所のような国策研究所であった。
(19) 加々美、前掲書、四七—四九頁。
(20) 吉川、前掲書、四五五頁。

主義的中国経営」の立場に呼応した学術的言説である。もう一つは、支那という研究対象の外部観察者である日本人研究者が、西洋の「科学的方法」を活用して体系的に分析するということである。この点を近代日本の文献批判学が象徴的に見せてくれる。ヨーロッパの漢学者がそうだったように、日本人研究者も、外部の立場から古代中国文献を外国文献と見なし、文献批判の方法を通じて、それを信用できない「不確実な編纂物」と暴露しながら、他方では信用できるテキストに再構成（体系化）することに励んだのである。これがまさに近代日本の支那文献学方法であった。そして、それは史学・哲学・文学それぞれの分野において研究が進められる体制であったのである。[21]

このような過程を経て確立された、人文学的特性を持つ支那学が、[22]京城帝国大学の学制を媒介にして、植民地朝鮮に流入した。そこから、韓国の中国研究は、文学・歴史・哲学等の近代的分科学問体系の中に分散したままに遂行され、北学をはじめとする伝統的な知識生産の流れは、「漢学」（つまり、伝統学問全体を他者化する用語）として用いられながら、次第に儒教と同一視された。[23]その結果、近代分科学問から排除された漢学は、近代教育制度の外で、民間において伝授され探究される儒教教養を指すものへとその性格が変わった。

とはいえ、中国に対する当時の知識生産の場において、「朝鮮漢学」の意義を無視してもよいかはあらためて検討してみる必要がある。制度としての学問である支那学の立場からみれば、漢学は近代的分科学問体系から逸脱し、「科学」を等閑視した、それゆえに競争力のない学術行為にすぎないだろう。しかし、批判的中国研究という基準から見直せば、朝鮮民族文化のアイデンティティを守る方法として、その源泉といえる普遍文明の古典中国を、帝国大学の外で新しく解釈し、それを広く普及する役割を遂行した一部の漢学者たちの成果は認められなければならない。たとえば、文学・歴史・哲学に博識な百科全書的学者である鄭寅普《チョン・インボ》は、分科学問にとらわれることなく、考証方法論や言語学的解釈などの伝統的学問方法と近代学問の接合可能性を見せているだけでなく、私益と中華主義にとらわれた朱子学者たちを批判し、陽明学の精神を表出することによって、国権回復という朝鮮民族の課題を解決しようとした。筆者は、彼の朝鮮学運動の一環としての中国古典研究を、批判的中国研究の一つの流れとしてみることができないかと考えている(24)。

実際、漢学に反映された中国認識は、当時の朝鮮人には相当な程度見慣れた教養といえるものであった。朝鮮人学生が京城帝国大学支那文学科にはじめて志願した際、支那文学を外国文学とは考えていなかったという。支那文学が、入学当初には、大学制度内に位置づけられた漢学と似たようなものとして受け入れられていたという回顧談(25)は示唆するところが大きい。

しかし、彼らが入学した後には、次第に漢学と（外国文学になった）支那文学を区分するようになった。

---

(21)　子安宣邦『日本近代思想批判——国知の成立』（岩波現代文庫、二〇〇三年）、特に一〇四頁、一一一頁、一四五—一四六頁。

(22)　ここで筆者のいう支那学は、京都帝国大学の学術のみを指すものではなく、伝統漢学の性格の濃い東京帝国大学を含めて、日本帝国時期に行われた中国学全体を意味する。

(23)　金晋均「漢学と韓国漢文学のあいだ、近代漢文学（한학과 한국한문학의 사이, 근대한문학）」、『国際語文（국제어문）』五一（二〇一一年）：一四三頁。朝鮮王朝時代の「漢学」という語彙は、性理学中心の宋学に対比された訓詁学を指すものであるか、または通訳官選抜試験の際、漢語専攻者を選抜するための科目の名称であったにすぎない。

(24)　「朝鮮漢学」は当時、一般的な知識人の教養として習得されており、為堂・鄭寅普（チョン・インボ）のような漢学者の事例は例外的なものではないと思われる。そのような学人らの学術成果が今後より発掘されれば、植民地期の学術史がより豊富になるであろう。

(25)　金台俊「外国文学専攻の辯（六）——新文学の翻訳紹介（외국문학전공의 변 6: 신문학의 번역소개）」、『東亜日報（동아일보）』、一九三九年一一月一〇日。

この事実から明らかなように、「非科学的」漢学と区別された、科学的中国研究が、京城帝国大学の学制内において近代的学問として構築され、学生たちの学問観を規定した。これが制度としての支那学である。ここで行われた中国研究の対象・理念・方法論等は、基本的には、日本本土の帝国大学の支那学の枠組みを持ってきたものとみて間違いないであろう。

一九二四年に設立された京城帝国大学における支那学は、「支那文学科」と「東洋史学科」といった分科学問の形態のもと行われた。近代的分科主義を道具として、漢学から分離された文学・歴史・哲学領域を各々対象にした科学的研究が行われる、はじめての場が形成されたのである。

支那学の一部である歴史領域は、東洋史学講座において扱われた。日本の大陸政策の展開と密接に連携している東洋史学は、中華秩序として想像されてきた従来の歴史を解体し、帝国史の一部として東洋史を新しく創設したのが主な特徴である。この新しい学問領域では、支那を「天下」ではなく、東洋の一部としてとらえており、それと同時に支那の周辺である渤海・満州・契丹・西域等の歴史を、支那史と対等な主要研究対象としてとらえていた。このような学風は、歴史講座のみならず、外交・倫理学・美術・文学等の多様な領域においてもあらわれた。もう一つの特徴は、現在進行形の歴史よりも、すでに完結した過去の歴史に対する実証的研究の傾向が強いという点である。このような特徴は、講座制を運営する指導教授の影響の下で作成された、朝鮮人卒業生の卒業論文に自然と深い影響を及ぼした。とはいえ、京城帝大の支那学が、帝国政府の求める政策課題を研究しなかったという意味ではない。一九三八年から本格化した北進政策に動員され、満州と蒙古に対する知識を生産し、流通することに力が注がれた。具体的には、満蒙文化研究会（一九三二年設立、一九三八年に大陸研究会に拡大改編）のような機構を通じて、満州と蒙古の調査や研究を積極的に進める一方、一般大衆に対しては、北進政策の基礎作業を通じて大陸文化を理解させるために、大陸文化講座を開くなど、「大陸に位置する唯一の帝国大学」らしく多様な活動を展開したのである[26]。

しかし、国策大学という性格が、一方的に教育に作用したわけではなかった。極めて制限的ではあるが、東洋史専攻の朝鮮人学生の中から、制度としての支那学に小さな隙間を作る可能性が生じていたと推測することができる。ある卒業生が、支那史にみられる周辺異民族（蠻夷戎狄）の方位と起源に関する卒業論文の一部を、朝鮮人卒業生たちが創刊した学術誌『新興』五号（一九三一年七月）に発表し、支那の「周囲の色々な民族」の中で、朝鮮民族が独自的起源を持つようになったと主張した[27]。支那とその周辺というテーマ自体は、京城帝大東洋史学の学風の枠に属するが、朝鮮民族の起源の独自性に着眼したのは、朝鮮人の主体性を探究した研究としてみることができよう。

しかし、これは（まもなく以下で論じられるように）支那文学の専攻者らが制度としての支那学に亀裂を起こしたレベルには及んでいない。東洋史専攻者らは、中国の同時代問題に関心を見せたり、自分たちだけの学術空間を確保するための対外活動を行ったりはしなかった。それはなぜだろうか。その理由を、朝鮮人にとっての東洋史学の意味が曖昧なところから探究する視点もある。すなわち、彼らの意識の中の東洋史学は、「国史学」という権力と潜在的「国史学」＝朝鮮史学という想像の間の中間地点にあった」というのである。彼らは植民地期の国家学である国史学（つまり日本史学）と（独立国家を追求するの

(26) 社説「大陸文化講座の開催の意義——新東亜建設の基礎工事（대륙문화강좌 개최의 의의 : 신동아 건설의 기초공사）」、『毎日申報（매일신보）』、一九三九年八月一三日。

(27) 第三回（一九三一年）卒業生である厳武鉉（オム・ムヒョン）の卒業論文は、「東洋史上に於ける匈奴民族の興亡盛衰に就いて」であった。

で）潜在的国（家）史学といえる朝鮮史学の間で葛藤したのである。[28]

東洋史学科とは違って、支那文学科においては、批判的中国研究の可能性を発見することができる。まず目立つのは、一九二九年以後、支那文学科講義において、現代支那文芸の系譜を講義するなど、「現代中国研究」の「実験」を行った辛島驍の試みである。古典支那研究を支那学と規定した帝国大学の学術風土に照らし合わせてみた時、これは明らかに帝国大学支那学の志向と対立するものである。[29]支那文学講座が同時代中国を対象にするということは、京城帝大支那文学科においては、日本帝国大学のアカデミズムと明らかに違う面があったことがうかがえる。

この事実を、筆者は、帝国大学内の制度としての支那学の亀裂の証拠として重視する。しかし、辛島の「実験」を本格的な批判的中国研究としてとらえるには不十分な点もある。同時代に日本本土の帝国大学の外で、中国文学研究会（一九三四―一九四三年）が雑誌『中国文学』[30]を拠点として帝国大学の支那学を批判しながら展開した知識生産と、辛島が現代支那を研究する態度は相違していたからである。辛島は、現代支那文学を探究したという点において、制度としての支那学とはある程度距離を置いていたが、それを追究する過程において、文学という普遍的経験により大きな比重を置いたあまり、支那という現実からむしろ遠ざかるようになったのである。「一九三〇年代現代支那との緊張をなくしてしまった辛島の支那文学論理は、三九年頃から大東亜新秩序の国民文学論理へと簡単に転換」されてしまったという指摘[31]は、説得力がある。

日本人教授である辛島の上述のような学術の軌跡と比較してみた時、京城帝大支那文学科の朝鮮人学生の中で、運動としての中国学へとさらに進んだ人々があらわれたことは興味深い。彼らは、辛島の学術的「実験」と、一九三〇年代『改造』や『文芸』等の本土の雑誌に掲載された日本の左派知識人たちの評論から影響を受け、漢学から脱して支那文学を外国文学（つまり国民文学）としてとらえ、古典文学と現代中国文学とをつなげて把握した。もちろん、彼らも、支那を他者化する帝国大学という制度としての学問の枠内で、植民地朝鮮の「外国文学としての支那文学」を追求したのである。しかし、この他者化過程は、制度としての学問とは異なる志向を持っていたと思われる。古典支那を科学的方法（つまり、文献実証とマルクス主義）によって体系化すると同時に、現代中国の文学運動に着眼して「支那」を再発見していく過程は、朝鮮文学史を体系化する作業へとつながった。その代表的な人物である支那文学科卒業生の金台俊《キム・テジュン》は、中国文学研究から獲得した問題意識と研究方法を活用し、制度外の教養誌や日刊紙等の媒体を通じて「科学的朝鮮研究」を主唱した。そして、その作業が朝鮮の現実の変革に理論的武器として作用することを期待したのである。「科学（性）」を標榜した学術の専門性（学術性）を共有したという点において、帝国大学のアカデミズムと基盤は同じであるが、京城帝大という制度の外において、メディアを通じてハングルで学術活動を展開し、古典中国と現代中国とに同時に関心を持ったのみならず、朝鮮文化を主体的に再構成し、朝鮮現実の変革に資する学問を追求したことは、批判的中国研究の

(28) 朴光賢「植民地朝鮮において東洋史学はどのように形成されたか（식민지 조선에서 동양사학은 어떻게 형성되었는가?）」、都勉会・尹海東編『歴史学の世紀（역사학의 세기）』（ヒューマニスト、二〇〇九年）：二三四頁、二四三頁。

(29) 千真「植民地朝鮮における支那文学科の運命——京城帝国大学の支那文学科を中心に（식민지 조선의 지나문학과의 운명）」、『中国現代文学（중국현대문학）』五四（二〇一一年）：三二八頁。

(30) 東京帝大支那文学科卒業生である竹内好・武田泰淳等の、中国現代文学の翻訳者及び研究者が中心になって、一九三四年三月に結成したこの研究会は、戦前にすでに支那ではない「中国」という名称を使うほど現実批判的傾向が強かった。彼らの同人誌『中国文学月報』は、一九四〇年から『中国文学』に改編され、一九四三年一〇月に研究会の自主解散とともに廃刊された。

(31) 千真、前掲論文、三三二頁。

要件を相当満たしているといえる。[32] この流れが、解放以後冷戦の影響によって、朝鮮半島の南北いずれにおいても、中国学へと継承・発展はされなかったものの、批判的中国研究の系譜を立てるためには、非常に有意味な資源といえよう。

一方、制度の外でも、中国に対する知識を生産する流れがあった。支那学のように古典中国を研究したものではなく、主として同時代中国に対する報道や論評形式の文章が、言論人や学者によって活発に発表された。二〇世紀前半の中国に対するこのような文章は、日刊紙や大衆教養誌に載ったため、科学的学術論文としての形式は整っていなかったものの、大衆との疎通が容易な、もう一つの知識生産の場[33]として見なさなければならない。『東亜日報』や『朝鮮日報』のような日刊紙における中国特派員の文章や、各種雑誌に掲載された同時代の中国時事問題に対する評論[34]、そして同時代中国文学界の動向や作品等を朝鮮に紹介する文章[35]がこれに該当する。それらは植民地知識人の、同じく帝国主義的圧迫を受けていた中国に対する強い連帯感として解釈され得るもので、大衆の中国認識に一層大きな影響を及ぼしたと推定される。これもまた批判的中国研究の貴重な資産といえる。

同じく制度外に存在していたが、制度としての学問の枠を遵守した流れとして、朝鮮研究のための総合学会である震檀学会（一九三四—一九四一年）がある。それは、京城帝大出身者と日本留学派、そして朝鮮の私立専門学校出身者らの幅広い参加によって、一九三四年五月に設立されたが、その機関誌である朝鮮語学術誌『震檀学報』は、「朝鮮及び近隣文化の研究」を目標としていた。震檀学会は、その活動領域が京城帝大の外にあり、一部のマルクス主義者たちも参加していた。それは、学問方法論や構成員の出身学校からみて、「アカデミズム出身の専門学徒であると同時に、新しい学問世代という共有感覚」を持つ、制度としての学問に近かったとみることができる。基本的には、「純粋学問を標榜し、体制内的志向を見せてくれた学者たちを中心にした学術団体」であったのである。[36] ところが、惜しいことに、『震檀学報』に発表された中国に関する文章は極めて少ない。さらに同時代中国に関する関心も、（上記の制度外の動きとは違って）まったくみられない。朝鮮人研究者としての「自己の主体的確認が未だ完全になされていないうちの「外」への探究は、不可能ではないにしても非常に難しかった」[37] からであろう。しかし、朝鮮及び近隣文化の研究を目標にし、実証的研究方法を強調した震檀学会の主要な構成員は、解放以後、新しく設立された韓国の大学内で中国学研究を主導できる位置を占めたのである。

（32） ここでは深く扱えなかったが、日本の退嬰的で国粋的な国学と区別される、中国の「進歩的国学」の流れを肯定的に評価した、金台俊と申南哲の国学運動に対する言及の中に、間接的ではあるが植民地期の批判的中国研究の可能性を読むことができる。鄭鍾鉉「檀君、朝鮮学そして科学（단군、 조선학 그리고 과학）」、『韓国学研究（한국학연구）』二八（二〇一二年）：三三八―三三九頁を参照。

（33） 韓基亨が提起した「メディア・アカデミズム」という概念は、この領域を浮き彫りにしている。韓基亨「メディア・アカデミア――『開闢』と植民地民間学術（미디어 아카데미아：『개벽』과 식민지 민간학술）」、成均館大学東アジア学術院冬季学術ワークショップ（二〇一二年二月一六日）資料集『韓国近代学術史の構図（한국 근대학술사의 구도）』に収録。

（34） このグループに該当する知識人たちに対する研究成果の紹介は、白永瑞「韓国の中国認識と中国研究」、『シリーズ二〇世紀中国史』四（東京大学出版会、二〇〇九年）を参照。

（35） 京城帝大の外において、中国文学に対する知識を生産し、流通したグループがある。彼らがそのような活動をするようになった契機は、中国の大学に通ったか、または中国を訪問して中国現代文学に直接接した経験から触発されたという特徴がある。解放以後、中国現代文学に対する論文を活発に発表した、金光洲、李容珪、尹永春、宋志英などはみな、一九二〇―三〇年代に中国に留学した経験があるという事実がこれを傍証する。

（36） 鄭鍾鉉、前掲論文、三四一―三四二頁。

（37） 閔斗基「韓国に於ける中国史研究の展開」、滕維藻ほか編『東アジア世界史探究』（汲古書院、一九八六年）、四一頁。

3　解放以後の中国学の軌跡と主な特徴——人文学分野

(1)解放直後の制度内外における中国研究

一九四五年八月に日本の植民地から解放された後、一九四八年に南北朝鮮において各々の政府が建立され、分断体制が形成されるまでの短い期間(いわゆる「解放空間」)は、脱植民と建国の課題をめぐって、様々な政治勢力が競争していた創造的混乱期であった。したがって、中国に関する知識の生産も、この時代的状況と関係付けざるを得ない。

まず、制度としての中国学の流れから検討してみたい。解放以後に建てられた多数の韓国の大学が、京城帝国大学の学制を母胎とすることによって、日本帝国大学の学制を相当部分継承し、中国に関する知識生産に影響を及ぼした。特に、歴史学の場合、三分科(西洋史・東洋史・国史)体系の一部として、東洋史学の範疇が、それ以後もほぼそのまま存続するようになった。それだけ日本の学術制度の影響は大きかったのである。特に、帝国大学出身者らが教育界と学術界を主導したため、帝国大学の学風の克服(いわゆる「植民地残滓の清算」)は、一九六〇年代以降の学術界の主要課題になった。

ところが、ここで私たちが決して看過してはいけない重要な事実がある。すなわち、解放直後の韓国の東洋史学が、帝国大学の実証的な学風とともに、一九三〇年代に京城帝大という制度の外で行われた朝鮮学運動の遺産も、一定部分継承したと評価されるという点である。[38] まさにこの特徴に注目することで、制度内における脱植民化の努力に注力しつつも、着実に独自の中国(史)研究を進捗させてきた、韓国学界の面貌が正確に理解されるであろう。

しかし、この時期は学術制度が安定していなかったため、制度としての中国学も本格的な研究成果を蓄積し難かった。「震檀学会に関係していた人々が中心になって作った」ソウル大学東洋史学科(39)の基礎を築いた金庠基《キム・サンギ》が、当時刊行した『東方文化交流史論攷』（一九四八年）にまとめたように、当時東洋史は、「韓国史という軸から「東方文化」を理解」すること、言い換えれば、各民族が主体的能動性を持ち、「相互交流しながら発展する「東方諸国」の文化とその系統」を理解することを主な関心事とする段階であった。(40)

これに比べて、制度外においては、同時代の中国に対する探求が比較的活発に行われた。まだ冷戦秩序が東アジアにおいて確立される前のこの時期に、中国の国民党と共産党が建国の方向をめぐって競争していた内戦状況に対して、左右両翼の対立を経験した朝鮮半島の同時代の知識人層が、鋭敏な関心を持つのは自然な現象であった。特に、現代中国（とりわけ中国共産党）に関する翻訳物が多数紹介され、中国の推移について深く評論する論文が、左派と中道派の様々な新聞や雑誌において重要な比重を占めていた。中国社会の革命的激動を朝鮮半島の運命と繋げて、各々の政治的立場から積極的に評価・展望

(38) 尹南漢「東洋史研究の回顧と課題（동양사연구의 회고와 과제）」、『歴史学報（역사학보）』六八（一九七五年）：一〇七頁。彼は、東洋史学が、朝鮮学運動（主に震檀学会の活動）の遺産を継承したものの、その研究対象地域は日本の東洋史学の主軸だった満鮮史学と重なっていたと指摘している。

(39) 高柄翊『ソンビと知識人（선비와 지식인）』（文音社、一九八五年、一二九頁）。一九四六年二月、ソウルへと上京して、当時の京城大学東洋史学科の編入試験を受けた高柄翊は、その理由をこのように説明していた。

(40) 李成珪「金庠基（김상기）」、『韓国史市民講座（한국시민강좌）』三一（一潮閣、二〇〇二年）、一八四―一八五頁。

する雰囲気が高まったのである。[41] このような文章が同時代韓国人の中国認識に、一定程度影響を与えていたと思われる。

(2) 冷戦期(一九五三—一九八九年)における制度・運動としての中国学——閔斗基と李泳禧

しかし、一九四八年以後、特に朝鮮戦争(一九五〇—五三年)を経験して朝鮮半島が分断され、アメリカとソ連が主導する冷戦秩序が威勢をふるった時代的環境の中では、解放空間において活気を見せていた運動としての中国学が韓国(南韓)で萎縮したのはもちろんのこと、大学制度内の中国学も、植民地遺産と冷戦文化が結合されたイデオロギー(反共主義)に大きく制約された状況の中で、研究を進めていった。[42]

その結果、中国文学界全般では、左派文学に対する議論が全面的に禁止される一方、古典文学中心の学風が五〇—六〇年代を主導したのである。特に、中国現代文学はすべて禁忌とされるか、関心の対象になるとしても、反共主義的立場を基本的な前提とした状態で、研究が進められた。中国史の領域でも、中華人民共和国を「中共」、国民党政権が支配する台湾を「自由中国」と呼んでいたことにみられるように、二〇世紀の中国を学問的研究対象としてバランスよく分析すること自体が難しかったのである。少数の研究成果があるものの、台湾で再構成された国民党史観に依存して解釈されたものが大半であった。[43] 冷戦期の韓国における中国研究は概ね、日本帝国学術制度の遺産である文献中心の実証主義研究方式であり、それが、冷戦文化を共有した台湾からの実証的学風の流入によってより強化された。

ところが、一九五〇年代末期になると、中国史の場合、欧米及び台湾との学術交流も始まり、日本からの学術情報も少しずつ入ってくることによって、韓中関係史とは次元の異なる中国史それ自体の研究が少しずつ始まった。さらに、一九六〇年四・一九革命を経ると、韓国史研究において民族主義史観が台頭するのと連動して、中国史研究にも、中国史を内在的発展論の視点からとらえる傾向が、困難な状況にあっても生まれてきた。

同時期における制度としての中国学の特徴は、研究者たちを世代別に区分してみればより明確になる。世代による区別はあくまでも便宜的なものだが、趨勢を見るのに有効であるため、採用するのである。中国文学の場合、一九八〇年代初めまでは、台湾出身の研究者が主流であり、彼らが「第一世代」といえる。(44) 当時は台湾留学が盛んであり、それによって台湾学風が流入し、研究方法やテーマの選定等に

(41) 崔鍾一「冷戦体制形成期(一九四五―四八)における韓国人の中国認識――新天地を中心に(냉전체제 형성기 (1945-48) 한국인의 중국 인식 : 신천지를 중심으로)」(延世大学大学院修士学位論文、二〇一二年)。

(42) ここでは、分断された朝鮮半島の南側の韓国における中国研究のみを扱っている。北朝鮮にも中国研究があるとは思われるが、これについての情報がないので対象から外した。ただし、冷戦期の北朝鮮知識人の中国旅行記を分析した研究は、間接的に役に立つ。鄭文祥「冷戦期の北朝鮮における中国認識――朝鮮戦争後の中国訪問記を中心に(냉전기 북한의 중국 인식 : 한국전쟁 후 중국 방문기를 중심으로)」、『ウリ語文研究(우리어문연구)』四〇(二〇一一年)を参照のこと。

(43) この時期、ほぼ唯一の中国史研究者が、金俊燁(キム・ジョニョプ)であった。彼については、鄭文祥「金俊燁の近現代中国論と東アジアの冷戦(김준엽의 근현대 중국론과 동아시아 냉전)」、『歴史批評(역사비평)』八七(二〇〇九年)を参照のこと。

(44) 全炯俊(チョン・ヒョンジュン)は、中国現代文学研究者らを世代別に区分し、朝鮮戦争以前の研究者を第一世代、一九七〇年代に研究を始めた研究者を第二世代、一九八〇年代に活動し始めた研究者を第三世代と規定する。全炯俊「中国学――現代文学(중문학 : 현대문학)」、『韓国の学術研究――人文社会科学篇(한국의 학술연구 : 인문 사회과학편)』二(二〇〇一年):一二一頁。ところが、筆者は一九八〇―九〇年代以後の世代を強調するだけでなく、中国史を含む中国学研究者全体を対象に世代を区別するために、留学対象国を主要基準として再規定した。そこで、全炯俊が述べた第一、二世代を合わせて第一世代に、第三世代を第二世代に、八〇年代後半から九〇年代にかけて第一、二世代の指導の下で訓練を受けた人々や、中華人民共和国で学

大きく影響を及ぼした。実情としては、それは今日までも一定部分持続している。ここでの台湾学風とは、主として訓詁と文献中心の実証主義的研究方式、および社会現実と距離を置くことが、その核心であると指摘できる。

ところが、研究者の学位取得国の変化と、それによる学風の変化が研究動向に反映される傾向の強かった中国文学の領域と違って、中国史分野は、国内博士学位取得者の割合がはるかに高いだけではなく、留学経験が研究者全体の分布において大きな意味をもつとは言い難い。しかし、世代別の違いは、中国史研究においてもみられる。

中国史の「第一世代」とは、植民地時代に学問的訓練を受けた世代と解放後国内大学で修学した研究者とを合わせて称する言葉である(45)。彼らは大体、考証や事実の究明を基調にしながら韓中関係史を研究する一方、次第に近代化論に基づいた中国研究を行った。

このような学問傾向を典型的に見せたため、「中国史言説(46)」または「研究の標準モデル(47)」を提示したとまで評価される人物が、閔斗基《ミン・ドゥギ》(一九三二―二〇〇〇)である。そのため、彼の学問的成就を、ここでの問題意識である批判的中国研究の角度から再評価することは、冷戦期中国学の軌跡の特徴を抽出する近道になる。また、今日の制度内における中国学を省察するためにも、効果的で核心的な事例になるだけでなく、(後述する)制度外の中国研究者である李泳禧《リ・ヨンヒ》との比較のためにも必要であることから、多少論述が長くならざるを得ない。

見てきたように、批判的中国研究の第一要件は、近代的分科学問制度に対する批判、つまり分科横断的研究を志向することである。ところが、冷戦期の閔斗基は、学者としての専門的問題解決能力(すなわち専門性)を身につけるために、分科学問の訓練を強調し、歴史学者として概念の正確性による分析と、史料の実証に基づく、価値中立的で、客観的な研究態度を重視した。このような姿勢は、植民地期の制度としての学問から継承され、冷戦期により一層強化されたものとして、韓国における中国学界の主流的学風を代表した。それゆえ、彼はしばしば「実証主義者」として評価されたりもする。ところが、彼は実証自体を学問の目的としたことはなく、個別的事実における具体的様相の因果関係を究明し、一般化と総合化、つまり「時代的性格と社会的構造あるいは時代像[48]」を構築しようとしたのである。この点からみると、彼が、実証主義者ではなかったものの、冷戦期の主流の学問制度や理念に忠実であり、またそれを主導的に導いたのは明らかである。それによって、研究者たちは、学問的厳格性と徹底した史料分析を堅持することができたし、そのような学問的訓練のもとで政治的現実と距離を置き、学問の独立性と自律性を重視する研究者を輩出する学問の再生産体系、言い換えれば、制度としての中国（史）学を作ることができた。

位を取得して帰ってきた留学生たちで構成された研究者たちを第三世代と呼ぶ。ここでの中国文学研究の叙述において主として参照した論文は、全炯俊の論文以外に、林春成「韓国における中国近現代文学研究の現況と課題（한국에서의 중국 근현대문학 연구의 현황과 과제）」、『中国学報（중국학보）』三八（一九九七年）、任大根「「困惑」の中国文化研究（「곤혹」 스러운 중국문화 연구）」、『現代中国研究（현대중국연구）』一一、二（二〇一〇年）等である。

(45) 河世鳳「私たちの自画像――最近の韓国における中国近現代史研究（우리들의 자화상 : 최근 한국의 중국 근현대사 연구）」、『韓国史学史学報（한국사학사학보）』二一（二〇一〇年）。

(46) 林相範「閔斗基史学の一面――韓中史学者の『中国史言説』（민두기 사학의 일면 : 한 중국사학자의 「중국사담론」）」、『東洋史学研究（동양사학연구）』一〇七（二〇〇九年）。

(47) 河世鳳、前掲論文、九六―九八頁。

(48) 裵京漢「閔斗基先生の中国近現代史研究とその継承方向（민두기 선생의 중국근현대사 연구와 그 계승 방향）」、『中国現代史研究（중국현대사연구）』九（二〇〇〇年）：九八頁。

そうすると、彼は、研究対象を古典中国と現実中国に分離する、当時の主流学界の二分法的言説にも同調したのだろうか。「過去の洗練された中国」と「非道徳的で無知な共産党」が占領した中共、言い換えれば、過去の人文学的中国と現実の政治的中国という対比が支配的であった冷戦期の中国学界において、閔斗基が「伝統の近代的変貌」という観点を提起した点は注目に値する。[49]それこそが、中国の伝統と近代との相関性を生涯一貫して探究した、彼の核心概念である。近代化過程において作動する「伝統」を強調する彼の観点は、中国近代史を内在的発展によって把握し、中国人の主体的役割を重視した歴史観へと繋がる。それゆえ、支配的な言説の近代化論に基づく「反共冷戦型中共認識」に埋没することなく、さらに進んで、「中国の共産化は近代化のもう一つの道」であることを、文化大革命の初期にすでに主張できたのである。[50]もちろん彼は、客観的な研究のためには、歴史研究者は「時間の風化」を経た時期を研究対象にしなければならないと力説し、同時代の中国現実に対する研究とは距離を置いていた。しかし、彼自身が現実中国に対する（本格的学術論文であるというより）私論や批評的エッセイをたびたび発表し、自身の見解を表明したという事実を看過してはならない。

このような学問姿勢は、研究者と研究対象の間に一定の距離を置くために、彼が愛用した比喩である「歴史の窓」につながる。歴史研究者は内側と外側をつなげる通路であると同時に、外側から内側を守る役割を果たす「窓」として、内側から外側を眺める態度を取らなければならない。このような姿勢を持ったがゆえに、戦後（特に文化大革命期）日本の中国学者らが中国の現実に追従した、いわゆる「現実密着史観」を鋭く批判することができた。また彼は、学問が「予言者的回答」を与えたり、または即時的な「現実的効用」を与えたりできるともみておらず、学問の独立性と自律性を生涯力説し続けた。とはいえ、中国や韓国の現実に対して発言しない実証主義者だったわけではない。ただ、介入するやり方が間接的というか、迂回的であっただけである。それは、彼が、歴史研究者としての学術的文章と市民としてのジャーナリズム的文章とを区別し、後者を通して現実に対して迂回的に発言するやり方を取っていたことからわかる。彼のジャーナリズム的文章は、前者のものに比べて、より一層読みやすいという点も、[51]彼なりに韓国社会との疎通を念頭に置いた証拠であるといえよう。

また、彼は、中国中心主義を一九七〇年代にすでに警戒していた。中華思想を、中国人の自己中心思想、自己優越性、中国世界論等を骨子とするものとして規定し、それが当時中国（つまり中共）に「部分的に貫流していたこと」を指摘した。[52]そして、「いま中国に統一され、強力で安定した政権が樹立」されているととらえるなら、過去の中華主義が再び蘇る可能性があると警戒できるが、まだそれほど深刻な状況ではない、と慎重に注意を喚起したのである。[53]

---

(49) 金周炫「『思想界』東洋言説の分析（「사상계」동양담론 분석）」、『現代文学の研究（현대문학의 연구）』四六（二〇一二年）：四四七頁。

(50) これに対する詳細な論議は、鄭文祥「「中共」と「中国」のあいだで――一九五〇―一九七〇年代の大衆媒体上における中国関係論説を通じてみる韓国人の中国認識（「중공」과「중국」사이에서 : 1950-1970 년대 대중매체상의 중국 관계 논설을 통해 보는 한국인의 중국인식）」、『東北亜歴史論叢（동북아역사논총）』三三（二〇一一年）、七〇―七二頁を参照。閔斗基の近代化に対する観点は、中国共産党を近代化から逸脱したものとしてとらえる金俊燁（鄭文祥「金俊燁の近現代中国論と東アジアの冷戦（김준엽의 근현대중국론과 동아시아 냉전）」、『歴史批評（역사비평）』八七（二〇〇九年）：二四五―二四七頁）や、ソ連も中共も近代化を行っているととらえることに反対した全海宗（キム・ヘジョン）の観点（林相範、前掲論文、三四八頁）から区別される。

(51) 林相範、前掲論文、三七四頁において、閔斗基の学術論文に対する強調が、文章の読みやすさや興味の欠乏に対する、後学の自己弁明に利用されたと指摘している。

(52) 閔斗基「中国の伝統的政治思想の特質（중국의 전통적 정치사상의 특질）」（一九七二年）、『中国近代史論（중국근대사론）』（知識産業社、一九七六年）、九〇頁、九二頁。

(53) 閔斗基「風俗の文化（풍속의 문화）」（一九七三年）、『歴史の窓（역사의 창）』（知識産業社、一九七六年）、三〇頁。

研究対象と距離を置くことを一貫して力説した彼が、中国という研究対象と批判的距離を維持したのはあまりにも当然である。ところが、それにとどまらず、晩年の彼は、それまで没頭してきた中国史研究を東アジア史へと広げて再検討することによって、中国史を相対化するとともに、韓国人の歴史的経験に基盤を置いた、独自的中国史研究の視点を積極的に模索したことがある。(54)

このように考えてくると、冷戦という歴史的状況の中で、彼が行った中国学は批判的中国研究の要件を一部は備えていたことになる。にもかかわらず、彼を「実証主義者」と見なし、歴史的事実に対する厳格な考証とともに、自らの現実的・政治的関心を排除したまま客観的観点の維持だけを強調したという「誤解」(55)が生じるのは、後学が彼の学問態度を脱歴史化し、「呪文」化した結果である。(56)ところが、そのような悪い結果が生じたのは、彼が、専門研究者としての学術的文章と市民としてのジャーナリズム的文章とを分離し、かつ両方とも行ったことに起因する。このような分離は、明らかに冷戦という時代状況の産物である彼の中国学の限界として指摘することができ、「批判的継承」の対象にもなるかもしれない。(57)このような意味で、彼の学問世界は、制度圏内で行われた批判的中国研究の可能性と限界を同時に見せてくれる事例である。この点は、「韓国現代史の性格を第三世界的コンテクストの中でとらえようとする」(58)新しい動機で中国現代史研究に関心を持つようになった若い研究者たち、つまり第二世代を彼が受け入れながらも、あくまで学術的規律を堅く守る限りでのことだったという事実によくあらわれている。

それでは、第二世代とは誰なのか。一九七〇―八〇年代に入ると、第二世代の学者が学界で活動する。中国文学の場合、八〇年代半ば以降、国内大学出身の若手研究者らが登場したが、彼らが「第二世代」であり、中国史の場合は、七〇年代後半から八〇年代にかけて中国現代史研究に身を投じ始めた人々を

「第二世代」学者群と呼ぶことができる。第二世代の学者は、韓国の大学体制が体系的枠組みを整えていた七〇―八〇年代に学問的訓練を受け、一九七〇年代から研究者の数的増加に支えられて形成された。一九七〇年代半ば以降、文献の輸入通路が拡大し、複写技術が活用されることによって、ソウル中心から地方へと中国史研究が拡大された。[59] 彼らが活発に研究成果を蓄積することで、中国学研究の量的増大が目に見えるようになった。そのような研究底辺の拡大の結果、一九八〇年代は、中国現代文学研究と中国現代史研究のいずれにおいても画期的な発展を成し遂げた時期であった。

このような変化には、一九七一年いわゆる「ニクソン・ショック」に象徴される米中和解がもたらした、冷戦の亀裂という外部的要因も働いた。その事件を契機に、韓国においても中国に対する関心が社会的に高まった。その端的な例が、その余波で、一九七〇年代初めに主要大学に中文学科が新設されたことである（一九七二年・高麗大学中文学科、一九七四年・延世代学中文学科）。これは、制度としての中国学の発展に、確実に寄与した。しかし、国際情勢の変化という要因よりももっと深く影響を及ぼしたのは、

(54) 鄭文祥「閔斗基教授（一九三二―二〇〇〇）の中国近現代史研究とその歴史像）」、『近きに在りて』四四・四五合併号（二〇〇四年）：一五頁。
(55) 金衡鍾「故閔斗基先生の学問的業績（고 민두기 선생의 학문적 업적）」、東洋史学会『東洋史学研究（동양사학연구）』七四（二〇〇一年）：二六三頁。
(56) 林相範、前掲論文、三七二頁。
(57) 裵京漢、前掲論文、九八頁。
(58) 閔斗基、前掲論文、「韓国に於ける中国史研究の展開」、五〇頁。
(59) 李龍範「韓国史学界の回顧と展望――東洋史総説（회고와 전망：동양사총설）」、『歴史学報』八四（九七九年）：一〇四―一〇六頁、咸洪根「東洋史研究の回顧と展望（동양사연구의 회고와 전망）」、『梨花史学研究（이화사학연구）』二二（一九九五年）：二九四頁。

七〇年代以来の韓国民主化運動の熱気である。それまで分断状況の中で極めて萎縮していた学問と思想の自由が、民主化運動の一環として少しずつ確保されていき、その余波が大学制度の内側にも浸み込んでいったのである。もちろんそれによって世代間の葛藤が学園内で生じたりもしたが、その間、学問的研究対象として排除されてきた左派文学が、肯定的あるいは客観的検討対象として浮き彫りになり、中国現代文学の開放的研究が始まり、中国現代史に対する関心もはるかに高まった。特にこの時期は、現実参加的研究が活発に模索された時期と特徴づけることができる。一九八〇年代の前後に進められた韓国社会の各部門の変化、とりわけ学生運動や労働運動、民主化運動の進展の中で、韓国社会の変革という課題の遂行に寄与したいという使命を持った現代中国（つまり中国革命）研究が、大学の内外で行われたのである。

これは、解放直後に制度外で行われた運動としての中国研究の流れが、朝鮮戦争の惨禍を経て完全に消滅したのではなく、伏流していたものが、一九七〇―八〇年代の変革運動の過程で蘇ったとみることができる。当時、若い中国学研究者が多く登場したのは、韓国が直面していた時代的課題を解決していく時に参照する「鏡」として、中国革命を理解しようとする意識的努力が強く投影されていたのである。

このように、大学内で行われた中国学に亀裂を起こしながら、その隙間で運動としての中国学が台頭するようになったことには、大学外のジャーナルと出版による知的活動の功績が大きかった。主として中国現実に対する紹介と論評形式の文章が、時には合法的空間において、時には非合法的空間（いわゆる不穏書籍）において、根強く流通した。これを運動としての中国学と呼ぶことができよう。ここで主導的役割を果たした人物が、中国学者の李泳禧である。

冷戦期の主流的学問制度の中で生産された中国に関する知識は、ドグマから脱することができず、

「真の」学問としては成立し難いと批判した李泳禧は、自身の論文を「仮説」として、そして自身の役割を中国問題に関する「解説者」として規定した。これは、言論人出身の彼が、分科学問の専門性を欠如していると自認したことではなく、反共主義に基づいた当時の主流的分科学問から生産される中国論こそ、実際は「仮説」であることを迂回的に暴露した修辞法として理解すべきである。[60] それゆえ、彼は論文型の文章ではなく、魯迅の雑感文と相通じるような、簡潔でありながらもぴりっとした、詩と政論とを兼ね備えた文章を駆使し、幅広い社会的反響を得たのである。しかし、分科学問の制度内で中国を研究し、教えたわけではないため、自身の作業の再生産体系を確立することはできなかった。

また、彼が探求した対象は、主として現実中国であったが、とはいえ、古典中国と現実中国に分離する二分法的言説を肯定した訳ではない。彼は、中国大陸の現実を正確に理解するためには、少なくとも近代化百年史を遡って理解しなければならないと主張し、中国の近代化過程の特徴を、伝統と外来思想の結合（たとえば、伝統と結合したマルクス主義）および物質主義と精神主義の拮抗として把握した。彼にとって伝統と現代の連続性は、西洋と異なる「中国的特性」の発展モデルを中国が追求する根拠になった。

このように古典中国と現実中国を連続的なものとして認識しつつも、彼が現実中国に特に注目した理由は、冷戦と反共意識にとらわれたまま中国をとらえがちであった韓国人を批判するためであった。また、近代化の過程で矛盾を露呈させている分断韓国の現実を批判するための、参照枠としての中国に期

(60) 朴姿映「東アジアにおける社会主義人民の表象の政治――一九七〇年代韓国における中国人民論議、李泳禧の場合（동아시아에서 사회주의 인민의 표상 정치 : 1970 년대 한국에서의 중국 인민 논의、리영희의 경우)」、『中国語文学論集（중국어문학논집)』四七（二〇〇七年）: 三三九頁。

待したからである。一九七〇―八〇年代の中国とベトナムの革命を「人類の新しい実験」として提示した彼の作業は、反共という「偶像」に慣れていた青年たちに認識の転換を起こした。すなわち、彼は、その時代のインテリ青年内部に「最も原初的自我の社会的記憶」を植え付けたのである。[61]それだけ「即時的効果」があったわけである。ただ、当時彼がアメリカという偶像とそこから輸入された主流の言説、そして韓国の現実を強烈に批判したことに比べると、中国の現実に対しては批判的距離を維持してはいなかった。さらに、中国を韓国社会に対する認識を再構成する契機としはしたが、中国と韓国の主体間に相互を映し合う鏡（つまり「共同主観性」）の関係が作動するように、積極的に努力するまでには至らなかった。中国は韓国人に対してのみ映し出される片面だけの鏡であったのである。

このような限界は、彼が中国中心主義に対して若干感度が低かったところにもみられる。一九七〇年代半ば、中国に少数民族問題が残っていることを認めながらも、彼らが「新しい社会における開化過程を通して、超民族的統一国家への志向をある程度調和させているようにみえる」と述べた解説は、[62]多分に当時の中国官辺の立場を繰り返した感じがあった。冷戦期に西洋によって封鎖された中国に対する「好戦的で脅威な」イメージが支配的であった当時の韓国において、中国（中心主義）に対する批判は「反共冷戦型中共認識」を強化しがちであったのだろう。また、中国が第三世界論を提唱しながら、被圧迫民族との連帯を強調していた時期であったことも忘れてはならない。そのような時代的文脈を勘案して評価をすべきではあるが、それでも、彼が短期的現実にあらわれた問題を中長期的文脈とつなげて把握できなかった点は、指摘されなければならない。

いずれにせよ彼は、中国に対する総体的認識を提示し、または様々な角度からアプローチする方法論を提示するよりも、中国をとらえる冷戦的考え方、つまり彼のいう「偶像」に挑戦する実践理性として熾烈に文章を書き、中国研究と韓国における現実変革の実践的志向とを結合した。そして、制度外における「教師」となり、批判的中国研究の重要な特徴である運動性を体現した点で、批判的中国研究の「出発点」として評価されるようになるのである。[63]

このような運動としての学問に積極的に呼応した若手研究者たちは、一九八〇年の前後から大学院に定着した共同学習や討論文化を基盤にして、制度圏の領域を離れ、新しい学会・研究会・研究所等を結成し、独自の学術誌を刊行して科学的理論を立て、学術の運動化を図る社会運動の一部としての「学術運動」を、様々な分科学問領域において展開した。第二世代の中国研究者らの一部は、これに積極的に同調したし、そうでない研究者もその磁場内にいたのである。いわゆる（上述した狭義の）運動としての中国学という志向は、その世代の共通経験といえる。

(3) 脱冷戦期（一九八九年―現在）における中国学の多元化

ところが、脱冷戦期に入って、運動としての中国学は弱体化した。一九八〇年代に卒業定員制が施行され、大学定員が急激に増加し、教員の需要が増えた時代状況にあって、第二世代の研究者の中から、

(61) 朴姿映、前掲論文、三五二頁。
(62) 李泳禧「中共内の少数民族は同化されるか（중공 내의 소수민족은 동화될 것인가）」、『新東亜（신동아）』、一九七四年二月、二四六頁。
(63) 李南周、前掲論文、一八一頁。その他に金都姫「韓国における中国研究―視角と争点（한국의 중국 연구：시각과 쟁점）」、『東亜研究（동아연구）』五〇（二〇〇六年）：八六頁。金熙教、前掲論文、二六二頁。

比較的早い時期に専任教授として制度圏内へ入ることのできる人々が増えていった。彼らに与えられた課題は、大学（及び学会）という制度内で、運動としての中国学の核心である批判性を維持し続けながら、その制度を再構築することができるかであった。ところが、結果的には、一九九〇年代に入ると、彼らの批判性は相当希釈されていったのである。

それを学問の制度化による避けられない代価とみるのは、あまりにも単純な評価である。これよりもっと重要な理由は、制度の内と外という境界が以前よりも明瞭でなくなった時代的状況の中にあるだろう。ここに社会主義陣営の崩壊（一九八九年）という世界史的な流れと、中国の改革開放（一九七八年以来）の急速な推進、国内政治の民主化（一九八七年体制）という国内外の状況変化が絡んで作動した。このような新しい状況に対応して、制度内で運動性を維持しながら、批判的中国研究を行うために、研究者たちが何を批判の対象にするのかについて真摯に点検する作業が優先的に求められたのである。

その作業を担う主体は、冷戦期後半に活動した第二世代と、新たに合流した「第三世代」であった。第三世代は八〇年代後半から九〇年代にかけて一、二世代の指導の下で学問的訓練を受けたグループと、中華人民共和国で学位を取得して帰ってきた留学生で構成される。彼らはおおむね、一九八〇年代の学生運動と民主化闘争を見守った人々であり、運動に直接関与しなかったとしても、自身の研究をある種の学術運動の一環としてとらえる傾向がまだ残っている世代といえるだろう。彼らは中国との国交樹立（一九九二年）以後、中国に留学して学位を取るか、または研修課程を履修して中国現地での研究滞在経験のある人々が多くを占める点で、それ以前の世代から区別される。

第二世代と第三世代は、中国との国交樹立を契機に、中国の学界と相互に緊密な交流を進めながら、開放的に研究課題を設定し、民主化以後安定した大学制度の中で、多様な研究成果を蓄積した。韓国の研究者として主体的研究を模索しながら、多様な学術テーマを追求した九〇年代を経て、二〇〇〇年代に入った韓国の中国学界は、他国もそうであるように、次第に脱政治的性格を帯び、より一層多様な視点から研究を進めるようになった。そのような学問潮流の特徴を、批判的中国研究の要件から再検討してみたい。

まず、分科学問制度に関する特徴をみると、中国史学界の場合がより一層明らかであるが、第一世代から継承されてきた実証主義への慣行的執着が強い。それによって学術成果を積み上げたと評価されるのである。しかし、それと同時に、研究主体である研究者の歴史解釈の余地を狭め、理論的立場を積極的に開かせないだけではなく、さらには他の学術分野との円滑な相互作用を妨げ、大衆とのコミュニケーションまでも不可能にする要因として作用しているのではないかという憂慮が、学界内部では取り上げられている。[64] 中国史の領域とは異なり、中国文学の領域では、実証主義を学問権力として批判する動きが、一九九〇年代に入って出現した。過去の研究傾向を批判的に再構成しながら、新しい研究方法論を模索する過程において、その代案として注目されている新しい傾向の一つが、ほかでもない分科横断

(64) 実証主義と中国学の関係に対する閔斗基と鄭在書の異なる立場からの対話は、鄭在書『第三の東洋学のために（제 3의 동양학을 위하여）』（民音社、二〇一〇年）、五二―五四頁、林相範、前掲論文、三七〇―三七二頁。実証と実証主義の区別に対する論議は、韓国（ないし東アジア）近代学術史の独特な文脈において理解されなければならない。実際、文献考証の厳密性を意味する実証（的方法）は研究者なら誰でも肯定するものである。それとは違って、実証主義は、これまで二つの面から批判されてきた。第一は、日帝植民地期における科学の二つの軸の一つである実証主義に対する、もう一つの軸であるマルクス主義からの批判である。実証に対して方向を提示する科学的体系が不足しており、史料の穿鑿に埋没するばかりで、全体としての社会像に接近していないと攻撃されたのである。第二は、最近のポストモダニズムから加えられる批判である。客観的な過去の事実の再現としての歴史という認識論自体が問題にされたのである。

的な研究を志向する中国文化研究である。現代史領域においても、中国文学に比べて多数ではないが、一部の研究者たちが、ポストモダニズム的観点を研究に積極的に適用しようとする動きを見せる中で、「文化史」という新しい研究領域を開拓している。また論文中心主義を批判しながら、「論理的でありながらも感覚性を生かした」文章に対する苦悩も、中国現代文学の領域においてまず先に提起された。[65]それは、中国学と社会（大衆）とのコミュニケーションの問題を真摯な討論のテーマとして取り上げ始めた明確な証拠である。

しかし、全体的にみれば、中国研究は依然として個別の専攻テーマに偏る傾向が強く、また学科体制に閉じ込められている。それゆえ、現代文学と現代史研究が制度的学問として著しく発展すればするほど、古典中国研究と現代中国研究の間の距離は、専門性があるがゆえに、むしろより広がっているようにみえる。それを越えた分科横断的研究と新しい研究の枠組みの必要性が学界では共通的に認識されているにもかかわらず、あまり実践されていないのが実情である。ところが、現代史の領域では、従来タブーであった一九四九年以後を研究対象として扱い始めただけではなく、二〇〇〇年代以後の世界史的変化によって、伝統（または前近代）と近代を単純に二分法的に解釈せず、両者の混合ないし伝統の近代的変貌を積極的に把握しようとする具体的な研究が活発に進められている。また現代文学の領域でも、「近代性・現代性（modernity）」を多様な角度から省察するようになったのである。このような新しい動きが、研究対象を古典研究と現実中国とに分離してきた慣行を乗り越える推進力としていかに作動できるかは、もう少し見守る必要がある。

その次に、脱冷戦期の研究者たちが、同時代の中国の現実に対する批判的距離を維持すると同時に、中国を私たちが生きている社会現実に対する認識を再構成する契機としているかどうかを検討してみなければならない。

上で述べたように、一九八〇年代中・後半に主流であった左派文学と革命史に対する肯定的関心が、九〇年代に入ると急激に退潮し始めた。このような変化は、一九八〇年代のやや偏向していた関心から離れ、中国の現実と批判的距離を確保できるようになった点においては、一面で肯定的である。しかし、一九八〇年代の中国現代文学と現代史研究に盛り込まれていた、時代的課題を学術的課題とするという実践的意味が十分に点検されずに放棄されてしまったのではないかという点は、あらためて考えてみる必要がある。これに関連して、一九八〇年代半ばから現代史研究の領域において、共産党と国民党という二〇世紀中国の政治的「中心」から距離を維持しようとする「第三の視点」(国民党史と共産党史という二つの党史中心の歴史観からの脱皮)が中国現代史を理解する新しい分析枠として提示されたが、その問題意識を、「大国崛起」する今日の中国を生んだ革命経験を徹底に点検するための資源として、新しい時代状況において積極的に再検討してみる価値はある。

このように、同時代の中国の現実に対して批判的姿勢を取る要件は相当整えられたのだが、それに対して、中国を私たちが生きている社会現実を批判的に認識する方法としてとらえる姿勢はあまりみられない。ある研究者が研究対象または素材を選択する際、その人の置かれた社会現実に触発された問題意識が全く作動しないという意味ではなく、それを意識的に議論し、あるいは重要な研究態度として見な

(65) 金権「中国学、何のための学問なのか(중국학, 무엇을 위한 학문인가)」、『中国語文学誌(중국어문학지)』七一一(二〇〇〇年):三〇頁。彼は論文的文章を言文不一致と批判し、言文一致の文章を代案として提示する。類似した主張は、鄭在書、前掲論文、四一頁にもみられる。中国史研究者からの類似の問題提起は、河世鳳、前掲論文、一〇三―一〇四頁を参照。

す風土が弱いという意味である。まさにこのために、批判的中国研究の消失が指摘されたりもする。さらに、中国と韓国の主体間に互いに映し合う鏡の関係が作動するよう努力するという基準には、はるかに及ばないといえよう。

　これに対して、中国中心主義に対する批判は非常に活発である。歴史学の領域において、中国大陸中心の歴史叙述から脱し、それを相対化しようとする試みは、大きくわけて二つの範疇で行われている。一つは、「東北工程」〔訳注：一九九七年から始まった歴史研究を目的とした中国の国家プロジェクト。高句麗と渤海を中国史の地方政権として扱ったことで、中韓のあいだで歴史認識の対立を引き起こした。〕が知られた二〇〇四年以後、中国大陸中心の中国史叙述を批判的に解体するために、中華民族言説や中国辺境地域および少数民族に対する学問的関心が高まったことである。もう一つは、中国史自体を相対化しようとする研究が「東アジア的視座」に基づいて進められているということである。現代文学の分野でも類似した傾向があらわれた。台湾と香港の文学が注目され、東アジア三国文化が比較研究され、「東アジア的視座」が導入された。さらに重要なのは、韓国人の中国認識の歴史的系譜を追跡する作業が活発に行われているという事実である。それはおおむね、二〇世紀の韓国人が残した史料を分析し、同時代の韓国人の認識に反映された中国の現実を再現するかたちで研究されている。韓国人の経験と史料を特権化したり、一国史の枠にとらわれたりすることなく、中国と韓国の主体間で互いを参照し合う方向に論議されていくとすれば、これらは批判的中国研究に大きく寄与するであろう。

　このように、二〇〇〇年代以後、文化研究などの新しい研究の視座および方法論に基づいて、多様で幅広いテーマが研究されているということは、肯定的に評価される現象である。それだけ私たちの社会現実が複雑になっているということである。しかし、その複雑な現実に対する学問的対応が、研究の素材や視点の多元化にとどまるなら問題である。[66] 多様で細分化された研究成果に対する整理と総合を効果的にするためにも、その多様な素材と視点の相互連関関係と、それをもたらした現実的文脈に対する熾烈な省察が求められる。ここで提起する「批判的中国研究」は、その省察の根拠を提供するものと思われる。

4　結び――批判的中国研究の課題

本章の目的は、冒頭で述べたように、運動としての中国学を動力として、制度の内と外を行き来する批判的中国研究の（不）可能性を展望することである。そのような展望を得るために、韓国における中国学の系譜について人文学の領域を中心に検討した。その結果、朝鮮後期の北学の形成から日帝植民地期の支那学を経て解放以後の中国研究に至るまで、制度としての中国学と運動としての中国学が相互競争し、浸透する動態的過程を通して、私たちの中国に対する知識が蓄積されてきたことを確認することができた。そして、その一部として、批判的中国研究が、変化する時代状況に対応しながら、断続的ではあったが継承されてきたことも明らかになった。

ここで批判的中国研究の今後のあり方について展望したい。そのあり方が最初に提出した四つの要件

(66)　このような現象に対する憂慮自体は、東洋史学界の内部からも出たことがある。すなわち、東洋史研究が、ポストモダニズムの影響によって巨視的理論が効力を失った状況の中で、「学界が共有できる争点と焦点が薄くなった」（金澤民「東洋史総説（동양사총설）」、『歴史学報』一九九（二〇〇八年）：一九八頁）とか、または細分化された各領域の数多くの研究成果に対する整理と総合が欠けている（宋正洙「東洋史総説（동양사총설）」、『東洋学報』二〇七（二〇一〇年）：九一頁）ととらえているのである。

をより充実した仕方で具現するものであるということはいうまでもない。まず、分科横断的研究を志向する課題は求められ続けるであろう。これは、古典中国から現実中国へとつながる中国人の生活の流動を、総体的に理解するためには、当然の要求である。しかし、これに応える方法が、大学という制度内において、批判的中国研究がもう一つの分科学問として定着したり、あるいは逆に分科学問制度を清算したりするところに帰結しなければならないというものでは必ずしもない。批判的中国研究は、研究の態度であるとともにアプローチの方法でもあるので、既存の分科学問体系の枠内でも行うことができ、また一定の分野における規律《ディシプリン》・訓練を経なければならない。さもなければ、私たちがいくら創意的な学問を追求するといっても、想像力を発揮することにとどまり、「虚偽の知識を生産」する危険に陥りやすいのである[67]。

批判的中国研究を行う研究者が、こうした危険に陥らず、分科学問の長所を生かすと同時にその限界を乗り越えるためには、各自が置かれた現実生活に根を下ろし、そこで触発された社会的テーマを学術的テーマに変えようとする熱情、すなわち「心の底から湧き出る生活への興味」が研究を導く推進力にならなければならない。とはいえ、時事問題を解説し、短期的予測をする時事評論をしようということではもちろんない。短期的問題や中期的問題を、どのように長期的文脈とつなげるかという課題、言い換えれば、時事問題から思想的課題を探し出す課題を担うことである。とくに、韓国の研究者ならば、中国に関する研究に従事しながらも、その問題意識を始終韓国の思想資源に根を下ろすと同時に、韓国思想の探索にも寄与しなければならない[68]。そうしてはじめて、中国と韓国の主体間に互いを映す合わせ鏡（すなわち「共同主観性」）のような関係が成立すると思われる。

その過程で、基礎となる新しい文章の形が自然とあらわれてくるであろう。ここでいう新しい文章とは、専門的な学術論文か、あるいは大衆的な本かという二者択一で単純化する問題ではない。それは、学術の公共性、つまり知識生産と流通の公共性の問題である。[69] 中国学研究者が、知識を発信すると同時に、それを受信する大衆のために媒介する役割を果たすことである。[70] このような点を研究者が意識的に喚起すれば、文章も変わり、その分研究態度も変化するだろう。

(67) 孫歌は、細分化された学科間の目に見えない垣根だけをなくす方式の「学科の横断」は虚偽の知識を生産する危険性があると警告する。なぜなら、形式的に分科の限界を壊すだけで、陳腐な思考形態を変えないとすると、そのような「学科の横断」は学術の生産に何の役にも立たないからである。白永瑞、孫歌「対談・新自由主義時代における学問の召命と社会人文学（신자유주의시대 학문의 소명과 사회인문학）」、『東方学志（동방학지）』一五九（二〇一二年）：四二七—四二八頁。

(68) 筆者と似た主張は、孫歌『主體彌散的空間：亞洲論述之兩難』（南昌：江西教育出版社、二〇〇二年）、二三四頁、二三九頁、梁一模「「思想」を訪ねていく旅程（「사상」을 찾아가는 여정）」、『日本批評』六（二〇一二年上半期）：四七頁、李南周、前掲論文、一九六—一九七頁においてもみられる。

(69) このような点から、新しい文章を「下向標準化ないし専門研究の放棄」の要求（李成奎「東洋史総説（동양사총론）」、『歴史学報』一七五（二〇〇二年）：二八二頁）と断定するのは一面的である。

(70) 本章では、公共性を「市民社会における開かれたコミュニケーションの空間」という程度の意味で使いたい。コミュニケーションの空間としての公共性は、一次的には、人々の間の共通の問題に対する開かれた関心に基盤をおき、言語活動を媒介として他者とコミュニケートする公共圏、すなわち言説の空間を意味する。これと関連して、馬場公彦が、日本人の中国認識の形成過程を一つの河川に喩えたことが注目される。情報源である中国という大きな湖、学術圏（一次情報を生産する中国学者、地域研究者、ジャーナリスト）としての上流、知識公共圏（一次情報に基づいて論題を定め、国民の世論形成のために論題を提示するもの、すなわち総合雑誌などの論壇に参加する公共知識人）としての中流、およびそれを受け入れて世論を形成する下流で構成されているという（馬場公彦「戦後日本の対中国認識——雑誌メディアを中心に」、東北亜歴史財団・東アジア史研究フォーラム共同主催国際会議『東アジア文化の中の中国（동아시아문화 속의 중국）』（ソウル：二〇一二年一一月二—三日、資料集、二五九頁）。これは興味深いアイディアではあるが、上・中・下流という喩えが位階的に思われ、筆者はそれを暫定的に発信・媒介（または中継）・受信に変えて表現してみた。

最後に、批判的中国研究が備えるべき要件の基礎となる、認識枠の二つの方向について論じてみたい。これは、韓国の中国研究者が独自の視点を確保することはもちろんであるが、韓国という場所性に基づいて普遍的な成果を外部に発信することにも寄与するものである。

第一は、周辺の視座に対する点検である。中華世界といわれる伝統時代の中国だけではなく、G2といわれるほど強大国になった今日の中国を正確に究明する作業を行うためには、周辺の視座が必須であると思われる。ところが、周辺の視座という発想自体は、近年あまり耳慣れないものではなく、様々なところでよく耳にするようになった。その一部を批判的に検討しながら、筆者の問題意識とどのように違うかを明らかにしたい。

中国大陸で旺盛に活動する中国史研究者の葛兆光も、「周辺からみた中国（従周辺従看中国）」という視点を積極的に主張している。[71] 彼の視点を理解するためには、まず彼が中国の自我認識を中心に、中国史を三時期に区分した論議を簡略に紹介する必要がある。彼によれば、中国は、第一段階の「自我中心的想像時代」、すなわち自己を映してみる他者という鏡が一つもない時代を経て、第二段階の「一つの鏡のみがある時代」、すなわち巨大な他者である西欧が存在する時代を通過した後、今は第三段階の「多様な鏡に自身を映してみる時代」に入ってきている、という。それゆえ、周辺の各地域に存在する様々な他者の中国認識から、過去と今日の中国をあらためてとらえ直すことが重要になってきた、というのである。

ここで彼のいう周辺とは、主として日本・朝鮮・ベトナム・インド・モンゴル等を指している。中国と西欧との違いを比較する場合、単に大まかな特徴のみが明らかになるだけである。しかし、違いが少なく、さらに一つの文化伝統を共有する周辺の諸国と比較すれば、細部の違いを真に認識ができ、「中国的な」ものが何かがはっきりと分かるために周辺の観点が求められる。特に、中国研究者が「周辺」と対面するようになると、過去に重視されなかった歴史資料と周辺の各種言語が新しい領域と方法を提供するようになり、それによって学術の「新しい成長の契機」をなすようになる。また中国人が不断に変化してきた「歴史中国」を、「周辺」を通して観察することで、事実上「現実中国」自体に対して新しい認識を得ることもできる。

しかし彼のいう周辺の視座が、基本的には中国という国家に焦点を置くものであるということを私たちは看破しなければならない。彼は、「私たちが提唱する「周辺から中国をみる」というのは、「中国」という近世に形成された文明空間においてであり、かつ現代にすでに枠組みが決まっている政治国家が相変わらず文化や政治領域で強力に存在している状況においては、中国という民族国家を中心とする歴史研究に依然としてそれなりの意味がある」と力説する。また、中国史研究者である彼は、一九三〇年代に伝斯年が目標として追求した「科学的東方学の正統」を、今日中国において再び樹立しようとしている。

このように要約した内容だけからしても、彼が主張する「周辺」の視点とは、地理的な意味の周辺国家や民族を通して、中国をより多様に解釈しようということにとどまるものであることにすぐ気づくだろう。こうした議論に対して、中心－周辺の位階秩序による具体的実状への批判的認識、さらに進んでそれを克服しようとする（理論的であれ、実践的であれ）変革的志向を期待するのは今の段階では難しいといえよう。

(71) 葛兆光『宅茲中国：重建有関「中国」的歴史論述』（北京：中華書局、二〇一一年）。本文で引用した箇所は、二七九—二八〇頁、二八五頁、二九二頁、二九五頁である。

葛兆光と同じく周辺の視座を主張するが、中心－周辺の位階秩序を変革するところまでには関心が及ばない点では、台湾の黄俊傑も同様である。台湾において東アジア的観点を強調する彼が、中華中心主義を批判の対象にして、「中心－周辺間に存在する従属原則」を認識するという点では筆者の問題意識と相通じるが、「文化一元論と政治一元論を越え、東アジア文化の多元性、各地域の文化が共通性とともに特殊性があること」を発見することにとどまっている。[72] 多元性を構成する要素が決して均等なものではなく、その間に位階秩序が存在することを看過しているようにみえるのだ。

ここでより深刻な問題は、この二人が提起する周辺の視座における周辺とは、主として中国という中心の地理的周辺を意味するという点である。これとは違って、筆者がかつて提案したのは「二重の周辺の視座」である。[73] それは、西欧中心の世界史の展開において非主体化の道を強要された東アジアという周辺の眼と、東アジア内部の位階秩序において抑圧された周辺の眼とが同時に必要であるという問題意識である。上で検討した二人の周辺の視座は、主として後者に該当するが、世界史レベルの中心－周辺の「位階秩序」の存在を看過したあまり、批判性が弱まる結果を生んでしまう。それゆえ、世界史の周辺としての東アジアに対する関心も欠如しがちである。

そこで、筆者はこの側面をあらためて強調しながら、批判的中国研究が新しい思惟の空間を開くために考慮すべき第二の方向として、地球地域学の重要性を想起させたい。まだ問題提起段階の構想にすぎない地球地域学[74]は、地方的な（local）もの、地域的な（regional）なもの、および全地球的な（global）ものを、一つのレベルに結合させる視点であると同時に、研究領域を規定するものである。これまで筆者は、三つのレベルを同時に把握しながら、地方的なものと地域的なものが地球的なものに作用する側面を優先的に重視してきたが、ここでは全地球的レベル、すなわちグローバルな視点の重要性をより強調したい。

地球地域学の観点から全地球的レベルないし視点を強調するのは、「二重の周辺」の視点と緊密につながっている。この問題意識は少しずつ共有され始めているように思われる。一例を挙げれば、地球史(global history)の重要性を力説する趙志衡は、筆者が述べる「周辺」が「地域的概念でもあるが、何よりも批判的自己省察の位置」であると的確に指摘しながら、地球史を具体的に研究し叙述するのに必要な方法の一つとして、周辺の視座を通じて歴史を批判的に省察しようと提案する。そうすることで、国家や帝国のような概念を社会文化的構成物として把握しつつ解体することで、「周辺」から全体をとらえることが可能になると主張する。[75]

このように、地球史概念を導入することで、地球的なものと地域的なものの相互依存性に注目し、西ヨーロッパ中心主義とモダニティを乗り越えるための方法論は、「二重の周辺」の視座を拡充する時に非常に有用である。ところが、地球史が代案的となり、複数的近代性を論じることに帰結してしまうと、あまり説得力を持たないであろう。なぜならば、アリフ・ダーリク(Arif Dirlik)が指摘するように、それらの代案は、「まさに資本のグローバル化と、それに結びついているヨーロッパ的(現在はよりアメリカ的)近代性のグローバル化による、一つのテーマ曲が伴う変奏曲にすぎないからである」[76]。まさにこ

(72) 黄俊傑「作爲區域史的東亞文化交流史：問題意識與研究主題」、國立台灣大學歷史系『臺大歷史學報』第四三期(二〇〇九年六月)：一九六—一九七頁。
(73) 本書第一部を参照。
(74) 詳細は、本書第十章を参照。
(75) 趙志衡、金容右編『地球史の挑戦(지구사의 도전)』(西海文集(서해문집)、二〇一〇年)、一一〇—一一一頁。
(76) 同書、一六一頁。

の点において、全地球的視点に変革的志向性を付与する、「運動としての世界文学」言説が注目される。論壇やと英文学界において議論中であるこの概念は、周辺による中心の転覆と、変革の解体言説にしっかり繋がっているのである。

ここでいう世界文学は、世界に存在する文学すべてを包括する意味の「世界の文学（literature of the world）」でもなく、また固定された古典で構成された体系（たとえば、世界文学全集のような発想）や抽象的な理想としての理念でもない。それは、「各民族語・地域語で成し遂げた創造的成果を、国家の境界を越えて共有することによって、共同で近代性の弊害」、すなわち「世界資本主義の危機に立ち向かって」人類の生活をより人間らしく作っていくために、世界文学に期待する「一つの国際運動であると同時に、実践」を意味する。[77] ヨーロッパと北米が中心になった世界的文学空間の不平等構造、ある種の「文学の世界共和国」を脱中心化し、「多極化された連邦共和国ないし「共和国の連合」という一層健全なる姿」の文学空間を確保しようというのが、「運動としての世界文学」企画であり、その一環が運動性概念を内包した「東アジア的地域文学」の建設なのである。[78]

資本主義によりよく適応しながらも、それを克服できる能力をもつ地域が、東アジアである。特に、中国が経済発展している今、資本主義をより発展させうるとともに、またその危機も多く表われているために、東アジアという地域はいまや全地球的レベルで問題的である。それゆえ、資本主義の危機に立ち向かう「東アジア地域文学」は、地域レベルの実践であると同時に、全地球的な実践の重要な関係を形成する。すべての場所を越えてより普遍的なものになるはずの世界文学を語りながらも、文学の地域性を強調する、一種のパラドクスのようにみられる論議は、[79] ほかでもなく地球地域学の問題意識と相通じるのではないだろうか。[80] 全地球的レベルにおいてG2として浮上した今日の中国の役割——新自由主義秩序を克服し、代案的発展モデルを追求することができるかを含めて――を、地球的・地域的・一国的（及び地方的）レベルで、同時に批判的に把握するためには、地球地域学の視点が重要であることを、「運動としての世界文学」論議を検討することによってあらためて感じるのである。

以上で点検してみた認識枠のふたつの方法（つまり、二重の周辺の視座と地球地域学）を念頭に置いて、韓国の中国研究者が制度の内と外を行き来しながら、知識を生産し流通する作業をより一層省察的にすすめる時、批判的中国研究の姿はより具体化されると思われる。近代性の弊害を克服することに「運動としての世界文学」が有用であるように、運動性を動力とする批判的中国研究が、韓国社会と中国に対する認識を再構成する契機を提供するならば、その普遍性が拡張され、学術制度を変革する力を得るであろう。

(77) 金英姫、柳煕錫編『世界文学論（세계문학론）』（創批、二〇一〇年）、一六―一七頁、二一頁を参照。

(78) 白楽晴「グローバル化と文学（세계화와 문학）」、『内と外（안과밖）』二九号、二〇一〇年下半期、三三頁。

(79) 秦恩栄は、東アジアというトポスを強調する世界文学という主張が、世界文学の実践と運動性に対する苦悩から始まっていると的確に把握しながら、「東アジアは空間性をもつ概念でありながらも、確定的空間性を越えるアトポス的概念である」と核心的に指摘する。秦恩栄「東アジア文学のトポスとアトポス――上海討論会に参加して（동아시아문학의 토포스와 아토포스）」、『創作と批評』、二〇一二年夏号、三二二頁。

(80) 全地球的視点を導入することが、筆者が従来主唱してきた東アジア的視点と衝突するのではないかという懸念もあるかもしれない。しかし、最近海外学界において、全地球化の文脈の中で東アジアが論議され始めていることと、東アジア的特色と背馳しない全地球化を志向する動きをグローカリズムの範疇で論議しうるとする見解を思い浮かべるならば、そのような懸念は消えるであろう。姜袗亜「世界体制と国民国家のグレーゾーン――東アジア論の成果と限界（세계체제와 국민국가의 회색지대：동아시아론의 성과와 한계）」、『人文研究（인문연구）』五七（二〇〇九年）：一二九頁を参照。

批判的中国研究を行うことは、すでに遠い昔の朝鮮の学人たちが現実中国に対する知識を生産したと同時に、中国古典を新たに解釈し、既成の価値観・世界観を再構成する人文学的作業も兼ねていた遺産を継承することである。また、日帝植民地期に古典中国を科学的方法によって体系化するとともに、現代中国の文学運動に着眼して中国を再発見し、それを鏡として朝鮮を主体的に解釈する作業を行った成果を継ぐことでもあり、そして冷戦期に制度の内と外で先学が苦労しながら蓄積した中国探索の経験を、今日ここにおいて新たな姿をとった中国研究として蘇らせることでもある。

このように、韓国における中国学の軌跡に繋がる批判的中国研究は、韓国の学界や社会のためにはもちろんのこと、さらに進んで中国人を含むすべての人間のために、私たちの生活をより人間らしくする人文学本来の理念に忠実になる研究である。本稿は、そのような中国研究への変化に、心の底から献身しようとする韓国の研究者としての誓いである。

解説と対話

白永瑞——同時代の証言者

中島隆博

1 経歴

本書は白永瑞（延世大学校文科大学史学科教授兼文科大学長）が日本語で出版する初の単著である。白永瑞は一九五三年に生まれ、学部はソウル大学校文理科大学東洋史学科で学び（一九七二〜一九八一年）、修士課程は檀国大学校大学院東洋史専攻を修了し（一九八二〜一九八四年）、博士課程はソウル大学校大学院博士課程を修了している（一九八四〜一九九三年）。博士学位論文は「一九二〇年代中国の大学文化研究」（一九九三年）である。博士課程在学中から教職に就き、翰林大学校史学科で専任講師・助教授・副教授（一九八六〜一九九四年）を務めた後、延世大学文科大学史学科に移り、副教授を務めた後、一九九八年から教授となり現在に至っている。

韓国東洋史学会、韓国歴史学会、韓国中国現代史研究会、（韓国）現代中国学会、（韓国）中国近現代史学会、東北亜時代委員会、東北亜歴史財団、台灣社會研究、香港中國近代史學報、韓国研究論叢（復旦大学）、中國非營利評論（清華大学）、経済人文社会研究会・中国研究諮問委員会などといった多くの学会、雑誌、委員会さらには財団の委員や理事、会長を務めているが、最も代表的なのは、『創作と批評』の主幹を二〇〇六年から務めていることである。

またハーバード燕京研究所、台湾中央研究院近代史研究所、名古屋大学高等教育研究センター、台湾漢學研究中心、九州大学韓国研究センターなど多くの海外の大学に客員教授や客員研究員として滞在し研究教育を行っている。東京大学とはＵＴＣＰ（共生のための国際哲学研究センター）を通じて、延世大学校国学研究院の院長としてまたＨＫ「二一世紀の実学としての社会人文学」の責任者として交流を深めてきた。

2　主要業績

博士課程在籍時から数多くの専門論文を国内外の学術誌に発表し続けており、単行本となったものだけでも以下のものがある（「創作と批評社」は二〇〇三年から社名を「創比」に変更している）。

1　『中国社会性格論争』（共編）、創作と批評社、一九八八年（韓国語）
2　『中国現代大学文化研究――正体性危機と社会変革』、一潮閣、一九九四年（韓国語）
3　『東アジア――問題と視角』（共編）、文学と知性社、一九九五年（韓国語）

4 『東アジア人の「東洋」認識――一九～二〇世紀』文学と知性社、一九九七年（韓国語）
5 『発見としての東アジア』（共編）、文学と知性社、二〇〇〇年（韓国語）
6 『東アジアの帰還――中国の近代性を問う』、創作と批評社、二〇〇〇年（韓国語）
7 『周辺から見た東アジア』（共編）、文学と知性社、二〇〇四年（韓国語）
8 『東アジアの地域秩序』（九人共著）、創批、二〇〇五年（韓国語）
9 『ポスト〈東アジア〉』（孫歌／白永瑞／陳光興共編）、作品社（東京）、二〇〇六年
10 『東アジア近代移行の三分岐』（三人共著）、創批、二〇〇九年（韓国語）
11 『思想東亞――韓半島視覺的歷史與實踐』、台灣社會研究雜誌社（臺北）、二〇〇九年（中国語）
12 『思想東亞――朝鮮半島視角的歷史與實踐』、三聯書店（北京）、二〇一一年（中国語）
13 『台湾を見る眼』（二人共編）、創批、二〇一二年（韓国語）
14 『核心現場から東アジアを問い直す――共生社会の為の実践課題』、創批、二〇一三年（韓国語）
15 『社会人文学の道――制度としての学問、運動としての学問』、創批、二〇一四年（韓国語）

日本の学術誌や書籍にも多くの論考を発表しており、その中で主だったものを以下に掲げ、それぞれの内容の概要を付しておく。

1 「東アジア論、韓国が見たアジア」、『神奈川大学評論』第三九号、神奈川大学、二〇〇一年七月
国民国家の限定された社会的想像力を乗り越え、「東アジアの帰還」を実現するものとして「東アジ

ア論」を提言する。それは、「東アジア」を儒教等の伝統文化に基づいて実体的に考えるものとは異なり、いわば「方法としてのアジア」、この論文の概念では「知的実験としての東アジア」として考え、「東アジア」の近代を総体として批判的に捉え直し、それぞれの国や地域の自己認識に変革を迫るものである。それによって、東アジアの民族感情の悪化する循環を断ち切ろうとする。

2 「想像のなかの差異、構造のなかの同一——京城帝大と台北帝大の比較からみる植民地近代性」、『現代思想』第三〇巻第二号、青土社、二〇〇二年二月号

本書の監訳者である趙慶喜の訳になる論文で、韓国と台湾という日本の二つの植民地であった場所において、植民地から解放された後の日本に対する態度の差異を、京城帝大と台北帝大の比較から論じたもの。どちらも、帝国大学体制のなかで、植民者である日本人のエリート養成機関であったが、それでも被植民者の比率が比較的高かった京城帝大と、比較的低かった台北帝大では、脱植民地化のプロセスにおいて卒業生が果たした役割が異なっていた。韓国では植民地体制の遺産が持続し、卒業生が力を維持していたが、台湾では国民党がすぐにそれを精算したために、現地エリートが排除された。こうしたなかで、より日本植民地との関係が残っていた韓国において、それを批判する傾向が出、逆に、台湾では国民党に対する批判から日本に対してかえって肯定するという傾向が出てきた。

3 「中国現代史の再構築と東アジア的視角——韓国からの発信」、横山宏章（他）編『周辺から見た二〇世紀中国——日・韓・台・港・中の対話』、中国書店、二〇〇二年

「周辺」とは形容詞であるとして、「周辺」概念の再定義を行い、「周辺的であること」を引き受ける必要がまず論じられる。その後、韓国の中国現代史研究が、共産党や国民党を扱う党史中心ではなく、国民革命運動全体を第三の視座から論じてきた特徴があり、近年ではかつての実証主義史学への批判も行われ、より周辺的なテーマ（少数民族、女性、環境、ディアスポラ、移民、下位者集団など）に注目がなされているとする。そして、中国現代史研究を、韓国の視座を超えて、さらに東アジアの文脈に広げて展開する重要性が指摘されて結ばれる。

4 「東アジアにおける歴史教科書の作られ方」、青木保／姜尚中（他）編『アジア新世紀〈2〉、歴史——アジアの作られかた・作りかた』、岩波書店、二〇〇三年

これも本書の監訳者である趙慶喜の訳になる論文で、近代東アジアの歴史教科書が国民国家体制のもとで自国史と世界史に分割されて作られてきた歴史の指摘から始まる。日本の「東洋史」のようにアジアを論じたものもあったが、それは帝国としての日本に必要なものであった。戦後も国民国家の修史としての歴史教科書が編纂され、それがかえって民族感情の悪循環をもたらす場合がある。必要なことは、「東洋史」とは異なる仕方で、東アジア近代の歴史的記憶の重層性を把握し、真の和解の歴史を書くことである。それには、歴史を「国家の記憶」から「公共の記憶」へ救い出すような歴史叙述が必要である。

5　「中国現代史上の民主主義再考――一九二〇年代国民会議運動」、『中国研究月報』第五七巻第三号、中国研究所、二〇〇三年三月

一九一〇年代中国の辛亥革命と五四運動を連続的なものとして見る閔斗基の構想を継承しながら、一九二〇年代の「国民会議運動」に、市民社会にとっての民主主義の可能性を見ようとしたもの。この運動は、五四運動時期に自発的に生み出された人々のアソシエーションであり、「共和」という理想が崩れた後にも、自立的な公共領域を構成していった。そして、それは後の共産党と国民党の統一戦線の基礎になるものである。この「国民会議運動」に、代議制民主主義とは異なる、民主主義の可能性があり、それは今日にも示唆を与えるとする。

6　「二十世紀における韓国人の中国認識の軌跡」、『学術の動向』第八巻第九号、日本学術協力財団、二〇〇三年九月

韓国人の中国認識は、日清戦争を挟んで大きく変わる。従来の「大国」から、①「賎しい中国」、②「改革モデルとしての中国」、③「東洋平和の一員、すなわち勢力均衡の一つの軸としての中国」である。独立運動家たちは③を有していたにもかかわらず、戦前は日本の中国蔑視の態度に影響され、①が主流であった。戦後も、南北分断において中国は「敵国」となり、①のイメージが続いていた。ところが、米中国交回復後は、②と③のイメージも広がるようになった。現在は、三つの類型が混ざり合った状態であるが、この類型自体が歴史的に作られたことを批判的に見直し、あらたな中国認識そして韓国自体

の認識が必要である。

7 「二〇世紀の韓国歴史教科書に見る東アジアの「近代」像」、佐々木毅（他）編『東アジアにおける公共知の創出——過去・現在・未来』、東京大学出版会、二〇〇三年

この論文は、「二十世紀における韓国人の中国認識の軌跡」の続編であり、より具体的に韓国の歴史教科書を取り上げて論じたものである。一九世紀末から二〇世紀初頭にかけて「国漢文」（ハングルと漢文の混合体）で書かれるようになった歴史教科書では、アジアとりわけ中国の現状に対する悲観的な憂慮とともに、日本の近代改革への肯定が記されていた。例外は兪承兼『東洋史教科書』（一九〇八年）で、太平天国運動に改革の可能性を見るものであった。その後植民地化されると日本の「東洋史」観が覆ってしまう。二〇世紀後半では、アジアの近代の自主的発展が論じられるようになり、中国や日本の近代化に対しても光と影をバランスよく論じるようになった。とはいえ、依然として国民国家の歴史叙述に終始しており、「東アジア地域史」のような統合的な近代叙述が望まれる。

8 「制度の内と外を超えて——東アジア歴史教科書と教育の再構成」、『現代思想』第三三巻第六号、青土社、二〇〇五年六月号

韓国・中国・日本の歴史家が編纂した東アジア共通歴史副教材『未来を開く歴史』を批判的に検証しながら、それが国家による教科書検定という制度さらには教育のあり方そのものを改革する可能性を指

摘する。他方で、いわゆる「韓流」の東アジアでの流通を、東アジア人のアイデンティティ形成に寄与する大衆文化さらには、実感に基づく多様な政治的可能性の可能性として読み解く。

9 「中国に〈アジア〉はあるのか？――韓国人の視角から」、孫歌／白永瑞／陳光興共編『ポスト〈東アジア〉』、作品社、二〇〇六年

白永瑞を含む三名の共編になる一冊の中に収録された論文である。近代中国の国民国家形成期において、梁啓超、胡適、梁漱溟による相異なる文明論が登場したが、そこには国民国家を超えて東アジアを独自に構想する視点がなかったと指摘する。それでも、地域連帯としてのアジアを構想する孫文たちのアジア主義や、民間でのアジア連帯構想があったが、いずれも帝国主義に回収されてしまった。中国でのアジアに対する水平的思考がもし可能であるとすれば、それは「知的実験としての東アジア」を探求することにある。それは、台湾やチベットさらには新疆問題や朝鮮半島の分断体制を乗り越えるような複合国家の可能性を考えることであり、グローバル資本主義や国民国家の延長である地域主義とは異なる仕方で「東アジア」を構想する可能性を与えるものである。

10 「平和に対する想像力の条件と限界――東アジア共同体論の省察」、『世界』別冊七六四号、岩波書店、二〇〇七年四月

これは本書の第四章のもとになったものである。

11 「自国史と地域史の疎通——東アジア人の歴史叙述についての省察」『現代思想』第三五巻第一〇号、青土社、二〇〇七年八月号

この論文は東アジアにおける共通の歴史叙述の条件は何かを論じたものである。閔斗基の区別に従って、自国史の拡大版としての「自我拡充の東アジア史」ではなく、国史の枠を超えた「自我充実（自己省察）の東アジア史」が考えられるが、個別性とそこに潜む普遍性への通路を見失わないために、両者を結合した「自我拡充と充実の東アジア史」が大事だと論じる。それによって、歴史叙述がはじめて「コミュニケーション的普遍性」を獲得し、侵略と抵抗、加害と被害の二分法を超えて、より個別具体的に繊細にかつ普遍的価値に照らし合わせた叙述が可能になる。

12 「韓国の中国認識と中国研究」、飯島渉（他）編『シリーズ二〇世紀中国史〈4〉現代中国と歴史学』、東京大学出版会、二〇〇九年

この論文は「中国現代史の再構築と東アジア的視角——韓国からの発信」の続編である。韓国における中国現代史研究の変遷を植民地期から辿り、本書第十二章で述べられる閔斗基や李泳禧が解放後に中国史研究に与えた影響に論究した後、二一世紀に入ってからの研究課題を詳論した。その中でも注目されるのは、東アジアという広いコンテキストに現代中国を置き直し、それを相対化すると同時に、韓国現代史研究と接続することで、「韓国的視点」と普遍的な視点を同時に確保する方向性が示されたこと

である。

13 「京城帝大の内と外――韓国学術史の再認識」、東北大学高等教育開発推進センター編『植民地時代の文化と教育――朝鮮・台湾と日本』、東北大学出版会、二〇一三年

二〇〇二年の「想像のなかの差異、構造のなかの同一――京城帝大と台北帝大の比較からみる植民地近代性」論文に続くもので、主に歴史学研究に焦点を当てながら、京城帝大の内を規定する「制度としての京城帝大」と、その外を規定する「意識としての京城帝大」の複雑な交差を論じた。それが脱植民地化のプロセスの中で、帝国大学の遺産と断絶した台北帝大との違いを生み、帝国大学の内と外の二重の遺産を継承しながら、それを乗り越えることになったのである。

14・「社会人文学の地平を開く――その出発点としての「公共性の歴史学」」、西山雄二編『人文学と制度』、未來社、二〇一三年

これは本書第八章のもとになったものである。

15・「中国学の軌跡と批判的中国研究――韓国の事例」『中国――社会と文化』第二九号、中国社会文化学会、二〇一四年七月

これは本書第十二章のもとになったものである。

以上からわかるように、日本での白永瑞に対する主たる関心は、その東アジア論と歴史教科書に関する論考に注がれている。韓国において中国史さらには中国研究史を研究する歴史学者であり、また東アジア史と東アジア共同体の可能性を探究する学者である以上、こうした関心の払われ方は当然であろう。それらが直接、間接に本書にも流れ込んでいるわけだが、お読みいただければわかるように、白永瑞の関心にはさらに広く深いものがある。

それを感じてもらうためにも、本書の問題意識と各章の概要を以下に示そう。

3　本書の問題意識と概要

東アジアにはいくつもの分断線が走っており、それらは歴史的な分断構造を背後に有している。いかにして東アジアの分断構造を解体し、分断を超えた和解と共生を導くことができるのか。この困難かつ喫緊の問いこそ、本書で白永瑞が考え抜こうとしたものである。

プロローグにおいては、分断構造の解体と和解・共生への道が理論的に示される。

分断構造には、大分断と小分断がある。前者には、中華帝国とその周辺、日本帝国と中国、米国が深く関与する冷戦構造とポスト冷戦構造という歴史的な各段階での分断が挙げられ、後者には朝鮮半島の分断、中国と台湾の両岸関係、沖縄と日本の関係が挙げられる。こうした分断構造を解体するために、まず白永瑞が提案するのは、小分断の変革すなわち小分断間の交流と協力によりその内部に民主化を拡大することである。それが大分断構造に波及し、その構造を変容するに至るのではないか。

白永瑞がこう考える背景には少なくとも二つの要素がある。一つは、韓国の中国研究者として、近年の中国における中国的な普遍をめぐる言説にどう答えるかということと、もう一つは、朝鮮半島の分断が固定化されていくなかで、来たるべき社会を構想する社会的想像力をどう鍛え直すかということである。

中国的な普遍をめぐっては、たとえば汪暉のように朝貢・冊封秩序という中華帝国の原理をもう一度捉え直すことで、帝国主義なき帝国として中国を再定義する試みや、許紀霖のように従来の華夷秩序に基づく天下主義を脱中心化・脱階級化することによって、「共有する普遍」としての新天下主義を構想する動きがある。しかし、白永瑞はこれらにはどうしても中国を中心とする普遍という構えが残ると批判し、それに代えて、小分断の場所であり周辺とされている「核心現場」から発する「コミュニケーション的普遍」を提案する。それは、ローカルな差異に着目した上での水平的で多元的な普遍であって、何らかの中心に収斂するものではない。個別性の普遍化と普遍性の個別化を同時に行う「普遍的普遍主義」（ウォーラーステイン）が参照されるのはここにおいてである。

そして、その「核心現場」にとって重要な参照項であるのが分断された朝鮮半島である。ここで白永瑞はさきほどの普遍をめぐる議論とパラレルな議論として、朝鮮半島を一方の中心に向かって統一するのではなく、南北連合である複合国家という形態を模索する。それは中間的な形態と評価されることもあるにしても、主権の分有という新しい主権概念を提起することで、従来の国民国家と帝国に限定されてきた社会的想像力を新たに解き放ち、別の連帯の可能性とりわけ東アジアの和解・共生の可能性までも開こうというのである。

第一部は、国民国家の相互対立でもなく、特定の国を中心とする帝国でもない、東アジアにおける連帯の可能性を、「東アジア共同体」に見ようとする。

第一章では、「核心現場」の一つである沖縄に注目する。たとえば米軍基地に関して、日本の議会制民主主義のなかで、全人口の一％にすぎない沖縄の意志が反映されることは困難である。ここから、阻害された沖縄にとっての主権は何であるのかが問い直される必然が出てくる。国家主権の至高性に対して、それに吸収されるがままにはならない「生活圏」が提起されるのはその一つである。それは、沖縄に国家主権でも国民主権でもない、人民主権を呼び戻し、それに基づく自治権を強化することを促すことだろう。そして、白永瑞にとってこれが重要なポイントなのだが、こうした自治権強化は、日本という国家やそれが依拠している大分断構造を変形することに繋がるチャンスがあるのだ。そして、それは台湾や尖閣諸島といった周縁化された「核心現場」においても同様に生じうる。

第二章では、韓国での東アジア共同体論の系譜学が語られる。一九九二年に韓国と中国の国交樹立により、韓国の知識人が東アジアを想像できるようになった。その中で、近代朝鮮で構想されていた「東洋三国の連帯」を追求した東アジア論や、一九七〇年代末から一九八〇年代前半の第三世界論が包含していた東アジア論の可能性が吟味されていったのである。その上で、白永瑞は、国家や資本が主導するものとは異なる、個人が自発的に結合し、人間らしさを具現する地域的共生社会としての「東アジア共同体」を提案する。そして、そこに朝鮮半島における南北複合国家を接続し、国民国家を克服しながらしかし新たな開かれた国家像を示すことで、「東アジア共同体」の重要な範例としようというのである。そのほかにも、沖縄と台湾の間での「観光経済圏」という非国家都市共同体のあり方も、別の範例として言及される。わたしたちはすでに「東アジア共同体」に対する新たな社会的想像力を得ているのである。

第三章では、東アジア論と近代の関係が検討される。日本での東アジア論としては大東亜共栄圏があるが、それは「近代の超克」をした上での東アジアの新秩序の構想であった。その轍を踏まぬためには何が必要なのか。ここで竹内好が参照される。竹内は、戦前の「近代の超克」論を遺産として引き受け、戦争イデオロギーに転落したそれを掬い取り、あらためて近代を克服しながらアジアによってそれを包み直しあらたに普遍を構築するという「方法としてのアジア」を唱えた。そしてその「方法としてのアジア」は「抵抗するアジア」であり、相手の変革と自らの変化を同時に行おうというのである。この態度が、白永瑞の「二重化された周辺」から中心を変革していこうとする考え方に合致していることは言うまでもない。ここでは、それは「近代適応と近代克服の二重課題論」として示されているが、近代を克服し新しい秩序を作り上げればよいというのではなく、近代のもたらしたもの、とりわけその普遍への要求をあきらめない側面を正しく評価しようというのである。具体的には、それは国家無用論を離れ、民主化された国家さらには複合国家に向かうことを重視することになる。大東亜共栄圏とは異なった、近代への向かい方がここにはある。

第四章では、今日の東アジアにとっての東アジア共同体論の条件と限界が考察される。まず中国であるが、一九九九年に白永瑞が「中国に〈アジア〉はあるのか？」という問いを投げかけるほど、二〇世紀の末の時点では周辺の東アジア国家と社会に対する水平的な関心を欠いていたとされる。しかし、その後、中国においても外交戦略の中の地域共同体構想の中に東アジア共同体論が組み込まれるようになってきた。とはいえ、その背後には新しい民族主義があり、周辺国との軋轢を助長しかねない面があると白永瑞は指摘する。必要なことは、「東アジア共同体」を構想することが、中国それ自体を改革することではないか、というのである。

では、日本はどうか。大東亜共栄圏まで構想した戦前の後、戦後日本はアジア問題に対する国家的判断を停止し、東アジアという概念を自ら精算する機会を逸し、米国のアジア戦略に組み込まれたと指摘される。それでも、経済復興に伴い、東南アジアに力点を置いたアジア概念が主張されるようになり、近年では、さらに範囲を拡大し、インド、オーストラリア、ニュージーランドを含もうとしている。では、「東アジア共同体」はどうか。外交戦略でもそれは主張されるようになってきているが、白永瑞が注目するのは民間レベルでの構想である。たとえば、和田春樹や姜尚中の「東北アジア共同の家」がそれであるが、どちらも「東アジア共同体」における朝鮮半島の役割を重視し、その上で、「東アジア共同体」が日本を改革することを望んでいる。日本の根源的改革なしには、日本の外交戦略が東アジアに受け入れられることは難しい。白永瑞の「そうすると日本はアメリカを支持するジュニア・パートナーとして、集団的自衛権による武力行使も厭わない「普通の国」に変貌していくしかない。この状態では、東アジア人に向けた日本の平和に対する訴えが説得力を持たないことはあまりにも明確である。」という指摘は、今日の状況を鑑みると、正鵠を射ていたのである。

韓国での東アジア共同体論も政治的・外交的な配慮に制限されることが多いが、民間においてはまず韓国を「平和国家」に向けて改革し、その上で「東アジア共同体」を構想するという議論が出ている。以上を踏まえて、白永瑞は、東アジアの知識人の「戦略的知性の結集」を提案する。それは「平和の想像力」を涵養し、「実感としての東アジア」を根付かせるものだ。それなしには「東アジア共同体」は難しいのである。

第二部は、中国研究者としての白永瑞にとって中国そして台湾とは何であるのかを論じたものである。

第五章は、今日の中国で論じられるようになった「帝国」やそのヴァリアントとしての「文明」さらには「天下」を取り上げ、それらへの批判的な眼差しが中国研究には必要であると述べる。中国近現代史はこれまで国民国家概念によって論じられてきた。そして、国民国家概念が批判に晒された後では、いかにして国家を新たに語り直すのかが課題とされてきたのである。その中で、「帝国」が再び登場し、「朝貢体制」や「文明国家」さらには「天下」といった関連する諸概念が装いを新たに論じられている。それらは単純な中国中心主義もしくは大中華主義ではなく、帝国の寛容を説いているにしても、それでも、周辺に対する想像力や配慮を十分有してはいないのではないか。白永瑞はここで柄谷行人や汪暉の台湾、香港に対する「帝国」的な議論を批判的に紹介している。さらには沖縄と分断された朝鮮半島を取り上げて、「帝国」に「複合国家」を対置するのである。それは、「帝国」言説が「良い帝国」を希求しているにしても、今日のポスト資本主義世界体制が「帝国」の世界秩序であるべきかどうかを根本的に問い直すものである。それは同時に、中国内外の中国研究が、「帝国」に対して批判性を保つことができるのかどうか、という問いでもある。

第六章は、韓国と中国の関係を歴史的に考察することを通じて、未来に開かれた、ありうべき韓中関係を展望する。歴史的に見ると、韓中関係には「非対称性」と「近接性」という「変わらない条件」がある。とはいえ、韓国は中国に一方的に支配されているわけではなく、韓中関係さらには東アジアの秩序において、かなりのイニシアティブが韓国にもあった。それに対して、「変わるもの」としては、韓中関係が深化し多様化することで、国家間の関係だけではなく、民間の交流において相互依存が飛躍的に高まっていることが挙げられる。もう一つ、韓中関係に対して、第三者としての日本や米国が介入することになり、多元的な条件のもとでそれを考えざるをえなくなったことも挙げられる。その上で、未来の韓中関係はどうあるべきか。朝貢秩序が復活するのではないかという懸念が指摘されるが、それが中国にとって都合の良い記憶の文化的再編成に陥ってしまってはいけないと、白永瑞は批判する。許紀霖の「新天下主義」や葛兆光の「周辺から見た中国」には、ある程度の自己反省の契機が認められるが、それでも中国を中心とする意識をぬぐうことにおいて十分ではない。それをさらに進めて、「二重の周辺の視座」を持ってはどうか。それは、「世界史の位階構造のなかの東アジアという周辺、そして東アジアの位階構造のなかの周辺の視座を同時に持とうとするもの」である。こうした二重化された周辺から見るという視座を韓国だけでなく中国（さらには日本）も持つことによってはじめて、その関係が互いを映し出す鑑となった韓中関係が到来することだろう。

第七章は、東アジアの中における台湾を考察したものだ。韓国と台湾の関係は、歴史的に見ると、中華帝国・日本帝国・米国によってそれぞれの時期において媒介されたものであった。そのために、韓国から見た台湾像は、媒介者の視線によって制約されたものにならざるをえなかった。ところが、一九九二年の韓国による中華人民共和国の承認と台湾との断交によって、こうした媒介された関係という状況が変わる。ポスト冷戦の時代において、韓国と台湾は国交が制限されることによって、かえって米国の軛を脱し、民間交流を主としながらも、直接向かい合うようになったのである。それが、二〇世紀末においてはじめて台湾を訪問した際に、白永瑞が台湾を「発見」したことの背景である。韓国と台湾はそれぞれ民主化を達成したという点と、分断国家であるという点で、一見すると類似しているように見える。ところが、少し立ち入って考察すると、両者を単純には重ね合わせることはできない。というのも、台湾のアイデンティティは実に複雑だからである。ここで白永瑞は四つの問いを立てる。すなわち、「台湾は中国の一部なのか」、「台湾人は中国人か」、「台湾は日帝植民地支配を肯定するのか」、「台湾は独立を求めるのか」である。無論、どの問いも単純な諾否で答えられるものではなく、逆に、こうした問いを問う側に、自らのアイデンティティを批判的に反省することを迫る。たとえば、台湾での植民地支配に関して、白永瑞は、もし中国の思想界が台湾人の複雑な植民地経験を受け止めるのであれば、植民地経験を有する韓国やベトナムを、より内在的に理解できるだろうと述べる。というのも、台湾の植民地に対する態度は、台湾と日本そして台湾と中国との関係をどう考えるかで変化し、それが台湾独立派と反対派の対立とも関わっているからである。必要なことは、「連動する東アジア」という観点から台湾を見ることであり、逆に、台湾から「連動する東アジア」を見ることなのだ。そして、韓国と台湾の関係に関して、白永瑞は、「国力や市場の規模を重視する国家や資本の視点ではなく、より人間らしい社会を作る道を求める私たちの観点から台湾を見たとき、両岸関係さらには東アジア的文脈を重視しつつ、「民主化と本土化の二重奏」を効果的に遂行する主体の苦悩と洞察が貴重となる」と結んでいる。傾聴すべき言葉である。

第三部では、「社会人文学」という新しい学問にかける白永瑞の思いが述べられる。近年日本においては特に、大学での人文学に向けられる視線には厳しいものがある。それに対して、人文学は無用だからよいのだと、あるいは人文学にも有用なものがある、などという反応がある。しかし、考えなければならないのは、人文学が近代の大学の精神の根幹を担ってきた以上、人文学の危機は同時に近代の大学の危機であるということだ。それは、一言で言うならば、条件なしに問いを問うことが、今日の大学においては退潮しており、逆に、特定の条件のもとで、よりよい答えを出すことがよしとされているということなのだ。どんな条件を設定するかは、政治的・社会的な制約を必ず受ける。それはどうしても、批判的であることを損なうことに繋がるのである。日本の場合は、国立大学が特にそうであるが、サッチャー政権時のイギリスのように、外部資金によって研究がまかなわれるようになっている。当然ながら、それは特定の条件のもとでの研究になるほかなく、学問のとりわけ人文学の自由は危機に陥ることになる。

こうした状況は韓国でも同様である。第八章では、「社会人文学」という新しい試みが紹介されるのだが、これまた「人文韓国（HK）」という外部資金によるプロジェクトによって展開されているのだ。この「社会人文学」の特徴は、人文学の社会性を回復することで、社会の人文性＝人間性を回復することにある。この背景には、分断化された専門分野を統合しようというアイデアがあるが、それがこれまで見てきた複合国家論や東アジア共同体論とパラレルであることに注意したい。複合国家論や東アジア共同体論にとって、民間の交流がきわめて重要であったように、この「社会人文学」においても、大学の外との連携が重視される。「スユ＋ノモ」「多衆知性の庭園」「哲学アカデミー」などがそれである。ただ、これで十分なわけではない。複合国家論や東アジア共同体論が、各国の改革を必要としているように、大学の外との連携が大学それ自体を革新し、人文学を統合人文学に変えなければ、良循環は生まれないのである。

ここで歴史家としての白永瑞が提案するのが「公共性の歴史学」である。それは、近代科学としての歴史学を踏まえながらも、それが人間の生から遠ざかってしまったことを問い直し、それを回復するような歴史学である。具体的には、国民国家を超えた主体のナラティブを尊重し、国家に還元されない、人々の人格的な関係が経験され実践される親密な公共空間の歴史を語るものである。それは、近代以前の、物語としての歴史の回復でもあるし、歴史批評の回復でもある。その上で、白永瑞が強調するのは「歴史する」という概念である。「公共性の歴史学」は単なる歴史の客観的叙述ではなく、人々がそこに入り込み、歴史を実践し、人間の生を回復する行為なのだ。

第九章は、「公共性の歴史学」を東アジアの和解という課題に適用するとどうなるかが論じられる。冷戦秩序で封印されていた葛藤の集団記憶が、冷戦後に東アジアで噴出し、現在に至るまで和解が十分にはなされていない。しかし、「東アジア共同体」を構想する以上、歴史の和解がその共通のアイデンティティを構成する重要な要素であるはずである。歴史学者たちはこの間、「共同歴史教科書」をつくることによって、この課題に答えようとしてきたが、それを「公共性の歴史学」はどう継承するのか。

ここで白永瑞が提案するのは、「共感の歴史学」である。すなわちそれは、過去の人々との間に共感的な関係を結び、その行動の裏にある感情と動機までも理解するものである。その具体的な例として挙げられたのが、加藤陽子『それでも、日本人は「戦争」を選んだ』（朝日出版社、二〇〇九年）である。この本を韓国の大学院生とともに読むことを通じて、それが多くの共感を引き起こし、過去の日本人が戦争を選んでしまった経緯とそこに潜む感情と立場を理解させることに成功したとまずは述べられる。しかし、だからといって、それが韓日の歴史和解を実現することにそのままでは繋がらないと指摘する。というのも、ある学生が述べるように、この書を通じて、「日本の読者たちが、日本が起こした戦争に対して責任を感じるより、仕方がなかったと感じるのではないか」と憂慮を覚えるからである。必要なことは、共感を持ちながらも、それがある限界を持つことを認め、過去の行為が行われた状況に対する批判的な分析を行うことである。ここで白永瑞は、「共感の歴史学」の後に「批評としての歴史学」を接続し、前近代の歴史学が有していた「史評」の伝統にも訴えながら、批判的な価値判断を行うことを提案する。「公共性の歴史学」はこうして、共感と批評が一つとなった「共感と批評の歴史学」として再定義され、それによって、東アジアの和解の実現に寄与しようというのである。

第十章は、「社会人文学」として韓国学を捉え直し、それを特殊に徹することで普遍に開かれた学すなわち「地球地域学」に再編しようというものである。ここでの議論は、日本学あるいは近年では国際日本学や国際総合日本学といった名称で語られるものとほぼ重なるもので、決して韓国学に固有のものではなく、すでに地域的に共有された議論である。

今日の韓国での韓国学は、民族主義と密接に繋がる「国学」や「朝鮮学」の伝統に、エリア・スタディーズとしての側面が重なったものである。民族主義といってもそれは植民地支配への抵抗を核にした抵抗的民族主義であるが、それに対しては、全面的に放棄するべきであるという「脱民族主義」の意見と、民族主義が果たしてきた歴史的役割を踏まえた上で、「開かれた民族主義」にするべきだという意見がある。この対立する二つの意見に直面するのは、韓国学が「一方ではその学問的作業を制限する国家／民族という枠組みを批判しつつ、もう一方では国家／民族に基づく韓国学という分野を制度的に確立させなければならないという矛盾」を構造的に抱えているからである。では、それに対してどうすればよいのか。白永瑞がここで提案するのが「地球地域学」であり、「一方では西欧中心の普遍主義を批判し、他方で韓国という空間性を重視しつつも、特殊性に埋没することなく普遍性を追求する道へと韓国学を導くこと」なのだ。こうした視座の転換は、プロローグで論じられていた「新しい普遍」の議論によって理論的な枠組みを与えられたものである。具体的には、仁川学や、金門学といった、具体的な地域、しかし外に開かれた交通の結節点である都市を拠点にして、普遍を問うような学問がすでに登場しており、それらを十分参照できるというのである。

もし韓国学においてこうした転換が可能になるならば、海外での韓国学も大きな変化を遂げることが期待できる。現在の海外での韓国学は、たとえばベトナムでは通訳者と翻訳者の養成に力を注いでいて、韓国学の成果を受け入れるだけになっているが、「地域地球学」となれば、ベトナム学との連携のもと、ベトナムからの韓国学へ寄与が期待できる。米国での韓国学も、米国に留学している韓国人学生とディアスポラ韓国人にとって大きく寄与してきたが、米国の学問の中では二重に周辺化されていて、米国の学界の中心的な傾向に寄与しておらず、また米国の社会現実にも根を張っていない。それを乗り越えるためにも、中国学・日本学・東南アジア学その他の専門学問と連携する、「戦略的研究提携ネットワーク」を作るべきだと白永瑞は主張する。そして、これこそが大学という中で韓国学がアカデミックに重要な制度として位置を占める方向だというのである。

第十一章では、近代日本で誕生した「東洋史学」を手掛かりに、東アジアにおける学術制度の変遷を辿ることで、東アジアの和解にも寄与するような新しい学問体系としての「批判的・歴史的東アジア学」の可能性を探る。それは、人々の生の現場に根ざした学問であり、制度化された学問と一般大衆が分離した「知的植民地性」を抜け出そうとするものである。

近代日本の歴史学には、「文明史」や「民間史学」といった、人々の生に根ざした「制度外の学問」としての歴史学と、アカデミズムの中で科学的な実証研究に基づいた「制度内の学問」としての歴史学があった。後者が次第に優勢になり、国民国家としての日本、さらには帝国としての日本を支えていった。その中でも「東洋史学」は、東アジアに対する日本のオリエンタリズムを形成するのに寄与したのである。それが植民地朝鮮に移植されると、「朝鮮学」は朝鮮の「東洋性」を究明するものとなり、日本帝国を補完するものとなった。それに対して、「制度外の学問」としては「朝鮮学運動」も起きたが、しばらくすると抑圧されていったのである。台湾では「南洋史」が置かれたが、それも同様に、日本帝国を補完するものであった。

「東洋史学」の影響を受けなかったのは中国である。中国では清朝末期に、中国史、アジア各国史、欧米史の三分科制を採択したが、アジア各国史を通じての東アジアへの関心は限定されたものであった。特徴的なことは、「制度内の学問」としての歴史学がやはり実証主義であるのに対し、「制度外の学問」としてのマルクス主義史学が非常に活発であったということである。それが体系的・実践的歴史解釈を人々に提供することによって、共産党の方針に大きく影響を与えていった。

戦後、従来の「東洋史学」が反省され、それが世界史へ吸収されていく中で、問題であるのは「日本を含む東アジア地域を主体的に考える学問的努力は非常に少なくなった」ということだ。中国ではマルクス主義史学が制度の中に入っていったが、やはり東アジア地域史への関心は低い。「制度外の学問」の成果に注意を払いながらも、「制度内の学問」を批判するだけではなく、制度や国家自体を構想に批判的に含みこむことで、歴史学のあり方を考え直し、それを「批判的・歴史的東アジア学」に開くことが重要である。これは東アジアの和解を実現するためにも大きな条件となる。

第十二章は、白永瑞の専門である中国史を中心とした中国研究の系譜学を韓国において跡づけ、それを「批判的中国研究」に開いていこうとするものである。古典中国を主として研究する「漢学」と、同時代の中国を主として研究する「中国学」に分断されがちな中国研究を統合し、「古典中国から現実中国へとつながる中国人の生活の流動を総体的に理解する」ための中国研究はいかにして可能なのか。韓国における中国研究を系譜学的に考察すると、一八世紀に現れた、同時代の清に学ぼうとする「北学」

がまず注目される。それは、古典中国を理想化し、異民族王朝である清になったことで中華の正統が朝鮮にあると考えていた当時にあって、きわめて特異な学問であった。「北学」の学者たちは、清にならって朝鮮の改革を志すと同時に、中国古典も新たに解釈し直した。この点で、白永瑞は、それを「統合的中国研究の先駆」と位置づける。とはいえ、それは近代になると、京城帝国大学において展開された「支那学」に圧倒されてしまう。その「支那学」は、「漢学」と「中国学」のアマルガムであったが、現実の中国からは乖離し古典中国研究に閉じこもるか、科学研究の名のもとに現実の中国を蔑視するかに陥ってしまった。京城帝国大学では、従来の朝鮮での中国研究は「朝鮮漢学」として制度の外に置かれ、制度的学問としての「支那学」は、日本の帝国大学のそれを反復するものであった。とはいえ、わずかに「支那学」の枠組みをはみ出す可能性もあり、朝鮮人の主体性を探究する『新興』という学術誌や、同時代の中国文芸を講じた辛島驍などが挙げられる。また、制度外では現代中国の文学運動に着眼した金台俊や、朝鮮研究のための総合学会の震檀学会のような活動も挙げられる。

解放直後は、同時代の中国に対する探求も行われていたが、冷戦に入ることでそれも禁じられ、中国古典を実証的に研究する学風が再び席巻していった。その中で、閔斗基を中心とする、解放後の中国史研究の第一世代は、実証研究をベースにしながらも、同時代の中国を批判的に見る「窓」となっていった。白永瑞はこれを「批判的中国研究」の重要な可能性の一つとみている。それを継承した第二世代は、米中の和解と七〇年代の韓国の民主化運動によって、同時代の中国を韓国が直面する時代的課題を解決する「鏡」として研究しようとした。それを代表したのが李泳禧である。李は、大学という制度の外で現実の中国を参照項として持ち出すことで、韓国の青年たちに大きな影響を与えた。とはいえ、中国に対する批判的距離を十分に有しておらず、韓国の方が中国のための「鏡」となることはなかった。冷戦後の第三世代は、中国と韓国の国交樹立後に中国の学会と強い関係を保つようになったが、脱政治化し、多元化していったために、今日では関心が細分化されてしまい、巨視的な理論が効力を持たなくなった。白永瑞はこの思潮の中で、中国研究の系譜を辿ることで、もう一度統合的な中国研究を取り戻そうと考えているのである。それは、中国に対してもそうであるが、韓国あるいは日本に対しても、批判的であるという態度を要求するものである。それなしには、結局は自己肯定の中国研究に堕することをよく理解しているからである。

4　同時代の証言者との対話

本書で示された白永瑞の思考をより深く理解するために、以下に、白永瑞に対して行ったインタビュー（二〇一五年八月二四日）を採録しておきたい。北朝鮮の軍事的威嚇により緊張の高まったソウルにて行われたインタビューである。「同時代の証言者」というテーマを事前に設定していたのだが、思いがけず同時代性をより実感することとなった。

1　休戦協定直後の仁川の幼年時代

中島　この対話を企画した時、私の頭のなかには、二つのイメージがありました。まず一つは、エマニュエル・レヴィナスとフィリップ・ネモとの対話です。もともとはラジオ番組でのインタヴューだったものが、後に『倫理と無限』（原田佳彦訳、朝日出版社、一九八五年／西山雄二訳、ちくま学芸文庫、二〇一〇年）という本になりました。これは見事な本で、レヴィナスが自分の哲学について、おそらく彼自身では書くことがないようなことまで語り出したりしまして、レヴィナスの哲学がどのようなものかが、レヴィナス自身の言葉を通してとてもよくわかるものになっています。今日の対話も、これをモデルにしたいと思っています。この対話はレヴィナスの幼年時代から始まっているのですが、実はもう一つのイメージとして、ベンヤミンの『一九〇〇年頃のベルリンの幼年時代』（浅井健二郎訳、『ベンヤミン・コレクション3』、ちくま学芸文庫、一九九七年所収）も、私の頭にありました。これら二つをモデルにして、まずは先生の幼年時代の思い出を聞くことから始めて、白永瑞という人物の物語＝歴史を知りたいと思います。

ベンヤミンはこんなことを言っています。「大都市での私の幼年時代のイメージは、もしかすると、その内部において後の時代の歴史的な経験を前成し得るものでもあるかもしれない」（同前、四七〇頁）。ベンヤミンは彼の独特な歴史観とともに、いくつかのイメージを出していますが。白先生ご自身は幼年時代にどのようなイメージがあるでしょうか。

白　まず、中島先生がソウルまでいらっしゃってくださったことにお礼申し上げます。事前に送ってくださった質問のなかに、「パーソナルなことはプライベートなことではない」と記されていました。いま挙げられたベンヤミンやレヴィナスを参照してそう述べられたのだと思いますが、この言葉に私は非常に刺激を受け、自分の幼年時代のイメージについて考えてみました。

まず最初に強調しておきたいことがあります。私は一九五三年の八月の生まれです。これは、一九五三年七月に朝鮮戦争の休戦協定が結ばれた直後に生まれたということです。私の両親はともに北朝鮮の黄海道《ファンヘド》（황해도）の出身で、韓国の用語では「越南」と言いますが、越南の経験者です。このような私の出生の経歴と経緯が、原イメージとして浮かびます。

生まれた年は一九五三年で、生まれた場所は仁川《インチョン》（인천）です。そこは、横浜のように早くから開港した港町です。その港町のなかのスラムで生まれました。スラムで生まれましたが、貧困の家庭ではありませんでした。私の父は小学校の教師でしたので、スラムのなかではどちらかと言うと、富裕層に属する家庭で育ちました。そのため幼い頃から、周囲の貧困と、自分の生活のステータスの間にある〈差異〉を敏感に感じながら過ごしました。周囲と自分との格差や差異について敏感にならざるを得ませんでしたし、貧困問題、格差問題に子供ながらも悩みました。

こうした格差に対する敏感な感受性は、おそらく二つの影響下で育まれたのだと思います。一つはキリスト教です。母親がクリスチャンでしたので、格差に対しては、クリスチャンの影響のもとで、それを理解し、それに向き合っていきました。もう一つは私的なことですが、母と父の仲があまりよくなかったのです。越南民として家庭にはいつももめ事があって、母は時々父に暴力を受けていました。ドメスティック・バイオレンスですね。なぜこんな暴力的な状況で私たちは暮らしているのか、その問題を私は早くから考え始めて、そして、私の母への同一視が始まります。この経験から、私のなかに、ある種のフェミニティ的な感性が育ってきたのでしょう。キリスト教の影響と、そして、女性に代表される虐待される弱者、つまり社会のなかのマイノリティーに対する問題意識ですね。ここから、私のなかに、弱者や貧困者への感性が生まれたのだと思います。

そして、幼い頃は、近所の子供と遊ぶよりは、自分の家で読書したり作文したりすることが多く、それが趣味にもなって、本と戯れながら多くの時間を過ごしました。素質があったのでしょうか、学校に通うようになってからは、作文で賞を受けることも多々ありました。中学や高校になると文芸サークルで活動していました。大学へ進学する時も、自分としては文学がやりたくて、特に韓国文学、国文学に進みたかったのです。しかし、文学をやるということは貧困への一直線だからと親から反対されました。法学か哲学をやれと言うのですね。私が史学を選んだのは、妥協の産物だったのです。

中島　たまたま最近、私は咸錫憲《ハム・ソクホン》（함석헌『死ぬまでこの歩みで』、『咸錫憲著作集1』、小杉尅次監訳、新教出版社、一九九一年）を読みましたが、二〇世紀後半の韓国でキリスト教が果たした役割は大変大きいと思います。お母様はクリスチャンとして日々貧困と向き合っていたわけですね。

白　韓国においてキリスト教は様々な役割を果たしてきました。特に女性の地位向上に影響を及ぼす、宗教的かつ社会的な現象でした。私の母は父から傷つけられるようなことがあっても、教会に行くことで癒されていたのでしょう。最近でも、教会にはメンタル・セラピーのような役割があると言えると思います。さらに、女性の地位向上という面で言えば、母は正規の教育を受けていなかったですが、教会でハングルを学び、教養を身につけ、社会と文化に触れていったのです。

母は教会から大きな影響を受け、私はその母の影響を大きく受けました。しかし、自分が成長していくなかで、その影響は特に感情的、感性的な領域では、逆に大きな負担にもなりました。一つの例を挙げましょう。これはいまでも強烈な思い出です。私は大学三年の時に学生運動で投獄されることになりました。それは冬のことだったですが、息子が獄中で冬を過ごすならばと、母はその冬を暖房を使わずに過ごしたのです。母の愛と負担が同時に来るという例です。さらには母自身もまた、私とともに学生運動に携わった学生たちの親との交流を通して、民主化運動に関わるようになりました。キリスト教の精神に接合しながら、息子への愛と民主化運動とが一体となっていく変化を母は経験したのです。そして私は、その母の変化を目の当たりにして、人はこんなに変わるものかと驚きました。母に対する強烈な印象の一つです。

中島　私がかつて在日コリアンの方々に話を伺ったところ、日本の在日コリアンの社会でも、ある時期は家庭内暴力が激しかったそうです。そのことを後に生まれた人々が批判するわけですが、当時の状況をよく知っている人々は批判されても、うまく説明ができなかったのです。もちろん、事情は日本人の社会でも同じで、暴力は多くの家庭内にあったと思います。このことから私は、戦争の傷が至るところに現れ、家庭内暴力というかたちで噴出したのではないかと考えるようになりました。これは白先生の家庭だけの問題でなくて、東アジア全体に共有されてしまった問題だと思うのです。

誤解を恐れずに言うと、白先生ご自身は幼児期に置かれた環境の影響で、むしろそれによって、マイナーのものへの感受性を持ち得たのではないでしょうか。しかし、実際はそうはならないケースが多いでしょう。男性的《マスキュリン》というか、家父長的な暴力に訴えて問題を解消していくことが多いのだと思います。

私は、マイナーであるということは、常にある種の〈公正性＝フェアネス〉に関わることであると考えています。先生は「〈忘却〉の反対は記憶ではなく、〈正義〉である」と書かれています（「制度の内と外を超えて――東アジア歴史教科書と教育の再構成」、『現代思想』二〇〇五年六月号）。その通りなのですが、私には、正義であると同時に、フェアネスというものも強く感じられます。これは幼年期にお母様を見ていたからではないか、とお話を伺って思いました。

白　戦争の傷痕として、家庭内暴力が、私の家だけでなく、東アジア全体に遍在した現象として浮かび上がることは、中島先生のおっしゃる通りだと思います。私の家の場合は、北朝鮮の黄海道から財産を全部捨てて避難しましたから、越南民として生活の困難がありました。傷というものが人間関係における暴力性として現れるという話はその通りだと思います。

私が母を見ながらマイナーなものへの感受性を育んだのは、母への思い、もしくは弱者への思いということもありますが、同時にさらに重要だと思うのは、父もまた不幸で、不幸になるほかなかったということです。マイナー、あるいはフェミニスト的な感性というのは、ただ単に弱者への思いという次元ではなく、人間関係、人間そのものに対するものから生まれるのだと思います。暴力的な関係のなかでは、人間そのものが壊れていく。このことに対する感性を、私は幼い頃から強く持ってしまったのだと思います。

私自身のことを振り返っても、当時ティーンエイジャーだった男は、体を大きく見せて男性性《マスキュラリティー》を誇示しなければいけないという幻想があり、それに対する欲望もありました。ところが私と言えば、体が細かったので、そうなりたくてもなれないというコンプレックスがありました。逆に、そのコンプレックスがあって自分の体について考えることになり、それが女性に対する理解そのものについて考えるきっかけとなったのかもしれません。最近の私は「自分のなかの女性性」という表現を使っていますが、幼年期の感受性から身につけるのは、理性的な感覚だけでなく、まず身体的な感覚を身につけるのだと思います。

中島　白先生の論文には、その身体的な感覚というものが、繰り返し現れています。そして、同時にその感覚が思想に対しては一定の距離を取っていることが非常に印象的です。後ほどあらためて伺うことになると思いますが、白先生が考える〈普遍〉は身体的な感覚に拠るものが重要な要素となっていると思います。身体が持つ強い感覚が持続しているようです。

白　そんなふうに読んでくださって、ありがとうございます。自分としては、いまおっしゃっていただいたように、身体的な感覚を前面的に出して書いてきたという意識はなくて、むしろ、それはこれからの私の課題だと思っております。

2　読書の日々と平穏さをめぐる危機

中島　それでは、話題を変えて、幼年期の読書について伺います。レヴィナスは、先に挙げた対談で、自分は幼い頃にロシアの国民文学を読んでいたと言っていました。自分は別にロシア国民に同一視する必要もなかったが、しかしそれを読んだと言います。白先生は幼い時にどのような本をお読みになったのでしょうか。

白　小学校の頃は少年少女のための世界名作の類いを読み、中学になると世界文学全集を読みました。レヴィナスにおける国民文学のような枠組みで読んだというのではないと思います。

中島　そのなかで特に印象に残っているものはありますか。

白　一番印象に残っているのは、高校二年か三年の頃、住んでいたところがスラムだったので、そういう読書が一緒にできた人は牧師さんだけでした。彼と一緒にブルトマン（Rudolf Karl Bultmann）の『歴史と終末論』を読んだのです。これは神学的な本ですが、私はそれを読んで、歴史を動かす力とは何か、歴史を司っているある種の法則、あるいは信仰とは何かについて、興味を持つようになったのです。先ほど史学科が妥協の産物だったと言いました。確かに自分でもなかなか折り合いがつかなかったのですが、いま考えると、この読書経験を通じて何かを摑んだからだと言えるかもしれません。

当時のソウル大学の史学科は、国史学、東洋史学、西洋史学に分かれていましたが、私は躊躇することなく東洋史学科を選びました。その理由の一つはいま述べたように、ブルトマン的な歴史哲学・歴史の法則、歴史の力というものが、東アジアではどのように展開されていたのかに非常に関心があったからです。

もう一つはその当時の情勢のためです。一九七一年のアメリカと中国の和解によって、デタント的な雰囲気が蔓延し、中国に対する関心が高まっていました。その影響もあって東洋史学科を選びました。

中島　これは多くの人々が経験することだと思いますが、大人になっていく過程で、ある種のアイデンティティ・クライシスが生じることがありますね。その危機の乗り越えがうまくいくケースとうまくいかないケースがあるのですが、大学に進む前の白先生にとって、中学・高校はどうだったでしょうか。平穏な時期だったのでしょうか、あるいは荒れた状態だったのでしょうか。

白　あまりクライシスはなかったですね（笑）。私が通った中学も高校も当時その地域の名門校で、私は中・高校を通じて生徒会長でしたし、文芸サークルでの活動も平坦なものでした。言ってみれば、優等生として模範的な生活を過ごしました。

ただ、一度大きなクライシスがありました。それは高校一年生の時のことです。校長先生は広島師範学校出身で、それこそ咸錫憲先生に匹敵するアナキストだったのです、彼の信念で、学校での試験はすべて無監督でした。高校一年の英語の時間に、中間・期末試験のような正規試験ではない小テストで、私はカンニングをしたのです。それが英語の先生に摘発されて、体罰を受け、職員室まで連れて行かれて一日中罰を受けました。その経験が模範的な優等生としての自分には非常に大きな傷となりました。その後は学校に行きたくないし、何も意欲が沸かない時期を過ごしました。それを克服する契機となったのが、フランス語を勉強して、フランス語を取得していくことでした。自己満足的にではありましたが、こうして克服した経験がありました。

中島　なぜフランス語だったのでしょうか。

白　解放後の韓国において、第二外国語は大体ドイツ語でした。しかし、私が高校一年生の時に、ドイツ語だけでなく、フランス語も選択できるようになったのです。私は法学などには関心がなく、文学・歴史・哲学、そしてフランス文学にも興味があったので、自然とフランス語を選びました。たぶん法学についての反発が強かったからだと思います。

このカンニング事件と先ほど触れた学生運動による獄中生活の経験が、自分のなかで、また周囲で作られる「平穏さ」というものが、外の事件に対していかに弱く、また揺らぎやすいものだったのを知る契機となりました。

中島　ベンヤミンの『ベルリンの幼年時代』にも、幼年時代に特有な平穏さというものが破られていく予感のようなものがあります。おそらく人は、平穏さというものは自分が作る、白先生の言葉では自分の判断によって作るのでなければ、実現できないものだということに大人になってから気づくのだと思います。白先生は高校生でそれに触れてしまったわけですね。

白　私が自分の感受性によって作ってきたのだと思っていた平穏さは、しかし、自分が内面的に育んでいた自分の判断によって作ることができるものではなく、周囲の環境、あるいは、外の大人たちや学校から君は優秀だと言われたり、外の判断に合わせたりして作られた平穏さであって、自分の判断によって作ってきたものではなかったのです。そして、模範的とされるものがいかに弱いものなのかを省察する経験にもなりました。

中島　学生運動には高校生の頃から関わっていたのでしょうか。

白　高校生の頃は学生運動にあまり関心がなかったのです。先ほどブルトマンの話をしましたが、歴史哲学に関心がありました。しかし実際に大学に入って講義を受けますと、歴史哲学の講義はなくて、実証主義の講義ばかりでした。それはおそらく日本の帝国大学の影響だと思いますが、先生たちは歴史的な事実をどのように実証するか、そればかりを議論していました。そうしたなかで、次第に私は、勉強をすることが面白くもなくなり、勉強もやりづらくなりました。しかし、それを補うように、学生たちが自主的にする勉強会――韓国では「学会」と言います、一種の理念サークルです――に行くと、そこでは歴史哲学的なものを学ぶことができました。つまり歴史の法則や力とは何か、さらには資本主義の仕組みはどのようなものなのか、歴史の主体は誰なのか、こうした一連の問題に対して討論ができましたし、同世代の学生たちと様々な経験を共有することもできました。

3　学生運動と運動としての学問

白　大学生になると、韓国社会の構造的な問題に関心を持ち、活動家を育てるセクトで活動をすることになりました。理念サークルは学生運動とリンクするものですが、直接的な状況としてより切迫していたのは、一九七二年一〇月に、韓国で「十月維新」という出来事が起きたことです。朴正熙《パク・チョンヒ》（박정희）大統領が、憲法の改正を通じて、終身大統領としての道を開こうとしました。憲法改正を通じて維新憲

法を制定し、独裁政権への道を開くという事件だったのです。それが私の大学一年の時に起きました。朝、大学に行くと、正門の前に戦車が止まっていて、軍人が正門を統制していました、学生を大学から排除していたのです。大学は長期の休みに入りました。中学・高校・大学で自分が学んできた民主主義の原則とは正反対の、選挙で大統領を選べないという現実を、絶対に許せないと判断しました。これが学生運動に直接関わるきっかけになりました。先に述べた歴史についての議論とも絡んで、大学での正規の勉強よりも、理念サークルで勉強することの方が、自分のなかで圧倒的に影響が大きくなりました。それは現在の自分にも残っています。自分の学問論として、運動としての学問を私は実践していますし、それがいまに繫がっています。

中島　日付を確認したいですが、朴正熙大統領が「国民教育憲章」を定めたのが一九六八年ですね。その時、白先生は高校生だったのですか。

白　中学三年生でした。

中島　先ほどドイツ語だけではなくフランス語も取れるようになったのは、この「憲章」を境に制度が変ったからなのでしょうか。

白　外国語については他に理由があったかもしれません。一九六八年を境にする教育改革で重要なのは、学校での軍事訓練が始まったことです。

中島　独裁政権や、それに近い政権は必ず教育に介入し、教育を変えたがります。朴正熙政権はそれを徹底にして実行しようとしていたと思います。白先生が大学に入られたのが一九七二年三月で、半年後に大学が封鎖されていくのですが、その封鎖はどのぐらい続いたのですか。

白　五ヶ月です。

中島　その間は何が起きていたのでしょうか。

白　維新憲法で大統領をどのように選ぶのかというと、まず統一主体国民会議を主権の委任機構として作り、この会議が間接選挙で大統領を選びました。維新の直後にその会議を開いて大統領を選び、その後、大統領令によっていろいろと体制を整備していきました。それが封鎖の五ヶ月間に起ったことです。維新クーデターで成立した政権を正統な政権に変えていこうとしたのです。この間に大学はストップし、二月頃に一度、形式的に試験を受けて学期が終わりました。

中島　先ほどおっしゃったように一九七二年はアメリカと中国が対話を始めて、東アジアの情勢が、もちろん日本もそこに入りますが、大きく変化していく年です。歴史を学ぶ学生としては相当考えるところがあったのだと思います。

白　当時の学生運動の性格について説明しておきましょう。当時の学生運動は、ただ単に政治運動として、体制を変えようとか、政治的な役割というよりも、広範囲の文化的な運動でした。最近アメリカの学者が、一九七〇年代・八〇年代の韓国における学生運動はカウンター・パブリック・スフィアー、対抗的な公共圏を作り出したという表現を使っています。この用語を使うかどうかはともかく、やはり当時私たちが目指していたのは、民衆的な文化を正統なものに対するオルタナティヴとして作っていくことでした。オルタナティヴな文化を作り出す活動に携わっているということこそが、活動家たちみなが共有していた価値観でしたし、学生運動が一九八〇年代まで長く続いていく要因には、単なる政治運動にとどまらず、生活・社会すべてにおいてオルタナティヴなものを創出していくという、その自負心が、運動におけるメンタリティとしてあったからだと私は考えています。

中島　まさに維新体制が非常に強固になっていくその最初期から、白先生は大学生としてすごしておられたのですね。

白　一九七四年四月に韓国で大規模のデモが起こります。全国単位のもので、大学生主導で起こりました。これを政権側は、全国民主青年学生総連盟という組織が主導し内乱を企てたということで、その主導学生たちを検挙していきました。そのなかの一人が私でした。全国民主青年学生総連盟は民青学連という略称で呼ばれましたが、民青学連そのものは実は系統だった組織ではなかったのです。しかし政権側はこれを、北の指示を受けて統制の取れた組織であり内乱を企てているというふうにしていったわけです。私自身も組織立った役割があったわけでありません。私はソウル大学のなかで、デモについての連絡を担当していた一人にすぎなかったのです。

　結局、私は内乱の首謀者の一人として検挙されました。維新憲法に基づいた緊急措置が出された情勢のなかで行われたデモでしたので、軍事裁判の管轄となり、七年の刑を宣告され、大学からは除籍となりました。当時の新聞をみますと、民青学連を犯罪組織のように扱い、その細胞たちの組織図が載っています。そこに私も載っていました。この犯罪組織の背後には、北朝鮮の指令を受けたスパイが革命を企てている人民革命党という組織がある、というのです。そこには日本人のフリー・ジャーナリストも入っていました。そういう大掛かりな内乱陰謀のでっち上げ事件の一端だったわけです。後に盧武鉉《ノ・ムヒョン》(노무현)政権で再審が行われ、実体のないでっち上げの事件だったことを裁判所が認定しました。二〇一三年に最高審で無罪となって、私に宣告された七年懲役刑の宣告は無効であり、公式的に無罪宣告を受けました。

中島　四〇年近くかかりましたね……。

白　私の履歴を見ていただくと、大学には九年ぐらい通っていたように見えるのですが、実際には一九七四年から七九年末では「除籍生」でした。朴正熙大統領が亡くなって、八〇年三月に復学になりました。その後に卒業したのです。

中島　先日一緒に行った済州《チェジュ》（제주）で起きた事件でも、背後には北朝鮮がいるといって多くの人々が虐殺されました。こういったでっち上げは繰り返されていたのですね。いま日本人のフリー・ジャーナリストが入っていたと伺いましたが、当時の韓国の学生運動と日本の学生運動とはどのような繋がりがあったのでしょうか。

白　日本の学生運動とは直接的な関係はなかったと思います。ただし在日の学生が留学生として韓国に来ると日本の本も入手できたりしましたが、それも簡単なことではありません。スパイ容疑になるからです。そういう外との繋がりができる状況ではなかったです。よく知られている徐勝さん、徐京植さんご兄弟の作品からもおわかりになるように、大変厳しい状況でした。

中島　なぜこのことを伺ったというと、私が大学に入った一九八三年は、まだ日本でも学生運動の最後の余燼が残っていて、韓国の学生運動の情報がすごく入っていたのです。ですので、私のイメージとしては、日本の学生運動の学生たちは韓国の学生運動にもコミットしているという印象を持ち、両国の運動には繋がりがあると思っていました。しかし、スパイ容疑がかけられるということでは難しいですね。

4　収監生活における読書経験について

中島　収監されていた間は、何をお読みになり、考えたりされていたのですか。

白　七年の刑を宣告されたのですが、実際に収監されたのは、一〇ヶ月と一五日でした。私が収監された時期は、私の母が民主化運動に参加したことでも明らかなように、社会全体で民主化運動が高まっていました。そのなかで、政権側もある種の譲歩を強いられるという状況になり、私の刑も執行停止となりました。七五年二月に出てきました。ただ刑の執行が停止されただけで、有罪自体が取り消されたわけではなかったので、大学には戻れなかったのです。刑の執行停止とはいうものの、実際には仮釈放のようなもので、大学に戻れないだけでなくて、自由に動きまわることができなかったのです。

収監生活では二冊の本が重要でした。一冊は武田泰淳の『司馬遷』でした。それを読みながら、苦境の状況なかで歴史を書くということに非常に感銘を受けました。監獄のなかで、苦刑を受けながらも歴史を書く場面を読んで涙を流しました。

もう一冊は、李泳禧《リ・ヨンヒ》(리영희)さんの『転換時代の論理』でした。これは一緒に収監されていた友達――後に盧武鉉政権で国務総理〔首相〕になった李海瓚《イ・ヘチャン》(이해찬)さん――が貸してくれた本で、「創作と批評」新書の四番目の本でした。これを読むと、中国革命とベトナム戦争への新しい見方が出てくると、そういうふうに言いながら貸してくれたので、当然日本の本だと思っていました。韓国語でそんな本があるとは思ってもいませんでしたから。監獄のなかで秘密裏に受け取って、はじめて韓国語の本であることに驚いて読みました。そこには文革に対する新しい理解があり、文革をはじめとする中国史そのものに対する非常に新しい把握の仕方が盛り込まれていましたので、非常にショックを受けました。この本から中国史に対する全く新しい経験をしました。私がもう一度中国史を勉強しなおそうと思ったのは、ソウル大学での授業ではなくて、獄中で読んだこの本です。

この本は私だけでなく、七〇年代の若者すべて非常に強い影響を与えました。それは亡くなられた盧武鉉大統領までも含めてその当時の若者には絶対な影響を与えたので、李泳禧さんは時代の師と呼ばれました。いまの観点から読むと、文革とベトナム革命をあまりにも美化しすぎているという印象を持たざるを得ません。ただ、当時のこの本の意義は、高度成長を経て資本主義社会が発展するなかで、韓国社会に出てくる様々な問題に対して、反面の鏡としてそこに照らし合わせて、自分を理解することにあったのです。要するに、私たちの外に鏡を設けて自分たちを反省する回路を、この本は設けてくれました。そういった意味で、自分の社会を批判する武器として非常に役立ったわけです。この意義は、いまでも認めるべきだと思います。

李泳禧さんの次の本のタイトルは『偶像と理性』です。これは、当時の韓国の精神状況を非常に簡明に打ち出したタイトルでした。反共法（反共産主義法）に影響された韓国の、外部に対する視座を、李泳禧さんは偶像だと言ったのです。そして、その偶像を打ち破るものとして、理性を対置したのです。偶像と理性というこの二分法によって、朝鮮半島で分断された南の社会の精神状況を映し出した本でした。

当時の東アジアの情勢のなかで、米中の和解、デタントの雰囲気は圧倒的なものでした。こうした国際情勢のなかで、転換というキーワードが、当時の韓国社会に共有されていました。この時代を転換の時代としてみると、転換の時代に合った、新しい論理が要請されていました。この本は、まさにその転換の時代の要請に応えたものだったのです。そして、李泳禧さんの作品は多くの若者たちに受け入れられたのです。

中島　それがまさに運動としての学問なのですね。

5　言語を通して社会を変えていく

白　出獄してからも自分にできることはあまりありませんでした。常に刑事が張り付いていましたし、当時の社会的な雰囲気として、学生運動に携わった人間ができることと言えば、在野で政治活動を行うか、偽装して工場に就職して労組を作ってそこで労働運動をするという二つが、運動を志した人間の進むルートでした。しかし、私にはそういうこともできませんでした。そこで、出版社に編集者として就職しました。それがいまでも関わりのある〈創作と批評社〉（二〇〇三年に社名は〈創批〉となりました）です。

出獄した直後に、李泳禧さんの家に行き、私淑するわけですが、そこで文学などから中国革命史に関するものまで、本を一緒に読んで議論していました。そのかたわらで、職業として出版社に編集者として就職し、本に携わることができました。自分の傷と言いますか、幼年期から育んできた感覚とともに、文章が好きで、書くのが好きでしたので、この仕事を通して私は、言語を通して社会を変えていくことが自分の役割ではないかと思うようになったのです。

もちろん、言語を通して社会を変えるという考えに至ったのは、個人的な気質や成長過程の経験によるものもあるとは思います。しかし、それは、当時、まさに言語が持っている変革の力を感じたからなのです。それを本当に実感したのは、一九八〇年春に大学に復学した時です。大学の壁の一面にビラが貼られていて、そこには李泳禧先生の言葉と、私が勤めていた〈創作と批評社〉の本と雑誌から学生たちがいろいろと引用した言葉があり、社会の変革が語られていたのです。それを見て、言語の力と、思考の枠組みを語るということが、どれほど重要なのかを実感したのです。

中島　そこでは李泳禧先生や〈創作と批評社〉が用いていた概念を通して、言葉が生きていたということですね。私が大学に入った時も立て看とかビラがありましたが、そこで用いられていた言葉は手垢がついてしまって生命力を失っているような印象を受けました。日本の学生運動の終焉とすれ違った私の経験とは、随分違う経験をされたのですね。

復学し、八一年八月に学部を卒業されて、翌年の三月に檀国大学大学院に進まれます（韓国では八月卒業、三月入学）。一緒に学生運動をした人々や、〈創作と批評社〉で一緒に仕事をした人々の多くは、大学の外にいたと思うのですが、主にどんな人たちと行動をともにされていたのでしょうか。

白　まずは、さきほどの李海瓚さんですね。そして、同じ時期に監獄にいた詩人の金芝河《キム・ジハ》（김지하）さんです。先ほども申しましたが、私は出獄するとすぐに李泳禧先生を訪ね、中国革命史を学んでいたのですが、金芝河さんはそんな私に、政治運動家とか労働運動家ではなく、学問をするのがあなたの役目だと言いました。金芝河さんは、中国の問題を李泳禧さんはジャーナリスティックに扱っているが、あなたは研究者として、思想の問題として、歴史の問題として中国史を扱うことができる。そして、それがいま必要なことだし、それがあなたの担う役目なのだと言ったのです。

6　人の生を中心とする歴史学から社会人文学へ

中島　先ほど武田泰淳の『司馬遷』の話も出てきましたが、中国の歴史学というのは、時代の変遷とその原因を探ることに関心を注いでいて、いわゆる近代的な歴史学が持つ関心とは少し異なります。白先生が李泳禧先生のところで学ぼうとした歴史は、中国革命の歴史的な構造であって、それがどのように生じて、どういう変化があったかを探るもののように思われます。ここには伝統的な中国歴史学と近代的な歴史学の両方が交差しているような印象を受けます。

白　いまのコメントは非常に興味深いご意見です。自分自身ではいままでその問題に対して深く考えたことはなかったですね。いまそれについて少し考えてみましょう。

近代の歴史学は、制度と構造を中心にして歴史を叙述していくのですが、他方で、中国の歴史学が持つ観点や叙述は、人物に焦点を当てています。自分としては、この両方を乗り越えるような歴史叙述が要請されているのではないかと思います。そのためにはまず「人」に焦点を当てる必要があります。ただしそれは、ある有名な人物でもなく、そこに織りなされる中国的な歴史物語でもなく、さらには制度と構造による近代の歴史学でもありません。人物そのものではなく、制度のなかで生きる人たちがいて、その人々と構造が交差する関係について考えています。それは〈人の生を中心とした歴史学〉となるでしょう。中島先生のコメントに応えているかどうかは疑問ですが、人の生を中心とした歴史学をどうやって展開していくのかが、いまの自分の課題であると思います。

中島　内藤湖南が書いたような歴史学がありますね。中国の伝統的な治乱興亡の所以を理解していくような、非常に大きな物語を彼は書くですが、あれは結果的に当時の中国蔑視の言説を強調することにもなりました。湖南の方法が、近代的歴史学として制度と構造を論じるものと、中国の伝統的な歴史叙述を、ある仕方で一緒に語り合わせることで、結果的に日本の現状に対する批判意識を持つことがなくなったのだと思います。

しかし、白先生が二つの交差として展開しようとされているのは、内藤湖南によるやり方とは対極にあるものではないでしょうか。つまり、中国的な治乱興亡のゆえんを人物にフォーカスして考えていくことでもないし、西洋近代の歴史学のように制度と構造を重視し、その結果、歴史から人がいなくなってしまうような、その両方でもないようなものを展開しようとしているのだと思います。ですので、白先生が書いている文章では、人の生が注目され、それが繰り返し出てきていますが、現状への批判意識に繫がっているのです。
白　私の仕事についてそのような観点から評価してくださって本当に感謝いたします。内藤湖南と対極になっているかどうかは自分では本当に心細いですが、とにかく新しく、新鮮な観点で今後の歴史学の展開について語られたことには同意したいと思います。

　人の生というもの、それを歴史学は、どのような変化があってどのような紆余曲折があっても、人の生というものを中心にしなければならない。これが私にとって最も重要なことです。人の生ということを中心にするのは、幼年時代からの文学への関心もあったのだと思いますが、より鮮明になったのは、文学誌と政論誌を兼ねた〈創作と批評〉という雑誌や出版社を通しての言論活動からかもしれません。運動として情勢的な介入もあわせてやっていく総合雑誌のなかで、編集者、ジャーナリストとしての感覚を鍛えてきたからだと思います。そうしたことを経て、人の生を中心にした歴史学をどのように構造し叙述していくのかが、自分のなかで中心的な課題になっています。この点から見ると、いまの制度としての歴史学、アカデミーとしての歴史学の危機というのは、人の生を見失っていた学問をやってきたことの一つの結果です。ですから、そのような危機と結果を生み出した制度的な歴史学を打破するために、私は〈共感としての歴史〉というものも強調してきました。

中島　ここで白先生とアカデミックな歴史学との関わりについて、あらためて伺います。卒業論文、修士論文について伺っていなかったですが、何をお書きになったのですか。

白　大学の卒業論文は梁漱溟の農村建設運動について書きました。修士論文は、もともと五・四運動か共産主義運動を扱いたかったのですが、閔斗基《ミン・ドゥギ》（민두기）先生が、君の経歴上、共産主義運動とか急進的なラディカルなことをやると、大学の就職で不利になるから、逆に、中国でもその反対にある国民党

の運動をやりなさいとおっしゃったのです。それで、国民党の左派と言われる朱執信について書きました。

中島　なるほど、朱執信で修士論文を書き、その後で国民革命論の戴季陶を研究されたのですね。

白　朱執信については、マルクス主義の紹介者でもあるということで、修士論文で扱いました。戴季陶については日本の『孫文研究』（「戴季陶の国民革命論の構造的分析」青柳純一訳、『孫文研究』第一一―一二号、一九九〇年）に紹介されたことがあります。

中島　閔斗基先生にはソウル大学の学部の時から教わっていたのでしょうか。

白　私にとって閔斗基先生の影響が大きくなったのは、実は八〇年代以降なのです。

中島　そうなのですか。私は白先生と閔斗基先生はもっと早くに会っていらっしゃると思っていましたが、違ったのですね。

白　出獄後に大学に復帰して、その後に大学院に行ってから閔斗基先生の下についたのです。

中島　白先生がソウル大に在籍していた最初の頃に閔斗基先生はいらっしゃらなかったですか。

白　私が入学した時、閔斗基先生はソウル大に所属はしていたのですが、ドイツにサバティカルで行っていました。講義も一つしか受けてませんでしたので、あまり接点がなかったのです。

中島　先ほどの実証主義の風潮については、閔斗基先生以外のことなのですね。

白　実はこういうことがありました。私がソウル大の大学院へ願書を出したら、この学生は入学資格がないと通達が来たのです。閔斗基先生がその時に大学に対して非常に怒ったのです。そんなはずがない、どういうことなのかと。それで関先生が私に、不合格でもいいからとにかく試験を受けなさいとおっしゃったのです。結局、ソウル大学の大学院は不合格だったですが。

中島　それで、檀国大学の大学院に進まれたのですね。

白　檀国大学の修士課程に入りますが、三学期の間、閔斗基先生の個人指導を受けました。正規のセミナーではなくて、一対一の個人レッスンで中国哲学史、中国史学史、論文指導の三科目を受けました。そして、全斗煥《チョン・ドゥファン》（전두환）政権末期になってから、社会的に学生運動経歴者への締め付けも緩んだ時期になりましたので、修士課程の時とは状況も変わって、ソウル大学大学院の博士課程に入ることができ、ソウル大学に戻ることができました。

中島　そこであらためて閔斗基先生につかれるわけですね。閔斗基先生はどういう方でしたか。

白　閔斗基先生と李泳禧先生の学術史的な比較については「批判的中国研究」のなかで、少し触れましたが、個人的なことで言いますと、二人の先生は常に自分のなかにいる検閲官のような先生なのです。李泳禧先生は、現実に対してこの文章が変革の武器になるのかを問います。他方で、閔斗基先生はその文章が学術的に厳格なプロセスによって書かれているのかを問うてきます。この二つの側面が常に自分が文章を書く時には問われているのです。

　閔斗基先生は、韓国だけでなく、日本の学会でも実証主義者として名高いのですが、私が近くで接した感想としては、実証主義者にとどまる人ではありませんでした。閔斗基先生は、自由主義者で、現実に対してコミットがないとしばしば言われています。確かに直接にはコミットしなかったですが、エッセイやその他のいろいろな場面において、現実に対して非常に批判的なコメントをする人でした。実際に私が学部生の時、学生運動に参加する前に一度、閔斗基先生にお目にかかったことがあります。その時私は、歴史学をやりたい、しかし政治的な運動にも参加したいと、どちらの道に進めばいいのか悩んでいると先生に打ち明けたことがあります。いまでは私も大学の教授という立場ですので、こういった質問が学生から来ると、答えることが非常に苦しいことがわかります。当時は、学生として閔斗基先生に質問をしました。閔斗基先生は、市民としての発言・行動と、学者としての発言・行動は厳格に区別するべきだとして、マックス・ウェーバーの『職業としての学問』を読むように薦めてくださいました。私はその本をとても期待して読み始めました。熱いものが出てくると思っていたのですが、全然そんな話は出てこず、非常に冷めた、そして非常に厳格な話ばかりでしたので、私は途中で投げ出してしまい、そのまま学生運動で収監されるようになったのです。その時に抱えた私の悩み――制度としての学問と運動としての学問の間をどうしたら架橋できるか、そしてまた、閔斗基先生が示したように、市民としての発言・行動と学者としての発言・行動をどのように区別し、また結合させるのか――は、いまでもずっと抱えていて、たえず問い直しています。

　閔斗基先生と私との関係を見てきた人々のなかには、閔斗基先生のような人物が、私のような現実政治に関心があり運動にも参加して収監の経験もある人間を、なぜ包容したのか疑問を抱く人もいました。それに対して私が思うには、先ず、閔斗基先生はただ単に実証主義者にとどまるだけでなく、私のような人も受け入れることができる包容力を持っておられたのだと思います。閔斗基先生について個人的な話をすることは憚られますが、一つだけ申し上げます。閔斗基先生は全羅道《チョンラド》（전라도）の出身で、そこは解放後の朝鮮戦争の時にパルチザン（빨치산）闘争が非常に激しい地域でした。閔斗基先生の先輩にパルチザンに参加して亡くなった方がいらっしゃいました。その人は頭もよく、勉強も出来て優秀な人でした。その人はパルチザンに入る前に、閔斗基先生にこう言ったのです。自分は大義のためにパルチザンに入る。私はもう勉強ができないからお前がやれ、と。志を渡して、その志を閔斗基先生は受け継いで守っていったのだと思います。

中島　素晴らしい先生だったのですね。閔斗基先生のもとで白先生の学問が深まっていくことと、社会との関わり、特に〈創作と批評〉との関わりが同時並行的に、この時期に進んでいたと思います。出版によって、学生運動とは違うかたちで社会と関わることになっていったのだと思いますし、閔斗基先生のもとで研究もより厳密なものとなっていきます。それを白先生は並行させながら展開されていったのだと思います。先生の学問の変遷と社会との関わりが、どういうふうに並行していたのかを教えていただけますか。

白　その問題はいまも悩んでいるものです。その二つを並行させてどう合わせるのか。この問題について私はただ単に個人的な問題としてではなく、私の研究のテーマでもある学術史の研究の問題としても考えたいと思います。つまり運動としての学問と制度としての学問、この二つを軸にして研究を行い、さらには自分のアイデンティティをもそのなかで客観化できるようにしていく、ということです。そういった意味で今回の日本語版のなかで、私が愛着を持っている文章は二つあります。一つは「東洋史学の誕生と衰退」、もう一つは「批判的中国研究」です。私の力が及べばやってみたいことですが、こういった視座から、韓国学、日本学まで扱うことができればと願っています。

こういうふうな悩みを、研究にせよ活動にせよ展開していくなかで、もういまは辞任しましたが、七年間延世大学校の国学研究院の院長を務めるなかで、〈社会人文学〉のＨＫ（Humanities Korea, 人文韓国と呼ばれる国家事業）ができました。そのなかで、制度としての学問と運動としての学問がどういうふうに結合できるのかを、同僚たちと一緒にこの数年間考えることができました。

その脈絡で東京大学の〈共生のための国際哲学研究センター〉ＵＴＣＰともご一緒させていただきました。そこではただ研究者としてお互いに知り合いになるというだけでなく、お互いに問題意識を共有し、議論ができたと思います。今回の対話もその一環として展開でき、非常に感謝しております。最近、中島先生が小林康夫先生の退職の時にインタヴューをした記事を『週刊読書人』（小林康夫・中島隆博対談「哲学に今何ができるか——小林康夫教授退任記念UTCPシンポジウム」二〇一五年四月三日号）で読みました。そこでは私の名前も挙げて頂き、延世大学校の国学研究院との交流についても言及してくださいました。それは「社会人文学」の広がりとして非常に実りのあることだったのではないかと思います。

運動としての学問、制度としての学問、社会人文学、そういう名称は使うか使わないかにかかわらず、そのような価値を共有し一緒に思考する仲間と、いろいろなところで出会うことができました。いまは活動の中心の場を、大学の外にある、〈創作と批評〉の方にずらして社会人文学を持続していこうと思っています。

中島　〈創作と批評〉に最初に編集者として入られてからずっと関わっているわけですが、最近は主幹となって相当深く関わるようになられたと思います。そうしたなかで、白楽晴《ペク・ナクチョン》（백낙청）先生との関係はどのようなものなのでしょうか。

白　実は韓国で「白」という名字はあまりないもので、二人は血縁なのかと思う人もいますが、そうではありません。白楽晴先生に出会ったのは李泳禧先生がきっかけでした。李先生の『転換時代の論理』と『偶像と理性』が、反共法違反（反共産主義法違反）で裁判にかけられまして、その本を出版した〈創作と批評〉の白楽晴先生が、「共同正犯」として身柄不拘束の状態で、その裁判を手助けしていました。その中で、自然と白楽晴先生に出会うことができました。

〈創作と批評〉では、最初は編集者でしたが、その後は大学院生、大学の教授として関わりましたから、かれこれ三十年となります。その時々で〈創作と批評〉が要求する、もしくは、〈創作と批評〉のなかで自分ができる役割を考えながら、編集者、編集委員、編集主幹としてこの三十年間やってきたのです。

私は六十歳になりましたが、自分の人生を振り返ったときに、一緒に学生運動に携わった友人や同僚たちがみな政治の場や運動の場に入っていくなかで、私は大学の教授として、そしてもう一方では、編集に携わる一人の編集者として、本に携わってきました。そういうふうに自分の進路を決めて生きてきたことに対しては、自分としては、自分に非常に合った役割を担ってきたと思いますし、意義のあることだったと自負しています。教授・研究者として知識を生産することと、編集者として知識を伝播し流通させることと、この二つを一緒にできたことは非常に幸運だったと思います。あえて言えば、研究者としてのキャリアより、編集者としてのキャリアがより長いですね。これからもできるかぎりこの二つの役割を行き来して、あわせてやっていきたいと思っています。

7 分断と複合国家、核心現場——東アジア論について

中島　日本でも白先生の論文は様々な雑誌などに掲載されてきました。そのなかでも特に、東アジア論・東アジア共同体に関する議論、それから歴史教科書の問題に関するものが紹介されています。先生の学問の業績を振り返ってみると、大学院に入ってからの国民党の左派の朱執信、そして国民革命論の戴季陶から段々視野が広がっていく感じがします。その視野には、もともと東洋史という植民地と関係している制度のもとで学ばれたこともあって、東洋史学そのものの学術史的な研究も収められていきます。

二〇〇五年九月にUTCPで先生に連続講義（「分科学問を超えて"glocalogy"へ——近代学知としての東洋史学の形成と変形」）をしていただいた時は、日本の歴史教科書問題がありました。東アジアで共通に歴史を

語るということがどういうことなのかが、重要な課題になっていた時です。それに対しても積極的に発言されていましたが、その時も、東アジアが先生の思考のなかで大きな位置を占めていたと思います。先生のなかで東アジアが、あるいは東アジア論という問題設定が浮び上がったきっかけはどういったものだったのでしょうか。

白　一九九〇年から九一年にハーバード燕京研究所（Harvard-Yenching Institute）に客員研究員として研究滞在の機会をいただきました。行った当初は閔斗基先生の指導学生ということもあって、中韓関係とか韓国とかではなく、中国研究に励むことを志していました。そういう心構えで行きましたが、この時期は激動の時期で、特に中国の場合は天安門事件が起こり、その後、多くの研究者がアメリカに来ました。彼らと話すと、私は中国専門家としてハーバード燕京研究所に来ているのに、韓国に関することばかり質問されました。そのことで自分のアイデンティティを揺さぶられ、私は何者なのか、私は何を研究すべきなのかを悩むきっかけになりました。その時に一つの出口のようにして出会ったのが、プラセンジット・ドゥアラでした。後に『主権と真正さ』（*Sovereignty and Authenticity: Manchukuo and the East Asian Modern*, Oxford: Rowman & Littlefield Publishers, 2003）という本になりますが、彼が満州について書いた原稿をもとにして、ハーバードの教授採用候補としてオープンのレクチャーをした時に私は出席しました。その時に彼はこう発言したのです。満州の宗教を研究する時、インド出身の中国研究者として、インドの関心事に照らし合わせて中国を研究することが自分のオリジナリティを打ち出すのに非常に効果的な方法である、と。

彼のレクチャーからは得るものが大いにありました。私は中国研究をするけれど、韓国という歴史経験のなかで培われてきた自分のアイデンティティや問題関心に照らし合わせて中国を研究するスタンスを取るべきではないか。つまり、韓国社会の実際の問題や関心から中国へアプローチしていく、こうした方法もあり得るのではないかと思うようになったのです。ただ単に中国を研究するだけではなく、自分が立っている立場から、その現場から超えていくということです。そうして自然に、韓国の歴史・社会に浸透していた日本の影響に関心が向くようになり、そのなかで東アジアが競り上がって来たのです。韓国というアイデンティティのもとで、中国、日本、そして東アジアというものが一体となって自分の関心のなかで浮び上がりました。

一九九一年秋に韓国に戻ることになりますが、すでに国際情勢は大きく変わっており、韓国社会も大きく変わっていました。それまでの私のなかの地理的想像力は朝鮮半島の南に限られていましたが、この時には韓国は中国とロシアとも国交を成立させていました。それとあわせて、中国の東北部から朝鮮族が移住してきたり、輸入・輸出という交流も活発になっていったりする時期でした。私は、朝鮮半島の南だけでなく、東アジアのなかで生きているのだと思いました。それと同時に、私がいままでやってきた研究の主題なり思考というものは、実は東アジアを対象にしているのであって、私のなかの東アジア、私が属している東アジアというものが、同時に問題意識として浮かび上がってくる、そのような経験をしました。

中島　鏡という比喩がよく使われています。白先生のハーバード燕京研究所での経験から、中国を鏡とするだけではなく、韓国も鏡となり、日本もまた鏡となっていきます。そしてそれが東アジアに開かれていく時に、中国の東北部の朝鮮族が、そして台湾が当然問題として浮上してきます。もちろん北朝鮮の問題も非常に重要ですが、重要なのは、複数の鏡が成立していくなかで、分断が生じていることだと思います。この本の冒頭でも分断の問題は繰り返し問われています。分断体制をどのようなかたちで乗り越えていくのかが、この本の一つの重要なポイントですね。白先生に東アジアという新たな地理的想像力が入ってきた。しかし同時に、東アジアというアイデンティティというものを我々が持てないような分断の状況があります。ポスト冷戦とも言われるなかで、白先生はどういうことをお考えになったのでしょうか。

白　言うまでもないことですが、東アジアのアイデンティティは、最初から存在しているものではなく、作っていくものだと思います。その必要性を感じるならば、その資源を歴史や現実から発掘しうる、ということを強調してきたわけです。

〈分断〉を考える時、私たちは、朝鮮半島、もしくは台湾と中国だけが分断されているように考えますが、実は東アジア全体が長い分断関係にあるのではないでしょうか。日清戦争以降、東アジアの共通の歴史を語ろうとすれば、分断に行き着くと思います。日清戦争以降ということは、分断は、ただ単に冷戦がもたらしたものではないのです。近代化あるいは近代性に対する態度や道の分岐が、大きな分断を作ったと言えるのではないでしょうか。単純化して言えば、たとえば、中国の場合は、近代とは違った形の地図を作り出すことで、近代を克服しようとしましたが、日本の場合は、近代に自分を適応させていくことで、近代に寄与していきました。この違いが大きな葛藤と分断を生み出し、いまの現状を作っていると思います。中国と日本の分断の線が朝鮮半島に移ると、それが南と北の分断の線と重なる側面があります。朝鮮半島の分断を克服することは、東アジアの歴史的にも長く根深い分断を解消することに、ある程度は貢献できるのではないか、といまは考えています。

中島　南北の分断は、東アジア近代の分断の一つの凝縮した姿だと思います。先生は本のなかで、大分断と小分断と呼んでいますね。いきなり大分断を克服するのは難しいかもしれませんが、小分断を克服することで大分断そのものを変えていこうとする方向は、まったくそのとおりだと思っています。もちろん朝鮮半島の南北が分断されている状況を乗り越えていくことは、それほど簡単なことではありません。ちょうど二、三日前にも、非武装地帯で北朝鮮が仕掛けたとされる地雷が爆発して、韓国軍兵士が負傷し、韓国側は対北拡声器放送を再開するなどして、緊張が高まっています。分断ということを、あらためて考えさせられます。

先生がおっしゃっている複合国家論についてお伺いします。それは、分断を乗り越えていく時に求められる、完全な統一というよりもむしろ、バラバラなものを維持する中間的なもの、つまり、柔らかなというか、弱い形態の国家論であると思います。先生はたとえば、二重の周辺とか、近代に対する二重の態度といった——先ほどの克服と適応もそうですが——、どっちに行けばいいのか一つを選ぶというのではなく、ある種の二重性というものを常に私たちは抱えながら生きていることを強調されています。それは、強い主体を、強い国家を想定するのではなく、ある種の弱さを肯定したうえで論じられる国家論や社会論でもあると思います。幼少年期について伺った際の、マイナーであるという感覚と深く繋がっていると思いますが、現在の東アジアの分断を、大きな言説が強い概念で乗り越えようとするなかで、白先生はそれとは全然違うアプローチをされていると思います。先生はこの弱さ、あるいは柔らかさ、弱いという概念というものについてどのようにお考えでしょうか。

白　その主題はこれから精緻に論じていきたい概念でもあります。私はこの本のなかで複合国家論を提示しましたが、これは今後も続く課題です。いまおっしゃったようなある種の弱いあるいは柔らかな主権国家に対して、私たちが持ちうる想像力はどのようなものでしょうか。それはただ単なる理論的な要請ではないのです。現在の朝鮮半島の現状を見た場合に、主権が強い国家、強権一辺倒の主権を頼む国家ではなく、いままさに現状を乗り越えるために要請されるのは、柔らかく、柔軟である、そのような国家や主権が、現実的に要請されているのではないでしょうか。この現実的な要求に対する応答として、弱さや柔らかさがあると思います。

たとえば、朝鮮半島の統一を構想する時に、大多数の人は、一つの国民国家を想像するわけです。それは、南に吸収されるか、北に吸収されるかという選択のなかで、一つの国家になることです。しかしこれは半島の住民の、もう一方の半分に対して、非常に抑圧的に働く国家となりますし、半島の周辺の国々、地域そしてそこに住む人々にとっても、非常に不安な要素となるかもしれません。このような一つの国民国家としての統一ではなく、つまり、統一の方向性として強い国民国家を希求するのではなく、柔らかい主権の想像力のもとで、複合的な国家を構想すべきではないかと考えているのです。

このような柔らかい主権をめざした複合国家構想を、沖縄や台湾、東南アジアの国々の人々に語りましたところ、いろいろと興味を持ってくれました。柔らかい主権とか複合国家という想像力が、人々の置かれている状況に合った想像力をかき立てるようでした。それは、沖縄、台湾、東南アジア、朝鮮半島だけでなく、東アジア全体の広がりのなかで考えうる思考ではないかと思います。私自身、強い主権によって過酷な状況に追われ、強い主権によって暴力を経験しました。私の言う〈核心現場〉の人々は、このような柔らかい主権に対する感受性が非常に高いのだと思います。

複合国家における柔らかい主権という構想は、そのなかに二重のパースペクティブを持っています。たとえば、この複合国家論を台湾の友人に話しましたら、その友人は、複合国家の構想の内容はよくわかるが、国家という単語を使うかぎりにおいて、それは国家ではないかと反論しました。その友人は、複合社会と言うことで、国家的な秩序を乗り越えていこうとしています。しかし、私が複合国家と言う場合、そのように一気に脱国家に行けるとは考えていません。そのような試みにもあまり賛同できません。あくまでも複合国家という二重性において考えていきたいのです。いまの国家はだめだとしても、すぐ脱国家に向かうのではなく、いまの国家に代わる国家の形態を考えるなかで、二重的な態度、つまり否定と肯定の二重的な態度を堅持していくことが、私には重要だと思われるのです。

中島　そこがポイントだと思います。白先生の唱える歴史学では、国民国家とそれを支える国史という枠組みそのものを乗り越えようとします。しかし、だからと言って、そこから一挙に、帝国あるいは天下といった歴史のナラティヴを構築すればよいかと言えば、もちろんそういうわけではまったくありません。いまの流行の言葉で言うと、グローバル・ヒストリーのようなものに、一足飛びに行けばいいと考えているわけでもないわけです。そうではなくて、やはり二重性がポイントになると思います。国民国家や、近代の制度とそれに付随した歴史学のナラティヴを批判的に検証しつつ、しかし、そうした歴史学がもたらした意味もまた同時に踏まえていかなければならないということかと思います。この二重性というのが非常に重要だと思います。

本書のプロローグのもととなった原稿が読まれた、UTCPとCPAGのシンポジウム「東アジアから問う「新しい普遍」」(二〇一四年四月七日)には私も参加しました。そこで、いま〈普遍〉ということを考える時に、私は「地上的な普遍性」が大事ではないかということを申し上げました。それは、たとえばいま中国で許紀霖さんが提唱している〈新天下主義〉のような天、すなわち天上の普遍性のように、上からパッケージのように包み込むのではなく、私たちが地上において、でこぼこしながらも共にある、そこで生まれるような普遍性です。これも二重のパースペクティブを持った普遍性だと言えるかもしれません。そういう地上的な普遍性に対して先生は鋭い感受性を持っておられるように思います。

今日ここまでお話を伺っていて、自分なりに考え直すことがありました。一つは、先生が収監生活の中で読まれた、武田泰淳の『司馬遷——史記の世界』についてです。この本が非常に独特なのは世界の並立状態を描いたからだ、というふうに竹内好などによって言われてきました。考えてみれば、司馬遷の『史記』は、中国で〈帝国〉が出現するまでの歴史を書いているわけです。漢の武帝という中国帝国の最初にいる皇帝と彼はぶつかるわけです。その後の正史というのは帝国の正史です。しかし、帝国を見ながら帝国に収まらないような可能性を、司馬遷は『史記』のなかで書いたのです。帝国とは違うものが『史記』のなかにあり、おそらく武田泰淳もそこに気がついていたのだと思います。

白先生にも、いま申し上げたように、地上的な普遍性に対する感性があって、それは私のなかでは、武田泰淳の『司馬遷——史記の世界』とともに、もう一つ、ベンヤミンの世界観と非常に重なっているように思えるのです。たとえば、ベンヤミンに〈コンステラチオン〉(Konstellation, 星座の配置) という概念がありますが、彼の歴史哲学においては、バラバラとなった出来事を、星座の配置のように、アレゴリーを通して繋ぎ合わせることで、歴史が浮かび上がってきます。それは決して体系化された歴史叙述を目指すものではありません。逆に、体系化された歴史叙述が掬い取ることのできないマイナーなものへ着目するのです。ちなみに、武田泰淳も〈人間天文学〉という語で、司馬遷を読んでいました。まさに星座という範疇で歴史を捉えているのですね。ここにはものすごく不思議な繋がりがあるように見えます。

竹内好は、武田泰淳の司馬遷の『史記』の世界に一つだけ残念なところがあるとすれば、そこには黙示録的なものが入っていないと言っています。ベンヤミンには、もちろんそれはあります。ひょっとしたら竹内が望んでいたものがベンヤミンにはあったのかもしれません。それはともかく、白先生は二重性というパースペクティブによって、世界の並立状態を見ていこうとされています。それはクリスチャンとしてある種の黙示録的な感覚によることがおありなのでしょうか。

白　黙示録的ということについては、いますぐにお答えはできません。ただ、私が二重性とか複合的という話をしますと、それは何か折衷したものではないかという反応が来ます。しかし、これは絶対に折衷論ではないということを強調しておかねばなりません。武田泰淳の並立した社会、並行する社会というイメージと合わせながら、それが折衷ではないと論を立てるために、毛沢東の矛盾論にヒントを得て考えてみようと思いました。毛沢東の矛盾論を援用しながら、この並立というものがある種の矛盾の重ね合わせである、あるいは矛盾が並行しているというふうに読み取っていきたいのです。具体的に言いますと、たとえば、一九世紀の中国の国民国家史を考える時に、歴史のなかには解放と抑圧という二重性がありました。しかし、この解放と抑圧はただ単に二重であるのではなく、ある時期は非常に解放的な側面が、ある時期は抑圧的な側面が競り上がってくるのです。それは時期によっても異なりますし、地域によっても異なります。そのある種のばらつきというか、そのような情勢の浮き沈み、その情勢のエッジを描いていきたいと思うのです。

中島　まさにコンステラチオンですね。

8　東アジアの和解の問題について

中島　今日もう一つ伺わなければならないのが、和解の問題です。東アジアの和解が戦後七十年を経ても実現されていないという現実があります。これまでも和解への試みは繰り返し行われてきました。ですが、何か和解を阻むような構造があったのだと思います。あるいは、そう簡単に和解できないはずなのに、いや、こうすれば和解ができる、と簡単にやろうとしすぎていたのかもしれません。しかし、そうではなかったということが、ようやくわかってきたのだと思います。いまおっしゃったように、矛盾が並列し、なおかつ入り組んでいるような、そういう構造が東アジアにはあります。その構造において和解はどのような形で生じるでしょうか。東アジアにおいて歴史を語ろうとする場合、どうしてもこの和解の問題に入らざるを得ません。この本でも何度もこの問題について触れられていますが、いまあらためて和解という問題を、先生のお考えから、どのように問い直されますか。

白　まず、東アジアの人々の間で、互いの嫌悪が深刻な問題となっています。そのような相互嫌悪が高まるなかで、どのようにして、またどのような和解に辿り着くのかが重要な問題となっています。実際のところ、現在の相互嫌悪は、政府間レベルでお互いに妥協的になるならば、ある程度は良い方向に向かう可能性はあると思います。今年（二〇一五年）は、日本では終戦、韓国では解放、中国では抗戦（勝利）の七十周年です。その節目において、現在の葛藤の要因の多くが、サンフランシスコ条約以降の、戦争と植民地支配の処理をめぐる問題にあるということを前提に考えてみれば、実は、ここにはアメリカという影響力が非常に強いわけです。アメリカの影響もしくは思惑と駆け引きするなかで、あるいは、日韓もしくは日中という政府レベルでの駆け引きや交渉をするなかで、現実政治のレベルでは――いまは悪化していますが――、ある程度好転する可能性があると思います。

たとえば、先日の安部首相の戦後七十年談話に対して、韓国政府は実際のところさほど批判をしていません。批判をしないというスタンスは、政府間レベルの変化の兆しとして見られると思います。日中関係についても――もちろん私は国際政治の専門家ではありませんが――、九月の中国の抗戦勝利の記念セレモニーが終われば、好転していく兆しが見えてくると思います。こういうふうに変化の兆しが見えるというのは、多くの人々がアジアン・パラドクスと表現するような関係――経済的な領域での交流が非常に活発になっているのに、安保、政治、歴史の問題においては非常にぎくしゃくしている関係――を、各国の政権としてはそれほど長く放置することはできないからです。そのようなアジアン・パラドクスという現実のなかで、政府間レベルでの和解は、好転したり悪化したりしながら進んでいくと思います。

しかし、和解の本当の問題は、そのような政府間のレベルにあるのではありません。政府間の妥協や、ある種のネゴシエーションを通して、葛藤はある程度好転するかもしれません。しかし、政府間のレベルでは、先ほど申し上げた日清戦争以来の東アジアの分断を解消できない。このことが本当の問題だと思います。日清戦争以来の分断は、歴史観、特に近代に対する観点の違いに起因します。日清戦争を境にして、日本は近代化に成功した、中国は半分半分、朝鮮半島はまったく失敗した。こういった近代観を前提とすると、現在の状況は全然変えられません。しかし、このような近代観によって、現在も東アジアはお互いを見ているのです。ですから、このような東アジアの非均衡の近代化もしくは分断の問題を、どのように解消していくのかが、我々の前に提起されているのです。

たとえば、最近の中国は非常に自信を強めています。中国の国内でも、そろそろ悲劇的な歴史、東アジアにおける暴力の歴史にきっぱり別れを告げて、現在の中国の力に合った新しい世界への発言を行おうではないか、というような雰囲気があります。他方で、現在の日本を見ますと、かつてほどの自信がなくなっている。そのなかで歴史に対するメンタリティがある形をもって浮上しています。しかしこうした、歴史観・近代観に基づく自信、あるいは自信のなさは、単線的な近代を前提として形成された自信にすぎません。要するに、一九世紀的な理解から一歩も抜け出していないような近代を前提にしているからこそ、現在の中国と日本の立場の入れ替わり、あるいは逆転のような現象が出てきているのではないでしょうか。ですので、問題は、過去を反省するとともに、一九世紀的なパラダイムで近代を理解することから脱却できるかどうかを問い直すことにあると思います。

先ほどの国家と主権における二重性の議論に戻ります。近代においてもその二重性が必要です。近代というのは克服できればよいというものでも、手放しに適応すればよいというものでもありません。克服と適応という二重の課題が一つになっているような――そのような認識を私は近代の二重課題と言いますが――観点・視座から歴史を振り返り、そのなかから、この二重課題の複雑さに向き合った思想的な資源、そして政治的もしくは文化的な資源を掘り出し、そこから未来図を作っていく。こうした実践がいま要請されているのだと思います。

たとえば、私は日本の平和憲法は非常に重要で価値のあるものだと思っています。もちろんなかにはGHQから押し付けられた憲法だという批判があるかもしれませんが、しかし、平和憲法のなかには一九四五年以前に培われてきた、日本における平和的な思想の流れとか、もしくは帝国を志向しない、言ってみれば、小国的な構想をもっていた流れもまたそこに結集されているのです。そういった意味で、平和憲法を活かしながら、また平和憲法を東アジアの共通の思想的な資源として共有し、それの広がりを持たせていくことが非常に重要だと思います。このように、自国の内部、自分の地域にある思想的な資源や実例を、東アジアという次元に位置づけ活かしていく実践が、いまこそ要求されているのではないかと思います。

韓国のケースを取り上げますと、七〇年代・八〇年代の学生運動が、単なる政治運動ではなくてカウンター・パブリック・スフィアーを作り上げる運動だったことを積極的に評価することによって、生まれてくる可能性があります。それは、韓国だけに局限されたある一時期の運動ではなく、現在のように日本でも韓国でも民主主義が形骸化されていくなかで、その民主主義の形骸化に対抗しうる共通の資産として、我々が共有し、広がりを持たせ、その資源を活かしていくという可能性です。これは、先ほど申し上げた複合国家の構想にも繋がる、二重課題として捉えるべき思想的で歴史的な資源でもあるのです。

日本においては平和憲法を作り出した思想的・政治的な資源、韓国においては七〇年代・八〇年代の民主化という資源、そしてこれらを培ってきた民主主義の経験を、今後いかにして東アジアに向けて語っていくのかという責任が、韓国や日本の知識人にはあると思います。説明責任ですね。なぜこういうことをあえて言わねばならないかというと、つい最近（二〇一五年六月）、私が北京大学で講演した時に、そこの学生がこういう質問をしてくれたからです。

その時、私は韓国の民主主義についての講義をしていました。講義が終わると学部生が、韓国の民主主義がそのような困難な道のりを経て成就し、その後に民主主義が根付いていったことはよくわかった、しかし最近のセウォル号事件とMERSが引き起こした事態を見ると、民主主義の結果というのはその程度のものなのか、あまり効果的なものではないのではないかと、質問したのです。民主主義は、一つの社会を律する制度として、それほど価値はないではないか、と言うのです。また日本の場合でも、福島の原発事故からもわかるように、民主主義はそれほど効果的なものではない。こういう質問でした。この学生の質問に、私はショックを受けました。その学生の質問の前提となっているのは、民主主義が統治の効果的な手段や方法であるのか、ということです。彼の民主主義の理解は、三権分立とか多党制とか、そういうある種の民主主義の制度面に局限されていました。そうした制度に限定した上で比較してみると、中国の統治のほうがよっぽど効果的で力強いというわけです。その学生は、そういう思考の回路を持っていたのです。

私はその場ではこう答えました。民主主義とは、制度に局限されたものではなく、たとえば住民の自治や自立性にもかかっているのではないか。このように制度ではなく自治や自立性に強調点を置くならば、中国社会がいかにして住民の自立性や自治を共有し、培養し、保証しているのかに関する議論にもアプローチできるだろう。こう答えてはみたのですが、その講義と質疑応答が終わった後も、彼の質問にどのように応答すべきかを考えましたし、いまも依然として、それは課題として残っています。

韓国や日本でも、敗戦を経て、運動として民主主義を培ってきた経験があります。しかし、どこか両国とも、民主主義を制度の問題として考えていて、両国の歴史経験を狭めてきたのではないか。このような反省があります。その上で、韓国と日本の知識人は、あらためて民主主義が東アジアでどのように発話され共有され実践されてきたのかを反省し、それを説明する責任を持っていると考えています。我々みなが東アジアというレベルで民主主義を――制度や統治の方法の問題に狭めるのではなく――、広い拡がりを持った価値として説明し、共有していくことに責任があると切実に思っています。

中島　和解においては、私たちが東アジアの近代というものを認識し、同時に、そこに存在する複雑性を乗り越えていく視点もまた持たなければなりません。もちろん具体的な歴史的な様々な事件、出来事も直視しなければならないのですが、いまお話を伺ってさらに重要だと思ったのは、さらに踏み込んで、韓国と日本の民主化の経験が、言説としても経験としても東アジアで共有されるようにならなければ、真の和解というものが本当には実現しないということです。白先生が学生運動をされていた時に、私が日本との関係はどうだったのかについて伺ったのも、それに関わってきます。しかし残念ながら、実はお互いの経験がほとんど共有されていないのですね。やはり分断が構造としてあるからでしょうか。これまで経験があまりうまく共有できなかったことが、和解を遅らせ、和解を困難にさせている一番の原因かもしれないと思いました。政治的・経済的な分断構造だけでなくて、精神的・文化的な分断構造を乗り越えて、先ほど申し上げた地上的な普遍性を共有していくことが必要だとあらためて思います。

そうすることで、現在形骸化している民主主義の構想力を、日本でももう少し広げることができるかもしれません。そうすれば、日本社会のあり方もまた、良い方向に変革されていくだろうと思います。現在の状況は、民主主義が再び試されている状況だと思いますが、これがよい方向で解決されていけば、民主主義がもう一段深まっていくだろうという気がします。その時に、韓国の経験、台湾の経験、中国にもいろいろな経験があるわけですが、それらが共有されていくと、新しい社会に繋がる展望も見えてくるでしょう。

白　いまおっしゃったことにまったく同感です。そのなかでこそ、東アジアのアイデンティティというものがようやく可能になると思います。

9　隙間に生命を宿らせる――日本の読者への呼びかけ

中島　最後に先生の今後の学問の展望、構想について教えていただければと思います。

白　新しく始めることよりも、いままで提起してきた複合国家、核心現場という一連の概念や用語を、ただ単に理論化するのでなく、東アジアの歴史と経験に即して、またそのなかにおいてより洗練させていくこと、説明の力を高めていくことをまずやっていきたいと思います。

もう一つは今日の中国の問題についてです。それは世界史的な問題となっていると思いますが、これに本腰を入れて勉強してみたいと思っています。中国問題は、私が学者としてキャリアを始めた時の中心的な課題であり、関心の元でもありました。今日の世界史的な問題となっている中国の問題を取り扱うということは初心に帰ることでもあります。中国とは何かについては、たとえば『中国再考——その領域・民族・文化』（辻康吾監修、永田小絵訳、岩波現代文庫、二〇一四年）などの本で内外でよく知られている葛兆光も論じていることですが、そこに歴史経験を踏まえて介入していきたいのです。今年はじめにシンガポールとマレーシアで講演したのですが、二重の周辺の視座を通して中国を見る、そして中国について叙述することが、私が今後何年かの間に集中してやっていきたい仕事です。

もちろん中国に集中するといっても、いままでやってきた東アジア論に関心がなくなるのではありません。一九世紀・二〇世紀に中国が没落していくなかで東アジアが浮上してきたことと比較しますと、いまは中国の方が競り上がってきています。そのなかで、どのように東アジアというものが構成し直されるのか。こういう関心のもとで、これから中国研究をやっていきたいと思います。中国の経済状況が少しでも悪くなる兆しが見えると、私たちの日常生活にまですぐに影響するぐらい、中国の影響力は世界的に大きくなりました。中国がこれからどのような歩みを取っていくのかということは、ただ単に中国国内のリベラルリストとニューレフトとの間の論争に止まることではなく、私たちの問題でもあります。そういう観点から中国を見ていきたいと思います。

その際、中国の外にいる知識人の役割が重要だと思います。私たちにとっての中国とは何かという問いはよく出されますが、私はそれを逆さまにする必要があると思います。中国にとって私たちは何かというふうに、問い直す必要があるのです。私たちが中国の未来に関わっていけるのか。こういうふうに問い直す必要があります。もちろん、中国と私たちの関係には非対称的な側面があります。しかし現在のように入り組んだ世界的な構造のなかでは、私たちの方で中国の外から中国に関わりあっていくことが可能ですし、重要だと思います。大学ではあと三年ぐらい任期が残っています。退任してからは、もうちょっと楽しいテーマもやりたいのですが、当面はこの構想に集中したいと思います。

中島　おそらく白先生がいま考えていらっしゃる構想においては、やはり私たちの国家に対する構想力、地域に対する構想力、普遍に対する構想力、それらがすべて問われているのだと思います。特に日本の知識人は、そこから目を逸らしてきたと思います。しかしもうそれではすまない。日本の近代の経験をもう一度検証し直さなければならない。その上で、韓国の近代、中国の近代、台湾の近代を共有し、それらを共有することではじめて、来るべき東アジアが姿を現すと思います。これから先生がなさろうしていらっしゃることとは、世界史的に非常に大きな意味がある気がします。この本を通じて、日本の読者が先生の経験を共有することになれば、大変喜ばしいことだと思っています。最後に日本の読者へのメッセージをいただけますでしょうか。司馬遷の『史記』の太史公自序には「往時を述べ、来者を思う」とあります。日本の、とりわけ若い読者に向かって来るべき未来を語るとすれば、どういうメッセージでしょうか。

白　まず、日本の読者に対して「歴史する」という言葉を一緒に考えていこう、そして実践していこうと呼びかけたいと思います。「歴史する」と言うことで、過去の人々が葛藤を通じて作り上げた結果として、現在があるということがわかります。そして葛藤のなかで人々が作ってきたものが現在であるかぎり、現在は動いているものであり、変わっていくものです。ですので、未来もまた、現在の人々がどのように動くかによって傾きが全く違ってきます。つまり、変化できること、変えることができるということを、私は「歴史する」という言葉で表現したいのです。「歴史する」という言葉は、韓国においてはあまり使われる言葉ではないですが、韓国では「哲学する」という言葉をよく使っています。それと同じように、「歴史する」という言葉を通じて、現在が過去の遺産であり、そして未来を変えていく可能性に満ちたものであることを実感し想像することを、共有し実践していこうと、日本の読者に呼びかけたいのです。

今回の対話を準備するなかで、詩人のベク・ムサン（백무산）の詩を読みました。タイトルは「草の闘争」というものです（「草の闘争（풀의 투쟁）」、『廃墟を引き上げる（폐허를 인양하다）』（創批、二〇一五年。このタイトルはセウォル号事件をにおわせている）。未来を切り開くためには隙間を作っていかなければならないとよく言われます。隙間はひび割れのようなものですが、そのひび割れは強固な壁も打ち破り、解体していきます。そのような意味での隙間を作っていかねばならないと言われるのですが、この詩はそこからさらにもう一歩進んで考えています。隙間が強固な壁を解体するというけれども、隙間ができてひび割れて壊れてしまうだけでは、ひび割れそのものがなくなってしまう。ひび割れでできた隙間には、何かが生れなければならないのです。詩はこう言います。隙間には草の種がどこからか来て、そして草は土に根を下ろすのではなく、草が土を作っていくのだ、と。これが「草の闘争」です。破壊するための、解体するための隙間もしくはひび割れだけではなくて、そのひび割れに生命がどのように宿るかが重要であることを、この詩はよく表現しています。隙間に生命力を宿らせる。このイメージを、私はこの本を読む読者とともに共有したいのです。

詩を引用して終わらせるとあまりにもイメージだけになるので、もう一つだけ付け加えます。草が土を作る、というのは詩人特有の表現ですが、その土に該当するものが何かと考えると、私は東アジアの人々の共感能力ではないかと思います。強固な歴史の隙間にできたひび割れ、その隙間に宿る生命力は土と一緒に共生しています。この土に該当するのが、東アジア人の身体的な感覚においてお互いを理解し、共通に何か感じる感覚を養っている、共感能力ではないかと思います。この対話で、私が目指す歴史学に関連して申し上げた〈人の生〉とも関連しますが、その共感能力を共有し育んでいくことが、私のメッセージであり、東アジアへと資するものだと思います。

中島　竹内好が黙示録的なものが武田泰淳に欲しいと言った時におそらく念頭に置いていたのは、魯迅だと思います。魯迅に「野草」という詩があります。草は、魯迅の場合は黙示録的な、終末論的なものです。それが焼き尽くされ速やかに尽きていく、というイメージを彼は持っていました。しかし、野草を焼き尽くすのが、独裁者であっては困ります。野草はあくまでも民衆のものであり、そこから何かが生れてくることを望んでいたのだと思います。まさに草というのは共感する民衆のものだろうと私は思います。そして、このことについて白先生からは大変良いメッセージをいただいたと思います。

今日は対話を通じて、白永瑞という人の生を、それこそ「歴史する」、そういう時間だったのではないかと思っています。長時間、どうもありがとうございました。

白　どうもありがとうございました。

二〇一五年八月二四日、ソウルにて収録
通訳＝金杭
トランスクリプション＝柳忠熙
構成＝中島隆博

監訳者あとがき

本書は、韓国で刊行された白永瑞による二冊の著書、『核心現場で東アジアを問い直す――共生社会のための実践課題』（핵심현장에서 동아시아를 다시 묻다：공생사회를 위한 실천과제、창비、二〇一三）と、『社会人文学の道――制度としての学問、運動としての学問』（사회인문학의길：제도로서의 학문、운동으로서의 학문、창비、二〇一四）のなかから、日本語圏の読者を対象に著者自身が選定した章を訳出したものである。プロローグを含めた全十三章のうち、半分以上が雑誌論文や国際会議の報告文として既に日本語に訳されたものであった。既訳の章については初出時の訳文を生かしつつも、最終的には韓国で出版された改訂原稿に基づいて修正し、新たに翻訳した章を含めて全体の調整をおこなった。文中の人名については、韓国名の場合はルビを振ったが、中国名の場合は慣例にしたがいルビを振らなかった。ハングルと中国語の読点と鉤括弧については、縦書き原稿であるため日本語のものを使用した。また、著者の一人称表記は、章の性格が論文か講演かによって「筆者」と「私」に分けていることも付け加えておく。

本書のもとになった原稿は、著者がここ数年のあいだに様々な学術会議やメディアで発表してきたものであり、そこには朝鮮半島をはじめ東アジアの様々な変動が反映されている。著者である白永瑞さんの仕事については、本書所収の中島隆博さんによる丁寧な解説を参照していただきたい。白永瑞さんは中国近現代史を専門とする著名な研究者であると同時に、韓国有数の進歩的な文芸誌を率いる言論人として、大学内外を横断しながら活発な仕事をおこなってきた。その歩みは激動する韓国社会とそのつど共振しつつ、多くの成果を生み出してきた。本書はここ数年間の著者の仕事の集大成ともいえる。著者の生い立ちや軌跡にふれた中島さんとの対談もまた、非常に読み応えのある内容となっている。時代と地域を超えた二人の対話は、きっと多くの読者の知的触発を引き起こすことだろう。

私自身の個人的な思いについてもここに書き留めることをお許しいただきたい。白永瑞さんとの初めての出会いは、二〇〇〇年代初頭に東京大学で開かれた国際シンポジウムであった。私はすでに京城帝大と台北帝大を比較した白さんの論文（「想像のなかの差異、構造のなかの同一」）を日本語に訳した後であった。当時、植民地朝鮮の近代性について漠然と考えていた私は、東アジアのスケールで植民地近代の構造的同一性に着目した白永瑞さんの仕事から多くを学んだ。その時点で韓国の事情についてあまり知識のなかった私でも、さすがに『創作と批評』についてはは知っていた。韓国の民主化運動の歴史はすなわち言論闘争の歴史でもある。『創作と批評』という名は常に抵抗に向けた知的歩みとともにあった。実際に会った白永瑞さんは、物腰の柔らかさと凛々しさをあわせもった人物で、当時流行りの言説と見なされがちであった東アジア論の内実を、「周辺」の視点から問い直そうとする努力を一身に引き受けているように見えた。沖縄や在日朝鮮人の問題と向き合う真摯な姿に、私は未知なる韓国社会の良心を感じとっていた。

その後わけあって韓国に移り住んだ私は、時々、延世大学の研究室を訪ねた。当時の白永瑞さんは側から見ても研究者・教育者・言論人として多くの役割を担い奔走していたが、合間を縫ってはソウルの麻浦区にあった創作と批評社を案内してくださったり、韓国現代史のなかのご自身の経験を語ってくださった。本書の「社会人文学」という構想も、現場を往来する日々の実践のなかで培われたものであろう。東アジアをとりまく情勢変化や歴史と和解の問題を論じるときの白永瑞さんは、巨視的な構造をつかもうとすると同時に、人々の微視的な日常を読み取ろうとする視座を併せ持っていた。一国史はもちろん二者関係をも超えた視野の広さやスケールの大きさ、同時にマイノリティへ細やかな視線は、研究の道をどう拓いていくか途方に暮れていた当時の私に大きな刺激であり励みであった。また、白永瑞さんの計らいで、延世大学国学研究院の客員として大学図書館を使用できたことは、私が研究を再開することを実質的に可能にしてくれた。この場を借りて心から感謝を申し上げたい。このような格別な縁と恩を感じていた私が、著者からの直々の翻訳依頼を即答で承諾したのはいうまでもない。

もっとも、翻訳および監訳の作業は決して順調ではなかった。かつて白永瑞さんの文章を訳した経験がある私にも、理念と現場を行き来する本書の内容を、原文テクストと同じ濃度で日本語に置き換えるのが容易ではなかった。同時にそれは気づきの過程でもあった。何より本書を訳すなかで痛感したことは、白永瑞さんの歴史学に通底するある種の倫理性である。それは未来への意志といってもよい。歴史的な事象を掘り起こし、ただ批判するにとどまるのではなく、それを現実のなかにいかに適応させ、さらにどう変革していくのかという、幾重もの知的な実験がそこに織り込まれている。東アジア分断構造が引き起こす矛盾の集積をただ分析したり告発するのでなく、「核心現場」としてその地の開かれた歴史性や場所性を意味付けていく。現実を引き受けつつ、そこに風穴を通し可能性を切り拓いていく姿勢である。大韓民国という閉じられた地理的想像力を超えて、朝鮮半島の知識人として中国ならびに東アジアと対話してきた白永瑞さん独自の嗅覚や皮膚感覚が本書の細部に宿っている。

本書を完成するまでには多くの方々の助けをいただいた。まずは翻訳の草稿にかかわったすべての方々に感謝を申し上げたい。この間さまざまな場で準備された訳文がなかったならば、翻訳作業はより多くの時間と労力を費やしたことだろう。不十分な翻訳原稿に丁寧に目を通してくださった中島隆博先生の細やかな配慮にも感謝を申し上げたい。そして監訳という大役を任せてくださり、出版までの過程を辛抱強く見守り、励ましてくださった著者の白永瑞先生にもあらためてお礼を申し上げる。みなさんの助力を受けて翻訳および監訳に最善を尽くしたが、それでもなお不明瞭な箇所があるとすればその責任は全て監訳者にある。また、勤務先の聖公会大学東アジア研究所および韓国研究財団からは、翻訳を安定的に進めるうえで多くの支援を受けた（NRF-2007-361-AM0005）。本書の刊行に際しては、法政大学出版局の前田晃一さんにたいへんお世話になった。本書をより良いものにするために労を惜しまない前田さんのサポートは、とても心強かった。あらためて感謝を申し上げたい。

最後に、東アジアの分断構造を出会いの場へと転換しようとする著者の試みが、日本の多くの読者に届くことを願っている。

二〇一六年六月二五日　ソウルの周辺にて

趙慶喜

初出一覧

＊いずれの論考も発表の度に著者自身が改稿している。また本書に収録された日本語訳は、すべて著者自身による最終版韓国語オリジナル原稿を元にして監訳者が本書の趣旨に合わせて修正している。また本書に収録するにあたり、タイトルを変更したものもある。

序
書き下ろし

プロローグ
東京大学「共生のための国際哲学研究センター」（UTCP）主催の国際会議「東アジアから問う「新しい普遍」」（東京：二〇一四年四月一九日）にて日本語で、また遼寧大學／韓國高等教育財團主催の二〇一四年東北亞論壇「東北亞的歷史與未來：交流、信任與繁榮」（瀋陽：二〇一四年九月二六―二七日）において中国語で行った口頭報告。白永瑞、金明仁編『民族文学論から東アジア論まで（민족문학론에서 동아시아론까지：최원식 정년기념논총）』（創批、二〇一五年）に収録。

第一章

第五回東アジア批判的雑誌会議（那覇：二〇一三年六月二八―三〇日。同時開催、第五〇六回沖縄大学土曜教養講座、亜際書院年次講演会、季刊『けーし風』創刊二〇周年記念）での口頭発表。会議の資料集『連動する東アジア――真の地域の平和をめざして』に韓国語、辛承模訳で日本語、王艶麗訳で中国語にて掲載。著書『核心現場から東アジアを問い直す――共生社会のための実践課題（핵심현장에서 동아시아를 다시 묻다：공생사회를 위한 실천과제）』（創批、二〇一三年）プロローグ。

第二章

『創作と批評（창작과 비평）』第一五一号、二〇一一年春号。日本語版は李正連訳で「連動する東アジア、問題としての朝鮮半島」、『世界』、二〇一二年六月号に掲載。著書『核心現場から東アジアを問い直す』第一部第一章。

第三章

『創作と批評』第一三九号、二〇〇八年春号。同誌の日本語版に、辛承模訳で日本語訳掲載。中国語版は「東亞論述與『近代適應和近代克服』的雙重課題」、『台灣社會研究季刊』第七一期、二〇〇八年九月に掲載。著書『核心現場から東アジアを問い直す』第一部第二章。

第四章

東アジア平和フォーラム二〇〇六シンポジウム「私たちは「東アジア人」になれるか」（東京：

二〇〇六年一〇月八日―九日）での口頭発表（『別冊　世界〈北朝鮮核実験以後の東アジア〉』第七六四号、二〇〇七年四月に収録）。中国語版は「和平想像力的條件與界限：東亞共同體論的反思」、『台灣社會研究季刊』第六六期、二〇〇七年六月に掲載。『市民と世界（세계와 시민）』第一〇号、二〇〇七年上半期、参与連帯参与社会研究所に掲載。著書『核心現場から東アジアを問い直す』第一部第三章。

第五章
韓国中国学会主催の国際会議「帝国伝統と大国崛起（제국전통과 대국굴기）」（ソウル：二〇一三年八月二二―二三日）の基調講演。中国語版は「中華帝國論在東亞的意義：探索批判性的中國研究」『開放時代』、二〇一四年一期に掲載。著書『核心現場から東アジアを問い直す』エピローグ。

第六章
『歴史批評（역사비평）』第一〇一号、二〇一二年冬号。著書『核心現場から東アジアを問い直す』第二部第一章。

第七章
崔元植、白永瑞編『台湾を見る眼（대만을 보는 눈）』（創批、二〇一二年）。著書『核心現場から東アジアを問い直す』第二部第四章。

第八章
延世大学国学研究院『東方学誌』第一四九輯、二〇一〇年。白永瑞ほか編『社会人文学とは何か――批判的人文精神の回復のために（사회인문학이란 무엇인가 : 비판적 인문정신의 회복을 위하여）』（ハンギル社、二〇一一年）に収録。中国語版は「開啓社会人文学的地平：従其出発点『公共性的歴史学』談起」、『開放時代』第二二三期、二〇一一年。日本語版は文景楠訳で、「社会人文学の地平を開く――その出発点としての『公共性の歴史学』」（西山雄二編『人文学と制度』未來社、二〇一三年）に掲載。著書『社会人文学の道――制度としての学問、運動としての学問（사회인문학의 길 : 제도로서의 학문、운동으로서의 학문）』（創批、二〇一四年）第一章。

第九章
延世大学国学研究院人文韓国事業団・東京大学「共生のための国際哲学教育研究センター」（UTCP）第四次共同ワークショップ「批判と歴史――東アジア伝統の探索・省察」（東京：二〇一〇年九月六日）の基調講演。これを修正し二〇一三年九月二二―二三日に杭州で開かれた会議（哈佛燕京学社・浙江大学歴史系主催「什么是最好的歴史学」西湖論壇）で発表。中国語版は「走向『共感』與『批評』的相融合的新歴史學」、『南國學術』巻四第一期、澳門大學出版、二〇一四年七月に掲載。裴宜理／陳紅民 主編『什麽是最好的歴史學』（浙江大學出版社、二〇一五年）に再録。著書『社会人文学の道』第二章。

第十章
'Korea and Korean Studies from Asian Version'をテーマにハノイで開かれたThe 9th Pacific Asia Conference

on Korean Studies（二〇〇八年一一月二四—二六日）において"Im/possibility of Korean Studies as Glocalogy"というタイトルで発表した基調講演と、延世大学国学研究院主催の国際会議「二一世紀の韓国学——普遍言説に向けて」（二〇〇八年一二月一八—一九日）の基調発表。修正増補し『東方学誌』第一四七輯、二〇〇九年に掲載。著書『社会人文学の道』第三章。

第十一章

「創作と批評」（第一二六号）、二〇〇四年冬号と『韓国史学史学報』一一、二〇〇五年に掲載された論文を修正補完した。中国語版は「『東洋史學』的誕生與衰退：東亞學術制度的傳播與變形」『台灣社會研究季刊』第五九期、二〇〇五年九月に掲載。著書『社会人文学の道』第五章。

第十二章

成均館大学大東文化研究院『大東文化研究』第八〇輯、二〇一二年一二月。中国語版は「中國學的軌跡和批判性中國研究：以韓國爲例」『台灣社會研究季刊』第九六期、二〇一四年九月に掲載。日本語版は李正連訳で、「中国学の軌跡と批判的中国研究——韓国の事例」、『中国——社会と文化』、第二九号、二〇一四年七月に掲載。著書『社会人文学の道』第八章。

同時代の証言者との対話

語り下ろし。二〇一五年八月二四日、ソウルにて収録。金杭（通訳）、柳忠熙（トランスクリプション）、中島隆博（構成）。

人名索引

ア行

アーノルド、マシュー —— 200

新崎盛暉 —— 31*n*, 35*n*, 36, 37*n*, 64, 135*n*, 136

安重根 —— 45

李政勳 —— 69*n*, 75

李海瓚 —— 377, 380

李明博 —— 64

ウーマック、ブラントリー —— 122, 123

ウェーバー、マックス —— 385

ウォーラーステイン、イマニュエル —— 2, 5, 20, 200, 201, 202, 249, 250, 251, 259*n*, 350

岡本由希子 —— 54

カ行

甘陽 —— 9*n*, 128, 129*n*

梶村秀樹 —— 34, 35*n*

加藤陽子 —— 230, 231*n*, 358

鹿野政直 —— 263

辛島驍 —— 306, 362

柄谷行人 —— 133, 134, 135*n*, 354

姜尚中 —— 62, 63*n*, 99, 100, 101*n*, 343, 353

姜来熙 —— 79, 80

金基鳳 —— 213*n*, 218, 219*n*

金庠基 —— 311

金芝河 —— 380

金鍾哲 —— 46, 47*n*

金宣旼 —— 124, 125*n*

金台俊 —— 303*n*, 307, 362

金大中 —— 69*n*, 179

金秉俊 —— 156

キャラハン、ウィリアム —— 130, 131

葛兆光 —— 164, 165*n*, 166, 332, 333*n*, 334, 355, 403

具範鎮 —— 156

小林康夫 —— 387

サ行

坂本義和 —— 59, 100, 101*n*, 108*n*, 167*n*

始皇帝 —— 182

ジェイクス、マーティン —— 121, 123, 124, 125*n*, 126, 127*n*, 158, 159, 293*n*

重野安繹 —— 264, 265*n*

蔣介石 —— 174, 185, 278

張海鵬 —— 25, 26, 27*n*

許紀霖 —— 4, 5, 6, 10, 11*n*, 12, 13*n*, 131, 161, 163, 166, 350, 355, 394

ショーリス、アール —— 204

趙汀陽 —— 129, 130, 132, 133*n*, 140, 143*n*

白井聡 —— 117*n*, 118, 133

白鳥庫吉 —— 266, 267

申采浩 —— 45, 173

司馬遷 —— 395, 404

ストックリー、デイヴィッド —— 234
スノー、チャールズ・パーシー —— 200
孫文 —— 157, 346
孫歌 —— 28, 29*n*, 53, 55*n*, 65*n*, 66, 67, 73*n*, 75, 76, 93*n*, 95*n*, 143*n*, 149, 211*n*, 331*n*, 341, 346
徐京植 —— 56, 57*n*, 221*n*, 376
徐勝 —— 376

タ行
ダーリク、アリフ —— 283*n*, 335
戴季陶 —— 383, 388
竹内好 —— 70, 71*n*, 72, 75, 143*n*, 307*n*, 352, 395, 406
武田泰淳 —— 307*n*, 377, 380, 395, 396, 406
田中均 —— 97, 98
谷口誠 —— 98, 99*n*
崔元植 —— vii, 27*n*, 45*n*, 46, 47*n*, 51*n*, 61, 69, 70, 71*n*, 93*n*, 135*n*, 149*n*, 173*n*, 175*n*, 177*n*, 181*n*, 187*n*, 191*n*, 193*n*, 205*n*, 255*n*, 413
崔章集 —— 57*n*, 107*n*, 244, 245*n*
崔承喜 —— 174
崔南善 —— 269, 272, 273*n*
陳水扁 —— 192
張会翼 —— 203
朱執信 —— 383, 388
朱建栄 —— 93, 95*n*, 97*n*
曺喜昖 —— 250, 251*n*
趙慶喜 —— vi, 277*n*, 342, 343
趙炳華 —— 175, 176
鄭寅普 —— 303
千寛宇 —— 55*n*, 137, 139*n*
全斗煥 —— 384
鄭飛石 —— 176
デリダ、ジャック —— 8, 33, 139
ドゥアラ、プラセンジット —— 389

ナ行
内藤湖南 —— 301, 381, 382
中島隆博 —— v, vii, 8, 9*n*, 33, 35*n*, 387
ネモ、フィリップ —— 364
盧武鉉 —— 69,*n* 90, 102, 103, 105*n*, 375, 377

ハ行
河英善 —— 84, 85*n*
パイ、ルシアン —— 127, 128
朴光洙 —— 178
朴趾源 —— 165*n*, 172, 173*n*, 299*n*
朴正熙 —— 372, 373, 376
朴露子 —— 67*n*, 80
朴明圭 —— 67*n*, 77, 84, 85*n*, 168*n*
服部宇之吉 —— 270
鳩山由紀夫 —— 54
咸錫憲 —— 366, 370
韓少功 —— 93
胡適 —— 346
胡錦濤 —— 160
フェアバンク、ジョン・キング —— 121, 156
ブルトマン、ルドルフ・カール —— 369, 370, 372
裵京漢 —— 113, 315*n*, 319*n*
白池雲 —— 13*n*, 71*n*, 75, 76, 77*n*, 177
白楽晴 —— vii, 11*n*, 19*n*, 21*n*, 36, 46, 47*n*, 49*n*, 55*n*, 57*n*, 58, 59*n*, 61, 71*n*, 79*n*, 105*n*, 138, 139*n*, 167*n*, 200, 201,

202, 203n, 237n, 239n, 245n, 337n, 387
ベク・ムサン —— 405
ベンヤミン、ヴァルター —— 364, 371, 395
黄俊傑 —— 186, 187n, 334, 335n
黄春明 —— 178

マ行

馬英九 —— 185n, 192
毛沢東 —— 282, 283n, 396
マコーマック、ガヴァン —— 28, 29n
丸木位里 —— 38
丸木俊 —— 38
閔斗基 —— 157, 179n, 219n, 221n, 275n, 283n, 309n, 312, 314, 316, 317n, 319n, 325n, 344, 347, 362, 382, 383, 384, 385, 386, 389
茂木敏夫 —— 122, 123n, 140, 157, 158, 159n

ヤ行

兪承兼 —— 345
柳鏞泰 —— 114, 115n, 143n, 145n, 158, 159n

ラ行

ランケ、レオポルト・フォン —— 216, 265
李国強 —— 25
李泳禧 —— 312, 314, 320, 321, 323n, 347, 362, 377, 378, 379, 380, 384, 387
リーヴィス、フランク・レイモンド —— 200
リース、ルートヴィヒ —— 264, 265
梁漱溟 —— 346, 382
梁啓超 —— 128, 277, 278, 346
柳在建 —— 57n, 60, 61n, 81, 105n, 237n
柳浚弼 —— 43n, 53, 59n
レヴィナス、エマニュエル —— 364, 369
魯迅 —— 76, 321, 406

ワ行

和田春樹 —— 98, 99, 100, 353
王賡武 —— 141
王岳川 —— 160, 161n
汪暉 —— 12, 13n, 95n, 118, 119n, 121, 125n, 135n, 157, 158, 350, 354

著　者

白永瑞（백영서／ペク・ヨンソ）

1953年生まれ。専門は中国現代史、東アジア現代史。ソウル大学校大学院博士課程修了。文学博士。翰林大学校史学科副教授などを経て、現在、延世大学校文科大学史学科教授兼文科大学長。（韓国）現代中国学会会長、（韓国）中国近現代史学会会長、延世大学校国学研究院長などを歴任。『創作と批評』の編集主幹、『台灣社會研究』の編集委員なども務め、研究者・教育者だけでなく編集者としても活躍。主な著作に、『ポスト〈東アジア〉』（共編、東京：作品社、2006）、『核心現場から東アジアを問う――共生社会のための実践課題』（ソウル：創批、2013）、『社会人文学の道――制度としての学問、運動としての学問』（ソウル：創批、2014）、『思想東亞：韓半島視角的歴史與實踐』（臺北：台灣社會研究雜誌社、2009）、『思想東亞：朝鮮半島視角的歴史與實踐』（北京：三聯書店、2011）、『横觀東亞：從核心現場重思東亞歴史』（臺北：聯經出版公司、2016）など。朝日新聞取材班『歴史は生きている――東アジアの近現代がわかる10のテーマ』（朝日新聞出版、2008）、新崎盛暉『新崎盛暉が説く構造的沖縄差別』（高文研、2012）の韓国語版共訳者でもある。

サピエンティア　**46**

共生への道と核心現場

実践課題としての東アジア

2016年7月29日　初版第1刷発行

著　者　白永瑞

監訳者　趙慶喜

解説者　中島隆博

発行所　一般財団法人　法政大学出版局

〒102-0071　東京都千代田区富士見2-17-1

電話03(5214)5540／振替00160-6-95814

組版　HUP／印刷　日経印刷／製本　誠製本

装幀　奥定泰之

ISBN 978-4-588-60346-4　Printed in Japan

監訳者

趙慶喜（조경희／チョウ・キョンヒ）

聖公会大学東アジア研究所HK（Humanities Korea）教授。専門は社会学。東京大学大学院人文社会系研究科博士課程単位取得退学。東京外国語大学にて博士号（学術）取得。主な著作に、「温情と教化の植民地主義――1910年代朝鮮総督府の社会救済事業」（『歴史問題研究』25号、2011）、「不安全な領土、密航する日常――解放後～70年代における済州人の日本密航」（『歴史と社会』106号、2015）、「在韓在日朝鮮人の現在――曖昧な同胞の承認にむけて」（『インパクション』185号、2012）、『戦後の誕生』（共著、ソウル：Greenbee、2013）、『アジアの接触地帯』（共著、ソウル：Greenbee、2013）、『コリアン・ディアスポラと東アジア社会』（共著、京都大学学術出版会、2013）、金東椿『朝鮮戦争の社会史――避難・占領・虐殺』（共訳、平凡社、2008）など。

解説者

中島隆博（ナカジマ・タカヒロ）

東京大学東洋文化研究所教授。専門は中国哲学、比較哲学。主な著作に、『残響の中国哲学――言語と政治』（東京大学出版会、2007）、『荘子――鶏となって時を告げよ』（岩波書店、2009）、『共生のプラクシス――国家と宗教』（東京大学出版会、2011）、『悪の哲学――中国哲学の想像力』（筑摩書房、2012）、『コスモロギア――天・化・時』（編著、法政大学出版局、2015）、『法と暴力の記憶――東アジアの歴史経験』（共編、東京大学出版会、2007）、『宗教とこころの新時代』（共著、岩波書店、2016）、アンヌ・チャン『中国思想史』（共訳、知泉書館、2010）など。